权威·前沿·原创

皮书系列为
“十二五”“十三五”国家重点图书出版规划项目

BLUE BOOK

智库成果出版与传播平台

创意城市蓝皮书

BLUE BOOK OF CREATIVE CITIES

总编 / 张京成

创意书系

·中国创意产业研究中心·

北京文化创意产业发展报告（2020）

BEIJING REPORT ON CULTURAL AND CREATIVE INDUSTRIES(2020)

主　编 / 张京成

副主编 / 沈晓平　廖　旻

社会科学文献出版社

SOCIAL SCIENCES ACADEMIC PRESS (CHINA)

图书在版编目（CIP）数据

北京文化创意产业发展报告. 2020/张京成主编
. --北京：社会科学文献出版社，2020. 11
（创意城市蓝皮书）
ISBN 978-7-5201-7615-6

Ⅰ. ①北… Ⅱ. ①张… Ⅲ. ①文化产业-产业发展-
研究报告-北京-2020 Ⅳ. ①G127. 1

中国版本图书馆 CIP 数据核字（2020）第 229254 号

创意城市蓝皮书
北京文化创意产业发展报告（2020）

主　　编／张京成
副 主 编／沈晓平　廖　旻

出 版 人／王利民
组稿编辑／恽　薇
责任编辑／冯咏梅
文稿编辑／徐琳琳　仇婧涵　高艳君

出　　版／社会科学文献出版社·经济与管理分社（010）59367226
　　　　　地址：北京市北三环中路甲 29 号院华龙大厦　邮编：100029
　　　　　网址：www. ssap. com. cn
发　　行／市场营销中心（010）59367081　59367083
印　　装／天津千鹤文化传播有限公司

规　　格／开　本：787mm × 1092mm　1/16
　　　　　印　张：24. 25　字　数：365 千字
版　　次／2020 年 11 月第 1 版　2020 年 11 月第 1 次印刷
书　　号／ISBN 978-7-5201-7615-6
定　　价／168. 00 元

“创意城市蓝皮书”总序

张京成

城市是生产力发展到一定阶段的产物，并随着生产力的发展而不断升级。时至今日，伴随着工业文明的推进和文化的提升，以及服务业的大力发展，经济增长方式的转变和产业结构的调整正在推动一部分城市向着一个前所未有的高度迈进，这就是创意城市。

创意城市已经为众多有识之士所关注、所认同、所思考。在全球性竞争日趋激烈、资源环境束缚日渐紧迫的形势下，城市对可持续发展的追求，必然要大力发展附加值高、环境友好、成效显著的创意经济。创意经济的发展实质上就是要大力发展创意产业，而城市是创意产业发展的根据地和目的地，创意产业也正是从城市发端、在城市中集聚发展的。创意产业的发展又激发了城市活力，集聚了创意人才，提升了城市的文化品位和整体形象。

综观伦敦、纽约、东京、巴黎、米兰等众所周知的创意城市，其共同特征大都离不开创意经济。首先，这些城市都在历史上积累了一定的经济、文化和科技基础，足以支持创意经济的兴起和长久发展；其次，这些城市都已形成了发达的创意产业，而且能以创意产业支持和推进更为广泛的经济领域创新；最后，这些城市都具备了和谐包容的创意生态，既能涵养相当数量和水平的创意产业消费者，又能集聚和培养众多不同背景和个性的创意产业生产者，使创意经济行为得以顺利开展。

对照上述特征不难发现，我国的一些城市已经或者正在迈向创意城市，从北京、上海等一线城市，到青岛、西安等二线城市，再到义乌、丽江等中小城市，我们自2006年起每年编撰的《中国创意产业发展报告》一直忠实记录着它们的创意轨迹。今天，随着创意产业的蔚然成风，其中的部分城市已经积累了相当丰富的实践经验以及大量可供分析的数据与文字资料，对其进行专门研究的时机已经成熟。

因此，我们决定在《中国创意产业发展报告》的基础上，逐步对中国各主要创意城市的发展状况展开更加深化、细化和个性化的研究与发布，由此即产生了“创意城市蓝皮书”，这也是中国创意产业研究中心“创意书系”的重要组成部分。希望这部蓝皮书能够成为中国每一座创意城市的忠实记录者、宣传推介者和研究探索者。

是为序。

Preface to the *Blue Book of Creative Cities*

Zhang Jingcheng

City came into being while social productivity has developed into a certain stage and upgrades with the progress of the productivity. Along with the marching of industrial civilization, cultural development, the growth of the service industry, the transformation of economic growth and the adjustment of industrial structure, cities worldwide have by now entered an unprecedented stage as of the era of creative cities.

Creative cities have caught the attention from various fields these years. While the global competition for limited resources gets heated, sustainable development has become the only solution for cities, which brings creative economy of high added value and high efficiency into this historic stage. Creative industries is the parallel phrase to creative economy, which regards cities as the bases and the core of the development, and cities is also the place where creative industries started and clustered. On the other hand, creative industries helped to keep the city vigorous, attract more talents and strengthen the public image of the city.

From the experiences of world cities such as London, New York, Tokyo, Paris, and Milan, creative economy has been their common characteristic. First, histories of these cities have provided them with certain amount of economic, cultural and technological resources, which is the engine to start and maintain creative economy; second, all these cities have had sound creative industries which can function as a driving force for the innovation and economic growth of the city; finally, these cities have fostered harmonious and tolerant creative ecology through time, which conserves consumers of creative industries, while attracting more creative industries practitioners.

It can be seen that some Chinese cities have been showing their tendency on the way to become creative cities, such as large cities of Beijing and Shanghai, medium-size cities of Qingdao, Xi'an and even small cities of Yiwu and Lijiang, whose development paths have been closely followed up in our *Chinese Creative Industries Report* started in 2006. By now, some cities have had rich experiences, comprehensive data and materials worthy to be studied, thus the time to carry out a special research has arrived.

Therefore, based on *Chinese Creative Industries Report*, we decided to conduct a deeper, more detailed and more characteristic research on some active creative cities of China, leading to the birth of *Blue Book of Creative Cities*, which is also an important part of *Creative Series* published by China Creative Industries Research Center. We hope this blue book can function as a faithful recorder, promoter and explorer for every creative city of China.

《北京文化创意产业发展报告（2020）》
编　委　会

主编简介

张京成 研究员，北京市科学技术研究院中国创意产业研究中心主任，文化创意产业标准化研究北京市重点实验室主任，北京市科学技术情报研究所总工程师，北京市文化创意产业顾问团专家，北京大学中国城市管理研究中心特约研究员，北京工业大学经管学院兼职教授，澳大利亚昆士兰科技大学创意产业学院高级访问学者。主要研究领域为文化创意产业与科技政策，是国内最早研究创意产业的学者之一。2005 年 7 月组建中国创意产业研究中心，出版了我国第一部创意产业蓝皮书，现已连续 15 年主持编写品牌出版物《中国创意产业发展报告》（中国经济出版社，2006～2020 年）。先后主持完成国家软科学研究计划、北京市社科基金项目、北京市自然科学基金项目、北京市科技计划等国家和省部级科研任务，以及科技部、中国科协、北京市科委、文资办、新闻出版广电局等地方政府部门委托课题近百项，其中 1 项成果获国家领导人批示，3 项成果获得北京市科技进步奖，1 项成果获得北京市哲学社会科学优秀成果二等奖。在国内外重要学术期刊发表论文 40 余篇，从 2011 年起策划总编“创意城市蓝皮书”系列（社会科学文献出版社，2011～2020 年，已出版 8 个城市 26 本报告），主编中国创意产业研究中心“创意书系”（包括研究系列、案例系列、翻译系列），出版研究成果 30 余部，在《人民日报》《科技日报》《经济日报》《北京日报》《中国青年报》等多次发表学术观点，作为业界专家多次接受中央电视台、凤凰卫视、第一财经等媒体采访并公开报道。

摘　要

本书重点研究了北京文化产业的整体发展、行业发展、区域特色等，研判产业高质量发展态势，为提高北京文化产业发展质量、加快推进文化中心建设提供决策支持。

本书研究了2019年北京文化产业运行情况和文化产业高质量发展的特征、问题、路径，以及统筹常态化疫情防控与文化产业高质量发展的建议，分析了国家文化产业创新实验区、市属行政区以及中关村国家级文化和科技融合示范基地等区域的发展情况，讨论了文化上市公司、“独角兽”等市场主体发展，文化和科技融合模式，区块链技术在文化领域的应用，文化产业社会融资，电影节品牌建设，首钢园区文化创意发展，文化企业“走出去”等专题，并研究了工业设计、数字创意、文化艺术品拍卖、艺术影院、网络游戏等领域的发展问题与对策。全书主要分为总报告、行业发展篇、专题研究篇、区域特色篇四个部分。

总报告围绕北京文化产业高质量发展问题，分析高质量发展的基础与形势，认为北京文化产业已初步显现高质量发展特征，在剖析影响高质量发展的主要问题的基础上，指出发展路径，最后提出统筹常态化疫情防控与文化产业高质量发展的建议。此外，还分析了北京文化产业总体运行情况、分领域运行特征，认为北京文化产业全国示范引领地位显著，分析了支持产业发展的政策措施，提出下一步发展的对策建议。

行业发展篇分别研究北京市工业设计产业、数字创意产业、文化艺术品拍卖业、艺术影院等，在分析行业现状、发展特点的基础上剖析行业发展问题，对行业未来发展提出对策建议。

专题研究篇分别探讨文创“独角兽”企业发展现状与对策、北京文化上市公司生产效率、文化产业的社会融资、文化企业“走出去”、新媒体赋能、文化创意产业区块链技术应用、文化和科技融合模式、北京国际电影节品牌建设、网络游戏从业者职业发展、首钢园区创意化发展等主题。

区域特色篇分别运用翔实的数据、政策依据对国家文化产业创新实验区和丰台区、石景山区、海淀区、门头沟区、房山区、怀柔区以及中关村国家级文化和科技融合示范基地等区域的文化创意产业发展予以详细分析，分析产业发展态势，总结经验，剖析问题，开展深入研究。

关键词： 文化产业　高质量发展　文化科技融合　文化创意产业

Abstract

This book analyzes Beijing's cultural industry from the dimensions of overall development, regional dynamics, thematic research and industry development, and judges the high-quality development trend of the industry, so as to provide decision support for improving the development quality of cultural industry and accelerating the construction of cultural center.

This book studies the operation of Beijing's cultural industry and the characteristics, problems and paths of high-quality development of cultural industry in 2019, as well as suggestions on coordinating the normalization of epidemic prevention and control and high-quality development of cultural industry, analyzes the development of National Cultural Industry Innovation Experimental Zone, municipal administrative region and Zhongguancun national cultural and scientific and technological integration demonstration base, and discusses the cultural aspects The development of municipal companies, unicorn and other market entities, the integration mode of culture and science and technology, the application of blockchain technology in the cultural field, the financing of cultural industry, the brand construction of Film Festival, the creative development of Shougang Park, the going out of cultural enterprises and other special issues, and studied industrial design, digital creative industry, art auction industry, art cinema, online games and other industries. The book is mainly divided into four topics: general reports, industries development, special subjects and regional Development.

The general reports include chapters 1 and 2. The first chapter focuses on the high-quality development of Beijing's cultural industry, analyzes the basis and situation of high-quality development, and believes that Beijing's cultural industry has initially shown the characteristics of high-quality development. On the basis of analyzing the main problems affecting the high-quality development, it points out the development path, and finally puts forward suggestions on coordinating the normalization of epidemic prevention and control and the high-quality development of cultural industry. The second chapter mainly analyzes the overall operation of Beijing's cultural industry and the characteristics of its operation in different fields. It believes that Beijing's cultural industry has a significant leading position in the national demonstration, analyzes the policies and measures to support the development of the industry, and puts forward the countermeasures and suggestions for the further development.

The chapter of industries development respectively studies the industrial design industry, digital creative industry, cultural art auction industry, art cinema, etc. based on the analysis of the current situation and development characteristics, the paper analyzes the industry development problems and puts forward countermeasures and suggestions for the future development of the industry.

The special subjects section respectively discusses the development status and countermeasures of cultural and creative "unicorn" enterprises, the production efficiency of Beijing Culture listed companies, the social financing of cultural industry, Cultural enterprises go out, the application of cultural and creative industry blockchain technology, the mode of culture and technology integration, the brand construction of Beijing International Film Festival, online games, the creative development of Shougang Industrial Park and other themes.

The regional development discusses the development of cultural and creative industries in national cultural industry innovation experimental zone and Fengtai District, Shijingshan District, Haidian District, Mentougou District, Fangshan District, Huairou District and Zhongguancun national cultural and technological integration demonstration base are analyzed in detail by using detailed data and policy basis. The development trend of the industry is analyzed, experience is summarized, and problems are analyzed In the study.

Keywords: Cultural Industry; High Quality Development; Integration of Culture and Technology; Cultural and Creative Industries

目 录

Ⅰ 总报告

Ⅱ 行业发展篇

Ⅲ 专题研究篇

Ⅳ 区域特色篇

V 附录

皮书数据库阅读使用指南

CONTENTS

I General Reports

II Industries Development

III Special Subjects

Ⅳ Regional Development

V Appendices

总 报 告

General Reports

B.1
北京文化产业迈向高质量发展

张京成　沈晓平*

摘　要： 北京文化产业初步显现高质量发展特征，文化核心领域收入份额进一步提升，部分重点环节延续高增长，创新驱动下的新型文化业态收入继续走高。在看到成绩的同时，不应忽视北京文化产业高质量发展所面临的突出问题，如：文化产业存在区域发展不平衡问题，内容创作、转化、传播链条的协调发展能力有待提高，文化和科技融合发展存在亟待解决的问题，居民文化消费增长乏力等。今后，应从完善顶层设计、保持产业高效益增长、推进文化和科技

* 张京成，研究员，北京市科学技术研究院中国创意产业研究中心主任，文化创意产业标准化研究北京市重点实验室主任，主要研究方向为文化创意产业与科技政策；沈晓平，副研究员，文化创意产业标准化研究北京市重点实验室副主任，北京市科学技术情报研究所文化产业创新研究团队负责人，主要研究方向为文化产业、文化科技、区域经济。

融合创新、推进区域和行业协调发展等方面努力，推动文化产业高质量发展。2020年，新冠肺炎疫情对北京文化产业产生了较大冲击，短期影响十分明显。为统筹推进常态化疫情防控与文化产业高质量发展，建议：加强对文化企业经营情况的监测，落实“稳企业”政策；加强对文化新业态的统计监测，追踪新动能发展态势；完善对规下文化企业的监测，提高政策针对性；完善文化消费统计方法，加强对新型文化消费的监测；鼓励文化企业积极对接并扩大新基建应用场景。

关键词： 文化产业　高质量发展　融合创新

一　北京文化产业高质量发展基础与形势

（一）北京地区经济高质量发展深入推进

2014年以来，北京地区经济进入“新常态”，地区生产总值从高速增长向中高速增长转换，经济发展方式从依靠投资驱动转向更加依靠创新驱动，文化创意与科技创新在地区经济提质增效过程中发挥了重要的作用。

2017年，基于当时我国发展所处的新的历史方位，党的十九大做出“我国经济已由高速增长阶段转向高质量发展阶段”的重大判断。2018年政府工作报告围绕高质量发展，提出了深度推进供给侧结构性改革等九方面的部署。此后，北京市积极探索高质量发展路径，立足首都城市战略定位，深入贯彻创新发展要求，坚持减量发展、绿色发展，严把新增产业准入关，盘活低效闲置资源。北京产业结构发生深刻变革，新产业、新业态、新模式不断成长，到2019年，北京地区新经济增加值占全市地区生产总值的比重达到36.1%，人均地区生产总值达到16.4万元，高技术产业增加值占地区生产总值的比重达到24.4%，战略性新兴产业增加值占地区生产总值的比重为23.8%。[①] 北京地区经济高质量发展深入推进。

（二）文化产业必须走高质量发展之路

党的十八大以来，以习近平同志为核心的党中央高度重视文化发展工作，习近平总书记在党的十八届二中全会第一次全体会议上的讲话、在2013年全国宣传思想工作会议上的讲话、在党的十八届三中全会第一次全体会议上的讲话、在十八届中央政治局第十二次集体学习时的讲话、在党的十八届五中全会第一次全体会议上关于中央政治局工作的报告、在党的十八届六中全会第一次全体会议上关于中央政治局工作的报告等[②]以及党的十九大报告等重要场合中，多次从不同方面指出发展文化产业的重要性。

2018年8月，习近平总书记在全国宣传思想工作会议重要讲话中强调，要推动文化产业高质量发展，健全现代文化产业体系和市场体系，推动各类文化市场主体发展壮大，培育新型文化业态和文化消费模式，以高质量文化供给增强人们的文化获得感、幸福感。[③] 这为文化产业高质量发展指明了目标任务和着力点。文化产业作为北京地区经济的重要组成部分，正在由数量型增长向质量型发展转变，高质量发展是北京文化产业发展的必由之路。

（三）文化产业高质量发展是全国文化中心的必然选择

文化产业高质量发展是建设文化中心的必然要求。首都经济进入高质

① 北京市统计局、国家统计局北京调查总队：《北京市2019年国民经济和社会发展统计公报》，2020年3月2日，http://tjj.beijing.gov.cn/tjsj_31433/tjgb_31445/ndgb_31446/202003/t20200302_1673343.html。

② 中共中央党史和文献研究院编《习近平关于社会主义文化建设论述摘编》，中央文献出版社，2017。

③ 习近平：《举旗帜聚民心育新人兴文化展形象　更好完成新形势下宣传思想工作使命任务》，新华网，2018年8月22日，http://www.xinhuanet.com/politics/2018-08/22/c_1123310844.htm。

量发展阶段后，全国文化中心的含义有了新扩展，高质量发展文化产业、高质量建设文化产业引领区成为全国文化中心建设的内在要求。近年来，北京市围绕古都文化、红色文化、京味文化、创新文化充分发挥文化资源优势，坚持以高质量发展为主线，全面增强文化产业的创新驱动，加快产业结构优化升级，初步构建了以传统文化产业为基础、数字文化产业为中坚的现代文化产业体系，正以文化产业高质量发展推进全国文化中心建设。

文化产业特别是其中的新业态，是北京市高精尖经济体系的重要组成部分，是首都经济结构战略性调整的重要支点，也是首都经济社会转型发展的重要引擎。通过高质量发展文化产业，不断培育、壮大新型文化业态，健全现代文化产业体系，进一步发挥新业态对其他产业的关联带动作用，进一步发挥现代文化产业体系对地区经济的带动作用，以高质量文化供给不断增强人们的文化获得感、幸福感，是当前阶段建设全国文化中心的内在要求。

（四）北京文化产业高质量发展时机成熟

北京市自2006年开始从政策层面支持和鼓励文化产业的发展，“十一五”时期开始将文化产业提到了支柱产业的地位予以明确支持。北京市对文化产业的支持政策经历了从标准制定、规划统筹、产业促进、行业发展、财税支持、知识产权保护等常规性措施到推进“文化+科技/金融/旅游”融合创新、培育新型文化业态、推动文化产业高质量发展等视野更宽、前瞻性更强的政策过程，更加注重通过文化产业的高质量发展带动构建首都高精尖经济结构。2020年初，北京市文化改革和发展领导小组正式印发《北京市文化产业高质量发展三年行动计划（2020—2022年）》。

经过十多年的快速增长，文化产业已经成为地区经济的重要亮点，增加值增速多年高于地区生产总值增速。同时，文化产业实现增加值占地区生产总值比重始终位于全国前列。在产值持续增长、比重持续增高的同时，文化产业的劳动生产率不断提升，结构不断优化，文化新业态的比重日益增高，新的商业模式不断诞生，新的文化消费模式不断涌现，在推动产业自身升级的同时，也带动着北京地区经济结构的持续优化。

随着文化体制改革的不断深入，北京文化产业进入了转型发展、动能转换的关键时期。可以认为，推动文化产业从量的扩张转向质的提升时机成熟，当前阶段既是高质量发展的机遇期，也是高质量发展的关键期。应紧抓历史发展机遇，推进文化产业成为首都经济高质量发展的新引擎，不断满足首都人民对精神文化生活的新期待。

二　北京文化产业初步显现高质量发展特征

（一）文化核心领域收入份额进一步上升

文化核心领域收入份额上升。2019 年 1 ~ 12 月，北京市规模以上文化产业实现收入 12849.7 亿元，同比增长 8.2%，增速比上年有所下降。从业人员平均 59.4 万人，同比减少 3.1%。其中，文化核心领域收入同比增长 9.9%，占文化产业收入的 89.1%，比 2018 年提高了 2.3 个百分点；就业人数同比下降 3.7%，占文化产业就业人数的 82.2%，比 2018 年降低了 0.9 个百分点。文化核心领域在就业份额下降的同时，收入份额继续上升。

文化相关领域收入份额继续收缩。文化相关领域收入同比下降 3.7%，占文化产业收入的 10.9%，收入份额比上年降低了 2.3 个百分点。文化相关领域就业比上年增加 0.6 万人，占文化产业平均就业人数的 17.8%。文化相关领域有三个领域收入份额都有所下降，其中，文化装备生产收入同比下降 26.9%，份额比上年下降了将近一半，并且文化装备生产和文化消费终端生产两个领域收入绝对值均有所下降（见表 1）。

从文化核心领域人均创收能力进一步增强、文化核心领域与文化相关领域收入份额此消彼长的趋势看，2019 年，北京文化产业进一步提质增效，文化产业高质量发展进展顺利，文化中心建设稳步推进。

表1　2018～2019年北京文化产业各领域收入情况

领域	2019年					2018年			
	收入（亿元）	收入增长（%）	收入份额（%）	就业（万人）	就业增长（%）	收入（亿元）	收入增长（%）	收入份额（%）	就业（万人）
合计	12849.7	8.2	100	59.4	-3.1	10703.0	11.9	100	59.0
文化核心领域	11448.2	9.9	89.1	48.8	-3.7	9292.0	14.1	86.8	49.0
新闻信息服务	3692.7	25.8	28.7	14.5	-2.6	2558.3	20.7	23.9	14.2
内容创作生产	1899.4	2.5	14.8	14.1	1.0	2005.2	8.7	18.7	15.1
创意设计服务	2852.8	0.0	22.2	10.0	-6.1	2771.1	17.8	25.9	10.8
文化传播渠道	2876.8	8.3	22.4	7.5	-10.9	1826.9	7.2	17.1	6.1
文化投资运营	19.8	-4.8	0.2	0.2	28.1	30.5	-7.7	0.3	0.3
文化娱乐休闲服务	106.7	2.7	0.8	2.5	-3.5	99.8	9.2	0.9	2.4
文化相关领域	1401.5	-3.7	10.9	10.6	-0.7	1411.0	-0.6	13.2	10.0
文化辅助生产和中介服务	737.9	2.4	5.7	8.8	1.9	654.8	6.6	6.1	7.9
文化装备生产	121.9	-26.9	0.9	0.9	-16.8	168.3	-3.0	1.6	1.0
文化消费终端生产	541.8	-4.6	4.2	1.0	-5.7	587.8	-7.0	5.5	1.0

资料来源：根据北京市统计局相关数据测算。

（二）文化核心领域中的部分重点环节延续高增长

从文化产业内部构成看，新闻信息服务、文化传播渠道、创意设计服务、内容创作生产这四个领域是创收最高的领域，分别占文化产业收入的28.7%、22.4%、22.2%、14.8%（见表1）。

其中，新闻信息服务收入在上年高速增长基础上，2019年增速进一步达到25.8%，远高于其他八个领域的增速，成为带动2019年北京文化产业增长的绝对主力，其收入所占份额比上年提高了4.8个百分点，超越创意设计服务成为占比最高的行业领域。究其原因，一方面，北京聚集大量的国家部委所属的新闻单位、报刊出版单位，行业龙头多，收入高；另一方面，互联网信息服务创造了较高的收入。此外，新闻、出版单位业务逐渐多元化发展，向游戏、数据服务、互联网广告等新领域拓展，新领域带来了越来越多的贡献。例如新华网2019年财报显示，网络广告业务占其主营业务收入的40%，这在一定程度上抬高了新闻信息服务的收入，同时影响创意设计服务的份额。

2019年，文化传播渠道收入同比增长8.3%，所占份额比上年提高了5.3个百分点。该领域较高的收入增速同样得益于北京地区数量众多、规模较大的报刊、图书等的出版和发行机构，影视发行放映单位，艺术表演场所，大体量的艺术品拍卖代理机构等。截至2019年末，北京地区登记在册的报刊总量3491种，出版社239家，出版物发行单位9623家，全市共有30条电影院线256家影院，共放映电影356.2万场，观众7634.1万人次，票房收入36.1亿元。[①]

创意设计服务和内容创作生产是传统优势领域，但2019年收入增速不高，所占份额有所降低。其中，内容创作生产领域收入份额比上年降低了约4.0个百分点，创意设计服务收入份额比上年降低3.7个百分点。内容创作方面，2019年，北京地区全年制作电视剧65部2762集，电视动画片32部7275分钟，电影310部，网络剧944部，网络影视类动画片72部，网络电影3397部。[②] 相比之下，2018年，全年制作电视剧51部2325集，电视动画片16部5196分钟，电影410部。

（三）文化产业单位从业人员创收能力有所提高

文化产业劳均创收有所提高。2019年，文化产业单位从业人员创造收入216.3万元，比第三产业人均创造收入低12.1万元，与第三产业的差距

① 北京市统计局、国家统计局北京调查总队：《北京市2019年国民经济和社会发展统计公报》，2020年3月2日，http://tjj.beijing.gov.cn/tjsj_31433/tjgb_31445/ndgb_31446/202003/t20200302_1673343.html。

② 北京市统计局、国家统计局北京调查总队：《北京市2019年国民经济和社会发展统计公报》，2020年3月2日，http://tjj.beijing.gov.cn/tjsj_31433/tjgb_31445/ndgb_31446/202003/t20200302_1673343.html。

较2018年（15.5万元）有所缩小。与2018年相比，文化产业整体劳均创收提高了22.6万元/人。[①] 劳均创收的提高在较大程度上是由文化消费终端生产、文化传播渠道、创意设计服务、新闻信息服务这四个领域带动起来的，这四个领域2019的劳均收入分别达到541.8万元/人、383.6万元/人、285.3万元/人、254.7万元/人（见表2）。

文化核心领域人均创收能力有较大幅度提升，每名从业人员平均创造收入234.6万元，高于第三产业人均创造收入的水平（228.4万元/人）。相比之下，2018年文化核心领域每名从业人员平均创造收入189.6万元，低于第三产业人均创造收入水平（202.6万元/人）。

其中，文化传播渠道、创意设计服务、新闻信息服务三个领域是带动文化核心领域劳均创收增长的主要力量，而这三个领域的就业人数在2019年均出现不同程度的下降。北京文化产业核心领域克服从业人员人数下降带来的影响，保持住了较高的劳均创收能力，这是北京文化产业高质量发展的表现之一。

表2　2018～2019年北京文化产业劳均创收水平

单位：万元/人

领域	2019年	2018年
文化产业	216.3	181.4
文化核心领域	234.6	189.6
新闻信息服务	254.7	180.2
内容创作生产	134.7	132.8
创意设计服务	285.3	256.6
文化传播渠道	383.6	299.5
文化投资运营	99.0	101.8
文化娱乐休闲服务	42.7	41.6
文化相关领域	132.2	141.1
文化辅助生产和中介服务	83.9	82.9
文化装备生产	135.4	168.3
文化消费终端生产	541.8	587.8

资料来源：根据北京市统计局相关数据测算。

① 2018年劳均创收数据根据2019年收入和就业增速推算。

（四）创新驱动下的新型文化业态收入继续走高

依托北京地区文化产业优质内容、生产能力、创意能力和互联网技术创新能力，以“文化＋互联网”为典型特征的新型文化业态发展迅速，文化产业创新驱动能力继续增强，推动产业加快转型升级的步伐。

2019 年，文化与互联网融合渗透，发展势头强劲，1～11 月，在互联网信息服务、互联网文化娱乐平台、互联网广告等快速发展带动下，“文化＋互联网”领域实现收入 4878.5 亿元，同比增长 22.1%，比全市文化产业收入增长高 13.8 个百分点，占文化产业收入的比重达 43.8%，同比提高 4.9 个百分点。[①] 2020 年 1～2 月，规模以上互联网广告企业收入增长 9.9%。[②]

其中，新媒体业务领域，2019 年前三季度收入达到 188.22 亿元，比上年同期增加 49.90 亿元，同比增长 36.07%。[③] 数字出版领域，在中宣部组织的 2019 年度数字出版精品遴选推荐工作中，北京市推荐的项目有 9 个入围，在全国省区市中排名第一；北京地区的项目达到 56 种，占全部入围项目的 59%。多种数字出版精品力作荣获国家级荣誉，15 种作品获第七届中华优秀出版物（音像电子游戏出版物）奖，26 种获提名奖。《青春绽放在军营》等 10 部网络文学作品入围国家新闻出版署推优名单。2018 年

① 北京市统计局：《新经济助力转型发展　创新提升发展潜力》，2020 年 2 月 10 日，http：//43.254.24.2/ww/documentDital.action？docCode＝t20200210_ 1627491。其中，“文化＋互联网”指文化产业中互联网搜索服务、互联网其他信息服务、互联网游戏服务、互联网广告服务、互联网文化娱乐平台、动漫和游戏数字内容服务以及多媒体、游戏动漫和数字出版软件开发 7 个领域小类。

② 北京市统计局、国家统计局北京调查总队：《主要领域逐步恢复　新兴动能较快成长——2020 年一季度全市经济运行情况解读》，2020 年 4 月 20 日，http：//tjj.beijing.gov.cn/tjsj_ 31433/sjjd_ 31444/202004/t20200420_ 1857059.html。

③ 北京市广播电视局：《2019 年前三季度北京市广播电视创收收入情况》，2020 年 2 月 12 日，http：//gdj.beijing.gov.cn/zwxx/xytj/202002/t20200212_ 1628933.html。其中，新媒体业务收入是指广电 IPTV 机构、互联网电视（OTT）牌照机构和网络视听节目服务机构开展广电 IPTV、互联网电视（OTT）、网络视听节目服务及其他新媒体（新闻客户端、微信、微博、网站等）业务取得的收入。

北京市数字出版市场规模达到 2338.01 亿元，占全国数字出版整体规模的 28%。①

三 北京文化产业高质量发展面临的主要问题

（一）文化产业存在区域发展不均衡问题

从 2018～2019 年的收入水平看，规模以上文化产业的地理集中度高。包括东城区、西城区、朝阳区、丰台区、石景山区、海淀区六区在内的中心城区规模以上文化产业收入占全市的比重，2018 年和 2019 年分别达到 91.4% 和 92.9%，这一收入份额，远高于中心城区 2018 年 GDP 份额（70.5%），也大大高于 2019 年 1～12 月中心城区规模以上第三产业收入占全市的份额（82%②）。这说明中心城区近年来在落实功能定位、有序疏解非首都功能过程中，抓住了文化产业这一既有基础优势又符合中心城区功能的产业，尤其是东城区和西城区突出文化功能，打造出了具有竞争力的文化产业体系。而石景山区将文化产业作为区域转型发展的抓手之一，取得了良好的成效，规模以上文化产业收入份额稳步提高；海淀区依托全国科技创新中心核心区的科技创新优势，大力发展文化和科技融合产业，实现了收入份额的进一步提高（见表 3）。

与此同时，中心城区规模以上文化产业的高收入份额也意味着其他 10 个区和经济技术开发区份额合计不足 10%，且份额不断降低。平原新城地区在承接发展与首都定位相适应的文化功能、高端培育文化产业的增量方面有待提升。包括房山、顺义、昌平、大兴、北京经济技术开发区新城在内的 5 个位于平原地区的新城，作为承接中心城区适宜功能和人口疏解的重点地区、推进京津冀协同发展的重要区域，其在发挥承接中心城区文化产业功能

① 《数字未来·筑梦北京 2019 北京数字出版精品内容推介会在京举行》，北京晚报－北晚新视觉网，2019 年 12 月 28 日，https://www.takefoto.cn/viewnews－2001642.html。

② 朝阳区 1～12 月数据根据 1～11 月数据平均后推算。

方面作用有待提升。平原新城区域规模以上文化产业收入份额2019年仅为4.8%，城市副中心通州区份额仅为0.6%。生态涵养区由于区位、资源劣势，规模以上文化产业数量少，收入低，多年来比重变化不大。

表3　2018～2019年各区文化产业收入份额变动情况

单位：%

地区	2019年	2018年
中心城区	92.9	91.4
核心区	21.2	23.0
东城区	13.4	13.5
西城区	7.8	9.4
其他中心城区	71.7	68.5
朝阳区	18.0	21.2
丰台区	1.4	1.6
石景山区	3.7	4.0
海淀区	48.6	41.8
城市副中心	0.6	0.7
通州区	0.6	0.7
平原新城	4.8	5.7
房山区	0.7	0.8
顺义区	1.2	1.6
昌平区	0.6	0.8
大兴区	0.8	0.9
北京经济技术开发区	1.5	1.8
生态涵养区	1.7	2.1
门头沟区	0.2	0.2
怀柔区	0.7	0.9
平谷区	0.3	0.7
密云区	0.3	0.3
延庆区	0.2	0.1

资料来源：根据北京市统计局、各区统计局相关数据测算，其中2019年北京经济技术开发区的份额数据根据其他各区的份额数据推算得出。

（二）内容创作、转化、传播链条协调发展不够

内容产业主要包括出版服务、广播影视节目制作、创作表演服务、数字内容服务、内容保存服务、工艺美术品制造等。近年来，在互联网技术的深度参与下，内容创作生产获得了迅速的发展，北京已成为我国内容创作最为集中的地区，但其发展水平与北京市浓厚的文化氛围、丰富的创作人才、优质的创作团队仍不相称，与建设全国文化中心的要求还有一定差距。内容创作生产领域的创收模式呈现出与传统产业类似的创作、生产、制造收入不及营销传播渠道收入高的现象。而内容的生产、转化、传播各个环节是依赖共生、互相支持、互相制约的系统，其良性循环才能够促使内容资源不断流转，循环变现。从收入水平看，2019 年内容创作生产领域规模以上单位收入 1899. 4 亿元，同比仅增长 2. 5%，占文化产业收入的 14. 8%，2020 年1 ~ 5 月收入合计 796. 3 亿元，仅比文化传播渠道高 30. 6 亿元，而文化传播渠道中的重要收入来源电影放映、艺术表演等行业受新冠肺炎疫情影响收入断崖式下跌。①

（三）文化和科技融合发展存在亟待解决的问题

以文化和科技融合为特征的文化新业态、新动能是文化产业乃至北京地区经济高质量发展的驱动力，经受住了 2020 年新冠肺炎疫情的考验，成为逆势增长的主力之一。虽然北京文化科技融合发展正在迅速推进，但与北京建设全国文化中心、科技创新中心的要求相比还存在一定差距，与首都经济高质量发展的要求还有一定差距，在产业发展和政策制定等方面还存在一些亟待解决的问题。

在产业的发展方面，文化产业与新一代信息技术的创新融合程度不够高，应用程度不深，文化科技融合领域的自主创新能力还有待提升，跨文化与科技领域发展的市场主体数量不足，文化科技融合技术的市场应用场景亟

① 北京市统计局月季度数据，http：//tjj. beijing. gov. cn/tjsj_ 31433/yjdsj_ 31440/wh/2019/。

待扩展，文化科技融合的产品与服务在满足居民高质量文化需求方面发挥的作用不够。

在政策制定方面，虽然北京市已经出台《北京市促进文化科技融合发展的若干意见》等支持政策，但目前对文化科技融合企业认定无据可依，这造成相应的统计标准不明，文化科技融合相关的数据存在统计口径不一和重复统计现象，其发展水平、融合程度也就无法准确判断，这又会影响相关政策制定的准确性和针对性。

（四）居民文化消费增长乏力

“以高质量文化供给增强人们的文化获得感、幸福感”是文化产业高质量发展的出发点和落脚点，文化消费是人们的文化获得感、幸福感的重要实现渠道。从北京市居民文化消费实际情况看，居民文化消费的规模连续多年增长乏力。

从文化消费规模看，自2015年以来，北京全市居民家庭人均文化和娱乐支出的绝对值整体上趋于下降，支出实际增速多年负增长，占全市居民家庭人均消费支出的比重连年降低，文化和娱乐消费多数年份对地区经济增长的贡献率为负。2018年，北京全市居民家庭人均文化和娱乐支出占全市居民家庭人均消费支出的比重为5.5%，2019年进一步降低到5.3%；而2018年上海的比重为6.4%（见表4）。同一时期，欧美发达国家文化消费占消费支出的比重已超过25%。[①] 与此同时，北京市居民恩格尔系数从2015年的22.4%降至2018年的20.2%，[②] 位于最富裕区间，居民的消费整体上在升级，家庭收入也在不断增高，文化消费支出却在减少，占居民消费支出的比重屡创新低，北京文化消费市场经过多年“文化惠民”政策支持，仍增长不明显，文化消费在居民消费升级过程中并没有发挥应有的作用。

---

① 于进：《扩大和升级城乡居民文化消费的路径研究》，《宏观经济管理》2019年第6期。

② 北京市统计局、国家统计局北京调查总队编《北京统计年鉴（2019）》，中国统计出版社，2019。

表4　2015～2019年北京市居民家庭人均文化和娱乐支出实际增速与比重

指标	2015年		2016年		2017年		2018年		2019年	
	北京	上海	北京	上海	北京	上海	北京	上海	北京	上海
全市居民家庭人均文化和娱乐支出(元)	2592	2373	2351	2638	2395	3008	2192	2786	2272	—
文化娱乐价格指数	—	—	96.5	101.6	102	98.6	101.5	100.7	99.7	—
全市居民家庭人均文化和娱乐支出实际增速①(%)	—	—	-6.0	9.4	-0.1	15.6	-9.8	-8.0	4.0	—
全市居民家庭人均文化和娱乐支出占人均消费支出的比重(%)	7.7	6.8	6.6	7.0	6.4	7.6	5.5	6.4	5.3	—
文化和娱乐消费对地区经济增长的拉动作用②(%)	-2.1	—	-2.6	—	0.4	—	-2.1	—	0.3	—

注：①全市居民家庭人均文化和娱乐支出实际增速=全市居民家庭人均文化和娱乐支出现价发展速度/文化娱乐价格指数；全市居民家庭人均文化和娱乐支出现价发展速度=[100×（报告期全市居民家庭人均文化和娱乐支出-基期全市居民家庭人均文化和娱乐支出）/基期全市居民家庭人均文化和娱乐支出+100]/100。

②文化和娱乐消费对地区经济增长贡献率=（当年全市文化和娱乐消费支出-上年全市文化和娱乐消费支出）/（当年地区GDP-上年地区GDP）×100%；全市文化和娱乐消费支出=全市居民家庭人均文化和娱乐消费支出×年末全市常住人口。这一计算方法虽有一定局限性，但能在一定程度上反映文化消费的贡献程度。其中，2019年所使用的GDP数据为初步核算数据。

资料来源：根据北京市统计局、上海市统计局公开数据测算。

四　北京文化产业高质量发展的思路

（一）完善顶层设计明确目标任务

立足全国“文化中心”战略定位，依托“科技创新中心”战略资源，围绕居民文化生活新期待和首都高质量发展新要求，加强顶层设计。以供给侧结构性改革为主线，聚焦内容创作生产、创意设计服务、文化融合发展等前沿领域和关键环节，健全现代文化产业体系和市场体系，培育并壮大新型文化业态与消费模式。以骨干文化企业为引领，以中小微文化企业为支撑，壮大文化市场主体。加强空间载体建设，推动核心区继续通过保护利用老旧厂房拓展文化空间。推进文化与科技、金融、旅游、体育、商务、商业等的融合发展。健全配套政策体系，完善统计监测基础，营造发展良好氛围，做好文化产业高质量发展的政策组合保障。

（二）保持高效益增长是基本前提

发展是解决问题的出路，文化产业的高质量发展也不例外。文化产业发展质量不高首先是产业发展不充分，其次是发展不平衡。实现高质量发展首先要确保文化产业有稳定的增长速度和更加强劲的增长动力。

推动“要素驱动”向“创新驱动”转型，通过创新推进文化产业的供给侧结构性改革，培育文化新业态、新模式，开拓新的产品市场。要继续推动由主要依靠资金、物质要素投入向主要依靠科技创新和从业者的素质提高带来的全要素生产率的提高来拉动文化产业增长。近年来，北京文化产业劳均创收、地均创收能力都在不断提高，产业的增长已经逐渐转向依靠从业者的创造力，但与第三产业相比还有差距。

（三）文化和科技融合创新是根本出路

北京作为全国文化产业引领区，必须依靠不断创新维持国内领先地位，同时提升国际地位。随着全国文化中心和科技创新中心建设的深入推进，北京文化和科技融合日益加深，在新一代信息技术的助力下，文化产业不断开拓新领域。推进文化和科技的深度融合，是未来北京文化产业高质量发展的根本路径。

以下一代信息网络、新兴软件、新型信息技术服务、互联网、云计算、大数据、人工智能等为代表的新一代信息技术与文化产业正在加速融合，推动着文化产业进入一个新的发展周期。当前和今后一段时期，5G 商业化将快速落地，社会将从信息化时代走向智能化和数字化时代，5G 作为未来万物互联的全新技术，与大量垂直行业整合，正成为产业创新的基础。这些新技术的迅速发展，为文化产业带来了难得的机遇。网络动漫游戏、手机媒体、数字出版、数字广电、数字电影和数字演艺娱乐业等新型文化业态已经先行受益获得迅速发展，并正在主导全球文化产业发展方向。下一步，如何抓紧 5G 商业化的机遇，利用好互联网、云计算、大数据、人工智能等新一代信息技术，加速新技术在文化产业主要领域的应用布局，为文化产业开辟更广阔的发展空间，是北京文化产业高质量发展的重要任务。

（四）区域和行业协调发展是必然要求

协调发展包括区域的协调发展和文化产业内部行业领域的协调。区域协调发展方面，东城区和西城区聚焦高增长的文化核心领域打造全国文化中心的核心承载区，进一步疏解非核心领域，推动文化辅助生产、文化装备制造、文化消费终端生产等非核心领域环节彻底疏解。城市副中心和 4 个平原新城地区以及北京经济技术开发区需要重点发力，根据发展基础和区位优势，稳存量、扩增量，吸引高创收的文化形态入区，进一步打造并提升区域性核心竞争力，将文化产业发展潜能转化为发展优势。5 个生态涵养区依托各自特色资源优势，优化营商环境，实现文化产业新突破。

产业平衡发展方面，打通内容创作生产—知识产权转化—文化传播渠道—产品商业变现的链条。实施精准化的内容创作生产引导扶持，强化内容生产 IP 化，发掘利用 IP 资源实现价值转化，强调一次生产多次开发的布局，释放内容生产力，提高内容创作环节的收入水平。重视内容评估与交易机构的发展，建立客观、权威、多维度的内容评估机制，引导市场摆脱“唯流量论”的思维，使长尾的个性化小众内容有更多机会面向市场，构建头部市场与数量更庞大的个性化供需市场并重的内容生产和知识产权转化市场，提升知识产权转化质量。畅通文化传播渠道，完善文化内容传播体系，盘活渠道资源，构建完善的内容创作、流通、变现的生态圈，借助上下游资源互推互动，促进各环节良性流动、平衡发展。

五 统筹推进常态化疫情防控与文化产业高质量发展进程

（一）新冠肺炎疫情对北京文化产业发展影响明显

文化产业受到新冠肺炎疫情剧烈冲击，短期影响明显。2020 年，北京市规模以上文化产业 1～2 月的收入同比下降 11.7%，就业下降 2.5%；1～5 月，北京市规模以上文化产业收入同比下降 5.7%，降幅较之前月份有所收窄；就业人数同比下降 2.5%。分领域看，1～5 月，在九个领域中，内容创作生产和新闻信息服务均实现正增长，增幅分别为 17.9% 和 12.5%。其他七个领域均为负增长（见表 5）。

表 5　2020 年 1～5 月规模以上文化产业收入与就业情况

领域	收入		从业人员	
	金额（亿元）	同比增长（%）	平均人数（万人）	同比增长（%）
合计	4502.3	-5.7	58.4	-2.5
文化核心领域	4112.6	-1.4	48.3	-2.1
新闻信息服务	1338.0	12.5	13.0	-1.4
内容创作生产	796.3	17.9	15.1	2.8
创意设计服务	1172.1	-3.0	10.5	-6.3
文化传播渠道	765.7	-26.1	7.4	-4.9
文化投资运营	7.6	-14.0	0.2	0.3
文化娱乐休闲服务	33.0	-35.8	2.2	-7.6
文化相关领域	389.7	-35.7	10.1	-4.1
文化辅助生产和中介服务	206.8	-38.4	8.4	-2.1
文化装备生产	28.4	-42.1	0.8	-19.0
文化消费终端生产	154.4	-30.2	1.0	-7.5

资料来源：北京市统计局、国家统计局北京调查总队编《北京统计年鉴（2019）》，中国统计出版社，2019。

从上市的文化企业第一季度统计数据看，呈现明显的领域分化，部分领域企业营业收入下滑剧烈。2020 年第一季度，注册地在京的 A 股文化产业领域上市公司中，旅游、影院放映、影视制作类企业营业收入降幅剧烈，多数企业降幅在 50% 以上；其次为传统广告、图书出版等领域，收入降幅在 10% ~40%；与此同时，网络游戏、数字阅读服务、互联网广告服务、智能交互产品应用、在线教育等领域营业收入逆势增长，个别企业增幅在 60% 以上。

文化企业经营资金困难现象较为普遍。第一季度，注册地在京的 A 股文化产业领域上市公司中，70% 左右的企业经营活动产生的现金净流入出现负值，企业经营资金承压现象比较普遍。

文化消费出现较大降幅。受新冠肺炎疫情防控的影响，文化消费出现较大降幅。为应对疫情采取的居家、保持社交距离、关闭影院娱乐场所等紧急措施对居民当前文化消费产生了影响，上半年，全市居民人均教育、文化和娱乐支出 1182 元，同比下降 40.8%。与此同时，受新冠肺炎疫情影响，居民可支配收入增速降低，也会对文化消费信心带来不利影响，上半年全市居民人均可支配收入为 34573 元，同比仅增长 2.1%，明显低于 2015 ~2019 年同期 8.4% 以上的增幅。①

（二）疫情防控常态化形势下文化产业高质量发展建议

1. 加强对文化企业经营情况的监测，落实“稳企业”政策

“留得青山，赢得未来”，落实好当前“稳企业”政策，方能图谋今后的高质量发展。企业的创立、运转关系到市场的稳定，企业的收入、成本、利润、现金流等生产经营情况关系到企业的生存与发展。落实“稳企业”的目标要求，不仅要监测复工、复产、复市情况，更要高频率、高强度监测各类企业的生产经营情况，这是精准完善纾困政策的前提。

一方面，建议北京市市场监管局加强对文化企业新设和注销、暂停状态

① 北京市统计局月季度数据，http://tjj.beijing.gov.cn/tjsj_31433/yjdsj_31440/jmsz_32036/2020/index.html。

的定期监测分析，建立疫情防控常态化期间的异常预警机制。由北京市市场监管局监测文化企业的新注册数量，通过与往年同期数据的对比，监测疫情防控常态化阶段文化产业新增市场主体受影响程度，同时加强对注销企业、业务暂停企业以及僵尸企业数量变化情况的监测分析。

另一方面，建议北京市税务局加强对文化企业财务经营数据的监测分析，建立异常经营状况的预警机制。由市税务局根据文化企业的收入、成本和利润的月度数据，监测分析疫情防控常态化期间全市文化企业尤其是中小微企业的经营状况。

2. 加强对文化新业态的统计监测，追踪新动能发展态势

文化新业态、新动能是高质量发展的重要驱动力，是北京市经济发展的新引擎，也是统筹常态化疫情防控与文化产业高质量发展的抓手。依托首都强大的科技创新能力，文化产业领域的新业态发展迅速，网络游戏、数字阅读服务、互联网广告服务、智能交互产品应用等文化新业态经受住2020年新冠肺炎疫情的考验，收入逆势增长，个别企业增幅在60%以上。这些文化新业态企业是首都经济新动能的重要组成部分，是首都经济高质量发展的重要依托。因此，建议加强对文化产业新业态的统计监测分析，以全面追踪新业态、新动能的发展态势。

3. 完善对规模以下文化企业的统计监测，提高政策针对性

提高民营经济活力是文化产业高质量发展的内在要求，规模以下民营企业是文化产业的重要组成部分，加强对规模以下民营企业统计监测，对精准制定文化产业相关政策至关重要。在连续多年“放管服”改革、创新创业政策释放效应下，规模以下中小文化企业设立多、成长快、业态创新快，其经营内容、经营状态变化频繁，经营规模经常发生变化。目前，除普查摸底外，对规模以下文化企业的统计监测主要是抽样调查和推测，而这些企业经营状态的频繁变化对抽样调查数据和推测系数的准确性造成较大影响，在一定程度上削弱政策制定的针对性和有效性。建议市统计局结合市市场监管局和市税务局的行政大数据，完善对规模以下文化企业在非普查年份的统计监测。

4. 运用大数据技术完善文化消费统计，加强对新型文化消费的监测

文化消费是人们实现文化获得感和幸福感最重要途径，加强对文化消费

的统计监测是反映文化产业高质量发展进程的客观要求。建议基于商超、电子商务等的商业消费记录数据，运用大数据技术，完善文化消费统计，尤其加强对新型文化消费的监测，以更加客观反映人们的文化获得感和幸福感。具体可从完善顶层设计出发，一方面，统一统计标准，消除不同商业主体间的口径差异，使商业消费数据与官方统计数据统一口径；另一方面，通过完善法律法规、健全数据交易机制，解决商业主体向官方开放消费数据的安全性问题，发挥商业大数据在文化消费监测方面的价值，形成与官方住户收支调查数据互相补充、互相完善的文化消费监测机制，以更加客观反映文化消费对文化产业高质量发展的拉动作用。

5. 鼓励文化企业积极对接并扩大新基建应用场景

鼓励新闻信息服务、内容创作生产、创意设计服务、文化传播渠道、文化娱乐休闲服务等文化企业紧密跟踪并储备5G、AR、VR、大数据、卫星互联网等最新前沿信息技术，将新技术产业化应用到新闻、广播电视、数字出版、影视节目制作、创作表演、动漫、游戏、广告、设计、产品传播、娱乐、旅游等文化产业的应用场景中，助力常态化疫情防控时期和后疫情时代文化产业求生谋变。国家已经出台《全国有线电视网络整合发展实施方案》，全国有线电视网络整合正式启动，广电5G建设向一体化发展，赋予线上文化消费更大想象空间。同时，随着5G网络、数据中心等新型基础设施建设进度加快，互联网、物联网、云计算、人工智能催生的云娱乐、云体验等新型数字娱乐方式不断增长，释放巨大的消费潜力，进一步丰富“新文娱”的文化科技内涵，也将为数字文化产业发展注入巨大能量。

参考文献

北京市统计局、国家统计局北京调查总队编《北京统计年鉴（2019）》，中国统计出版社，2019。

B.2
北京文化产业运行与成效分析

梅 松　郑 妍　刘利文*

摘　要： 文化产业作为首都经济的重要支出产业、增强全市人民获得感的幸福产业，已成为助推北京高质量发展的重要引擎，在构建“高精尖”经济结构、推进全国文化中心建设进程中发挥了重要支撑作用。本报告分析了2019年北京文化产业的总体运行情况和文化产业不同领域、不同行业的运行特征、主要举措及成效，并对未来北京文化产业的发展提出相应的对策建议，指出北京文化产业应当补足领域发展短板，持续强化版权保护，统筹区域空间布局，做好配套服务支持，鼓励文创园区提供多元服务。

关键词： 文化消费　示范引领　空间布局　提质减量

一　总体运行概况

（一）高质量发展态势显现

1. 增速高于行业整体水平

2019年1～12月，北京规模以上文化产业法人单位实现收入12849.7

* 梅松，经济学博士，北京市文化创意产业促进中心主任；郑妍，硕士，北京市文化创意产业促进中心产业发展部主任科员；刘利文，理学硕士，京广嘉乐（北京）咨询有限公司副总经理。

亿元，同比增长8.2%；同比增速低于上年同期3.7个百分点，较同期规模以上第三产业法人单位收入增速（5.8%）高2.4个百分点（见表1）。

表1　2019年北京规模以上文化产业法人单位收入变化情况

年份	收入(亿元)	同比增速(%)
2019	12849.7	8.2
2018	10703	11.9

资料来源：北京统计局网站。下文未做特殊说明的，资料来源皆为北京市统计局网站。

2. 核心领域保持较高增速

2019年1~12月，北京规模以上文化核心领域法人单位实现收入11448.2亿元，同比增长9.9%，同比增速高于规模以上文化产业法人单位收入增速1.7个百分点；占比较上年同期提高约2.3个百分点，在文化产业中的地位略有提高。

3. 首都功能疏解效果显现

2019年1~12月，北京规模以上文化产业法人单位平均从业人员达到59.4万人，同比降低3.1%，降幅较上年同期扩大了1.4个百分点。规模以上文化核心领域法人单位平均从业人员为48.8万人，同比降低3.7%，降幅上较上年同期降低了2.6个百分点，是吸纳就业能力下降的主因；规模以上文化相关领域法人单位平均从业人员为10.6万人，同比减少0.7%，降幅较上年同期提高了3.9个百分点（见表2）。

表2　2019年1~12月北京规模以上文化产业法人单位从业人员情况

领域	2019年1~12月		2018年1~12月	
	数值(万人)	增速(%)	数值(万人)	增速(%)
合计	59.4	-3.1	59	-1.7
文化核心领域	48.8	-3.7	49	-1.1
文化相关领域	10.6	-0.7	10	-4.6

4. 劳均创收能力大幅提升

2019年1~12月，北京规模以上文化产业法人单位从业人员劳均产出为

216.3 万元/人，按现价计算，同比增长 19.2%。可见，虽然北京文化产业的增速有所下降，但是劳动生产率大幅提升，高质量发展态势显现（见表3）。

表 3　2019 年北京规模以上文化产业法人单位劳均产出比较

年份	收入合计（亿元）	从业人员平均人数（万人）	劳均产出（万元/人）
2019	12849.7	59.4	216.3
2018	10703	59	181.4

5. 文化消费水平持续提高

文化消费增长较快，文化投资增长迅速。2019 年 1～12 月，北京人均教育、文化和娱乐消费支出为 4311 元，同比增长 7.8%，同比增速高于上年同期 5.7 个百分点；占人均消费支出的 10.0%，与上年同期一致（见表4）。2019 年 1～12 月，从全市固定资产投资（不含农户）运行情况来看，文化、体育和娱乐业投资增长 77.0%，远远高于全市固定资产投资（不含农户）-2.4% 的同比增长水平。

表 4　2019 年北京文化消费支出情况

指标	2019 年			2018 年		
	合计（元）	同比增速（%）	比重（%）	合计（元）	同比增速（%）	比重（%）
人均消费支出	43038	8.0	100	39843	6.5	100
人均教育、文化和娱乐消费支出	4311	7.8	10	3999	2.1	10

文化消费持续增长，“文化过节”渐成时尚。相关数据显示，2019 年国庆期间，北京共开展各类文化活动 441 项，吸引观众达到 145.5 万人次，文化活动的项目数量与参与人次较去年分别增长 65.8% 和 34.8%。其中举办的 137 台 645 场营业性演出，吸引观众 37.1 万人次，实现票房收入 7868.4 万元。北京举办的文化活动主题鲜明，主题展览、书画交流、文艺会演、舞

蹈展演、图书推荐等活动形式多样，营造了浓厚的节日氛围，令“文化过节”成为一种时尚。

（二）全国示范引领地位显著

1. 全国文化中心地位彰显

北京文化产业增速略快于全国。2019 年 1 ~ 12 月，北京规模以上文化产业法人单位收入同比增速高于全国 1.2 个百分点，占全国规模以上文化产业法人单位收入的比重为 14.8%，远高于北京市地区生产总值占全国 GDP 3.6% 的比重（见表 5）。

表 5　2019 年 1 ~ 12 月北京规模以上文化产业法人单位收入占全国相应比重情况

领域	北京		全国		北京占全国的比重(%)
	收入合计（亿元）	同比增速（%）	收入合计（亿元）	同比增速（%）	
合计	12849.7	8.2	86624	7.0	14.8
文化核心领域	11448.2	9.9	50471	9.8	22.7
新闻信息服务	3692.7	25.8	6800	23	54.3
内容创作生产	1899.4	2.5	18585	6.1	10.2
创意设计服务	2852.8	0	12276	11.3	23.2
文化传播渠道	2876.8	8.3	11005	7.9	26.1
文化投资运营	19.8	-4.8	221	13.8	9.0
文化娱乐休闲服务	106.7	2.7	1583	6.5	6.7
文化相关领域	1401.5	-3.7	36153	3.2	3.9
文化辅助生产和中介服务	737.9	2.4	13899	0.9	5.3
文化装备生产	121.9	-26.9	5722	2.2	2.1
文化消费终端生产	541.8	-4.6	16532	5.5	3.3

2. 文化核心领域优势明显

2019 年 1 ~ 12 月，北京规模以上文化核心领域法人单位收入 11448.2 亿元，占比超过全国的 1/5，比北京规模以上文化产业收入占全国的比重高 7.9 个百分点。其中，规模以上新闻信息服务业法人收入占全国一半以上，规模以上创意设计服务、文化传播渠道等领域法人单位收入约占全国的 1/4，这些领域在全国遥遥领先。

3. 文化消费水平远超全国

2019年1~12月，北京人均教育、文化和娱乐消费支出是全国的1.7倍。在“2019中国夜间经济论坛”上，北京市被评为2019年中国“夜间经济十强城市”；同时大数据显示北京夜间线上消费额最高，夜经济需求旺盛，消费水平突出，发展潜力巨大（见表6）。

表6　2019年1~12月全国与北京人均教育、文化和娱乐消费支出情况

指标	全国	北京
人均教育、文化和娱乐消费支出（元）	2513	4311
人均教育、文化和娱乐消费支出同比增速（%）	12.9	7.8
人均教育、文化和娱乐消费支出占人均消费支出的比重（%）	11.7	10.0

资料来源：根据北京统计局网站和国家统计局网站整理获得。

（三）空间布局集聚态势明显

1. 文化产业呈现集聚发展

2019年1~12月，城六区规模以上文化法人单位收入占全市的比重超过九成，东城、西城、朝阳、海淀等四区规模以上文化法人单位收入占全市的比重超过87%，仅海淀区规模以上文化法人单位占全市的比重达62%。

2. 各区增长速度差距较大

2019年1~12月，根据已获得的数据，除海淀区和门头沟区外，各区规模以上文化产业法人单位收入增速均慢于全市。城六区除西城区和朝阳区以外，其他区规模以上文化产业法人单位收入实现正增长；海淀区同比增速高达21.2%，位居各区首位；门头沟区同比增速高达20.8%，仅次于海淀区。郊区的通州、昌平和延庆等三个区规模以上文化产业法人单位收入实现正增长，但均慢于全市平均增速；其余六个郊区规模以上文化产业法人单位收入增速为负，其中平谷区同比降低44.9%。受经济下行压力影响，各区的规模以上文化产业法人单位收入同比增速大部分慢于上年同期。

（四）产业结构持续优化升级

1. 文化核心领域地位持续增强

2019 年 1～12 月，北京规模以上文化核心领域法人单位收入合计为 11448.2 亿元，同比增长 9.9%；规模以上文化核心领域收入占比规模以上文化产业法人单位总收入的 89.1%，比上年同期提高 2.3 个百分点，比重稳步提升（见表 7）。

表 7　2019 年 1～12 月北京市文化产业各领域规模以上文化产业法人单位收入及增速统计

领域	收入（亿元）	同比增长（%）	占总收入比重（%）
合计	12849.7	8.2	100.0
文化核心领域	11448.2	9.9	89.1
新闻信息服务	3692.7	25.8	28.7
内容创作生产	1899.4	2.5	14.8
创意设计服务	2852.8	0	22.2
文化传播渠道	2876.8	8.3	22.4
文化投资运营	19.8	-4.8	0.2
文化娱乐休闲服务	106.7	2.7	0.8
文化相关领域	11448.2	-3.7	10.9
文化辅助生产和中介服务	737.9	2.4	5.7
文化装备生产	121.9	-26.9	0.9
文化消费终端生产	541.8	-4.6	4.2

2. 新闻信息服务业发展强劲

依据 2019 年 1～12 月规模以上文化产业法人单位收入情况，结合九大领域增速及占总收入比重指标变化情况，与上年同期相比，北京文化产业九大领域可划分为增速、比重“双上升”类，增速上升、比重下降类，增速、比重“双下降”类等三大发展类型（见表 8）。

表 8　2019 年 1～12 月北京市文化产业各领域规模以上法人单位收入占比情况

领域	2019 年 1～12 月		2018 年 1～12 月	
	增长率(%)	产业占比(%)	增长率(%)	产业占比(%)
新闻信息服务	25.8	28.7	20.7	23.9
内容创作生产	2.5	14.8	8.7	18.7
创意设计服务	0	22.2	17.8	25.9
文化传播渠道	8.3	22.4	7.2	17.1
文化投资运营	-4.8	0.2	-7.7	0.3
文化娱乐休闲服务	2.7	0.8	9.2	0.9
文化辅助生产和中介服务	2.4	5.7	6.6	6.1
文化装备生产	-26.9	0.9	-3	1.6
文化消费终端生产	-4.6	4.2	-7	5.5

增速、比重“双上升”类。新闻信息服务和文化传播渠道领域法人单位保持强劲增长，2019 年 1～12 月，规模以上新闻信息服务和文化传播渠道的法人单位收入分别达到 3692.7 亿元和 2876.8 亿元，同比增速分别为 25.8% 和 8.3%，占规模以上文化产业收入的比重分别为 28.7% 和 22.4%。新闻信息服务领域的同比增速和所占比重分别比上年同期增长了 5.1 和 4.8 个百分点；文化传播渠道领域的同比增速和所占比重分别比上年同期增长了 1.1 和 5.3 个百分点。

二　分领域、分行业运行特征分析

2019 年 1～12 月，北京市文化产业继续保持良好发展态势，大部分领域保持稳定增长。文化核心领域比重高，增速快，引领作用显著增强；文化相关领域比重降低，增速放缓，非首都功能疏解效果显现；文化新业态和新发展动能加速形成，有力推动了北京市文化产业的转型升级。

（一）行业发展凸显提质减量

1. 数字内容行业发展继续领跑全国

2019 年 5 月 21 日，腾讯研究院发布《数字中国指数报告（2019）》。从城市数字文化指数的排名来看，北京蝉联榜首，继续领跑全国。从数字产业中，北京培育出百度、京东、360 等近百家人工智能、大数据、云计算相关领域上市企业，数字先导产业和数字支柱产业均遥遥领先。①

（1）动漫游戏

动漫产业行业标准化趋势增强，各项措施并举，强势助力“国漫崛起”。经过多年的发展，北京市形成了包含创作、出版、运营、发行以及产品开发的全产业链，涵盖了从研发型到渠道型的全产业类型，成为全国动漫游戏产业的研发中心和出口中心。2019 年以来，北京市多项措施并举，全力推进动漫产业发展，硕果不断。2019 年第八届“动漫北京”期间，正式成立北京漫画研究院，推出《三维动画镜头预演制作流程规范》等 6 项团体标准，助推北京的动漫游戏创作生产、产品研发。此外，光线传媒参与投资、发行的《哪吒之魔童降世》也得到了来自市场和行业的高度认可。影片上映以后屡破票房纪录，上映 93 天总票房定格在 49.74 亿元，成为内地年度影史动画电影票房冠军，并跻身中国影史票房第二的位置。10 月 17 日，《哪吒之魔童降世》进入奥斯卡最佳动画初选，有望冲击奥斯卡奖项。

发挥电竞从业者全国占比最高优势，推动电竞板块高质量发展。2019 年 1 ~6 月，中国电子竞技游戏市场实际销售收入为 513.2 亿元，增长率达到 22.8%，高于同期中国游戏市场增速。②《二次元新年轻人（2019）年度行业橙皮书》显示，截至 2019 年北京的游戏厂商共约 324 家，③ 游戏厂商总量低于上海、广东，居全国第三位，但北京却是国内电竞从业者最多的城市，约占全国电竞从业者的 26.5%。④ 随着电子竞技产业在国内的迅速发

① 数据来自 2019 年 5 月 21 日腾讯研究院发布的《数字中国指数报告（2019）》，搜狐网，https://www.sohu.com/a/316495818_680938，2019 年 5 月 25 日。

② 数据来自伽马数据：《2019 中国游戏产业半年度报告》，中国经济网，http://www.ce.cn/xwzx/gnsz/gdxw/201907/30/t20190730_32761647.shtml，2019 年 7 月 30 日。

③ 数据来自《二次元新年轻人（2019）年度行业橙皮书》，新浪网，http://games.sina.com.cn/y/n/2019-11-05/icezzrr7413961.shtml，2019 年 11 月 5 日。

④ 数据来自伽马数据：《2019 中国游戏产业半年度报告》，中国经济网，http://www.ce.cn/xwzx/gnsz/gdxw/201907/30/t20190730_32761647.shtml，2019 年 7 月 30 日。

展，北京市也加速对这一产业的引导和支持。2019 年上半年，海淀区出台多项政策助推电竞产业高质量发展，包括提升电竞内容创作和科技研发能力，加强电竞品牌建设及电子竞技行业的规范化管理，搭建电竞赛事体系等方面。为鼓励开发精品原创游戏，更是推出了最高补贴 1000 万元的优惠政策。

游戏产业专项意见出台，助推北京打造国际网络游戏之都。2019 年 12 月 24 日，北京市委宣传部发布了《关于推动北京游戏产业健康发展的若干意见》。《意见》指出，要围绕建成“国际网络游戏之都”的总目标，在北京建设全球领先的精品游戏研发中心、网络新技术应用中心、游戏社会应用推进中心、游戏理论研究中心、电子竞技产业品牌中心，力争到 2025 年，全市游戏产业年产值突破 1500 亿元。同时，计划通过在北京文化发展基金中设立游戏产业发展专项子基金、建设主题园区等方式，推进北京在游戏研发、出版、发行等环节的全面发展，推动在京游戏企业从中直接受益。

（2）数字音乐

北京市网络音乐竞争乏力，政策提振成效值得期待。在线音乐平台两强格局确立，腾讯系音乐（包括酷狗音乐、QQ 音乐、酷我音乐）凭借难以逾越的版权优势继续雄霸一方，网易云音乐凭借阿里巴巴和百度的重金支持，紧随其后占据一席强者地位。而北京市的百度音乐（千千音乐）、爱音乐（电信旗下音乐平台）、咪咕音乐（移动旗下音乐平台），活跃用户较少，盈利能力持续走低，与两强音乐平台的差距越来越大。2019 年 12 月，北京市推进全国文化中心建设领导小组印发了《关于推动北京音乐产业繁荣发展的实施意见》，其中就有加快数字音乐产业发展的相关内容。《意见》提出：发挥北京互联网资源集聚优势，加速推进传统音乐产业转型升级；支持平台型音乐企业建设成为国际一流的数字音乐创作、生产、传播、消费等音乐服务平台；等等。未来，北京市数字音乐在政策的推动下，将焕发新一轮的活力。

（3）短视频

北京市短视频行业发展势头不减，各项指标继续领跑全国。凭借今日头条、一下科技、新浪微博、快手、抖音、西瓜视频、美拍等短视频内容平台集聚优势，北京市短视频行业市场持续走高。当前，短视频行业形成“两超多强”格局。截至 2019 年上半年，字节跳动 3 款短视频产品（包括抖音、西瓜视频、火山小视频）去重用户接近 5.9 亿，快手用户达到 3.4 亿。同时，百度系短视频产品也呈现同比上涨趋势，其中好看视频全域日活用户达到 1.1 亿。

2. 新闻出版行业增长强劲

新闻信息行业产值占全国总规模的一半以上，以绝对优势领跑全国。2019 年 1～12 月，北京市规模以上新闻信息服务领域法人单位收入高达 2598.2 亿元，占全国同期新闻信息服务业总规模的一半以上，达到 55.8%，以绝对优势领跑全国。从行业收入规模占比上来看，北京市的新闻信息服务业占文化产业的比重为 29.3%，远远高于全国同期行业总规模所占文化产业比重（7.5%）；同比增长 27.6%，同样高于全国新闻信息服务领域 22.4% 的增速。

优质互联网信息企业集聚优势显著。北京是互联网信息企业总部最集中的城市。在中国互联网协会、工业和信息化部信息中心联合发布的“2019 年中国互联网企业百强榜单”的前十强企业中，北京占五席。在互联网文化娱乐平台方面，北京市集中了新浪、搜狐、百度、优酷土豆、爱奇艺、酷狗、喜马拉雅、得到、大麦、猫眼、美团等一批具有一定社会影响力的文化娱乐网络视听平台。

数字出版创新走在全国前列。面对数字出版的必然趋势，北京市充分发挥资源集聚优势，加速布局数字出版产业，2019 年取得了令人瞩目的成绩。在 2019 年度数字出版精品遴选推荐工作中，北京市推荐的项目有 9 个入围，在全国省区市中排名第一；北京地区的入围项目达 56 种，占全部入围项目的 59%；多种数字出版精品力作荣获国家级荣誉，15 种作品获第七届中华优秀出版物（音像电子游戏出版物）奖，26 种获提名奖。

3. 广播影视服务行业亮点纷呈

影视制作高质量实力强劲。作为全国文化中心，北京集聚了众多出版物发行单位，同时北京作为全国广播影视创意策划、制作生产、宣推发行、国际传播的中心，影视机构总量、产业规模和产量全国第一。2019 年春节档期间，北京电影票房达2.18亿元，8部新片中，《流浪地球》《疯狂的外星人》《新喜剧之王》《神探蒲松龄》《小猪佩奇过大年》等均为北京出品，共贡献42.23亿元的票房，占新片总票房的72.4%。

电影和广播电视节目发行居全国前列。2019年推出的《关于推动北京影视业繁荣发展的实施意见》，被业内称为“京十条”，从“文化+科技”、“投贷奖”联动、金融支持等十个方面推动影视业和文化产业高质量发展。截至2019年底，排中国内地影史票房前三的影片《战狼2》《哪吒之魔童降世》《流浪地球》，均为北京出品。北京参与影视制作的机构目前已达上万家，从事电影制作的机构1500余家，在全国遥遥领先；中影、万达、光线、开心麻花等中国电影的明星企业都在北京落户；全国各地乃至世界主要影视企业都在北京设有分支机构或创作经营实体。北京市影视要素资源丰沃。

电影市场经济效益和社会效益双丰收。猫眼数据显示，2019年，北京电影总票房达到39.82亿元，[①] 仅次于上海，位居全国城市电影票房第二位，票房收入同比增长14.99%。截至2018年底，北京共有影院238家，银幕1675块，座位数22.99万个，布局相对均衡，且仍在保持高速增长。

新科技融合加速布局新兴影视业态。2019年2月14日，北京市委、市政府印发《关于推动北京影视业繁荣发展的实施意见》，《实施意见》着重提出，要促进影视业与科技产业融合发展，培育和发展新兴影视业态，努力构建影视业高精尖产业结构。目前，北京市多个传统文化传媒类公司涉足VR产业，抢滩影视新业态。华谊兄弟投资深耕VR内容及设备的暴风影音，抢滩VR风口；光线传媒投资七维视觉、极睿软件、当虹科技等企业，已经初步建立光线VR生态；2019年3月，爱奇艺联合中国联通首次实现互联网媒体行业5G商用探索，并推出8K·VR视频体验。

4. 广告、会展行业发展质量提升显著

互联网广告成为广告业的主力。相关报告显示，2019年我国互联网广

① 数据来自《猫眼数据：642.66亿元！2019年中国电影票房刷新纪录》，搜狐网，https://www.sohu.com/a/364447017_538698?scm=1002.46005d.16b016f01a2.PC_ARTICLE_REC_OPT，2020年1月3日。

告总收入约4367亿元人民币，相较上年增长18.2%，增幅较2018年减少了5.96个百分点，略有放缓，但仍保持平稳增长的态势。从广告依托的平台类型来看，位居前三的分别是电商平台、搜索类平台和视频类平台。从互联网广告收入来看，北京的字节跳动和百度分列第二、第三位，阿里巴巴、腾讯分列第一、第四位，头部效应进一步凸显。①

5. 创意设计服务业增长较为稳定

设计服务业平稳发展。2019年1～12月，北京市规模以上创意设计服务领域法人单位收入为2490.9亿元，占全国的比重超过1/5。北京市设计服务行业持续稳定发展，得益于拥有大量优质设计服务资源，汇聚了中央电视传媒广告、众成就数字传媒、微创时代、北京国际广告传媒集团、引力传媒、阿里巴巴、联动文化等150余家国内知名广告和新媒体企业。此外，中联环建文建筑设计、军都晨宇工程设计、都锦网络科技等大批建设设计、工业设计和时尚设计、专业设计等前百强优质企业汇聚北京。

设计创意活动联动全球发展。北京国际设计周活动已成功举办六届，是北京市具有国际影响力的大型文化活动。2019年10月举办的北京国际设计周，以“产业策动”为主题，设置10个分会场，50个活动站点，举办上千项设计活动，论坛近200场，吸引了来自20多个国家和地区的上万名设计师热情参与。

6. 文博文创、公园文创发展势头强劲

博物馆文创产品成为文化旅游的一大亮点。基于IP价值的充分挖掘和一系列文创产品的推出，如故宫“过大年”系列和“上元之夜”，吸引了大量游客游览。据市公园管理中心介绍，11家市属公园文创商店数量从13处增加到20处，面积增加到3600平方米，颐和园和动物园的文创年收入均超过千万元。2019年1～2月，市属公园文创产品收入实现“井喷”，前两个月实现收入2235万元，同比增长749%，已达到去年总收入的一半。

---

① 《2019中国互联网广告收入4367亿，字节跳动与美团点评成新宠》，搜狐网，https://www.sohu.com/a/368436304_100009111，2020年1月22日。

文化艺术品交易活动内容丰富。7月31日，2019北京文创产品交易会在751D·PARK北京时尚设计广场启动。超过300家文创企业、8万件产品集中亮相，以优惠的价格给北京市民文化消费提供丰富的选择。2019第22届北京艺术博览会，吸引来自中外的150余家画廊与艺术机构参展，展出8000余件艺术作品，覆盖绘画、雕塑、装置、影像、新媒体等各种艺术门类。

7. 文娱体育服务行业增长较为稳定

文化娱乐消费逐年增长。2019年初，《国务院关于全面推进北京市服务业扩大开放综合试点工作方案的批复》发布，原则上同意该方案"四项允许"：允许外商投资设立娱乐场所；允许外商投资设立演出场所经营单位；允许设立外商独资演出经纪机构，并在全国范围内提供服务；允许外商投资音像制品制作业务。这一方案的通过，对进一步激活北京市文化娱乐消费产生了极大的推动作用。

北京世园会带动景区游览业持续上涨。2019年1～10月，北京市主要旅游区（点）接待旅游人次达到2.8亿，旅游收入累计达到75.8亿元，规模较高，增长较快。北京世园会期间共吸引了110个国家和国际组织，以及包括中国31个省区市、港澳台地区在内的120余个非官方参展者参加。自4月28日开幕以来，共举办3284场活动，吸引934万中外观众前往参观。北京世园会既传播了生态文明理念，推动了绿色发展，也推进了世界园艺的交流合作。

乡村休闲观光旅游势头良好。2019年1～12月北京市经济运行情况分析报告显示，北京市2019年1～9月都市型现代农业提质增效，平均每个观光园实现收入增长4.4%，游客人均消费增长4.8%。[①] 2019年7月，文化和旅游部、国家发改委共同遴选推出并公示了全国共320个乡村旅游重点村名单，其中包括北京市密云区古北口镇古北口村在内的9个北京村落上榜。

① 北京市人民政府新闻办公室"2019年前三季度北京市经济运行情况"新闻发布会，http://www.beijing.gov.cn/shipin/Interviewlive/80.html，2019年10月21日。

优质的乡村资源为休闲观光旅游业的发展打下了良好的基础。

8. 文化艺术服务行业突出文旅融合

文化演出活动丰富多彩。进入 21 世纪以来，北京日益成为引人注目的世界演艺之都，越来越多的国际一流演艺节目亮相北京舞台，为北京增添了绚丽的色彩。据北京市文化和旅游局统计，仅在国庆期间，首都舞台就上演了 134 台、521 场精彩演出，平均每天演出 70 场。国庆期间，北京市还举办了国内外著名艺术家集聚的 2019 中国戏曲文化周、第 22 届北京国际音乐节、第十二届北京国际青年戏剧节、第四届中国国际芭蕾演出季、第三届老舍戏剧节等重要活动，不仅丰富了长假期间首都演出市场的节目类型，也提升了假期演出市场的品质。2019 年 11 月 18 日至 24 日，北京市共有各类文化艺术类演出 251 场，平均每天有 30 多场演出。

（二）新业态释放强大生命力

1. 文化旅游纵深融合取得阶段性进展

2019 年 8 月底，临空文旅产业融合发展合作联盟成立，其致力于搭建文旅领域政商银桥梁，助力大兴临空经济区周边精品民宿及千家小院建设，将大兴野生动物园休闲旅游度假区升级，推动夜间旅游等。北京环球度假区将与阿里巴巴强强联手，以前沿科技打造顺畅非凡的宾客体验，带来多场景、线上线下一体化的智能服务，同时也将为全球娱乐及主题公园行业树立崭新的管理和运营标准。

夜间经济赋予京城更多精彩。2019 年以来，北京努力集聚夜间消费人气，拉动文化消费有效尝试。开展“北京文创市集”活动，活动集合了高品质的文创消费产品。自 5 月 31 日首站“751 潮市集”开集以来，在近两月的时间里，北京文创市集已经先后在 751D · PARK 北京时尚设计广场、合生麒麟新天地、首创郎园 Vintage 步行街以及北京汽车博物馆成功举办 4 站市集，打造“流动的夜间消费打卡地”，累计吸引 36.5 万人次参加。相关数据表明，今年“五一”期间，北京夜间消费持续升温，王府井、三里屯和青年路等区域 18 点至次日 6 点的夜间消费尤为活跃，餐饮消费同比增长达51.3%；文化娱乐等服务消费同比增长15%以上。[①]

2. 文化科技融合带动文化产业提质增效

5G技术引领文化科技融合新方向。2019年6月6日，5G商用牌照正式发放。在5G时代，文化各行业加入新的技术应用，打造数字产品和服务的新市场。2019年9月，“深度融合再出发——人民日报智慧媒体研究院成立仪式”在京召开，百度与人民日报联合成立“人工智能媒体实验室”，以AI助力传统媒体转型。在中国（北京）演艺博览会北京展览馆数字剧场的情景展示区，“互联网+文化演艺”展台吸引业内专家和观众参与。展台左边的直播间正在做嘉宾访谈直播，右边电视机、电脑、手机、iPad、机器人、VR眼镜一应俱全。“互联网+文化院团”为大众提供丰富多彩的数字演艺文化内容，让舞台艺术感动生活，并向全球传播中国演艺文化。

超高清视频助力北京文化产业发展。为落实《超高清视频产业发展行动计划（2019—2022年）》，超高清视频（北京）制作协同中心先后同索尼集团、富士胶片等公司签订合作协议，并在2019年世园会上进行“5G+8K”直播试播，带给观众震撼体验。据赛迪智库测算，预计到2022年，超高清视频产品生产制造和服务直接销售收入将超过2.5万亿元，有望带动形成约4万亿元的市场。

“文化+互联网”促进文化产业创新发展。在互联网信息技术的催化下，北京文化产业与互联网融合发展特征明显，成为促进文化产业优化升级的重要动力。2019年1~5月，北京“文化+互联网”领域实现收入占文化产业收入的42.8%；同比增长24.2%，比文化产业平均增速高14.6个百分点。“文化+互联网”领域包括互联网搜索服务，互联网其他信息服务，互联网游戏服务，互联网广告服务，互联网文化娱乐平台，动漫和游戏数字内容服务，多媒体、游戏动漫和数字出版软件开发等7个领域小类。

---

① 北京市商务局：《“五一”假期北京消费市场繁荣活跃》，http://sw.beijing.gov.cn/sy/nsjg/shchyxch/zhwxx/201912/t20191220_1361465.html，2019年5月5日。

3. 文化金融融合驱动全国文化中心建设

2019年，北京在金融扶持文化产业发展方面做了很多探索和创新，推动北京文化金融出现了一些新的发展趋势。目前北京正在朝着构建以“投贷奖”联动、多层次文化产业资本市场、文化产业园区运营等重点产业投融资工具创新、上市辅导及重点企业孵化等为环节的多层次、生态式文化金融体系。文化金融助力文化产业效果显著。中国人民银行北京营管部数据显示，2019年1～7月，北京地区中资银行累计发放文化产业人民币贷款983.92亿元，同比增长28.7%；贷款户数5973户，同比增长58.1%，有力推动了全市文化产业快速健康发展。此外，文化金融融合深入“文化+老字号”“文化+旅游”“文化+科技”“文化+体育”等领域，为北京高质量发展注入强大驱动力。2019年12月10日，文化和旅游部、中国人民银行、财政部正式批复同意东城区创建国家文化与金融合作示范区，为探索北京市文化与金融合作机制创新提供了新的机遇与抓手。

4. 文化体育融合发展初见成效

冰雪文化成为文化体育融合发展的重要抓手。北京市体育局于2019年1月31日发布了《北京市体育局关于印发2019年北京市体育工作要点的通知》，指出2019年普及发展冰雪运动，加强冬奥备战工作，办好北京市民快乐冰雪季，开展冰雪运动推广活动，统筹各区开展因地制宜、各具特色的冰雪嘉年华和冰雪节，打造冰雪赛事活动等。2019年1～2月，首届“相约2022”冰雪文化节在“鸟巢”、“水立方”和庆典广场举行，主办方通过文化推广、科技互动、冰雪体验、文体活动等方式展示中国文化和中国冰雪运动。

5. 数字创意产业占全国重要地位

北京已经成为全国网络视听文化中心以及重要的数字产业集聚区。截至2019年9月，北京市影视制作机构已接近1万家，占全国1/3；信息网络传播视听节目持证机构125家，占全国1/5，还有近百家影响力广泛的短视频、直播、社交、资讯聚合平台。相关数据显示，2019年1～5月，“文化+互联网”领域实现收入占文化产业收入的42.8%。北京已成为动漫游戏、自媒体、知识付费等新业态创业公司的聚集地。

三 发展举措及成效分析

（一）出台多项扶持政策，产业发展环境更加优化

1. 顶层设计，强化文化保护传承与利用

2019年，北京市相继出台了关于“三个文化带”文化保护的相关政策：《北京市长城文化带保护发展规划（2018年至2035年）》《北京市大运河文化保护传承利用实施规划》已经公布，《北京市西山永定河文化带保护发展规划（2018年—2035年）》正在制定中，《石景山区西山永定河文化带保护发展规划》正式发布。各项规划的出台，为文化带加强世界遗产和文物、历史建筑和工业遗产、历史文化街区和特色地区、名镇名村和传统村落、非物质文化遗产等方面的文化遗产保护传承与合理利用的未来指明了方向，对完善北京历史文化名城保护体系具有重要指导意义。此外，《北京历史文化街区风貌保护与更新设计导则》于2019年2月公示，《导则》旨在从技术上规范北京历史文化街区在风貌保护与更新中的“宜”与“忌”，使街区在具体规划、设计及建设时有规可依、有章可循。

2. 促进文化与旅游深度融合，变资源优势为发展优势

2019年12月11日，北京市政府新闻办联合市文旅局召开新闻发布会，宣布出台《关于推进北京市文化和旅游融合发展的意见》（以下简称《意见》），以七个方面26项举措推动将北京文化和旅游资源优势转化为发展优势，着力打造文化和旅游融合的北京样本。《意见》为推进北京文化和旅游融合发展构建了全方位的支撑体系。在资源支撑体系方面，提出完善历史文化名城资源保护利用体系、建设国际化文化旅游智慧城市、打造高端智库和资源交易平台4项举措；在文化旅游空间布局方面，提出打造“一城三带一区一圈”的融合发展格局；在文化旅游公共服务方面，要打造公共服务设施、公共活动共享和公益服务三大工程；在文化旅游产品体系方面，紧扣古都文化、红色文化、京味文化和创新文化构建产品体系；在提升文化旅游国际影响力方面，通过拓展对外交流综合平台，推广对外

交流国际品牌，拓宽对外交流层次渠道 3 项措施，扩大北京文化旅游朋友圈。《意见》是全国首个在省级层面出台推进文化和旅游融合发展的总揽性、规范性文件，为 2020 年北京文化旅游深度融合带来新机遇、新方向、新举措。

3. 繁荣影视行业，推动北京影视业向高精尖转型升级

2019 年 2 月，北京市出台《关于推动北京影视业繁荣发展的实施意见》。《意见》明确指出，北京建设成为具有国际影响力的影视之都，从“文化 + 科技”、“投贷奖”联动、IP 软环境优化、影视园区建设、融合发展、金融支持、影视消费、京津冀协同发展、国际传播、动态管理等角度提出了十方面重点工作，促进影视业与科技、金融等相关产业融合发展，做好装备制造、内容生产、推广、发行、传播等影视产业链相关环节精准衔接，构建高精尖发展结构。

4. 减税降费政策落地，提升文化类中小企业获得感

2019 年 1 月，财政部和税务总局先后发布了《关于实施小微企业普惠性税收减免政策的通知》《关于实施小型微利企业普惠性所得税减免政策有关问题的公告》《关于小规模纳税人免征增值税政策有关征管问题的公告》等政策，加大小微企业的税收优惠力度。北京市发布了《国家税务总局北京市税务局关于深入贯彻落实减税降费政策措施的通知》，落实各项减税降费政策。此外，北京市将出台促进民营经济健康发展意见，设立规模超过 100 亿元的市级融资担保基金，精准帮扶民营企业发展。文化产业以小微企业为主，成为小微企业减税降负的主要受益领域之一。

5. 推动游戏产业健康发展，鼓励原创精品创作

为推动游戏产业提质增效发展，2019 年 12 月 24 日，北京市推进全国文化中心建设领导小组印发《关于推动北京游戏产业健康发展的若干意见》（以下简称《意见》）。《意见》明确指出，北京市将实施“北京原创精品游戏研发工程”，给予入选作品政策、资金和宣传推广扶持，鼓励原创游戏精品创作生产，并推动北京市精品游戏研发基地建设，吸引国内外优秀游戏企业、原创团队和创意人才扎根北京，打造一批引领行业发展方

向的“北京品牌”企业等。《意见》紧紧围绕推动游戏产业健康发展这个核心，坚持问题导向，加强价值引领，积极回应社会关切；立足产业现状，通过规范管理，着力解决企业诉求；着眼未来发展，提倡融合创新，聚焦提升核心竞争力；提出到2025年，全市游戏产业年产值突破1500亿元的奋斗目标。

（二）举办文化品牌活动，文化产业交流更加深入

1. 举办惠民文化消费活动，文化消费潜力进一步释放

成功举办第七届北京惠民文化消费活动，本届消费季继续加大“优惠”“普惠”力度，引导参与企业通过票价满减、折扣买赠、免费体验等方式提供惠民举措，惠民金额超过1亿元。其中，仅北京文创产品交易会文惠券就提供不少于200万元券额，支持消费者购买文创产品、非遗衍生品等文化产品。此外，消费季还在天津、河北开设分会场，重点推出京津冀非物质文化遗产项目联展、京津冀民俗博览节、雄安非遗时尚创意设计主题展等15项活动，积极推动京津冀文化消费一体化。

2. 开展定期性文化赛事及会议，为优质项目提供落地运营平台

举办2019北京文化创意大赛、第十四届中国北京国际文化创意产业博览会（文博会）、2019北京国际设计周、以“文化金融深度融合－金融助力文化产业高质量发展”为主题的2019中国文化金融峰会、2019北京（国际）文创产品交易会等多项品牌活动，为文化产业的优质项目提供展示交流、创业孵化和落地运营平台。如2019北京文化创意大赛不仅是发现项目的平台，更是一个集挖掘、整合、孵化、对接、资金扶持于一体的“产业大平台”，为获奖企业提供“积分落户＋扶持资金”双重支持，同时还为企业提供包括项目落地、创业空间、资本对接、政策咨询与帮助等方面创业服务包，更加精准地对接参赛企业（项目）需求，助力解决企业难题和促进优秀项目落地。

3. 举办国际性文化交流活动，文化产品国际影响力有所提升

2019年，北京举办了中国北京世界园艺博览会、第九届北京国际电影

节和2019北京国际旅游博览会等国际性的文化博览和活动。其中，北京世园会开园期间，会期共举办3284场中西交融、精彩纷呈的文化活动，吸引观众310多万人次，吸引国际友人20万余人次。第九届北京国际电影节期间，77家企业的40个项目达成签约合作，总金额达309.028亿元，较上年增长了约18.48%；2019第八届“动漫北京”吸引了包括日本DMM、上海艾漫、ACTOYS、日本万代、AcFun、JOYBRAIN和次V殿等在内的众多国内外顶级动漫、游戏相关企业参展。依托区域内丰富的国际组织、国际机构和媒体资源，北京市开展多渠道、多形式、多层次的对外文化交流活动，吸收各国优秀文明成果，大大提高了北京对外文化交流水平。

（三）重点项目建设取得突破，产业发展能级持续提升

1. 积极推进文化旅游项目

2019年9月，北京大兴国际机场正式通航，大兴机场将兼顾交通枢纽功能和旅游观光功能，拓宽北京文化旅游市场；环球主题公园一期各标段基本完成钢结构安装，环球大酒店、城市大道等配套项目如期开工；2020世界休闲大会主会场项目进入收尾阶段，计划年底竣工。

2. 有序开展三大文化带建设工作

三大文化带的保护与利用工作积极推进。北京正推进重点片区腾退和整治更新，加大对通州古城、张家湾古镇、路县故城、古码头、运河沉船的考古工作力度，全面展示大运河丰富的历史遗存；石景山区已启动对位于石景山上的建于唐代的金阁寺古建筑群的修缮工作，将修复钟鼓楼、金阁殿、天王殿等建筑，恢复其历史原貌；怀柔区开始了长城抢险点段的“会诊”工作，目前已完成九渡河镇和雁栖镇抢险点段的抢险方案。

3. 加快布局重大文化设施

2019年，北京市进一步加强文化设施建设，抓好文化惠民工程，文化服务质量得到有效提升。海淀区成为“国家公共文化服务体系示范区”。朝阳区建成了朝阳区非物质文化遗产保护中心、国际文化交流中心、来广营北部孵化基地等一批示范性公共文化设施，提升了公共文化服务的均等化、精

细化。石景山区各级公共文化设施开放时间较创建前平均增长50%，面积增加60%，每年直接到公共文化场所参与享受文化服务人次超过100万，增长了70%，服务效能显著提升。通州区大运河畔的“文化粮仓”、城市森海中的“古韵风帆”、六环公园边的“书山智库”三大文化建设工作稳步推进。

（四）加强空间载体建设，示范引领作用更加突出

1. 启动第二批北京市级文化产业园区认定工作

为在全市范围内形成文创园区争先创优的良好氛围，带动文化产业空间载体优化提升，推动文化产业高质量发展，北京市于2019年11月正式启动第二批北京市级文化产业园区认定工作。

2. 老旧厂房转型政策“最后一公里”打通

2019年底，《保护利用老旧厂房拓展文化空间项目管理办法（试行）》正式印发，根据该办法，符合条件的国有建设用地上的老旧厂房转型为文化产业园区或兴办图书馆、文化馆、美术馆、博物馆等非营利性公共文化设施，可按照一整套流程规范办理改造建设及登记注册等相关手续。该办法将首先试点应用于首都31处老旧厂房转型文化空间。

3. 国家文创实验区先行先试成果显著

国家文化产业创新实验区（以下简称“国家文创实验区”）作为文化产业政策的试验田，陆续出台了一系列先行先试政策。2019年1月，出台促进实验区高质量发展的“政策50条”，包括15个领域的50条具体政策条款，形成了比较完善的政策促进体系，吸引了越来越多的文化企业选择落户朝阳区。6月，北京“文创四板”正式落户国家文创实验区，“文创四板”将为全市文化企业提供股债融资、培训辅导、股权管理、四板挂牌、转板上市等专业服务，畅通文化企业融资渠道，助力文化产业升级发展。政策与文化金融体系日益完善，2019年1～5月，国家文创实验区749家规模以上文化产业法人单位实现收入438.4亿元，占全区文化产业收入的52.8%，占全市文化产业总收入10%，引领北京文化产业创新发展。

（五）加强区域文化合作，文化开放水平有所提高

1. 加强三地一体合作，京津冀协同发展更加深入

2019 年 11 月，以推动京津冀文创项目合作对接为目标，北京市召开了第七届京津冀文化创意产业合作及项目推介会，努力促进京津冀项目资源、文创技术、人才培训等方面互利共享。京津冀三地文化和旅游部门签署了《京津冀文化和旅游协同发展战略合作框架协议》，加强京津冀文化和旅游试点示范区建设。此外，第十四届中国北京国际文化创意产业博览会设置"京津冀文化和旅游协同发展展区"，为京津冀文创企业提供宣传推介服务，促进京津冀三地企业间的交流与合作；2019 年北京金秋优秀剧目展演，汇集了来自京津冀三地 20 家艺术院团的戏曲、话剧、儿童剧等各种舞台样式的 20 台精品力作。

2. 搭建国际文化交流合作平台，文化交流更加深入

北京市深入开展国际交流与合作，弘扬传承中华优秀传统文化，扎实推进北京文化产业国际化步伐。举办 2019"一带一路"文化艺术峰会，就"一带一路"下的文化艺术传承发展展开探讨交流；中外 20 个知名文化产业园区倡议发起的国际文化产业园区发展联盟在北京成立，联盟促进海内外文化产业园区（企业）间多种形式的合作和经济联合，促进国际文化产业项目合作；2019 国际文化产业园区发展论坛暨国际文化产业园区发展联盟成立活动在朝阳区举办，国内外驻华使馆领导、专家学者一起深入探讨新时代文化产业园区发展的新途径、新方式，加强交流互动，搭建互学互鉴平台。

四 发展对策与建议

（一）补足领域发展短板，增强核心领域发展活力

2019 年，北京文化核心领域虽然增长较快，但是只有新闻信息服务领域增速快于文化产业总体增速，内容创作生产、创意设计服务、文化传播渠道、文化投资运营、文化娱乐休闲服务等五个领域增速均慢于北京文化产业

总体增速。新闻信息服务领域拉动文化产业八成增长的模式是不可持续的，必须深入研究其他五个文化核心领域增速较慢的成因，精准施策，实现文化核心领域的均衡发展，促进北京文化产业的持续高质量发展。

（二）持续强化版权保护，加快区块链等技术应用

加强内容创作方面的人才培养、资金支持和管理服务，出台支持性措施，鼓励影视、动漫、游戏、文娱等行业加强对编剧、设计师、策划等创意人才的培育。办好网络文学版权保护论坛、中国剧本推优与版权保护论坛、国际版权贸易与保护论坛等会展论坛活动，鼓励摄影师、音乐家、设计师等与版权保护和交易类企业签约合作，探索短视频等数字内容产品版权化方法，畅通版权产业化渠道。鼓励区块链、大数据、云计算等新技术在版权保护领域的应用，建立北京区块链版权保护平台，让技术在版权保护中发挥更大的作用。

（三）统筹区域空间布局，实现各区间差异化发展

深入调查北京 16 个区的文化产业发展基础与现状，充分了解其文化资源、文化产业、文化产业配套等，适应文化产业发展的新形势，按照文化产业发展的新要求，制定文化产业发展战略。各区根据其优势和特色打造重点项目，引进优质企业，促进各区文化产业特色化、差异化发展。优化文化产品供给的空间布局，支持主城区继续加强文化核心领域的发展，支持通州、顺义、昌平、怀柔、大兴、房山等郊区的文旅产业发展，推动文化旅游项目提升、整合、新建、储备。

（四）做好配套服务支持，激发夜间经济活力

要提升夜间经济文化内涵，打造具有城市文化特色的夜间休闲项目。需要精耕细作，调配好各种资源，包括完善的基础设施、便捷的公共交通、高效的公共服务、丰富的文化空间，等等。要切实引导夜间消费的意识，积极培育夜间消费的市场，加快搭建夜间消费的平台，做到特色与服务并重，从

而丰富它的内涵和魅力，给“以城留人”创造基础条件，让城市的夜晚“亮”起来、人气“聚”起来、商气“火”起来、财气“旺”起来。

（五）鼓励文创园区提供多元服务，提升服务层级

引导文创园区深入了解入驻企业发展需求，在人才、共性技术、知识产权保护等方面，为入驻企业提供服务；建立入园企业交流合作平台，撮合业务相关企业开展项目合作，实现共赢。优化园区企业空间布局和合作关系，积极推进园区内及园区间的企业联盟和战略合作，实现优势互补和良性互动，协同推进技术创新与进步，促进产业升级。

行业发展篇

Industries Development

B.3
北京工业设计产业发展情况及对策建议

肖 澜 李文姬*

摘 要： 本报告系统分析了北京市工业设计产业、工业设计企业的集聚情况，设计成果、智力资源和设计品牌等的发展现状和趋势，剖析其中存在的问题发现，北京工业设计产业的配套政策不够完善，产业生态有待优化，设计与科技的相互支撑作用有待增强，高端人才培育有待提升，知识产权保护体系有待全方位完善。今后，北京工业设计的发展应当完善政策环境，加大扶持力度；健全工业设计技术创新体系，提升核心竞争力；打造设计应用新场景，培育新的经济增长点；完善公共服务，构建工业设计生态。

* 肖澜，北京工业设计促进中心主任、联合国教科文组织国际创意与可持续发展中心执行主任，主要研究方向为设计及新材料研究；李文姬，北京工业设计促进中心，主要研究方向为设计产业。

关键词： 北京工业设计产业 融合发展 工业设计生态

世界设计组织 WDO（前身是国际工业设计协会 ICSID）2015 年定义：工业设计是一种将策略性解决问题的过程应用于产品、系统、服务及体验的设计活动。它将创新、技术、商业、研究及消费者紧密联系在一起，重新解构问题，提供新的价值以及竞争优势。美国工业设计师协会 IDSA（Industrial Designers Society of America）认为工业设计是一项专门的服务性工作，为了使用者和生产者双方的利益而对产品和产品系列的外形、功能和使用价值进行优选。加拿大魁北克工业设计师协会（Association of Quebec Industrial Designers）认为工业设计包括提出问题和解决问题两个过程，形式和使用功能相互作用的辩证关系即工业设计。由此可见，工业设计不仅以艺术感染力满足审美需求，还肩负推动科技转变为生产力，确保产品的使用功能得到最大限度发挥的重任，实用性、艺术性及科学性缺一不可。

一 我国工业设计产业发展情况及趋势

（一）工业设计产业发展情况

2010 年工信部等 11 个部委联合出台了首个国家工业设计产业政策——《关于促进工业设计发展的若干指导意见》，2014 年，《国务院关于推进文化创意和设计服务与相关产业融合发展的若干意见》，国家政策的出台促进了工业设计产业快速发展，各地通过各类政策扶持，举办设计活动营造发展氛围，促进工业设计的普及和提高。随着“中国制造 2025”的推进，工业设计迎来新的风口。国家统计局数据显示，2019 年规模以上创意设计服务企业营收 12276 亿元，增长 11.3%。我国专业的设计机构达到近 8000 家，5000 多个企业设立了工业设计中心，全国已拥有创意类园区 1000 家，其中半数将工业设计作为园区的业务主体之一，全国已有设计类专业院校超过

1700 所，设置工业设计专业的院校超过 500 所，从业人员超过 50 万人。行业力量及配套支持持续增强，省、市级工业设计行业协会达到 60 余家，设计园区超过 1000 家。同时，中央和地方政府积极提升工业设计的影响力，工信部认定了 171 个国家级工业设计中心，21 个省、市地方政府认定了 1300 余个省级工业设计中心。

（二）产业空间分布格局初步形成

国内工业设计基本形成了以深圳为代表的珠三角、以上海为代表的长三角和以北京为代表的京津冀三大产业集聚区。深圳作为国内首个被评为“设计之都”的城市，拥有较为完善的制造业产业链，工业设计产业一直以来走在全国前列。上海作为“设计之都”，以国际展会、文创产业不断拉动工业设计快速发展。2018 年上海工业设计和建筑设计合计产出 2630 亿元，增速达 12.5%，实现增加值 830 亿元，占 GDP 比重超 2.5%。[①] 北京以科技创新、文化创新的鲜明特征入选“设计之都”，有显著的人才、技术和市场优势，吸引一些企业将设计研发总部建在北京。此外西安拥有各类航空单位 300 余家，并拥有全国最大飞机制造企业（西安飞机工业有限公司）和全国唯一大中型飞机设计研究院（航空工业第一飞机设计研究院），其工业设计侧重航空领域。具有轨道交通领域国家重点实验室和 200 余家轨道交通制造企业的成都，其工业设计在高铁领域具有较强的影响力。

（三）国内工业设计呈多产业融合化发展

国内工业设计呈现多产业融合化发展的趋势，并不断向产业链上游延伸。国内工业设计发展呈现两大特征：一是设计与科技、文化及其他产业的融合，强化设计驱动和集成创新。随着用户需求的多样化及设计定制服务的发展，融入人文关怀，优化社会服务，使设计思想成为工业设计未来的方

① 上海市人民政府：《上海设计力量亮相 2019 世界工业设计大会》，2019 年 10 月 22 日，http://www.shanghai.gov.cn/nw31406/20200820/0001-31406_1407281.html。

向。二是工业设计逐步向产业链上游高附加值部分如咨询、品牌等领域不断延伸。东道设计以产品与包装设计、VI 设计等为起点，逐步发展为给企业提供包含品牌研究、策划和传播及品牌管理制度建设等综合性服务的设计机构。

二 北京工业设计产业发展情况

（一）北京工业设计产业基本情况

北京是中国科研院所、高等院校及科技型企业最密集，科技人才最集中的城市，北京还拥有电子信息、汽车等发达的现代制造业，为工业设计发展奠定了较好基础。2016 年北京设计产业收入超过 2000 亿元，共有专业设计机构（法人单位）2.3 万家，从业人员 25 万人，2011 ~2016 年设计产业收入年均增长超过 11%，高于 GDP 增速 5 个百分点，快于第三产业年均增速 7 个百分点，人均创造收入 100 余万元，设计产业成为北京新的经济增长点。[①] 根据北京市统计局相关数据，2019 年北京创意设计服务企业收入达 2852.8 亿，从业人员超过 10 万人。截至 2019 年底，北京市拥有 234 家设计创新中心和 33 家高精尖产业设计中心，这些优势都为北京工业设计的发展提供了良好的氛围和广阔的市场空间，也决定了北京在中国工业设计发展中的引领带动作用。

（二）北京工业设计企业情况

北京工业设计企业主要包括三类主体：企业内部设计部门、大型设计服务公司、中小型第三方设计公司。其中企业内部设计部门主要以内部研发设计中心为代表，约 100 家，包括联想、小米、北京汽车研究总院等，这类主体作为创新先锋，通过整合结构、界面和包装营销等设计进行创新，推动品牌

① 刘晖：《推动“设计之都”品牌建设　递出北京城市创新发展新名片》，《科技日报》2017 年 8 月 25 日。

成长，且专业企业开始输出部分非核心设计能力，引领产品创新。大型设计服务公司约20家，以洛可可设计、阿尔特设计为代表，此类企业作为行业标杆，覆盖市场研究、设计研发、小规模试产和供应链咨询等全设计流程，且项目执行能力强，与下游企业相比具备成本和效率优势，它们的目标是服务产业，为全行业、全流程需求提供解决方案。此外还有中小型第三方设计公司约800家，以智加设计、品物设计为代表，服务对象主要集中在IT、通信设备、医疗器械、航空航天等领域，部分企业专注特定领域（如医疗设备、消费电子），向专业化发展，形成自身独有的竞争优势。另外一些制造业领军企业如中国航空、中船重工、京东方、紫光纷纷投入大量资源，加快设计研究中心发展。

（三）工业产业集聚效应初显，设计氛围浓厚

依托北京的科技与教育资源优势，以及科技服务业和高端制造业的发展，工业设计企业有集聚发展的趋势，吸引了国内外一批设计公司和机构来京，如韩国设计振兴院、上海木马等。逐步形成了以灏域为代表的北京DRC工业设计创意产业基地，以品物为代表的751 D·PARK北京时尚设计广场集聚区，以768创意园为代表的海淀集成电路和电子产品集聚区，以长城华冠和阿尔特汽车设计为代表的顺义和亦庄工业设计集聚区等。每年举办各类设计创意类赛事超过100项，举办北京国际设计周、中国国际时装周、国际体验设计大会等活动800余场。

（四）工业设计成果显著，智力资源丰富

北京市拥有一批高水平工业设计机构和具有优秀设计部门的企业，取得了良好经济效益和社会效益。8家国家级工业设计中心，服务了天宫、天眼、APEC、G20、冬奥会等国家重大工程和活动。小米、联想均是设计驱动型企业，也是世界500强公司。北京设计企业通过设计和技术相结合，打造如智能机器人、小牛电动车、智能门锁等多款超亿元爆款单品，引领了新消费，带动产业上下游升级，服务高精尖产业发展。如智加问道与商汤科技公司合作，应用工业设计的思维推动人工智能领域的产品落地，设计研发人

证对比智能一体机，通过应用材料、外观造型等设计，提升了易用性和安全性，并符合酒店、车站、医院等多个场景的应用需求。北京市开设设计相关专业的大专院校有71所，其中开设工业设计专业的院校有26所，涌现出姚映佳、贾伟、周林等一批设计领域领军人才和设计领域青年人才。

（五）设计品牌影响广泛、国际化程度较高

中国设计红星奖连续四年成为全球参评数量最多的工业设计奖项，至今征集到涵盖全球33个国家的7万多件产品。2015年成功申建的联合国教科文组织国际创意与可持续发展中心，是联合国教科文组织在全球首个以“创意与可持续”为主题的“第2类中心”，是全球第一个跨领域的第2类中心，形成较强的品牌影响力和传播力。北京工业设计企业纷纷开拓国际市场、创建品牌，东道、北京工美、清华同衡等承担了APEC会议、“一带一路”国际合作高峰论坛的整体品牌形象、城市灯光、国宴国礼等项目的设计工作，彰显出中国传统文化特色，提供了高规格“中国服务”。洛可可、元隆雅图等已帮助国际国内500强公司、行业知名公司等成功开发上千款产品，赢得了通用、西门子、三星等众多国际国内知名品牌的青睐。北京东成新维设计咨询有限公司设计了全球第一款可以兼容iPhone和iPad的蓝牙智能血压计，先后在美国硅谷孵化并成立公司，客户覆盖中国、美国、欧洲及“一带一路”沿线国家。2017年北京东道设计公司与德国“工业4.0”重镇曼海姆市市长签署了“中德创意中心”的备忘录，“中德创意中心”的成立标志着中国设计逐步被国际认可。

三　北京工业设计产业存在的问题

（一）设计产业配套政策不够完善

北京市工业设计政策聚焦在企业设计能力提升和科技创新两方面，与国内工业设计发达地区相比，在人才引进、房租减免、奖项奖励、参展补贴、

户口及配套保障等方面存在一定的差距，缺少对于工业设计人才的支持鼓励政策。广东省和浙江省在2010年左右就出台工业设计职业资格评定政策，加强工业设计专业人才队伍建设。为提高工业设计服务水平和创新能力，提升工业设计师的社会获得感，浙江省在2019年发布高级工业设计师职业资格评价条件，进一步完善人才鼓励政策。

（二）产业生态有待完善

北京正处于产业转型期，产业发展空间和配套不足，工业设计下游产业链如试制车间等配套外迁，设计公司在寻找、挑选供应商，把控生产质量等方面成本较高。设计与科技成果的对接平台与机制尚未建立，大量中小设计机构的工业设计工具应用能力较弱，创新力不足，设计师缺乏对新技术、新材料、新工艺的掌握与应用。有影响力的设计活动较少，设计机构缺乏展示和宣传自身特色的平台和活动，缺少参与国际项目的渠道，难以提升自身能力并输出设计服务，设计潜能远没有被释放出来。

（三）设计与科技的相互支撑作用有待提升

设计在技术集成创新中的作用发挥不足，对各领域的新技术、新材料、新工艺的研究成果掌握有限，缺乏获取渠道，技术集成整合能力有限，大部分设计仍然停留在外观与结构方面，合作方式以单纯委托为主，尚未深度参与到企业产品定义、技术研发和科技成果转化的前端，设计企业在科技研发投入、专业技术服务、产业创新体系、创新环境等方面亟须加强。

（四）高端人才培育有待提升

北京市缺少本土工业设计大师。国内设计师参与国际活动、项目少，导致高水平的设计师没有被挖掘出来。缺乏复合型设计人才，高校人才培养多注重设计技能，缺少设计思维，缺乏与人工智能、大数据等专业的交叉学习训练，缺乏掌握新技术的渠道和参与市场项目的实践经验。此外在京落户的海外高层次人才较少，未形成人才集聚效应。

（五）全方位的知识产权保护体系有待完善

一是工业设计原创知识产权维权困难。设计师的工作全链条无法形成有效的确权保护，原创产品一出，市场抄袭现象严重，且侵权取证难度较大，维权成本高。二是缺少了解海外知识产权保护相关政策的渠道。设计机构开拓国际业务时，需要申请海外知识产权保护，但当前缺少了解相关政策的渠道。

四　北京发展工业设计产业的相关建议

当前，北京工业设计发展面临新的机遇和挑战，一方面北京正值全力推动“四个中心”建设加速期。建设“设计之都”，发展工业设计，以创新驱动为导向，培育经济发展新动能，是实现北京高质量发展的重要手段。发展设计产业，集成科技、文化与服务创新，培育新业态，激活新消费，是丰富高精尖产业新内涵、促进非首都功能疏解、优化提升首都功能的重要引擎，是全国科技创新中心建设的重要内容。另一方面北京疏解非首都功能，对环保提出了更高的要求及标准。大量制造企业外迁，对北京市工业设计发展造成了一定的冲击，也带来了更大的挑战。北京市工业设计产业发展应做到以下几点。

（一）完善政策环境，加大扶持力度

建议北京市进一步完善组合政策，在高端设计人才引进、设计师落户、子女教育等方面给予政策支持。对标深圳、杭州，在房租减免、奖项奖励、参展补贴及配套保障方面给予一定的资金支持。鼓励企业用创新券向设计公司、设计院所购买设计服务，提升产品质量。利用疏解腾退空间，优先发展设计产业，在京津冀区域，建立并完善集市场调研、产品设计、手板模型制作、模具开发、加工生产为一体的工业设计产业链，优化产业环境。

（二）完善工业设计技术创新体系，提升核心竞争力

完善工业设计技术创新体系。应鼓励企业和高校、科研院所开展设计工

具、设计及相关仿真软件的研究，在设计工具和底层技术领域引领全国。推动虚拟现实、人工智能等新技术在设计中的应用，建立数字化设计与制造实验室、CMF 创新实验室，以及设计与人工智能、虚拟（增强）现实、大数据等领域交叉合作的联合实验室，搭建协同创新服务平台，引导更多跨界交流，增强设计对信息、科技和文化的整合能力，促进创新设计服务与企业、市场和社会需求的对接，提升设计企业的设计创新能力。鼓励骨干企业与优秀的外国设计机构合作，学习和借鉴国际工业设计思想、模式、方法和工具，提升国际竞争能力。

（三）打造设计应用新场景，培育新的经济增长点

围绕智慧城市、医疗健康、智能交通等重点领域，挖掘设计应用的新场景。以冬奥会、环球影城等重大活动和工程为契机，充分发挥设计的引导作用，开展智慧场景设计，打造设计服务新模式。在重点园区街区，结合园区功能、所属产业领域特色、街区风貌等，打造格局上具有特色的场景园区、街区，形成设计应用示范和模式。充分依托北京文化资源优势，围绕故宫、颐和园、天坛、大运河等文化资源，以设计撬动文化价值的创造和传播。发展服务设计，围绕全聚德、稻香村等老字号，加强服务流程和服务模式的设计研究和提升，在多元化的时代潮流中进一步提升品牌影响力，培育新的经济增长点。

（四）完善公共服务，构建设计生态

围绕工业设计产业链支持材料、人机工程等一批技术服务平台、资源对接平台的建设，鼓励举办多种形式的设计与科技跨界交流活动，营造创新氛围；鼓励建设一批特色设计集聚区，同时在高精尖产业领域集聚区内，鼓励引入设计机构，完善其产业链服务；建立适用于互联网的知识产权服务支撑技术体系，推动以知识产权为价值核心的设计服务商业模式创新；鼓励利用金融手段，放大设计价值，推动设计入股等多种服务模式的发展。加强人才培养，建立海外高层次设计人才引进体系，培育一批高水平、复合型设计人才。

B.4
北京市数字创意产业的发展现状及对策建议研究

郭 嘉 王涵媛 左伟楠 刘敬贺*

摘 要： 数字创意产业是信息科技产业与文化创意产业融合发展的新兴产业形态，对于国家和城市的综合发展至关重要。因此在全球数字化的背景下，“十三五”期间我国重点提出将数字创意产业打造成我国经济的主导力量和新支柱。而北京作为我国科技中心与文化中心，在丰富的资源要素和有力的政策力量驱动下，数字创意产业起步早、发展快、成效显著，已成为我国数字创意产业最具竞争力的城市之一。但参照同期国内外数字创意产业的前沿城市，北京在发展策略上仍有许多可以优化和提升的空间。

关键词： 数字创意产业 产业融合 智慧城市 北京

一 数字创意产业对城市发展的驱动效应

数字创意产业是当前各大城市重点发展的产业，其对城市的驱动效应主

* 郭嘉，首都师范大学文化产业系主任、副教授，北京观恒文化发展研究院副院长，主要研究方向为文化产业及政策研究、基于互联网平台的营销传播；王涵媛，首都师范大学文化产业系硕士研究生，主要研究方向为数字创意产业研究、网络与新媒体；左伟楠，首都师范大学文化产业系硕士研究生，主要研究方向为文化产业及政策研究；刘敬贺，首都师范大学文化产业系硕士研究生，主要研究方向为文化产业及政策研究。

要体现在促进经济转型升级、加强协同创新发展、培育创新文化氛围以及推动智慧城市建设等方面。

（一）促进经济发展，带动城市经济结构转型升级

随着数字革命的深入推进，数字技术与社会生产的融合度不断提升，数据成为经济活动中关键生产要素之一。数字创意产业以数字科技与创意内容为基本要素，推动传统经济模式向数字经济模式转型升级。在数字创意产业的飞速发展下，产业互联网成为经济变革的主导趋势。产业互联网通过互联网、大数据、人工智能与实体经济的深度融合，成为经济结构转型升级的核心生产工具。基于此，数字创意产业作为国家的战略性新兴产业，已经成为我国各大城市发展的主要动力之一，并持续为转变城市的经济发展方式、促进消费增长起到强有力的带动作用。

（二）加强产业融合，引导技术与内容的协同发展

数字创意产业的核心是数字技术与创意内容的深度融合，即提高传统文化创意产业的科技附加值与新兴科技的文化内涵。数字创意产业在城市发展中的重点是政策、技术、人才、文化、资金等资源的配置整合。以数字创意为着力点，促进不同产业之间的融合发展。基于技术与内容的融合，数字创意产业成为优化文化科技产品供需的知识密集型产业。在协同发展背景下，数字创意产业还带来了发展观念转变和发展模式创新。数字化与网络化成为驱动城市发展的先行理念，由此催生新的商业模式、服务模式，促成不同行业、不同领域的协同发展。

（三）构建创意场景，培育重视创新的城市文化氛围

数字创意产业除了以技术为导向，更以文化创意内容为核心，文化与创意是城市发展的关键竞争力。大力发展数字创意产业，有利于增强全社会创新活动的积极性，是新时代激发全民族文化创新活力的必要路径。数字创意产业在文化与科技的融合中，培育了大量创意阶层，极大地促进了

个体与机构释放创新能力，营造出重视创新的城市文化氛围，是我国“创新驱动发展”战略的坚固基石。同时数字创意产业加快了文化内容生产传播的效率与质量，并涌现出全新的文化发展方式，可以推动我国在全球化语境下建设“文化强国”，帮助我国塑造文化自信、提升文化安全、促进文化创新。

（四）依托高新科技，提升智慧城市的建设效率

数字时代，智慧城市是提升城市运转效率与居民生活质量的新模式。智慧城市建立在以云计算、物联网、大数据、人工智能等为代表的新一轮高新科技上，是对城市政治、经济、文化、民生等各领域全方位的信息化综合升级。数字创意产业是智慧城市建设的有力载体，通过数字创意产业提升传统产业的价值，培育新业态新模式，数字创意产品与装备融入日常生活，构筑起以数字创意为要素的信息化城市形态。并且随着2020年“新基建”在我国发展战略中再次被强化，数字创意产业将进一步以创新发展为理念、技术创新为驱动、信息网络为基础，促进城市发展的高质量化、精细化以及动态化。

二　北京数字创意产业的发展现状①

在“十三五”规划、“创新驱动”等战略背景下，数字创意产业作为新兴支柱型产业，对北京发展起着全方位的驱动作用。北京已成为我国数字创意产业的重要增长极和最具产业竞争力的城市之一，当前北京数字创意产业发展态势良好，已取得较好的经济效益与社会效益。但与同期国内外数字创意产业的前沿城市相比，北京在融合深度、营商环境、中小企业发展及成果转化上都还有一定提升空间。

① 本报告所涉及的北京市数字创意产业相关数据，如总体产值、增长比、企业单位数量、从业人数等均摘自北京市统计局官方网站的最新公开数据，http：//tjj. beijing. gov. cn/。

（一）北京数字创意产业的优势与成效

根据最新统计数据，2019 年北京规模以上文化产业全年总产值为 12849.7 亿元，同比增长 8.2%，2019 年全市规模以上工业中，战略性新兴产业增加值按可比价格计算，同比增长 5.5%。[①] 可见，集文化创意、科技创新于一体的数字创意产业已成为北京产业升级与经济结构转型的重要支撑。当前，北京数字创意产业发展的优势与成效，主要表现在产业态势、政策驱动、企业发展、主体协同四个层面。

1. 产业整体发展态势良好

依托全国文化中心与科技中心的地位，北京数字创意产业的发展有强大的资源优势。近年来，在战略、资金、人才、技术、内容等多方资源的集中下，北京数字创意产业中文化与科技的融合发展效果显著，整体产值能力与前景皆呈现良好态势。

一方面，在创意内容上，北京文化产业基础雄厚，截至 2019 年底，全市有文化及相关产业法人单位 15.1 万个，资产总量高达 2.72 万亿元。并且随着文化产业数字化转型的持续推进，“文化 + 互联网”[②] 已然成为北京数字创意产业的重要支撑。在互联网信息服务、互联网文化娱乐平台、互联网游戏服务等数字创意领域的带动下，2019 年北京“文化 + 互联网”领域实现收入 4878.5 亿元，同比增长 22.1%，较全市文化产业收入增速高 13.8 个百分点，占文化产业收入的比重达 43.8%，同比增长 4.9 个百分点。[③] 数字创意产业对带动文化消费、刺激文化市场起到了强有力的引导作用。

另一方面，在数字科技主导下，北京数字创意产业整合此前的科研资源，不断提升数字创意产业的自主研发能力与技术转化能力。强化技术研

① 《2010－2019 年北京市文化产业发展指数报告分析——基于中国省市文化产业发展指数》。

② “文化 + 互联网”指文化产业中“互联网搜索服务”“互联网其他信息服务”“互联网游戏服务”“互联网广告服务”“互联网文化娱乐平台”“动漫和游戏数字内容服务”“多媒体、游戏动漫和数字出版软件开发”7 个领域小类（源自北京市统计局统计口径说明）。

③ 北京市统计局：《新经济助力转型发展 创新提升发展潜力》，2020 年 2 月 11 日，http://www.beijing.gov.cn/gongkai/shuju/sjjd/202002/t20200211_1838143.html。

发，是确保数字创意产业稳步发展的重点，2018 年北京研究与试验发展（R&D）经费内部支出为 1870.8 亿元，占地区总产值的 6.17%，在全国居于领先地位。[①] 其中，中关村示范区在北京数字创意产业的技术创新中的引领作用突出。2019 年中关村示范区规模以上高新技术企业中开展研发活动的企业占比达到 8 成，示范区企业实现技术收入 9806.1 亿元，占示范区总收入的比重为 18.1%[②]，可见数字科技对产业发展的驱动作用明显。以技术为支撑，文化为导向，北京数字创意产业在融合发展中正焕发出旺盛的活力与竞争力。

2. 政策体系日趋完善有效

完备的政策体系可以直接激发产业主体的创新能力及产业市场的发展潜力，从而驱动产业发展。在我国大力扶持数字创意产业的背景下，北京积极响应国家政策，从规划指导、工商管理、金融财税、科技创新、人才引培等几个方面，因地制宜地形成了北京数字创意产业发展的政策体系。

在产业规划指导上，2018 年《关于推进文化创意产业创新发展的意见》和 2017 年《北京市“十三五”时期现代产业发展和重点功能区建设规划》，将数字创意产业列为北京未来发展的重点产业，初步形成了产业发展的宏观指导框架。在工商管理上，2019 年《北京市提高商业服务业服务质量提升“北京服务”品质三年行动计划》和 2019 年《关于深化营商环境改革推进全程网上办理提高企业开办效率的通知》，对于数字创意产业的工商服务和管理效率有显著的提升效果，极大地促进了数字创意企业在北京落地生根。在金融财税上，针对数字创意产业的财务问题，出台了 2017 年《关于将技术先进型服务企业所得税政策推广至全国实施的通知》和 2018 年《关于进一步扩大小型微利企业所得税优惠政策范围的通知》，重点从税收层面强化数字创意产业整体与企业个体的经营能力。在科技创新上，北京将企业技术

---

① 北京市统计局：《北京全社会 R&D 投入保持全国领先》，2020 年 1 月 10 日，http://www.beijing.gov.cn/gongkai/shuju/sjjd/202001/t20200110_1838121.html。

② 北京市统计局：《新经济助力转型发展 创新提升发展潜力》，2020 年 2 月 11 日，http://www.beijing.gov.cn/gongkai/shuju/sjjd/202002/t20200211_1838143.html。

创新、专利保护放在首位，2019 年印发《关于新时代深化科技体制改革加快推进全国科技创新中心建设的若干政策措施》，从制度统筹、机制管理、创新改革等维度为数字创意产业发展开辟道路。此外，在人才引培上，2018 年《北京市引进人才管理办法（试行）》与 2018 年《关于优化人才服务促进科技创新推动高精尖产业发展的若干措施》，为数字创意产业人才在北京发展提供了更便利的政策优惠。

3. 集群及企业均衡有序发展

凭借全国文化中心、科技中心的区位优势，北京拥有雄厚的数字创意产业基础。大量以广告、影视、游戏、数字出版、信息服务、装备制造等为主的数字创意产业集群与企业公司正均衡有序发展。

在数字创意产业集群中，中关村示范区在产值和发展速度上成效最为显著。2019 年，中关村国家自主创新示范区高新技术企业实现总收入 6.5 万亿元，同比增长 10.5%；其中实现技术收入 13061.3 亿元，同比增长 16.9%。北京数字创意产业以中关村示范区为发展核心，现已形成了辐射包含信息服务、现代传媒、新兴技术、数字娱乐等多个产业集群的整体布局。此外，北京已形成“中关村科学城、怀柔科学城、未来科学城”“北京经济技术开发区”的“三城一区”新格局，作为创新高地，为北京产业发展提供支撑。“三城一区”还将持续带动国家数字出版基地、北京亦庄数字科技创意园区、北京数字娱乐示范基地、国家新媒体产业基地等数字创意产业集群建设。

企业公司作为数字创意产业最基本的生产主体，同时也是最核心的发展力量。得益于信息产业与文化产业起步早、发展成熟，北京市在 2020 年文化与科技的融合浪潮中催生出各类大中小数字创意企业，共同构成了产业发展的市场生态。北京市数字创意产业及相关领域的上市公司在 2018 年时，已经高达 221 家。根据北京数字创意产业协会的公开数据，截至 2020 年初，加入该产业协会的企业公司共计 192 家，其中既包括字节跳动、百度、京东、新浪、腾讯（北京）、科大讯飞等集内容与技术为一体的综合性头部企业，也包括大量以影视、动漫、数字出版、人工智能、云计算、装备制造等为业务主体，专注创意内容或创新技术细分领域的中小企业。

4. 多元主体协同效应显著

北京数字创意产业的发展格外注重政府、社会组织、高校与研究机构、企业公司之间多元主体的协同运作。在“创新驱动”的战略语境下，立足区位优势，以多元主体协同推动数字创意产业政策的落地运行、数字创意产业资源的流通配置以及产业不同维度之间的融合发展。

政府在产业发展中起宏观指导作用，北京市主管发展改革、文化、科技、财政、教育等的相关部门围绕数字创意产业，从规划引导、产业管理、配套服务等维度出台了较为完备的产业发展促进政策。社会组织和中介机构作为重要的非政府组织，承担着必要的信息交换与资源流通平台职能。目前北京市已成立数字创意产业协会，致力于为会员企业和产业链企业开拓发展渠道，提供产业链重要环节的撮合交易、政府政策咨询、人才培训、市场调研和产业发展研究、制定行业规范标准等服务。高校与研究机构是数字创意产业内容与技术重要的孵化基地，在数字创意产业的成果转化中发挥着关键作用。2018 年，北京研究与试验发展（R&D）人员共计 397034 人，其中科研机构有 121093 人、高校有 85855 人，合计约为北京 R&D 人员的 52%。可见高校与研究机构对北京数字创意产业发展的强有力的孵化支持。此外，企业公司作为数字创意产业在市场经济中的核心主体，是连接供需两端的直接桥梁。总体来讲，当前北京数字创意企业无论是在数量还是发展质量上在全国都处于相对领先地位，并且将随着战略升级与结构调整进一步发展壮大。多元主体在北京数字创意产业的发展链条中职能明确，围绕重点发展战略性新兴产业的核心目标，将带动北京数字创意产业从组织管理、区域协作、产业融合等层面进行协同创新。

（二）北京数字创意产业的不足与问题

1. 创意内容与数字科技的融合度有待提升

数字创意产业并不是简单地将数字科技与创意内容进行叠加，而是将两者有机融合。当前我国数字创意产业的发展存在一个很大误区，即将技术直接物化，把文化消费的硬件直接做成产品推向市场。① 尽管北京数字创意产业发展迅速，整体态势良好，但也不可避免地存在该问题。

这一问题的根源主要包括以下两方面：一方面，在政策体系上，北京市围绕数字创意产业出台了大量相关政策，从各个方面为产业发展奠定了指导基础。但从具体内容上看，多集中在产业的工商管理、金融财税以及科技创新上，对于文化内容欠缺具有针对性、落地性的政策。对于数字创意产业的管理，沿用的基本是“文化创意产业＋科技创新”的政策路径，并没有针对“数字创意产业”进行全新的政策统筹。由此可见，政策层面的条块割裂与多头管理是导致北京数字创意产业融合度不高的首要因素。

另一方面，在集群划分上，受限于北京此前的产业布局规划，北京数字创意产业集群存在技术集群与内容集群区块分割明显的特征。海淀区作为科研机构、高校、科技公司集中区域，以中关村为核心，形成了以数字技术为主体的产业集群。而反观朝阳区，得益于文化传媒优势，产业集群则以内容生产为主导，技术力量并不显著。集群之间存在空间上的区块分割，缺乏统筹技术与内容于一体的产业集群，是导致产业融合不足的又一因素。因此北京产业发展在创意内容与数字科技的融合程度，以及体现北京文化特色上还有很大的提升空间。

2. 营商环境与政策体系需要持续优化

近年来北京数字创意产业产值和规模的迅速发展，离不开政府的大力扶持与指导规划。尽管如前文所示，北京已形成覆盖规划指导、工商管理、金融财税、科技创新、人才引培等多个维度的产业政策，但相比同期国内数字创意产业的前沿城市深圳、杭州等，北京在营商环境和政策体系上还存在欠缺。②

首先，产业政策的效度滞后于产业发展的速度。《战略性新兴产业分类（2018）》中所界定的数字创意产业四大类别与目前北京市的文化行政管理体制和实际行业运行状况不完全相符。因此在产业政策的制定与运行中往往

① 陈刚、宋玉玉：《数字创意产业发展研究》，《贵州社会科学》2019年第2期，第82～88页。

② 李炎、胡洪斌主编《中国区域文化产业发展报告（2019～2020）》，社会科学出版社，2020，第235页。

存在“多头管理”的现象，尚未能形成比较明确的“一业一策”的政策布局，导致政策效果大打折扣。

其次，统计数据是指导产业政策调整与营商环境优化的关键参考，但目前北京市统计局并未针对“数字创意产业”形成专门的统计数据。相关内容只能参考文化产业与科技创新的数据，不能精准有效地为政策及营商环境提供参考。此外，北京针对数字创意产业的政府服务以及工商管理工作相较于国内外产业前沿城市也存在一定滞后性。主要体现在政府对知识产权工作、网络文化经营许可证、文化项目的审批速度较慢，并且存在行政审批效率和服务质量偏低的问题。一方面，企业主体需提供的相关材料繁多，整个工作流程总体耗时较长，尤其对中小微企业来说难度很大。另一方面，政府工作人员有限、管理层级冗杂、权责不明晰，都导致数字创意产业业务的审批流程漫长且无序。

3. 中小企业的运营能力需要加强

中小企业作为市场最基本、最庞大的参与主体，尽管北京数字创意产业在企业分布上呈现均衡有序的发展趋势，但中小企业在实际生产经营中的发展活力还有待提升。当前北京数字创意产业的中小企业在经营收入、资金吸纳、成果产出等方面相较于深圳、上海等城市的中小企业还存在一定差距。尤其是在融资方面，中小企业难以进入股市的主板市场实现股权融资，而依靠债权融资则又受制于发行规模，难以获得债权投资者的青睐。

北京市政府针对中小企业的扶持政策还存在资助领域不平衡、政策稳定性不强、执行效果不明显等问题。在数字创意产业的扶持政策中，政府更强调对以科技创新为主体业务的中小企业进行优惠和奖励，而对以创意内容为主体业务的中小企业，例如数字广告、数字游戏、数字动漫等公司的优惠政策较少。并且针对中小企业申请项目补助的条件和流程都较为严苛与复杂，例如补助项目要求申请单位具有健全的法人治理结构和独立核算的财务管理制度，财务状况良好，项目单位的注册资本不低于100万元，这些条件对许多处于起步阶段的数字创意企业是难以达到的。

因此如何优化中小企业生存发展环境，进一步激发中小企业活力，尤其是助力中小企业走出税收和资金的困境是当前北京数字创意产业需要着重解决的问题。

4. 科技成果转化率与资源优势不匹配

数字创意产业作为一种以科技为内核的知识密集型产业，科研成果转化率对产业整体发展至关重要。在全国文化中心与科技中心的区位优势下，北京的数字创意产业格外重视研发环节，并积极将研发成果运用到生产中，着力提升数字创意产品的科技附加值。

2019 年北京研究与试验发展（R&D）内部经费支出 1870. 8 亿元，占地区总产值的 6. 17%，在全国居于领先地位。但研发费用的增速高于产值增速 2 个百分点，可见研发费用投入与成果产值转化之间还存一定滞后性。此外，同为我国数字创意产业前沿城市，北京研发费用与产值之间的转化效能也低于深圳、杭州。究其原因是因为北京缺少深圳腾讯、华为，杭州阿里、网易等兼具技术研发与内容创新的企业公司。

除此之外，中小企业科技成果转化率不足，也是困扰北京数字创意产业发展的关键问题。在技术成果转化中，中小企业普遍存在科研项目投入资金不足、创新能力缺少、科研人员的待遇不高以及科技成果转化服务欠缺等问题。因此，北京在今后数字创意产业的发展中，仍需要提高其科研成果的转化效率，推动科研成果向优质产品转化，在满足数字创意产业日渐增长的市场需求的同时，提高市场绩效。

三 国内外数字创意产业前沿城市的发展经验

（一）国外城市经验

1. 纽约：雄厚的技术与创意产业基础

在美国，一般用版权产业来涵盖数字创意产业，数字创意产业主要指版权产业中数字化的部分。数字创意产业的发展离不开政策驱动，一方面美国长期实行互联网强国战略，在《美国创新战略》（2015）、《联邦大数据研发战略计划》（2016）、《美国国家人工智能研究与发展战略规划》（2019）等政策的扶持下，美国数字创意产业获得了强大的互联网经济基础，逐渐成为美国互联网经济中的主导产业。另一方面，美国政府为数字创意产业发展提供了良好的市场环境，采取“杠杆方式”进行资金匹配，鼓励市场主体投资创意产业。在市场机制的主导下，资本为数字创意产业的发展提供了更大的空间。

纽约市数字创意产业的繁荣得益于雄厚的技术产业与文化创意产业基础。纽约作为美国东北部大西洋沿岸城市群的核心城市之一，凭借强大的经济、技术优势，数字创意产业起步较早，积累了大量头部企业，专业化程度高、集聚效果明显。当前纽约市在数字创意产业领域拥有三十余家上市公司，是全球创意产业最繁荣的地区之一。2017 年 7 月，纽约市政府颁布了为期十年的“创造纽约”（Create NYC）文化发展规划。2018 年，纽约市将该市迄今为止最大的一笔财政资金 4030 万美元，分配划拨给纽约文化事务部下属的文化发展基金，其中 645 万美元用于创造“纽约 2018 倡议”，大约 400 万美元用于文化事务部所谓的“小型组织的更大增长”，积极引导中小企业发展活力的提升。① 近年来，纽约市创意产业的发展水平已经超过房地产、金融等传统行业，成为主导产业。

2. 伦敦：宏观战略为产业赋能

英国是创意产业大国，政府十分重视数字经济为创意产业带来的机遇，强调不断激发产业创新能力。2017 年 3 月，英国发布《英国数字战略》（UK Digital Strategy），5 月，《数字经济法案》正式生效，7 月，文化、媒体和体育部更名为“数字、文化、传媒和体育部”（DCMS，Department for Digital，Culture，Media&Sport），下设数字经济理事会，主要负责整体推动“英国数字战略”。在数字经济战略的影响下，伦敦地区创意产业产值增长

① Andy Battaglia，“New York City Grants $40.3 M. to Arts Organizations in Largest-Ever Allotment for Cultural Development Fund，” *Art News*，2017，http：//www.artnews.com/2017/12/21/new-york-city-grants-40-3-m-arts-organizations-largest-ever-allotment-cultural-development-fund/.

迅速，从2010到2017年增长了58%，2017年产值达到522亿英镑，占全英国创意产业产值的51.4%。[①] 在此背景下，2018年11月，DCMS宣布由英国艺术与人文研究理事会领导的“新型创意产业集群发展项目”已开始实施。该项目针对多个基于数字技术的创意产业集群进行孵化，将推动区域内数字技术与创意产业的融合，而这其中包括伦敦集群、Story Futures这两个位于伦敦的项目。[②]

作为欧洲科技之都，智慧化城市建设也为当地的数字创意企业培育产业优势提供了良好的环境。2018年，伦敦在“IESE城市动态指数”排行榜中获评为“全球最佳智慧城市”。在智慧城市规划的推进下，伦敦政府创建了一个开放性的数据资源库——“伦敦数据仓库”，其拥有700多个数据集，涵盖艺术和文化、商业和经济、社区、人口、教育、就业等17个大类。[③] 海量数据的汇集为伦敦发展数字技术和人工智能提供了宝贵的资源，促进了企业对地区数据的整合与共享。

另外，伦敦高度重视数字创意产业领域人才的培养。早在2008年，为了全面培育卓越的文化创意人才，英国政府就颁布了《创意英国：新经济下的新人才》报告，旨在增强全社会创意创新意识。2017年伦敦市再次发布了700万英镑的“数字人才计划”，为相关人员提供技术、软技能培训，从而为数字创意产业补给人才。[④]

3. 东京：政企协同推动科技与文化融合

日本普遍将数字创意产业称之为数字内容产业（Digital Content Industry），日本经济产业省出版的《数字内容产业白皮书》指出，数字内容产业的范畴包括影像、音乐/音频、游戏、出版、互联网广告和手机移动广告、图书报

---

① “Digital Sector Economic Estimates 2018：Earnings，” 2019，https：//www. gov. uk/government/collections/dcms - sectors - economic - estimates.

② 金雪涛、李坤繁：《数字经济战略格局下英国创意产业的融合发展与转型》，《深圳大学学报》（人文社会科学版）2020年第2期。

③ 楚天骄：《伦敦智慧城市建设经验及其对上海的启示》，《世界地理研究》2019年第4期。

④ 陈佳靓：《国内外城市文化创意人才培养探究——以伦敦和上海为例》，《教育现代化》2019年第6期。

刊几大类。如今，日本的数字内容产业已成了国家文化经济发展的支柱型产业。

作为创新性高、产业互动性强、交通便利的国际化大都市，东京在数字创意产业领域拥有雄厚的产业基础和行业优势。2008～2017年，东京的数字创意企业表现出较强的集聚效应。早在2008年，东京就已经有59家数字创意产业上市公司，总体来看，2008～2017年数字创意产业上市公司数量增幅约为50%。①

日本政府充分认识到数字经济的重要性，2017年发布《“互连产业”：东京举措2017》，指出要大力发展被称为“互连产业”（Connected Industries）的数字经济，并且该项举措在2018年被上升为国家战略。东京一直以来积极建设智慧城市，带头实施国家“社会5.0”计划。根据世界知识产权组织（WIPO）发布的全球创新指数报告（GII），在2018年“最佳科技集群”排名中，日本的东京—横滨地区超越纽约与伦敦，凭借全球数量第一的PCT（专利合作条约）专利与科学出版物位居世界科技集群的首位。2019年，借助2020年东京奥运会的契机，东京奥运会组委会又发布了“东京2020机器人计划”，指出将在2020年的东京奥运会期间充分应用各种机器人及人工智能，集中展现能够改变社会未来的创新技术。在浓厚的科技创新氛围下，加之东京原有的动漫、游戏等文化创意产业优势，科技与文化形成强强联动，直接推动了数字创意产业的发展。

4. 首尔：产业资源集聚化发展

韩国的数字创意产业具备文化创意产业与网络数字技术相结合的特征。作为韩国首都，首尔地区聚集了全国绝大部分的人才、资金、技术等资源，为数字创意产业的发展提供了坚实的基础。根据《2019年财富世界500强排行榜》，首尔拥有世界500强企业总部15个，占全国上榜企业的93.75%，与

① 解学芳、胡晨楠：《全球城市数字媒体产业集聚机理与中国路径——基于全球数据的实证研究》，《社会科学研究》2020年第2期。

全球其他国际化大都市相比最为集中。[①] 其中，三星、LG 电子等跨国集团对首尔乃至整个韩国数字信息技术的发展起着至关重要的作用，是创意产业与数字技术结合的产业基础。《2017 年专利申请年度报告》显示，欧洲专利局当年共收到 6261 件韩国专利申请，同比增长 3.9%，创历史新高，在全球位居第八。同时在众多申请专利的企业中，LG 公司以 2056 件的专利申请总数位居韩国第一、全球第三，并成功获取专利 1792 项，超越德国 BOSCH 成为 2017 年欧盟专利权获得最多的企业。[②] 在这样有优势的科技和网络环境下，首尔的数字创意产业得以快速发展。

作为新兴工业化国家，韩国自 1998 年起就以“文化立国”为国家发展战略，并且一直将创新作为发展文化创意产业的核心。如今，数字内容产业属于韩国政府确定的“十大新引擎产业”之一，其产值已近乎超过传统的汽车产业，成为韩国第一大产业。在首尔，政府通过投入大量资金，制定税收优惠、价格激励等优惠政策推动数字创意企业创新发展，动画制作、网络游戏等都是首尔扶持的重点产业。同时，规划建设诸如首尔数字媒体城的产业园区，为产业信息交流提供了良好的集聚环境。

（二）国内城市经验

1. 深圳：强有力的政策扶持与头部效应

作为创新型城市，2019 年深圳的文化及相关产业（规模以上）增加值为 1849.05 亿元，同比增长 18.5%，数字经济产业增加值为 1596.59 亿元，同比增长 18.0%。深圳数字创意产业的主要优势在于国家的高度重视、政策的大力扶植。2019 出台的《关于支持深圳建设中国特色社会主义先行示范区的意见》鼓励深圳大力发展数字文化产业和创意文化产业，并加强粤港澳数字创意产业合作。同时，深圳市政府对数字创意类

① 《2019 年财富世界 500 强排行榜》，财富中文网，http：//www.fortunechina.com/fortune500/c/2019－07/22/content_339535.htm。

② 张雷：《中美英德日韩信息技术与信息服务业国际竞争力分析》，博士学位论文，吉林大学，2018。

企业融资的扶持力度、相关税收政策减免力度较其他城市更为突出。2018 年颁布的《深圳市战略性新兴产业发展专项资金扶持政策》，采用直接资助、股权投资、贷款贴息、风险补偿等多元化扶持手段，推动新兴产业的发展。此外，人才落户政策相对宽松，使得深圳人才净流入率近年来保持正向增长，并且随着大湾区个人所得税优惠政策的实施，新兴产业将得到更充沛的人才资源。

深圳另一大优势是腾讯作为头部企业带动效应显著。在过去 20 年的发展过程中，腾讯在社交软件、游戏、影视、动漫等数字创意领域积累了丰硕的成果，成为我国最大的数字创意企业之一和深圳数字创意产业发展的主力军。腾讯 2019 年全年收入为 3772.89 亿元，同比增长 21%，净利润为 943.51 亿元，同比增长 22%。[①] 此外，2019 年，微信带动的就业岗位、机会达 2963 万个，小程序带动就业机会 536 万个，相比 2018 年增长了 195%。[②] 可见以腾讯为首的头部企业对于推动深圳数字创意产业产能提升、人才集聚效果显著。

2. 杭州：营商环境带动数字内容发展

近年来，数字经济对杭州地区生产总值的带动效果持续增强。2019 年，数字经济核心产业增加值达 3795 亿元，同比增长 15.1%，高于地区生产总值增速 8.3 个百分点，占地区生产总值的 24.7%，其中数字内容、软件与信息服务和电子商务分别增长了 16.3%、15.7% 和 14.6%。[③] 数字内容产业的涨幅居榜首，说明杭州近年来在深耕内容领域、挖掘创意内容上的优势。以阿里为引领的数字创意企业，在内容生产、制作发行、版权合作等全产业链广泛发展，数字内容产业增长明显，成为杭州建设全国文

---

① 《一图读懂 2019 腾讯年报》，新浪财经，2020 年 03 月 19 日，http://finance.sina.com.cn/stock/stockzmt/2020-03-19/doc-iimxyqwa1525624.shtml。

② 中国信通院：《2019－2020 微信就业影响力报告》，2020 年 5 月 14 日，http://www.caict.ac.cn/xwdt/ynxw/202005/t20200514_281775.htm。

③ 杭州市统计局：《2019 年杭州市国民经济和社会发展统计公报》，中国杭州政府门户网站，2020 年 3 月 20 日，http://www.hangzhou.gov.cn/art/2020/3/20/art_805865_42336875.html。

创中心的重要增长极。

杭州数字创意产业重视打造产业融合，进行跨界合作。浙江大学影视与动漫衍生品设计中心作为文创类校地合作平台，持续举办以“打造超级IP：动漫游戏与传统产业跨界合作”为主题的2018动漫游戏产业创新发展良渚峰会等系列活动，推动关联产业互动交流。文创方面不断加强游戏、动漫和网络文学三者之间的互动，推动创意内容的数字化、IP化跨界运营。

良好的营商环境是杭州数字创意产业发展的有力支撑。杭州政府对数字创意产业的发展也极为重视。一方面，政府简化相关审批流程，创新管理办法，加大人才引进力度，出台数字创意产业扶持政策，设置产业发展专项资金；另一方面，实施城乡智慧文化工程，引入社会资本对接公共文化供给，积极帮助数字创意企业开辟杭州市场。在政策扶植方面，提出了涵盖支持重点文创企业发展、支持现代传媒业发展、支持数字内容产业发展、鼓励工业设计发展、支持文创融合发展、支持文创孵化载体建设、支持公共服务平台建设、重大活动及品牌策划补助、作品获奖奖励、企业上市和人才引进扶持等十大方面政策。良好的营商环境与生活环境为杭州吸引了众多优秀企业与人才，为杭州市的数字创意产业发展不断注入活力与动力。

3. 上海：细分领域和对外贸易优势明显

高额的研究与试验发展（R&D）经费投入是确保上海数字创意产业创新突破的必要保障。据统计，2019年全国R&D经费超过千亿元的城市只有两个，其一是北京，其经费投入达1870.8亿元，占9.5%，另一个便是上海，R&D经费投入为1359.2亿元，占6.9%。重视R&D经费投入带来了科研成果转化率的提升，为数字创意产业发展提供技术支撑。

细分领域发展迅速是上海数字创意产业发展的特色。上海诞生了数家拥有特色内容的数字创意企业，在数字创意产业的细分领域中影响力十足，比如以网络阅读为核心业务的阅文集团、以ACG（动画、漫画、游戏）内容为核心业务的哔哩哔哩、以数字音频为核心业务的喜马拉雅等。

尽管在营业收入、获利能力方面，特色内容创意企业不及头部数字创意产业，但在其深耕领域却有着非常忠实的用户群体，用户黏性极大，付费能力强，商业价值高。

上海创意产业园区建设也卓有成效。近年来上海通过与产业发展结合，与工业布局调整和保护历史建筑结合，与区域功能特色结合，建成涵盖工业设计、广告设计、游戏软件、动漫艺术、网络媒体、时尚艺术、影视制作等多个产业门类的创意园区。

此外，利用对外窗口优势，数字贸易出口成为上海数字创意产业发展的新态势。2020 年 5 月 21 日，上海虹桥商务区全球数字贸易港正式开港，搭建起数字贸易资源配置与项目对接的功能平台。阿里中心智慧产业园、长三角电子商务中心、虹桥临空经济示范区等 9 大园区正式成为全球数字贸易港承载平台。通过聚焦跨境服务和新零售，吸引全球知名电子商务企业在大虹桥集聚，推动数字贸易成为上海发展的新亮点。

4. 成都：依托资源优势打造数字文娱生态

作为我国西部中心城市，政策、资金、技术、人才等要素资源不断向成都倾斜，成都数字创意产业竞争力持续攀升。2019 年在加快建设世界文创名城的战略下，成都市 R&D 经费投入强度不断加大，共计实现文化创意产业增加值 1459.8 亿元，占地区生产总值的比重为 8.6%。[①] 展现出成都对数字创意产业的重视及其良好的发展态势。

政企协同极大地促进了成都产业资源的充分利用，数字娱乐成为主导形态。2018 年初，成都发布了《建设西部文创中心行动计划（2017—2022 年）》和《成都市促进西部文创中心建设若干政策》，强调文创与科技融合发展，打造文创新经济。与政府战略相呼应的是，腾讯集团在 2018 年提出了“新文创”战略，致力于数字技术与特色文化的融合发展，如腾讯旗下游戏推出过致敬成都的主题皮肤，结合了熊猫、川剧变脸等成都文化元素。在政府战略的支持下，优势企业将数字技术优势与文化内容相结合，推动了

① 《2018 年成都市科技经费投入统计公报》，2019 年 9 月 11 日。

成都数字创意产业的发展。

此外，成都电子竞技起步较早，研发实力国内领先，被誉为“手游之城”，曾成功孵化出现象级手游《王者荣耀》和《剑侠情缘》。在此基础上，2020 年，成都市还提出将依托其在电子信息、软件研发等高科技产业的资源优势，着重打造“电竞 + 文创”“电竞 + 科技”“电竞 + 旅游”“电竞 + 娱乐”等多产业融合发展格局，将成都建设成为“电竞文化之都”。可见成都正依托区域中心的资源优势，通过政企协同打造数字娱乐生态，引领西部数字创意产业发展。

四　北京数字创意产业的发展对策

（一）把握“新基建”契机，加快数字创意产业融合

强化创意内容与数字科技的融合度，是北京数字创意产业发展面临的首要问题。针对该问题，“新基建”提供了明确导向。新基建是以新发展理念为引领、技术创新为驱动、信息网络为基础，面向高质量发展需要，提供数字转型、智能升级、融合创新等服务的基础创新体系。新基建将持续优化数字创意产业的基础设施、融合模式以及创新理念。北京要深化数字创意产业的融合发展，必然要抓住“新基建”这一契机。

一方面，依托“新基建”丰富数字创意产品与服务体系，结合北京此前在旅游产业、传媒产业的领先优势，重点发展以数字化网络平台、人工智能、5G 移动网络为技术支撑的智慧旅游与数字创意内容，拓展“新基建”在数字创意产业中的应用形态。另一方面，以“新基建”引导传统产业变革，促进数字创意与商业、农业、工业、教育等传统业态融合。包括区块链、云计算等在数字经济中的应用，京郊地区创意农业的数字化转型，以中关村为核心地区的芯片、操作系统、硬件装备制造升级以及教育产业的智能化、线上化变革。积极筹划“新基建”驱动下数字创意产业在算力、内容、渠道、产品上的新一轮 4C 融合。

此外，数字创意产业的发展需要企业间更多的合作交流，把握好“新基建”带来的硬件和软件升级，强化区域内产业集聚优势，加强产业内部以及产业间的互动性，强化数字创意企业之间内外部、上下游的协同发展，尝试构建完整的数字创意产业链，夯实产业基础。

（二）优化营商环境，完善政策体系的扶持机制与配套方案

政府力量是数字创意产业发展的核心驱动力，北京数字创意产业近年来的成效得益于政府的大力扶持。但横向对比国内外数字创意产业前沿城市，北京在营商环境与政策体系上仍有许多可以优化提升的地方。

其一，针对数字创意产业在政策制定和运行管理中权责不清、资源浪费的现象，北京市政府可以参照英国与韩国的经验，成立统筹数字创意产业工作的专业部门，对数字创意产业发展中的各项事务进行统一有效管理，从而加快政府鼓励扶持机制的有效落地。其二，公共数据是支撑产业发展的重要参考，北京市在优化营商环境的过程中应当强化公共数据平台的建设和开放。积极研究公共数据的开发、应用以及创新发展，尤其针对文化传媒、数字经济、设备制造等数据需求较高的领域，提供专门化的数据共享，促进数据有效投入数字创意产业生产中。其三，除了全面的产业指导规划，北京市还需优化数字创意产业配套政策。加大数字创意产业全领域的税收优惠与财政扶持力度，尤其是针对中小企业进行税收减免以及扩大有效投资，缓解其生存运营压力。同时放宽市场准入限制，在项目审批、资质受理上贯彻“简政放权”，简化网络视听许可证、网络文化经营许可证等凭证的办理程序，缩短办理周期。其四，政府部门要注重数字创意产业园区、内容创意园区、技术研发园区的基础规划建设和运营管理监督，为数字创意产业提供成长土壤，为中小微数字创意企业提供良好的集聚环境。

（三）以市场为导向，健全多元主体协同的产业发展体系

北京在数字创意产业的发展中要始终坚持企业在产业发展中的主体地

位，以市场为导向，构建起政府、社会组织、高校、研究机构、企业、用户，多位一体的“政产学研用”协同体系。

一方面，参照英国经验，北京可以在政府支持下建立专有部门统筹数字创意产业的制定与管理工作，并充分发挥数字创意产业协会及各类文化机构、科技机构作为非政府力量的中介职能。建设数字创意产业园区，通过众创空间、创意孵化器等形式打破数字科技与创意内容之间的壁垒。同时依托北京在文化教育上的领先优势，积极推广创新性教育，塑造崇尚创意创新的社会文化氛围。强化“政产学研”合作体系，高校推出联合培养的数字创意产业实践教学机制，重点培养具备数字技术能力与文化创意能力的优质人才。此外，政府和企业应当为人才提供更好的优惠红利，促进人才落地，真正使数字创意人才成为数字创意产业发展的有力支撑。

另一方面，参照美国经验，北京应加强数字创意产业的立法保护和政府宣传力度，培养全民对数字创意产业的重视程度，并强化数字创意产业的市场化机制，适当降低政府在产业发展中的干预度，让更多的主动权回归到企业手中。尤其是在文化、科技等与公共服务对接的项目中，鼓励支持数字创意企业参与到政府购买服务的项目中，并对相关企业放宽准入门槛，给予适当的奖励与补助。

（四）加强头部效应，重点培育特色细分领域及头部企业

北京市是当前我国数字创意产业最具竞争力的城市之一，数字创意企业的数量全国领先。但近年来，北京在数字创意产业总体产值上与深圳、杭州相比尚且存在一定差距。究其原因是缺乏类似于深圳腾讯、杭州阿里巴巴和广州网易这类在全产业链具有强力带动效应的头部企业。尽管北京拥有京东、字节跳动、百度等优质的互联网公司，但尚未形成文化与科技深度融合的引领效应。

因此，当前北京数字创意产业要立足产业发展政策体系，充分利用北京在政治、经济、文化、科技、教育上的优势，培育一批在国内外具有更强影响力的数字创意类头部企业和细分领域企业。以头部企业带动北京数字创意

产业链上相关的内容生产、技术研发、装备制造等企业的共生繁荣，从而健全北京数字创意产业链。同时积极引导细分领域企业的特色化发展，背靠数字科技和文化创意的资源优势，大力推动装备制造、软件开发、网络文学、数字游戏、动漫影视、移动视频、数字音乐等产业门类的精细化发展。并积极尝试在头部企业与细分领域企业的培育中植入特色文化，包括对故宫 IP、长城文化、运河文化、北京民俗、非遗文化以及红色文化进行数字转化和全线开发，让文化价值与数字科技在相辅相成中实现创新发展，营造北京数字创意产品供给的新生态。

（五）把握区位优势，促进内部资源协调与外部合作交流

北京在发展数字创意产业上有极大的区位优势，但当前这一优势的效益尚未达到最大化。借鉴国内外数字创意产业前沿城市的发展经验，北京可以从协调内部资源与强化外部合作交流两方面去努力。

首先，在协调内部资源上，在“新基建”的战略语境下“数据”成为继土地、人才、资本、技术之后的第五大生产要素，对于整个社会的发展起关键作用。而数字创意产业作为以数字科技为导向的新兴产业，“数据”更是其中基础性的生产要素。因此，北京应积极推动数据中心、智能计算机中心、公共数据平台等算力基础设施的建设，以此解决当前数字创意产业资源体系中市场信息流通滞后的问题，为供需主体提供全面的决策依据。确保以数字化为引领，带动北京内部数字创意产业资源的合理有效配置。

其次，在外部合作交流上，北京亟待培养一批具有较强对外交流、对外合作、对外贸易能力的对外型数字创意企业。这一举措除了有赖于政府在对外事务上搭建平台、提供奖励，更有赖于进一步健全数字创意产业的对外招商引资体系。在具体措施上可以借鉴深圳以腾讯、华为等优质科技企业作为投资桥梁，吸引国外科研项目资金投入的发展经验。鼓励支持数字创意产业领域的资本多样化，在运用外资促进企业技术研发、成果转化的同时，强化企业的外向型经营能力。

B.5 文化艺术品拍卖行业发展分析报告

肖 梦*

摘 要： 近年来，全球经贸环境较为动荡，世界经济发展势头低落，外部大环境的不确定性对艺术品交易带来了一定的挑战；同时，大量投机资金涌入导致艺术品交易市场发展不平衡，拍品质量参差不齐。受内外部多重因素影响，中国文化艺术品拍卖市场进入了下行调整期。然而机遇与挑战往往并存，经历几年调整之后，投机资金大量撤离，艺术品消费者心理和购买行为也逐渐回归理性，中国文化艺术品拍卖行业面临破局和转型的新机遇。通过多元化拍卖形式、充分挖掘新型拍卖品类、优化拍卖价格区间的一系列“组合拳”，充分发挥我国文化艺术底蕴的优势，展现艺术品在我国文化产业中的价值，推动文化艺术品拍卖行业向高质量转型，成为文化经济中的支柱产业之一。

关键词： 文化产业 文化艺术品 网络拍卖 拍卖行业

一 全球文化艺术品拍卖市场稳中有进

西方文化艺术品拍卖市场占主导，美国优势较为显著。根据雅昌艺术市场监测中心与 Artprice 联合发布的《2018 年度艺术市场报告》，2018 年，全球艺术品拍卖总成交额共计 155 亿美元，同比增长 4%，增长主要有赖于西方市场（增幅 12%）。其中美国市场起到了主导作用，斩获历史最佳表现，

---

* 肖梦，北京蓝色智慧管理咨询中心总经理，主要研究方向为区域经济。

成交额达到59亿美元（增幅18%），英国（增幅12%）、意大利（增幅17%）和日本（增幅31%）也推动了全球市场的增长，而法国（降幅10%）市场则未有佳绩。2018年全球拍卖总成交额地理分布见图1。伦敦和纽约毫无疑问地雄踞西方市场，分别贡献了英国和美国市场拍卖总成交额的98%。纽约毋庸置疑是莫奈、柯罗、凡·高、马蒂斯等大师作品的第一中转站，这座美国最大的城市承办了2018年规模最盛大的九场拍卖会。2018年表现强劲的伦敦市场在一定程度上受到了英国脱欧运动的影响。整个欧洲市场可能就此找到全新的平衡，也可能进一步被纽约的统治地位压倒。

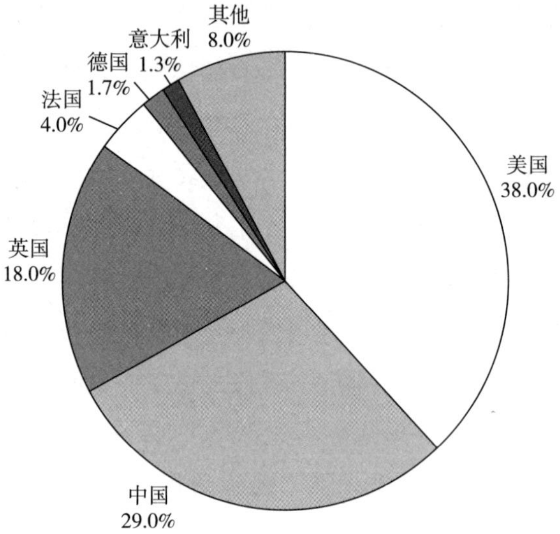

图1　2018年全球拍卖总成交额地理分布

资料来源：《2018年度艺术市场报告》。

二　中国文化艺术品拍卖市场进入减量增质发展新时期

（一）艺拍利好性政策频出，行业规范性不断增强

行业规范与标准体系逐步建立。经过多年发展，我国文化艺术品拍卖行

业相关政策法规与标准规范体系已逐步建立起来。1996 年，《中华人民共和国拍卖法》的颁布标志着我国拍卖事业走上法治规范化轨道。随后相关部门颁布了《文物拍卖管理暂行规定》《文物艺术品拍卖规程》等一系列政策法规。随着电子商务的兴起，2016 年中国拍卖行业协会发布了《网络拍卖规程》，为网络拍卖提供了指导与规范。

持续减税降费为行业带来利好。2018 年，国务院关税税则委员会印发《关于降低日用消费品进口关税的公告》（税委会公告〔2018〕4 号），其中对第 97 章“艺术品，收藏品及古物”按最惠国税率（2013 年）一半以上降税。多年来，我国文化艺术品拍卖行业税费持续降低，为拍卖企业减轻了经营负担。

简政放权营造良好营商环境。2018 年 10 月，国务院印发的《关于在全国推开“证照分离”改革的通知》，在拍卖业务许可证方面，全面推广网上办理业务，精简审批材料。2018 年 11 月，国家文物局印发的《关于优化文物拍卖许可证审批服务工作的通知》明确指出优化审批流程，压缩审批时长。系列利好政策有助于营造良好的营商环境，激发拍卖市场活力，提高行业经营效率。

（二）国内市场减量提质，艺拍成交率稳步回升

国内艺术品拍卖成交额缩减。2018 年，中国市场成交额下降 12%。根据中国拍卖行业协会发布的《2018 中国文物艺术品拍卖市场统计年报》，中国文物艺术品拍卖市场的成交额自 2012 年出现断崖式下跌以来，呈现波动下降趋势。2018 年度全国文物艺术品拍卖成交额再次出现下调，成交额（不含佣金，下同）为 246.05 亿元，同比下降 20.76%，成为自 2010 年来的最低点。

中低价拍品比重持续扩张。2018 年度，50 万以上拍卖标的比重仍在继续缩小，全国文物艺术品拍卖 1000 万元以上的成交拍品共计 243 件（套），成交额为 66.11 亿元，较上年数量减少了 19 件（套），成交额减少了 22.44 亿元。而中低端拍品市场逐步扩大，10 万元以下拍品占

比达 86.11%。高价拍品比重缩小，中低价位拍品增多，也成为影响行业整体规模缩减的重要因素之一，致使拍品均价一改前几年持续上涨的趋势，出现大幅下滑趋势（见图 2）。面对国内文化艺术品拍卖市场景气度持续衰退，拍品征集愈发不易等困难与挑战，减量提质发展逐渐成为行业共识。相较于上拍数量和成交价格，市场愈发注重成交率与结算率的提升。

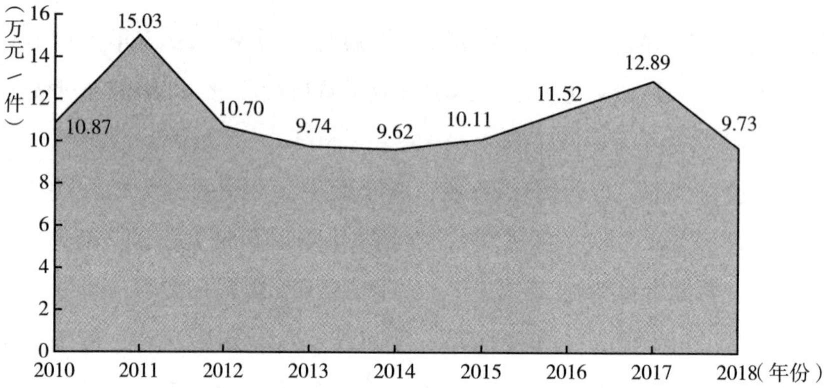

图 2　2010～2018 年我国文物艺术品拍品均价趋势

资料来源：《2018 中国文物艺术品拍卖市场统计年报》。

文化艺术品拍卖效率持续回升。虽然我国文化艺术品拍卖成交额呈下降趋势，但拍卖效率在提升，整体流拍率从 2017 年的 64% 下降为 2018 年的 54%。根据中国拍卖行业协会发布的《2018 中国文物艺术品拍卖市场统计年报》，2018 年全国文物艺术品拍卖成交率为 49.03%，上拍件数与上年基本保持同等规模，但成交率提升了 0.57 个百分点（见图 3），成交件数也因此增长了 4.94%。拍品结算率有所提升。根据《2018 中国文物艺术品拍卖市场统计年报》，截至 2019 年 5 月 15 日，2018 年全国文物艺术品拍卖成交额为 246.05 亿元（见图 4），共完成结算 130.63 亿元，结算率为 53.09%，结算进度同比上年提升 3.75 个百分点。其中，千万级拍品已有超过 50% 的拍品完成结算，比上年（38.55%）有较大改善。

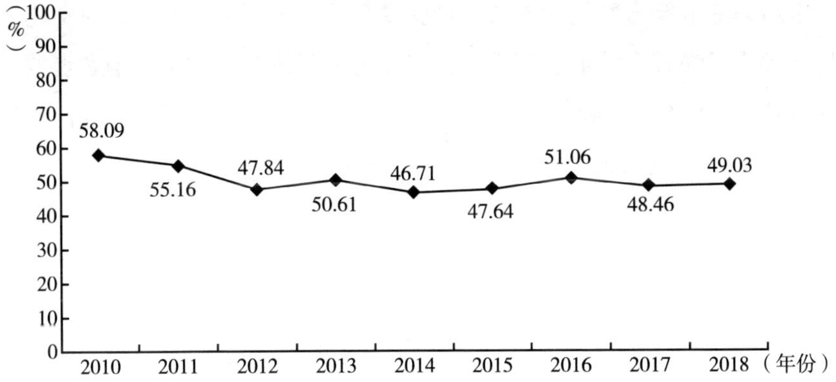

图 3　2010～2018 年我国文物艺术品拍卖成交率走势

资料来源：《2018 中国文物艺术品拍卖市场统计年报》。

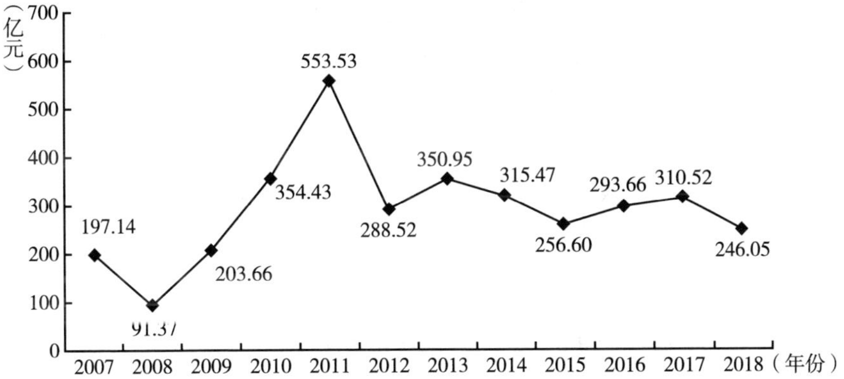

图 4　2007～2018 年中国文物艺术品拍卖成交额趋势

资料来源：《2018 中国文物艺术品拍卖市场统计年报》。

（三）中产、年轻消费群体崛起，日常中小拍获青睐

中产、年轻消费者成为文化艺术品消费的主要力量。随着居民消费水平的提高，中产阶级人群也越来越多，对于文化消费的需求也逐渐增加。当前“80”“90”后已成长为社会生产的主力军，作为伴随着中国改革开放成长起来的一代人，他们不仅已经具有一定的经济积累和风险承受能力，同时对

于艺术品的鉴赏能力和拍卖形式的接受度都达到了历史新水平，对文化艺术品拍卖形成了强有力的消费需求。根据蓝色智慧研究院对个人消费者的问卷调查结果，参与本次问卷调研的全部个人消费者中，参加过拍卖的占48.6%，其中，30～44岁的人群占比超过50%，18～29岁的人群占比将近20%（见图5）。

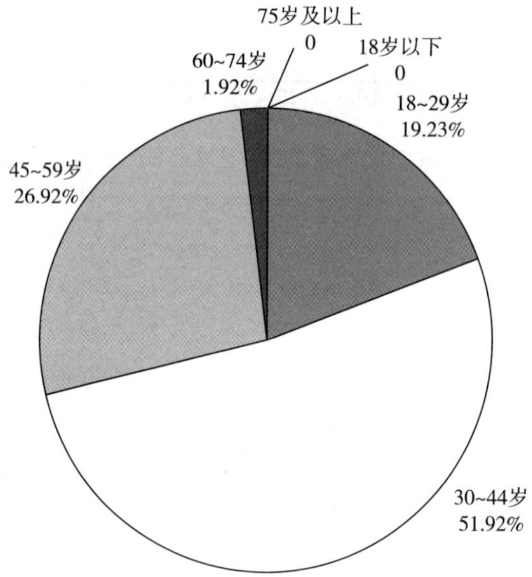

图5　参与过拍卖人群的年龄分布

资料来源：根据课题组针对个人消费者设计和发放的调查问卷结果统计。

高频次、中小型拍卖更受欢迎。随着越来越多普通消费者入场，相较于“高大上”的春拍、秋拍，四季拍、月拍、周拍等规格相对较低的高频次、中小型拍卖更加受到买家欢迎，成为消费者初入拍卖场的优先选择（见图6）。根据蓝色智慧研究院对个人消费者的问卷调查结果，参与过拍卖的人群中参加的单场拍卖会平均规模为50人以下的占38.46%，50～99人规模的为40.38%，二者合计占比将近80%。此外，蓝色智慧研究院走访调研了解到，与大型拍卖会相比，专业化、特色化的中小型拍卖会成交率与结算率往往更高，显示出其对消费者的吸引力。

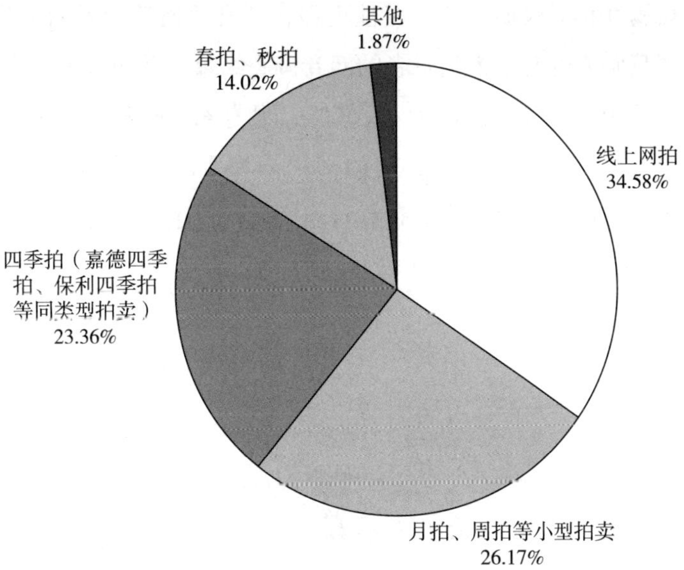

图 6　参与调研者拍卖会形式偏好分布

资料来源：根据课题组针对个人消费者设计和发放的调查问卷结果统计。

（四）网络拍卖日渐兴起，中低价位市场潜力巨大

网络拍卖优势显著。相比传统线下拍卖需要花费大量的人力、物力等成本，互联网的应用使拍卖流程更加高效便捷，为很多之前被挡在传统拍卖市场门外的物品提供了上拍渠道。根据蓝色智慧研究院对个人消费者的问卷调查结果，消费者对于线上网拍的形式颇为青睐，偏好线上网拍的消费者占比达 34.58%，远超各类传统线下拍卖形式，居于各种拍卖形式榜首。当前越来越多拍卖公司也打通了线上拍卖渠道，拓展线上拍卖市场以迎合消费者需求。如佳士得贯穿全年的“中国艺术”网拍系列，自推出以来一直受到业内外的热切关注；嘉德、保利等国内拍卖企业也在积极布局线上拍卖业务。

中低价位拍品市场需求更大。相对于动辄百万、千万甚至上亿元的高端拍品，中低价位拍品更契合大多数人的消费需求，尤其是万元以内的拍品，

投资和收藏属性相对较弱，消费属性更强，符合普通消费者的定位与预期。根据蓝色智慧研究院对个人消费者的问卷调查结果，受访者中认为自身对文化艺术品鉴赏能力一般的占比为47.66%，另有42.06%认为自身鉴赏能力不强，即接近90%的受访者对自己的文化艺术品鉴定能力不抱有信心。反映在拍品预期价格上，表现为消费者对于中低价位拍品倾向明显，预期购买10万元以下拍品的人群占比超九成（见图7）。在整个文化艺术品拍卖市场

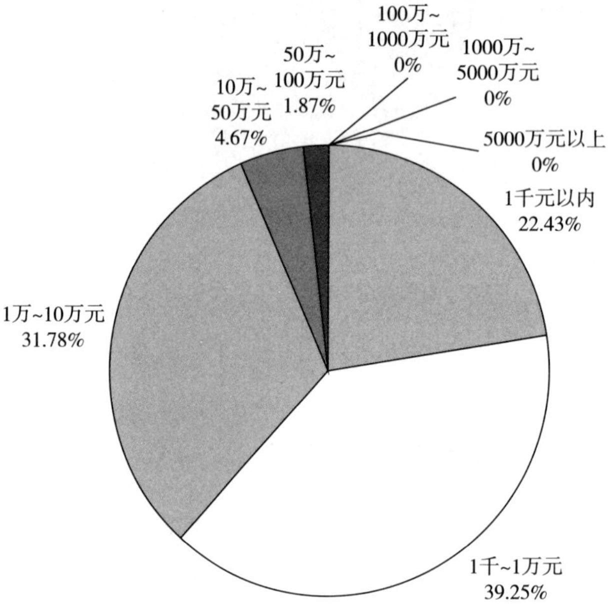

图7　参与调研者拍品价位偏好情况

资料来源：根据课题组针对个人消费者设计和发放的调查问卷结果统计。

中，高、中、低档拍品结构呈金字塔分布，以嘉德为例，2018年中小价值拍品的成交量占比为70%以上，其中低价拍品占比为40%左右。另外，受到新型消费群体的文化及审美水平提升的影响，文化艺术品的购买群体不断扩大，购买行为转向日常生活化。如在上海青莲阁举办的高频次小型民品拍卖中，越来越多的青年消费者加入其中，除了兴趣收藏之外，一些被用来家装摆放的低价工艺品或二手物品受到热捧。

三　行业竞争格局明晰，龙头企业优势突出

（一）高端市场行业集中度高，龙头企业占据绝对优势

我国文化艺术品拍卖行业正在经历调整期，大批经营不规范，竞争力、专业度、创新力低下的企业正被行业所淘汰。高端市场马太效应凸显，优质拍品资源和藏家资源不断向规模大、实力雄厚的拍卖企业集聚。《2018 中国文物艺术品拍卖市场统计年报》数据显示，2018 年度，全国文物艺术品拍卖 1000 万元以上的成交拍品共计 243 件（套），成交额为 66.11 亿元，较上年数量减少了 19 件（套），成交额减少了 22.44 亿元。从成交数量看，243 件（套）1000 万元以上成交拍品分布在 23 家拍卖企业中。其中，北京保利、中国嘉德、北京匡时、广州华艺、中贸圣佳、西泠印社、广东崇正、北京荣宝 8 家企业共计 224 件（套）拍品，占市场成交总量的 92.18%，其余 19 件（套）拍品分布在 15 家企业中。从成交额上看，上述 8 家企业的 224 件（套）拍品成交额共计 61.58 亿元，占市场总成交额的 93.15%；其余 15 家企业的 19 件（套）拍品共计成交 4.53 亿元，占比为 6.85%（见图 8）。高端文物艺术品资源集中度颇高，嘉德、保利等龙头企业占据绝对优势。

（二）行业整体竞争格局明晰，企业梯队分布相对稳定

根据对《2018 中国文物艺术品拍卖市场统计年报》数据的处理与分析，剔除无效数据（上报数据不全的企业）后，2015～2017 年，文物艺术品拍卖企业梯队①结构较为稳定，第一梯队企业为 10 家左右，第二梯队将近 30 家，第三梯队将近 80 家。2018 年梯队结构出现较大调整，第二梯队企业数量大幅下降至 11 家，第一、第三梯队企业数量相对稳定（见图 9）。

---

① 根据《2018 中国文物艺术品拍卖市场统计年报》，参照调研情况及专家意见，按照年成交额将我国文物艺术品拍卖企业划分为三个梯队，第一梯队为年成交额大于等于 5 亿元的企业；第二梯队为年成交额大于等于 1 亿元，并小于 5 亿元的企业；第三梯队为年成交额大于等于 1000 万元，并小于 1 亿元的企业；年成交额小于 1000 万元的企业归为其他。

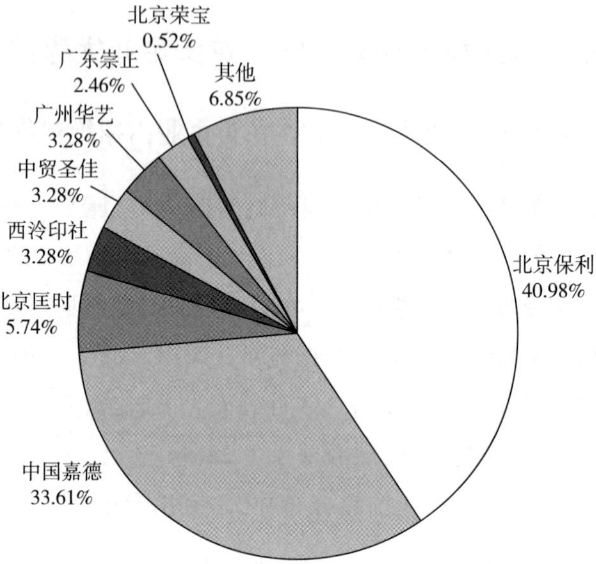

图 8　2018 年全国文物艺术品拍卖 1000 万元以上拍品成交额在拍卖企业中的分布

资料来源:《2018 中国文物艺术品拍卖市场统计年报》。

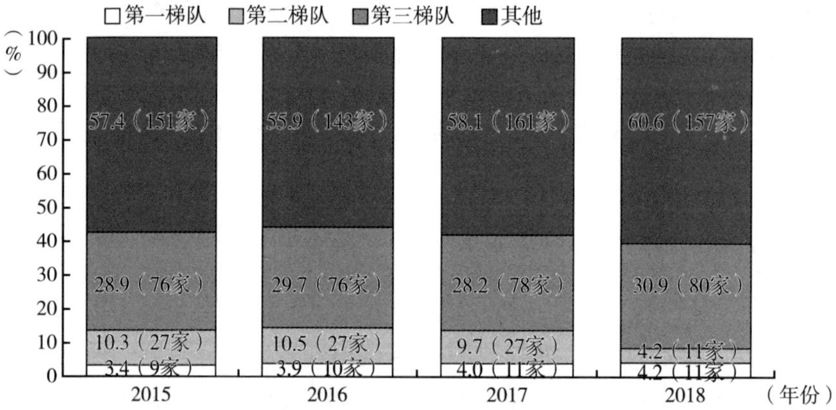

图 9　2015 ~ 2018 年全国文物艺术品拍卖企业梯队分布情况

资料来源:《2018 中国文物艺术品拍卖市场统计年报》。

四　行业发展机遇与挑战并存，大众化、消费化成为重要方向

（一）国内艺术品拍卖模式单一，拍卖行同质化严重

经过多年发展，目前我国文化艺术品拍卖市场大多数从业人员形成了思维定式，观念固化，拍卖企业创新意识与创新能力不足。在文化艺术品拍卖市场下行的形势下，过于单一的行业运营模式加剧了拍卖企业之间的竞争。目前国内现行的拍卖行业经营模式跟十几年前相比并没有很多创新之处，依然是学习苏富比、佳士得的香港模式。实际上，这一模式仅是苏富比、佳士得在20世纪70～80年代的一个远东模式，并非其主要经营模式。当时两家拍卖行为了开拓亚洲市场，在香港只设有固定的办公空间，拍卖会场则通过临时租赁的形式，每年固定组织春、秋两场大拍，占其整体经营份额的比重很小。而跳出香港，考察苏富比、佳士得在英国伦敦、美国纽约的拍卖业务，我们发现其实它们每年会有很多场拍卖活动，频次几乎达到几天一场，而且拍品层次与种类非常丰富，拍卖形式亦很多样，一般价值的艺术品拍卖才是其经营常态。苏富比、佳士得这种日常的小型、高频次拍卖，以及巴黎德鲁奥的平台模式等在国内几不可见。

据调研，国内中小艺术品拍卖企业盈利十分困难，行业整体低迷的外部环境是重要影响因素，中小拍卖行本身内部也面临许多痛点与问题。第一，中小拍卖行同质化经营严重，拍品类型、结构以及拍卖会组织形式雷同，企业特色优势不突出，如若不能突破创新，极可能在行业下行调整期被市场所淘汰。第二，中小拍卖行品牌竞争力较弱。相对于知名大拍卖行，中小拍卖行品牌影响力有限，在征集拍品方面面临更多困难，很难吸引有实力的买方参与竞买，拍卖会的成交率和成交额也不尽如人意。第三，经营成本居高不下，在目前主流的传统拍卖模式下，从拍品征集到交割，整个流程涉及拍品征集、图录制作、场地租赁等诸多环节的高昂费用支出。不同于保利、嘉德等大型拍卖行拥有自建拍卖场所，且能够产生规模经济优势，中小拍卖行往

往没有自有场地，组织拍卖会需支付大量的高端场地租赁等费用，经营成本极高，许多中小拍卖行已入不敷出。

（二）文物艺术品资源日渐枯竭，市场投机氛围浓厚

截至2018年底，我国文化艺术品拍卖中接近80%的拍卖标的为文物。① 随着艺术品拍卖市场的不断发展，用于拍卖的文物艺术品资源正在枯竭，《石渠宝笈》中有过著录且在民间市场流通的作品几乎都已拍遍了，近现代如齐白石、傅抱石、张大千等知名艺术家的作品也已基本拍尽。过去流传下来的文物艺术品资源是有限的，同时我国现当代拍品资源补给不足，传统的拍卖品类素材经过市场几轮运作后显得后继乏力。而艺术品拍卖市场仍是不断扩张的，随着人们生活水平、消费水平的不断提高，对艺术品消费的需求持续增加。因此，拍品征集越来越困难已成为现阶段我国文化艺术品拍卖的一个重要痛点，如何进一步开拓拍品资源，成为考验拍卖企业的难题。

此外，市场内投资、投机味道愈发浓厚。文物艺术品不同于其他商品，文物艺术品拍卖兼有商业盈利和文化传承、传播的双重功能与属性。前些年我国文化艺术品市场经历了持续高速发展，尤其是在2008年金融危机后，大量资本流入艺术品市场，促成了收藏品市场的一波上涨行情。随着中国负利率时代的到来，人们致力于寻找对抗货币贬值的投资品种，艺术品投资的高回报率吸引了大批投资性买家涌入。许多高端艺术品遭哄抢，天价拍品屡屡出现，但是普通艺术品却大量流拍。投资性买家充斥整个拍卖市场，在市场行情上涨时，加剧了非理性投资与炒作。

（三）文化消费升级急需市场出口，艺术品拍卖趋于大众化、消费化

据业内分析，中国艺术品市场潜在的需求为6万多亿元，而目前的规模

① 根据中国拍卖行业协会发布的《2018中国文物艺术品拍卖市场统计年报》，2018年度，文物类拍卖标的共计上拍380531件（套），成交193438件（套），文物拍卖标的成交量和成交额分别占市场整体的76.52%、79.38%。

只有几千亿元。随着我国中产阶层的不断壮大，居民消费持续升级，这将进一步推动我国从投资型经济向消费型经济转化，大众文化艺术品消费将继续增长。反映在文化艺术品市场中，相较于高端投资性需求，人们对中低价格艺术品的消费性需求正快速增长，想要参与到文化艺术品交易市场当中的人群十分庞大，但行业壁垒太多、门槛太高，使许多人望而却步，普通大众对文化艺术品消费的需求急需市场出口。因此，放开眼界，面向更大的中小市场开展文化艺术品拍卖业务，有利于为更广大的人民群众开拓文化艺术品消费渠道，助力其实现对美好生活的向往。

从需求端来看，随着我国社会经济发展水平的不断提高，中产阶级愈发壮大，人们消费升级提档，对文化艺术的消费需求持续增长。拍卖作为文化艺术品交易的一种重要形式与渠道，逐渐获得人们关注。网络拍卖等新型拍卖形式的出现，打破了地域、时间与圈层限制，参与拍卖的普通消费者越来越多，消费性目的增强，投资倾向减弱。文化艺术品拍卖由以前的小众、“高大上”、遥不可及渐渐走入普通消费者的世界，呈现消费化、大众化的趋势。

从供给端来看，经过多年深耕，传统的文化艺术品拍卖市场，尤其是高端市场已经相对固化，市场突破困难。如果大家都只聚焦于高端精品，那发展之路只会越走越窄。高端市场精品化、特色化的同时，文化艺术品拍卖的未来还应着眼于对量级巨大的中产阶级、普通消费群体的挖掘，在高端市场之外走大众化、社会化的道路。

（四）行业下行重压倒逼新模式产生，中小拍卖行日渐垂直化、特色化

目前国内艺术品拍卖模式单一，行业同质化经营，很多不同规格的拍卖会均采取大型拍卖的模式，拍卖频次低、会场规格高，耗费大量的人力、物力等成本。且行业创新意识不足，大部分从业人员思维固化，目光局限于高端市场，过度追求高规格、高价格，而忽略了庞大的中小拍卖市场。近年来，我国文化艺术品拍卖行业进入调整期，下行压力大，发展形势不容乐观。在此背景下，如若继续囿于现行单一模式，无异于“千军万马过独木

桥”，大量中小拍卖公司将被挤落。现阶段，文化艺术品拍卖行业模式创新已迫在眉睫，亟须学习借鉴国际上苏富比、佳士得等先进拍卖行的运营模式与经验，跳出现行“高大上”的单一拍卖模式，围绕中小价值市场，发展高频次、中小型的日常拍卖模式。

自2012年以来，中国艺术品拍卖市场进入下行调整期，与保利、嘉德等实力雄厚的大型拍卖公司相比，中小拍卖公司处境更加艰难，许多经营不规范、缺乏核心竞争力的中小企业纷纷倒闭。面临市场困境，诸多中小型拍卖公司不断寻求应对策略以免被行业发展大潮所淘汰，加强在垂直领域的精耕细作、做好细分市场，成为很多中小拍卖公司的选择，并取得了一定成效。如主打佛教艺术品的古天一拍卖，主打海派名家的上海嘉禾，主打古籍善本的北京德宝都成功在拍卖市场中占据了一席之地；北京华辰则一直以“影像收藏”作为其特色，是目前国内知名度最高的影像艺术品交易平台。垂直化、特色化、差异化、规范化经营是中小拍卖公司的未来发展方向。

五　市场地域分布集中，北京独占鳌头

（一）市场地域分布集中，京、沪、杭、广领跑全国

文化艺术品拍卖行业具有一定的区域性特征，受区域经济发展水平、居民消费水平等因素影响较大。我国文化艺术品拍卖市场主要集中在京津、长三角、珠三角地区，其中，尤以北京、上海、浙江、江苏、广东为主，形成了北京独大，上海、杭州、广州三地平分秋色的“1+3”格局。

《2018中国文物艺术品拍卖市场统计年报》数据显示，从企业数量上看，截至2018年底，京津地区共有文物拍卖企业256家，注册资金42.76亿元，文物艺术品相关从业人员1640人；其中，北京地区文物拍卖企业有241家，企业数量占全国的44.14%。长三角地区共有文物拍卖企业124家，注册资金14.38亿元，文物艺术品拍卖相关从业人员1050人；其中，上海地区文物拍卖企业有47家，企业数量占全国的8.61%。珠三角地区（广东）共

有文物拍卖企业32家，注册资金8.28亿元，文物艺术品拍卖相关从业人员292人；其中，广州地区文物拍卖企业有17家，企业数量占全国的3.11%。

从市场份额上看，2018年，京津地区上拍拍品共226963件（套），成交105227件（套），成交额为162.02亿元，成交量和成交额分别占全国市场的41.62%和65.85%；其中，北京地区成交额为160.62亿元，占全国市场的65.28%。长三角地区上拍204288件（套），成交112743件（套），成交额为53.46亿元，成交量和成交额分别占全国市场的44.60%和21.73%；其中，上海地区成交额为21.60亿元，占全国市场的8.78%；杭州地区成交额为28.38亿元，占全国市场的11.53%。珠三角地区（广东）上拍26691件（套），成交13605件（套），成交额为22.66亿元，成交量和成交额分别占全国市场的5.38%和9.21%；其中，广州地区成交额为22.53亿元，占全国市场的9.16%。2018年，国内其他地区上拍57637件（套），成交21228件（套），成交额为7.91亿元，成交量和成交额分别占全国市场的8.40%和3.21%。

（二）北京艺拍市场独占鳌头，行业效益有待提升

北京文化艺术品拍卖规模全国领先。20多年来，北京市文化艺术品拍卖一直走在全国前列，占据我国内地市场的2/3，早已成为继纽约、伦敦、香港之后的全球艺术品拍卖中心之一，并培育了中国嘉德、北京保利、北京匡时、北京荣宝、北京翰海、中贸圣佳、北京诚轩等一批信誉良好、操作规范的国际知名企业，带动了整个北京市文化艺术品交易的发展。诞生过齐白石《山水十二条屏》、黄宾虹《黄山汤口》、潘天寿《鹰石山花图》、吴冠中《狮子林》等数十件亿元拍品。《2018中国文物艺术品拍卖市场统计年报》数据显示，截至2018年底，北京地区共有文物拍卖企业241家，注册资金为40.98亿元，文物艺术品拍卖相关从业人员1569人，分别占全国市场的44.14%、49.00%和28.99%。2018年，文物艺术品拍卖共成交98605件（套），成交额为160.62亿元，占全国市场总成交额的65.28%。

行业梯队更为明晰，市场集中度更高。北京文物艺术品拍卖领跑全国，

众多行业龙头云集。目前，中国文物艺术品拍卖行业两大巨头——北京保利国际拍卖有限公司、中国嘉德国际拍卖有限公司，均为北京市企业，二者年成交额基本占据了北京市场的半壁江山。《2018 中国文物艺术品拍卖市场统计年报》数据显示，2018 年北京地区合计成交额为 160.62 亿元，平均成交率为 46.54%。其中，保利成交额达 48.21 亿元，成交率为 62.73%；嘉德成交额为 42.07 亿元，成交率达 75.31%（见表 1）。2018 年全国文物艺术品拍卖企业第一梯队的北京有 6 家，第二梯队的有 6 家，第三梯队的有 23 家（见图 10）。第一梯队的企业成交额占据了北京市场全部成交额的 87.94%，第二梯队成交额占比为 7.73%，第三梯队成交额占比为 3.94%。

表 1　2018 年北京市文物拍卖企业梯度分布名单

梯队	企业名称	成交率(%)	成交额(不含佣金/万元)	平均成交价(万元)
第一梯队	北京保利国际拍卖有限公司	62.73	482106.57	28.96
	中国嘉德国际拍卖有限公司	75.31	420736.25	20.79
	北京匡时国际拍卖有限公司	74.82	195493.00	60.47
	北京荣宝拍卖有限公司	77.08	129337.60	26.53
	中贸圣佳国际拍卖有限公司	66.17	122108.63	23.38
	北京翰海拍卖有限公司	73.55	62685.85	8.65
第二梯队	北京诚轩拍卖有限公司	87.07	33389.09	7.59
	北京大羿拍卖有限公司	67.06	26868.91	21.39
	北京华辰拍卖有限公司	64.07	21178.16	15.42
	北京市古天一国际拍卖有限公司	70.56	17508.80	35.81
	中古陶(北京)拍卖行有限公司	77.18	13275.12	5.82
	中鸿信国际拍卖有限公司	38.98	11950.57	8.30
第三梯队	北京银座国际拍卖有限公司	57.37	7624.80	16.33
	北京泰和嘉成拍卖有限公司	37.79	6744.93	3.77
	北京中鼎国际拍卖有限公司	68.87	5942.27	17.79
	北京海王村拍卖有限责任公司	68.68	5102.20	1.04
	北京中汉拍卖有限公司	69.51	4213.56	7.08
	冀德国际拍卖有限公司	32.33	4029.80	14.50
	北京大都珍品拍卖有限公司	88.20	3509.90	24.72
	北京文津阁国际拍卖有限责任公司	60.33	2322.10	12.83
	北京适珍国际拍卖有限公司	60.29	2277.66	1.23
	北京德宝国际拍卖有限公司	79.52	2092.66	0.88
	北京景星麟凤国际拍卖有限公司	22.90	1859.13	5.25
	北京盈时国际拍卖有限公司	95.35	1851.90	45.17

续表

梯队	企业名称	成交率(%)	成交额(不含佣金/万元)	平均成交价(万元)
第三梯队	北京博美国际拍卖有限公司	34.58	1805.00	4.16
	北京伍伦国际拍卖有限公司	40.28	1706.20	29.42
	中联国际拍卖中心有限公司	55.00	1651.00	50.03
	北京巨力国际拍卖有限公司	19.79	1646.45	4.46
	北京际华春秋拍卖有限公司	26.13	1469.00	8.74
	北京淇然国际拍卖有限公司	12.16	1378.45	8.25
	北京琴岛荣德国际拍卖有限公司	26.28	1364.04	2.32
	北京嘉德在线拍卖有限公司	28.17	1282.49	0.15
	北京古玩城国际拍卖有限公司	11.64	1234.00	6.86
	北京东方大观国际拍卖有限公司	26.37	1164.13	5.49
	北京印千山国际拍卖有限公司	13.54	1029.99	1.62

资料来源：《2018 中国文物艺术品拍卖市场统计年报》。

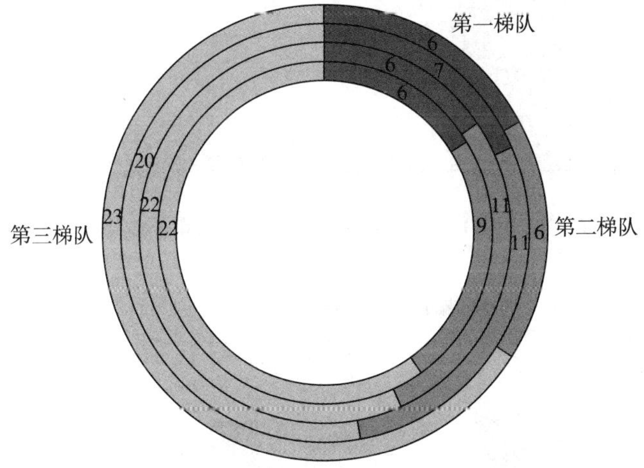

图 10　2015～2018 年北京市文物艺术品拍卖企业梯队结构

注：由内而外为 2015 年、2016 年、2017 年、2018 年。
资料来源：《2018 中国文物艺术品拍卖市场统计年报》。

行业效益处于低谷，大部分企业为非营利状态。根据《2018 中国文物艺术品拍卖市场统计年报》，2018 年度，全国文物艺术品拍卖主营业务收入（以自然年度为统计口径）为 24.33 亿元，运营成本及费用为 16.06 亿元，主营业务利润为 7.28 亿元，主营业务利润率为 29.91%，较上年减少 9.78 个百分点。在完成填报的345家拍卖企业中，仅有75家企业实现盈利，盈利面下降至21.7%，较2017年度减少3.25个百分点，其中盈利100万元以上的企业仅有29家。就北京地区而言，2015～2018年，北京市第一梯队企业年成交额在历经2015～2017年连续3年上涨后，2018年出现大幅下跌；第二、第三梯队企业成交额于2016年实现上涨后，2017、2018年连续两年持续下跌（见图11）。但第一、第二、第三梯度企业成交率在2018年均呈现上升趋势，尤其第二、第三梯队企业拍卖成交率大幅上涨（见图12）。

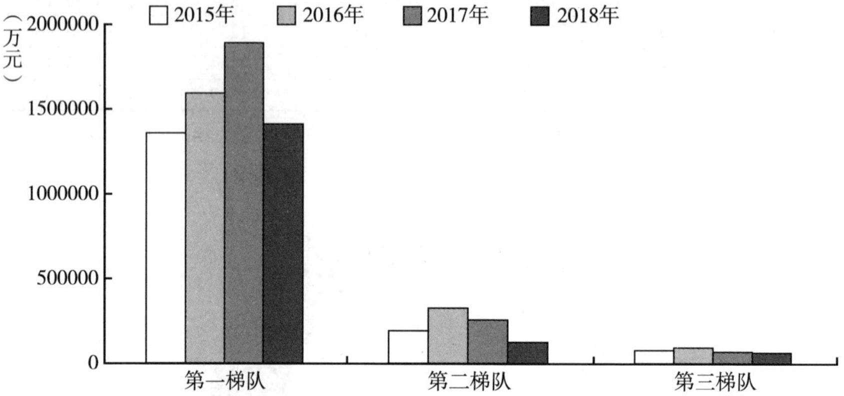

图11　2015～2018年北京市文物艺术品拍卖企业年成交额

注：成交额中不含佣金。
资料来源：《2018中国文物艺术品拍卖市场统计年报》。

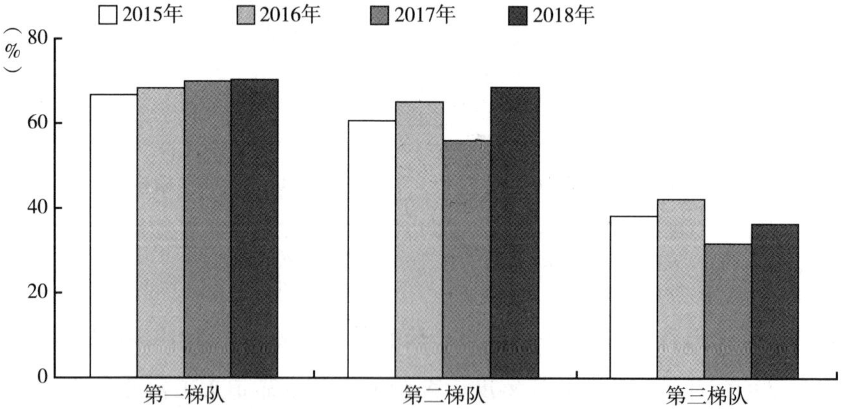

图12　2015～2018年北京市文物艺术品拍卖企业平均成交率

资料来源：《2018中国文物艺术品拍卖市场统计年报》。

六　文化艺术品拍卖行业的发展建议

（一）拍卖形式：创新高频次中小型拍卖、线上拍卖等多元化拍卖形式

目前，文化艺术品拍卖逐渐由以前的小众、“高大上”、遥不可及渐渐走入普通消费者的世界，呈现消费化、大众化的趋势，文化艺术品拍卖行业亟须探索多元化拍卖形式。一是开展高频次、中小型拍卖。相较于“高大上”的春拍和秋拍，四季拍、月拍、周拍等规格相对较低的高频次、中小型拍卖更加受到买家欢迎，成为消费者初入拍卖场的优先选择。此外，与大型拍卖会相比，专业化、特色化、中低端的中小型拍卖会成交率与结算率往往更高，对消费者的吸引力较强，因此需大力开展高频次、中小型拍卖。二是布局线上拍卖。相比传统线下拍卖需要花费大量的人力、物力等成本，线上拍卖可搭上网络电商平台的快车，使拍卖流程更加高效便捷，为很多之前被挡在传统拍卖市场门外的物品提供了上拍渠道，打破了传统拍卖地域、时间与圈层限制。

（二）拍卖品类：重点关注珠宝玉翠类拍品，充分挖掘新型品类

我国文化艺术品市场经过多年培育，买家对拍品的认识逐渐深入、要求逐渐提高，审美和消费需求也不断变化。一是重点关注珠宝玉翠品类。相较于古董文玩、字画瓷器等品类，珠宝玉翠类商品鉴赏门槛相对较低，且消费属性强，是零基础或鉴赏能力较低的普通消费者参与拍卖的良好选择，珠宝玉翠作为拍品更易受到消费者追捧。二是进一步挖掘新型品类。近年来，我国文化艺术品拍卖市场中各品类已经出现了结构调整趋势，书画类作为传统主导门类占比有所下滑，古籍善本、碑帖信札以及现当代艺术作品等板块出现轮涨现象，中国艺术品拍卖热点正从单一领域转向多领域覆盖，因此文化艺术品拍卖需要挖掘新品类，推动拍卖品类的多样化发展。

（三）拍卖价格区间：深度激活万元以内的中低市场消费活力

经过多年深耕，传统的文化艺术品拍卖市场，尤其是高端市场已经相对固化，市场突破困难，如果只聚焦于高端精品，那发展之路只会越走越窄。相对于动辄百万、千万甚至上亿元的高端拍品，中低价位拍品更契合大多数人的消费需求，尤其是万元以内的拍品，投资和收藏属性相对较弱，消费属性更强，符合普通消费者的定位与预期。另外，受到新型消费群体的文化及审美水平提升的影响，文化艺术品的购买群体不断扩大，购买行为转向日常生活化，一些被用来家装摆放的低价工艺品或二手物品受到热捧。因此，文化艺术品拍卖在实现高端市场精品化、特色化的同时，还应着眼于对量级巨大的中低端、普通消费群体的挖掘，在高端市场之外走大众化、社会化的道路，以充分激活中低端市场的消费活力。

B.6
北京艺术影院发展报告

武建勋　张　琦*

摘　要： 艺术影院是具备一定文化艺术氛围、与普通电影院有差异的、经常放映艺术电影的场所，艺术影院可以作为发挥更强文化功能、表现更大文化魅力、凝聚更多文化人群的空间，也更具备彰显北京“文化中心”功能的可能。本报告在分析北京影院市场发展的基础上进一步详细分析了北京艺术影院的发展现状，对2019年艺术影院的发展情况做了全面的梳理，同时指出了艺术影院发展过程中面临的问题，并提出了未来发展的方向。

关键词： 电影市场　艺术影院　艺术电影　北京

“文化中心”是新时期首都“四个中心”战略定位中的重要内容。建设“文化中心”对北京文化产业发展也提出了更高要求。文化产业的繁荣发展是北京建设“文化中心”的重要保证。电影产业作为文化产业中重要的组成部分，其发展同样对北京“文化中心”的建设有很大的助益。就影院层面来看，作为观众观看电影的场所，电影院本身承担着联结电影作品与电影观众的功能，是电影产业良好发展的硬件基础。北京建设“文化中心”的

---

* 武建勋，电影学博士，硕士生导师，中国电影艺术研究中心博士后，主要研究方向为电影产业、媒介融合等；张琦，管理学博士，北京电影学院管理学院副教授，硕士生导师，主要研究方向为影视文化产业及投融资管理。

目标过程中，文化基础设施的建设能够保障文化产业繁荣发展，可以认为建设“文化中心”，应当也推动建成一批能承载文化功能的基础设施。所以，电影院的建设与发展自然也就能够融入北京建设“文化中心”的目标中，成为发挥北京“文化中心”功能的重要阵地。艺术影院包含于电影院中，是有别于一般电影院，具备一定文化艺术氛围、经常放映与普通电影有差异的艺术电影的场所，由于艺术影院本身的特殊性和差异性，导致其成为文化青年、艺术人群的聚集地。自然，相比于一般影院，艺术影院则可以当作是发挥更高文化功能、表现更强文化魅力、凝聚更多文化人群的空间，也更具备彰显“文化中心”功能的可能。

一　北京影院市场发展概况

2019年北京影院有247家，占全国影院总数的2.17%，票房产出为33.99亿元，占全国总票房的5.72%（见表1）。通过对比北京影院市场近4年的变化，可以看出北京影院总体数量每年都有所增加，但全国占比逐年降低，说明在全国影院快速发展的环境下，北京的影院发展增速放缓。这主要是由于北京本身的影院建设已经趋于饱和，不具备更多新增影院的发展空间，每年新增影院多位于城市周边地区，起到的是补充市场的作用。就票房数据来看，北京每年票房数量都有所增长，同样地，占全国总票房的比重逐渐下降，这也是影院增速放缓所导致的。

表1　2016～2019年北京影院市场发展情况

年份	影院数量(家)	影院数量全国占比(%)	票房(亿元)	占全国总票房比重(%)
2019	247	2.17	33.99	5.72
2018	231	2.22	33.09	5.85
2017	210	2.25	32.21	6.14
2016	192	2.44	30.27	6.65

资料来源：灯塔专业版电影数据。

从北京影院运营数据来看，2019 年北京影院场均观影人次为 21 人，高于全国场均人次 14 人，北京影院的平均票价为 44.5 元，也远高于全国平均票价 34.4 元（见表 2）。近 4 年来，北京影院在场均人次和平均票价方面的表现都比较稳定。从场均人次的表现来看，北京地区一直高于全国水平，说明北京的影院市场有较多的电影观众。北京地区观众有良好的文化基础，其影院市场也因此受到了推动，场均人次能够反映出北京城市电影文化的发展。从平均票价来看，北京地区的平均票价也一直高于全国平均水平，北京整体文化消费水平较高，尽管平均票价高但仍然可以拥有较高的场均人次，也说明了北京影院市场的繁荣。

表 2　2016～2019 年北京影院场均人次及平均票价情况

单位：人，元

年份	北京场均人次	全国场均人次	北京平均票价	全国平均票价
2019	21	14	44.5	34.4
2018	25	15	43.3	32.9
2017	28	17	42.2	32.3
2016	30	18	44.1	33.1

资料来源：灯塔专业版电影数据。

二　北京艺术影院发展概况

北京的艺术影院主要由两种形态构成，第一种是加入艺术电影放映组织的城市院线影院，这些影院以加盟的方式加入放映联盟，享受放映联盟的艺术电影供应，同时这些电影院本身属于商业院线，也在日常放映商业电影，总体来看这些影院的状态是“半商半艺”状态；第二种是独立的单体艺术影院，这些影院本身没有加入城市电影院线，日常放映的电影都为具有一定艺术水准的艺术电影，相比第一种形态，这种影院的状态可以理解为“全艺”状态。

（一）联盟性质的艺术影院放映组织

1. 全国艺术电影放映联盟

全国艺术电影放映联盟（以下称“全国艺联”）是在电影局支持下，由中国电影资料馆作为牵头单位，联合国内主要电影院线、电影创作领军人物、网上售票平台等多方力量，共同发起的长期放映艺术电影的社团组织。成立于2016年的全国艺联从全国各省、区、市的影院中挑选100家影院作为首批艺术影院，每家影院固定设置一个影厅作为艺术影厅，保证每天至少放映4场艺术电影（其中1场为黄金场放映）。艺术影厅主要放映具有独特艺术价值的中外影片。其中国产影片主要为有较高艺术价值的国产新片、口碑较好的二轮影片、电影史上的经典影片。外国影片主要为进口批片、影展片，包含世界电影史上的经典之作和近年来获得了世界主要电影节奖项的佳作，以及除好莱坞商业大片之外的来自世界各国的优秀的有独特艺术价值的现当代影片。

全国艺联对于北京地区影院来说是一种比较便捷的加入艺术影院行列的途径，一方面可以由全国艺联统一供片，省去了影院寻找片源的烦恼，另一方面全国艺联这样的全国性艺术电影放映组织能够为影院提供必要的资源支持。而对北京地区来说，市场份额最大的艺术影院也是全国艺联的加盟影院。2019年全国艺联在全国共有加盟影院3800多家，其中北京地区共有加盟影院139家。[①] 这139家影院放映全国艺联供应的艺术影片，可以与其他影院在内容上形成差异。2019年全国艺联共放映电影15部，其中11部影片未在全国艺联专线放映（即只在全国艺联加盟影院放映），其中包括《波西米亚狂想曲》《罗马》这样的奥斯卡获奖影片，也涵盖《零零后》《撞死了一只羊》这样的国产优秀艺术电影。北京是全国艺联的重要票房城市，2019年全国艺联放映的所有影片在北京地区的票房表现都比较良好（部分影片表现见表3），从2019年全国艺联放映的部分影片票房可以看出北京地

① 全国艺术电影放映联盟微信公众号。

区的票房能够占全国总票房的10%以上，更有如《零零后》《罗马》这样的影片，北京的票房可以达到接近全国总票房的20%，全国艺联放映的大多数艺术影片在北京的票房都能排到第一，既说明了北京地区的艺术影院是全国艺联重要的票房贡献力量，也说明了北京地区艺术影院受北京本身文化氛围的带动作用明显。但是有一个现象值得关注，北京地区全国艺联加盟影院共有139家，而2019年北京地区共有影院246家，也就是说有56.5%的影院是全国艺联加盟影院，这在一定程度上导致加盟艺术影院的差异化在不断地被稀释，依靠加盟全国艺联获得差异化内容供给在北京地区的优势越来越不明显。

表3　2019年全国艺联部分放映影片票房表现

单位：万元

影片名称	北京票房	全国票房
《撞死了一只羊》	102.6	1038.6
《零零后》	55	514.1
《罗马》	114.6	509.7
《他们已不再变老》	71	334.3
《波西米亚狂想曲》	1471.2	9907.4

资料来源；灯塔专业版电影数据。

2. 首都之星艺术影厅联盟

首都之星艺术影厅联盟（以下简称“首艺联”）是由北京市委宣传部、北京市新闻出版广电局、北京演艺集团主办，北京新影联影业有限责任公司等单位承办的艺术影片的专属放映平台。首艺联成立之时涵盖了20家放映单位，包括16家商业影院、4所高等院校，影院类型覆盖商区、学区、社区、郊区，地域范围辐射北京7个城区。各放映单位承诺每周将有不少于2场的首艺联艺术影片放映。2019年，首艺联持续扩大放映覆盖范围，新增13家影院。[①] 与全国艺联不同的是，除单片放映之外，首艺联更多采用的是

① 首都之星艺术影厅联盟微信公众号。

影展的模式，2019 年首艺联举办了“经典再现——七十年光影记忆”“舞台光影——国家大剧院红色经典歌剧电影展映”“国际视野——‘一带一路’国家主题展映”等电影展，同时也与同仁堂及北京京剧院合作，在“国粹传承”放映单元为北京影迷和戏迷准备了京剧电影《风雨同仁堂》，等等。

首艺联是真正意义上北京本地的艺术电影放映机构，与全国艺联需要专注于全国市场不同，首艺联能够更好地挖掘北京本地特色，为艺术影院提供更具有针对性、更适应本地化的艺术电影放映，加之影院规模不大，可以保证艺术影院的放映质量。观察首艺联的加盟影院，在 2018 年成立之初的 20 家单位中，除 4 所高校之外，有 12 家影院与全国艺联重合，仅有 4 家影院为非全国艺联加盟影院。首艺联成立初期，虽独立运营，但影院与全国艺联高度重合，仅存在内容供给上的差别，从 2018 年来看，北京市艺术影院的规模范围仍然以全国艺联为主，首艺联仅仅是“锦上添花”。但 2019 年这一现象有所改变，在首艺联新增的 13 家影院中，与全国艺联重合的只有 1 家，其余 12 家都为首艺联专属加盟影院，这样就保证了北京市范围内全国艺联和首艺联两家加盟形式的艺术电影放映联盟有所区别，保证了北京艺术影院市场的差异性。

（二）独立艺术影院

北京独立艺术影院中最具代表性的就是中国电影资料馆小西天艺术影院和百子湾艺术影院，其运营依托中国电影资料馆，是具有公益性质的艺术电影推广机构。这两家艺术影院已经基本形成了相对固定的艺术电影放映体系，小西天艺术影院除周一外每天都会放映至少一场电影，百子湾艺术影院则每周放映三场，除日常放映外两家影院还会不定期举办影展，并结合放映活动开展讲座和主创交流活动。2015 年 11 月，小西天艺术影院成为北京市新闻出版广电局与中国电影资料馆联合打造的“惠民影院”，其目的是支持国产青年导演、新锐作品，并为观众提供更加优惠的价格。“惠民影院”的排片选择上以国产片为主，能够增强国产电影的原创力、传播力、生命力。至今小西天艺术影院 2 号厅依然坚持放映国产电影，始终保持着影院的惠民属性。同时，中国电影资料馆艺术影院也不断加强与各国大使馆和文化中心的合作，与这些机构和中心的合作是放映世界艺术电影、保证国际艺术电影片源的重要渠道。2019 年中国电影资料馆艺术影院举办了亚洲电影展、巴西影展、塞尔维亚影展、台湾影展等，为北京观众提供了来自多个国家（地区）的优秀艺术电影作品。“2019 北京国际绿色电影周”也于 2019 年 12 月在中国电影资料馆艺术影院举办。电影周推介来自包括中国在内的世界各地的优秀绿色主题电影作品，参展作品形式多样，涵盖电影短片、电影长片、动画片、纪录片等，给予观众更多的观影选择，也在无形中向社会传递了绿色理念。同时，中国电影资料馆艺术影院还是每年北京国际电影节的展映影院。可以认为中国电影资料馆艺术影院是目前中国艺术影院中播放艺术电影最为稳定的影院，也是最受艺术电影观众认可的影院。

除中国电影资料馆艺术影院外较为出色的独立艺术影院还包括 UCCA 尤伦斯当代艺术中心（以下简称“UCCA”），该中心是一座服务于公众、独立的公益性艺术机构。UCCA 经营的范围不仅仅包括电影，还覆盖多种艺术门类。UCCA 每年活动多达 300 余场，内容涵盖对谈、工作坊、影像放映和行为表演等，还有电影、建筑、设计、文学、现代舞和声音艺术等领域的公共活动，是一所综合性的艺术机构。就电影放映来说，UCCA 每年以放映小众路线的中外独立电影为主，选片原则更加趋于艺术性。2019 年，UCCA 共策划了多个独立电影展，如北京国际短片联展（BISFF）、第七届德国电影节等，还不定期举办各种交流活动，如新亚洲影志影人会（截至 2019 年底已举办二十五期）、艺术家解读系列活动、青年导演影像计划等，同时也举办了多场独立艺术电影观摩放映活动，包括法国导演让·保罗·拉佩诺学术交流及《屋顶上的轻骑兵》观摩活动、《传奇办公室》及剧组学术交流、“献给地球的一首诗，人类文明影像《变形》”观摩活动等。可以看到，UCCA 放映的电影与商业影院放映的电影有很大的区别，其放映的电影更加注重其内含的文化属性，且 UCCA 的所有活动都是以影像交流的形式呈现，给了观众更多交流互动的机会，配合 UCCA 整体的艺术文化氛围，使得观众有了更好的艺术体验。所以，虽然UCCA不是单纯以电影为主营业务的电影院，但其所实现的功能却是艺术影院应该具备的。

三 艺术影院发展的困境与趋势

（一）艺术影院发展面临的困难

北京的艺术影院相比全国其他地区的艺术影院建设要早，发展时间要长，因此，在一定程度上，北京艺术影院的发展程度和规模在全国范围内是处于前列的。尽管如此，北京艺术影院发展过程中仍然会面临一些困难和问题，具体表现为三个方面。

1. 片源供给不足，制度仍存在约束

艺术影院有别于普通影院最大的特点就是其放映的影片具有差异性，这也是艺术影院能够吸引观众前往观看的重要保证。正如前文所举的案例，北京各家艺术影院在不同程度上都能够提供独特的艺术电影片源，这些艺术电影片源支撑起了艺术影院的运营。尽管每年艺术影院都能保证一定的影片供给，但是整体而言，艺术影院的片源仍然存在供给不足的问题，这种不足主要有两个层面。第一，发行层面，优秀的艺术影片不选择艺术影院上映。2019年我们可以看到很多优秀的、具有艺术价值的电影，如陆庆屹执导的《四个春天》、王小帅执导的《地久天长》、刁亦男执导的《南方车站的聚会》等，这些影片都是当年受到观众和业内所认可的艺术电影，但是正因为这些艺术电影本身品质较高，在发行过程中就没有选择艺术影院作为专属的放映场所。虽然艺术影院的观众群体是这类影片的核心受众，但为了获得最大的经济回报，这些质量较高的艺术电影往往会选择大范围上映。这样一来，艺术影院得到的片源往往只能是被“过滤”过的，也就是说艺术影院放映的艺术电影本身是那些对市场信心不太足、制作成本较小、回收压力小和受众较窄的艺术电影，这样必然导致艺术影院的优秀片源供给不足。第二，制度层面，艺术影院运营过程中往往会利用各种资源渠道寻找艺术电影，主要包括两种形式：优秀电影的二轮放映（复映）和前往世界各大电影节进行电影的选取、版权购买并引进国内放映。第一种形式，如果已经获得版权方的授权，同意在艺术影院进行放映，需要进行的放映报备和审批流程相对比较简单，这也是目前多数艺术影院所采用的模式；第二种形式，如果是国外影片在艺术影院进行小规模放映，则需要进行电影展的策划。但是目前国内对于电影展中电影的审批程序还较为严格，除政府主办的电影节（展）外，独立申请的电影节（展）并没有将多国作品混合的先例（即艺术影院申请的影展基本都是同一国别的影展），而这无疑大大增加了艺术影院的策划难度。同时在我国现行的电影制度下，任何电影的放映都需要经过电影审查，一定程度上也增大了艺术影院增加片源供给的难度。

2.受众群体有限，市场表现两极化

与市场上票房大卖的电影如《哪吒之魔童降世》《流浪地球》等大片不同，艺术电影的票房收入往往不高，2019 年上映的艺术电影中最高的票房收入也只有 2 亿元（《南方车站的聚会》），而多数艺术电影票房往往很难达到 1 亿元，更有甚者只有几十万元的票房，电影票房反映出来的现象就是艺术电影的观影人群仍然有限。艺术电影相比于一般的商业电影来说，本身对于观众来说有一定的观赏门槛，观众欣赏艺术电影时需要有一定的艺术知识积累、观赏影片数量积累、美学鉴赏能力等，这些与商业电影依靠视听特效、简单明了的故事、紧张刺激的节奏迅速吸引观众有较大的反差。普通观众观看艺术电影往往会产生看不懂的反馈，一方面是由于艺术电影本身理解的难度较高，另一方面也是由于普通观众鉴赏能力仍然有待提升。因此，艺术电影的受众群体规模现阶段仍然不大。

北京有大量的高校、有大批的艺术从业者和较多有较高艺术修养的人，北京的艺术电影观众在全国范围内具有一定优势，这在一定程度上保证了北京运行艺术影院的观众基础。根据前文分析的北京艺术影院案例，对于独立单体艺术影院而言，他们放映的艺术电影都以单场来计量，不存在大规模的多场、多天、多时段放映的现象。在这样的情况下，这些艺术影院的艺术电影放映在供给上具有一定的稀缺性。在供给稀缺的情况下，这些艺术影院放映的电影的上座率会经常保持一个较高的水准，甚至有的热门电影会出现线上开票很短时间内电影票售罄的现象。而对于加入城市院线的艺术影院来说，则是另外一番景象，如全国艺联的加盟影院在放映全国艺联供应的艺术电影时，往往会遭遇场均人数不到 2 人的情况。面对这种情况，商业影院更愿意放映商业电影来获取更多的上座率以实现收益。一方面是观众一票难求，另一方面却是无人问津，同样是艺术影院出现了两种不同的表现。在有限的观众基础条件下，如何实现惠及所有艺术影院是当下北京艺术影院发展面临的问题，但核心问题仍然是观看艺术电影的观众群体数量有限。

3. 经营模式固定，创新动力缺乏

艺术影院的本质仍然是电影放映的场所，因此从经营模式上来看，艺术影院也是采取电影排场——观众购票——电影放映的流程，艺术影院与一般影院的区别是放映电影的不同。在这样的经营模式下，观影流程的体验几乎没有区别，这也是影院经营过程中很难实现差异化的原因。为了实现差异化，艺术影院首先尝试寻找更多的独特片源，不同的艺术影院联系片源的渠道不同，加入全国艺联和首艺联的艺术影院能够得到两个联盟的影片供给；成为各类电影节（展）的指定放映影院也能够增加可放映的影片数量，如每年一度的北京国际电影节期间，都会选择一定数量的影院作为影片展映的场所；再有就是影院经营者通过个人努力联系到一些电影的版权方，在影院进行一定规模的交流放映。这些都扩大了艺术影院可播放电影的范围，但也一定程度上固定了影院的经营模式。

除拓展片源方面之外，一些艺术影院也逐渐开始尝试在其他方面进行探索，主要包括聚集观众群体和塑造文化氛围两种途径。其一，聚集观众群体，艺术影院开始有意识地构建虚拟社区、虚拟集群，通过微信群、小程序、公众号等形式把现有的观众群体纳入一个体系中，然后再向体系内的观众提供额外福利，如 UCCA 就设立会员制，一些活动只限 UCCA 年卡会员参加，并允许每位会员携带一位同行人免费入场，通过这种方式营造会员的独享体验。其二，塑造文化氛围，在影院的环境布置方面尽可能地创造有别于一般影院的环境，使得艺术影院本身具有“艺术范儿”，通过影院的气质吸引观众，如北京当代 MOMA 百老汇电影中心，就将电影院建设成为了供影迷休闲娱乐的场所，在影院内设置电影图书馆、咖啡厅、书店等，所有的场所都充满了电影元素，使影迷来影院不仅仅可以观影，还可以实现放松、交流、阅读等功能，强化了观众的到场体验。但是随着艺术影院的发展，一些新建的艺术影院也开始学习这种思路，无论是影迷聚集还是氛围塑造，在一定程度上都不是不可“复制”的。当越来越多的艺术影院开始延续这个思路的时候，艺术影院之间的差异性就会出现边际效益递减的情形，再度开发新模式在当下的环境中变得困难，一些艺术影院也倾向于保持现在这种状况，这就造成创新经营的动力不足。

（二）新思路与新趋势

尽管遇到了一些困难和问题，艺术影院经营者们也在不断探索新方法，寻找新路径，而随着社会大环境的逐渐改变，一些新发展趋势也逐渐显现。

1. 艺术影院的互联网化

互联网已经成了电影的重要放映渠道，随着近年来互联网的快速发展，网络平台的发展已经趋于成熟，很多观众都选择通过网络观看电影。对艺术电影来说，一些小成本的艺术电影考虑到电影院的发行和放映成本，已经开始选择通过互联网进行放映，一些优秀的艺术电影在影院下线以后也会纷纷转网。艺术影院自然也看到了互联网的发展趋势，一些艺术影院开始进行各种尝试，试图尽可能地搭上互联网的顺风车。

2020 年新冠肺炎疫情的暴发使得所有的电影院都暂停营业，面对这场突如其来的疫情，影院行业陷入了危机，但也正是由于这次疫情的出现加速了电影行业互联网化的步伐，推动了艺术影院的互联网化。在疫情期间，北京以 UCCA 为代表的独立艺术影院推出了云观影的概念，借助线上观影平台召集艺术电影观众聚集看电影。与一般的网上观影不同的是，云观影依旧为观众保留同线下观影同样的体验。首先，限定观影名额，线下观影由于影厅座位数的限制，观看一场电影的观众数量存在上限，而线上观影没有这一限制。但是云观影又尝试推出了名额限定，只有固定数量的观众可以买到电影票进行观影，这么做保留了观众观影的社交体验，提升了观众的心理满足感。其次，云观影有更多机会邀请嘉宾，通过与不同地点的嘉宾连线，为观众进行电影分享、电影评论和电影交流提供更立体的平台。最后，云观影增加了观众与观众、观众与嘉宾之间的交流空间。对于艺术电影观众来说，互相之间的交流和分享尤为重要，在线下的观影场合，受限于观影礼仪，观众往往不会在观影过程中发出声音，但云观影则没有这方面的顾虑，观众可以即时地通过文字进行交流，根据剧情适时讨论，大大增加了观影过程的互动性。不得不说，艺术影院的互联网化步伐会成为将来艺术影院发展的一个趋势，互联网的便捷化、互动性、即时性等特点可以有效地弥补艺术影院经营过程中存在的一些问题，也为艺术影院经营提供了新的思路。

2. 供需两端的持续拓展

前文分析的艺术影院发展的片源问题是供给方面的问题，观众是需求方面的问题，一些艺术影院在经营过程中都有针对性地对这两方面进行补足并持续拓展，也探索出了一些具有创新意识的模式。

供给端，从全球范围看，多数电影的供给方式都是“单片单上”，即电影公司出品一部电影，然后对这部电影进行宣发并进入影院放映，之后当这部影片下映时再通过别的渠道进行多轮放映，这样的模式能够保证对单部影片的聚焦性，能够集中所有的资源为单部影片创造更好的收入条件。但就艺术电影来讲，这样的模式受限于制作成本则难以起到很好的效果，艺术影院在经营过程中很难将大部分资源调动至艺术电影，也就很难产生与商业电影一样的宣发和放映效果。2019 年，全国艺联为加盟的艺术影院针对放映的艺术影片进行了策划，以“主题季”的模式进行放映，具体来讲就是将全年计划放映的影片用一定的主题串联起来，虽然每部影片仍然是“单片单上”，但把多部这样的影片组合成为主题电影系列则强化了影片之间的联系，能够促使观众因为同样的主题走进影院观影。如 2019 年全国艺联主打的是“艺术人生”主题——音乐季，《波西米亚狂想曲》《卡拉斯：为爱而声》《音乐家》《达琳达》《坂本龙一：终曲》等多部电影都与音乐相关，时间跨度为全年，在宣传和放映方面都紧紧围绕主题，为艺术影院尤其是没有能力进行独立策展的艺术影院提供了可选的方案。这样的主题宣传放映模式是2019年艺术影院的创新，也是未来可能采用的发展模式，为艺术电影和艺术影院宣传提供了新的思路。

需求端，艺术影院发展一直面临如何吸引观众的难题，正如前文分析的，艺术电影本身有一定的观影门槛，如何降低这一门槛成了艺术影院在需求端寻求突破的途径。一些艺术影院在建设初期就以塑造影院文化氛围为目标，这样在影院建成以后从内部装饰、影院区域规划、活动策划等方面都能够为观众提供良好的体验，进而吸引观众。但是，大多数影院仍然不具备这样的条件，如全国艺联和首艺联的加盟影院，一些影院在建立之初并没有成为艺术影院的规划，只是在经营过程中有多元化需求时才选择加入这些组织并努力成为艺术影院，这样的影院没有初期的规划自然在环境设置、装饰风格上无法与特色鲜明的艺术影院相比，在需求端寻求突破的空间就是培养观众。还以全国艺联为例，2019年全国艺联与淘票票联合开发了线上艺术电影社区“爱艺之城”，为艺术电影观众提供了交流互动的空间，而作为8月底上线的社区在2019年底已经拥有了超过3万粉丝。在社区运营过程中，为了实现聚集艺术电影观众的目标，“爱艺之城”推出了多项活动，其中就包括线下影迷观影福利，成立首年的福利一般也会向所在城市倾斜，也为北京本地的艺术影院提供了大量机会。同时，一些艺术影院在经营过程中也意识到培育观众的重要性，也开始逐渐为吸引艺术电影观众尝试各种办法，其中主要以举办活动为主。最为常规的活动模式就是邀请嘉宾，比如请电影的主创人员到场与观众分享创作过程和心得，也可以请电影评论家到场为观众分析如何理解电影和看懂艺术电影，这些都能够有效地加强观众与艺术影院之间的联系。2019年首艺联开辟了电影党课放映，选择了15部影片分为四个主题，按三期排映，并配有专业的讲解老师，这是一种针对特定观影群体的市场细分行为，也取得了不错的效果。

结 语

综合来看，虽然北京地区的影院数量在全国范围内占比不高，但票房贡献位于全国前列，显示了北京影院市场良好的发展潜力。随着影院的不断建设和发展，北京的影院市场也逐渐趋于饱和，为了实现影院之间的差异化经营，一些普通影院纷纷开始探索成为艺术影院，加之本来就存在于北京的艺术影院，使得北京艺术影院的数量越来越庞大。北京作为“文化中心”，良好的艺术文化氛围使得北京的艺术影院发展具备了先天的优势，因此北京艺术影院的发展速度和规模在全国范围内也属前列，北京的艺术影院发展已经形成了集独立艺术影院和艺术影厅联盟于一体的特色、多元发展模式。虽然艺术影院发展过程中仍然面临着诸多问题，但这些问题不是仅存在于北京，而是在全国范围内普遍存在的，北京的艺术影院为了应对这些问题也纷纷尝试和探索新的运营模式，可以认为北京艺术影院市场的发展经验可以成为全国艺术影院的示范，对其他地区艺术影院的建设具有较强的借鉴意义。

参考文献

吴耀东：《一次对中国艺术影院的考察——兼论中国电影资料馆“艺术影院”》，《电影新作》2016 年第 2 期。

杨奇清、付筱茵：《当前我国艺术影院、艺术院线发展现状与未来展望》，《中国电影市场》2018 年第 12 期。

潘可武、黄子瑄：《艺术影院建设与首都文化形象建构》，《现代传播》（中国传媒大学学报）2018 年第 9 期。

陈晓雯：《艺术影院的观众身份认同与文化发展策略》，《当代电影》2018 年第 2 期。

谷妍：《艺术院线的生存之道——以北京 UCCA、百老汇电影中心为例》，《新闻世界》2011 年第 10 期。

武建勋：《中国“艺术院线”发展的困顿与突围之路——以全国艺术电影放映联盟为例》，《电影文学》2020 年第 6 期。

中国电影家协会编《2019 中国电影产业研究报告》，中国电影出版社，2019。

中国电影家协会编《2018 中国电影产业研究报告》，中国电影出版社，2018。

中国电影家协会编《2017 中国电影产业研究报告》，中国电影出版社，2017。

专题研究篇

Special Subjects

B.7

北京文创“独角兽”企业发展现状与对策*

杨越明　廖　旻**

摘　要： “独角兽”企业是一个地区创新活力与创新能力的重要名片和风向标。“独角兽”企业所在的区域往往具有创意创新活跃、经济活力充沛、资本聚集程度高等特点。本文在综合了普华永道（PWC）、德勤（Deloitte）、CB insight 等国际著名咨询公司关于国际“独角兽”企业的相关数据以及科技部火炬中心、胡润等发布的中国“独角兽”企业榜单的基础上，对北京“独角

* 课题组在综合分析科技部火炬中心、胡润发布的 2018 年度中国“独角兽”榜单的基础上，自主完成全文涉及“独角兽”企业的相关图表。相关估值信息，来源于对应“独角兽”企业对外发布的融资公告。

** 杨越明，北京师范大学首都文化创新与文化传播工程研究院教授、副院长；廖旻，北京市文化创意产业促进中心产业发展部副部长。

兽”企业的整体发展进行了简要概括。同时立足于大文化板块“独角兽”企业的现状，对目前“独角兽”企业较为集中的北京、上海、浙江、广东四省市的扶持政策进行了对比，并提出继续加强对文化领域“独角兽”企业成长的全周期性服务与监测，利用政府与社会基金的协同效应优化“独角兽”企业投融资环境，加大文化创意产业中青年优才的引入力度等建议。

关键词： 文创“独角兽” 集聚效应 政策扶持 北京

“独角兽”是近十年来全球经济发展的新现象与新动力。国际通用的“独角兽”企业的划分标准参照的是美国著名投资人 Aileen Lee 所提出的定义，即成立时间在10年以内，市场估值在10亿美元以上，获得过私募投资且并未上市的企业。其中估值超过100亿美元的企业被称为“超级独角兽”。北京作为全国文化中心、科技创新中心，在“文化 + 科技”概念板块的“独角兽”企业孵化培育上具有得天独厚的优势。

一 北京“独角兽”企业整体发展概况

（一）北京“独角兽”企业数量与估值规模位居全国第一，具有明显领先优势

综合2018年度数据，全国“独角兽”企业共有203家，分布在11个省区市。其中北京地区“独角兽”企业数量位居第一，达到87家，占比高达42.86%。上海地区的“独角兽”企业数量位居第二，达到40家，占比达19.70%，广东地区的“独角兽”企业数量位居第三，达到27家，占比达13.3%。浙江的“独角兽”企业数量位居第四，达到24家，占比达11.82%。北京、上海、广东、浙江四地的“独角兽”企业占全国“独角

兽”企业的87.68%。其余12.32%的“独角兽”企业分布于江苏、香港、四川、湖北、重庆、山东、安徽（见图1）。

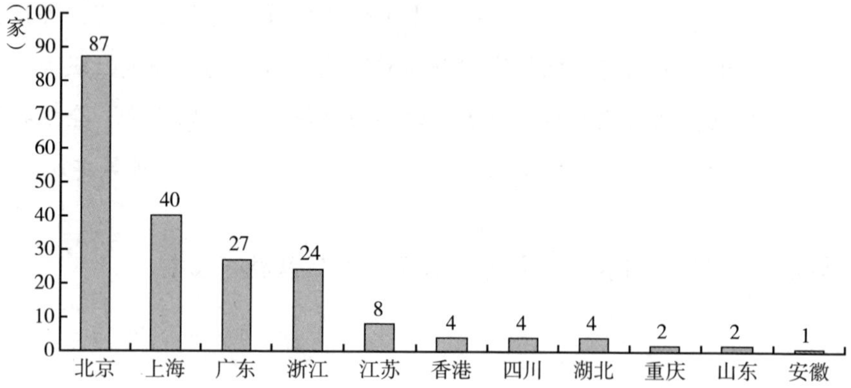

图1　2018年“独角兽”企业各行政区分布情况

从估值规模看，全国“独角兽”企业的总估值达9393.82亿美元。其中北京“独角兽”企业估值规模为3649.00亿美元，占比38.84%，平均估值为41.94亿美元；浙江“独角兽”企业估值规模为3057.33亿美元，占比32.55%，平均估值高达127.39亿美元；上海“独角兽”企业估值规模为1300.58亿美元，占比13.85%，平均估值为32.51亿美元；广东“独角兽”企业估值规模为912.04亿美元，占比9.71%，平均估值为33.78亿美元（见图2）。

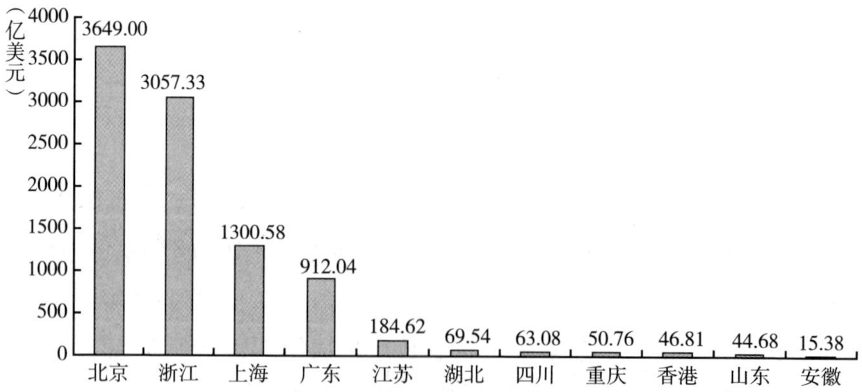

图2　各行政区“独角兽”企业估值规模

（二）从“独角兽”企业行业分布来看，北京在金融、企业服务、文娱、教育、旅游等相关板块已经形成集聚效应

通过对“独角兽”企业总数量前四位的省市，即北京、上海、浙江、广东进行数据分析，调研组发现北京在金融、企业服务、文化娱乐、教育、旅游等相关板块形成了头部企业聚集效应。

其中金融、企业服务是关系到一个地区企业发展的最重要的两个外部因素。在金融行业板块，尽管杭州的蚂蚁金服、上海的陆金所在业务体量上处于整个行业的顶端，但北京的金融“独角兽”企业数量达到12家，占比超过一半，为资本市场的活跃提供了助力。在企业服务行业板块，无论是金山云、360企业安全，还是旷视科技、商汤科技等，都致力于数据挖掘、人工识别等高新技术的研发，为更多企业进行高新技术应用与发展的潜力挖掘提供了支持。

而从大文化发展角度看，北京“独角兽”企业在文化娱乐、教育、旅游三个行业板块的优势明显，企业数量合计达到20家，且充分体现了互联网经济下文化发展的新动力、新趋势。四省市“独角兽”企业行业分布情况见表1。

表1　四省市“独角兽”企业行业分布情况

单位：家

行业板块	北京	上海	浙江	广东
金融	12	4	4	2
企业服务	10	4	4	1
文化娱乐	9	3	2	2
教育	6	2	1	2
旅游	5	0	0	0
汽车交通	8	7	6	3
物流	3	5	2	5
硬件	3	1	0	8
本地生活	4	0	1	1
医药	8	5	0	1
电子商务	6	8	2	2
房产服务	8	0	0	2
工具软件	3	1	0	0
广告营销	0	0	1	0

（三）北京投资市场活跃度和融资规模高，助推形成浓郁的城市创业创新氛围

投资市场活跃度与整体投融资规模，是“独角兽”企业实现价值倍增、稳健发展的基础要素，而充裕的创业投资支持尤其是高成长性科技企业突破瓶颈迅速成长为“独角兽”的关键。

从 VC/PE 投资市场活跃度看，北京在融资数量与融资规模上都稳居全国首位。以 2018 年度为例，VC 市场融资案例数量达到 1771 个，融资规模达到 300.52 亿美元；PE 市场融资案例数量达到 325 个，融资规模达到 206.77 亿美元。2018 年各省市 VC 及 PE 市场活跃度分别见表 2 和表 3。

上海、广东地区的 VC 市场活跃度分别居第二、第三位，上海 VC 市场融资案例数量达到 1045 个，融资规模达到 214.63 亿美元。广东 VC 市场融资案例数量达到 921 个，融资规模达到 103.34 亿美元。

表 2　2018 年各省市 VC 市场活跃度

省市	融资数量(个)	规模(亿美元)
北京	1771	300.52
上海	1045	214.63
广东	921	103.34
浙江	567	65.98
江苏	355	66.88
湖北	145	12.36
四川	131	16.20
福建	93	8.14

资料来源：由课题组整理自 cvsource 投中数据库。

浙江、上海地区的 PE 市场活跃度分别居第二、第三位。浙江 PE 市场融资案例数量达到 100 个，融资规模达到 160.19 亿美元。上海 PE 市场融资案例数量达到 173 个，融资规模达到 60.79 亿美元。

表3　2018 年各省市 PE 市场活跃度

省市	融资数量(个)	规模(亿美元)
北京	325	206.77
浙江	100	160.19
上海	173	60.79
广东	223	47.03
江苏	154	41.38
山东	47	12.10
四川	37	16.10

资料来源：由课题组整理自 cvsource 投中数据库。

（四）北京的引领性平台企业对“独角兽”企业发展的支撑作用明显

以 BAT（百度、阿里巴巴、腾讯）为代表的引领性平台企业往往具有雄厚的资金实力、突出的资源整合能力和系统管理能力，其本身致力于孵化更多细分领域的“独角兽”企业，进而构建更大更完整的产业生态系统和商业平台。从中国“独角兽”企业投融资结构看，阿里、腾讯、小米、百度、京东等五大平台企业，参与投资孵化的“独角兽”企业接近或超过国内“独角兽”企业总量的一半。

相对于其他省市，北京的引领性平台企业数量较多，百度、小米、京东总部都设在北京，这些企业在参投了一些“独角兽”企业之后，依然非常活跃地在市场上寻找其他准“独角兽”企业的投资机会。

二　北京大文化板块“独角兽”企业发展现状

大文化板块的“独角兽”企业，大致分布在三个行业领域。

一是文化娱乐行业，包括文化传媒、视频直播、线上票务等细分行业。这些“独角兽”企业的发展机遇在于新生代文化消费习惯的变革与文化消费服务升级的需求。

二是文化教育行业，以互联网技术支撑下的K12线上教育为主，其发展机遇在于全民对优质教育资源的渴求以及从知识教育到素养教育的理念升级。

三是文化旅游行业，以线上线下互通融合的旅游企业为主，其发展机遇在于多样化的旅游需求与个性化定制旅游产品的创新。

（一）文化娱乐行业北京“独角兽”企业形成集聚效应，全国文化中心的吸引力凸显

2018年文化娱乐行业“独角兽”企业共有18家，估值规模达到1315亿美元。其中今日头条、快手的领头羊角色明显。

今日头条的创新点在于开发基于数据挖掘的推荐引擎产品，为用户推荐信息，从而连接人与信息。其整体估值达到750亿美元，占全行业估值规模的57.03%。

快手作为位居前列的国内短视频App，与今日头条的差距非常明显，其整体估值为200亿美元，占全行业估值规模的15.21%。北京地区的文化娱乐行业“独角兽”企业整体估值见表4。

表4　北京地区的文化娱乐行业“独角兽”企业整体估值

序号	文化娱乐行业“独角兽”企业	整体估值(亿美元)
1	今日头条	750
2	快手	200
3	猫眼微影	30.77
4	一下科技	30
5	知乎	24
6	快看漫画	15.30
7	影谱科技	14.59
8	罗辑思维	10.77

处于第二阵列的文化娱乐类北京“独角兽”企业，包括线上票务平台猫眼微影，拥有新浪视频、秒拍、小咖秀的移动视频提供商一下科技，基于社群知识分享的线上社区平台知乎。

处于第三阵列的文化娱乐类北京“独角兽”企业中，快看漫画为新生代漫画阅读平台和兴趣社区，具有浓厚的二次元社区氛围。罗辑思维依托于知识经济形成了独特的商业模式。影谱科技则是依托于人工智能技术的影像内容提供商。

从上述描述可以看到，社群经济、知识经济、智能聚合技术是文化娱乐领域“独角兽”企业的创新优势。圈层化、个性化、分众化的文化消费群体需求是此类文化产品或服务价值变现的核心。

（二）文化教育行业北京“独角兽”企业一枝独秀，线上教育展现广阔前景

目前全国文化教育行业共有 11 家“独角兽”企业，其中 6 家在北京地区，总估值达到 115 亿美元，占行业估值规模的 66%。无论是开启线上外教英语远程教学模式的 VIPKID，还是以“最强大脑”模式开启线上数学辅导与智力启发的猿辅导，几乎都是该领域全球发展速度最快的教育公司。在线教育也成为目前融资最为活跃的行业板块之一。北京地区的文化教育行业“独角兽”企业整体估值见表 5。

表 5　北京地区的文化教育行业“独角兽”企业整体估值

序号	文化教育行业“独角兽”企业	整体估值(亿美元)
1	VIPKID	35
2	猿辅导	30
3	作业帮	20
4	哒哒英语	10
5	学霸君	10
6	一起作业	10

（三）文化旅游行业北京“独角兽”企业头部效应明显，文旅融合优势初步显现

全国范围内旅游行业“独角兽”企业共有 5 家，全部为北京企业。估

值总规模达到98.85亿美元。从企业构成看，线上旅游服务与实体旅游设施各有特色，得益于老百姓个性化旅游与旅游信息便捷性需求的升级，这些企业也促进了旅游社群经济的进一步发展。北京地区的文化旅游行业“独角兽”企业整体估值见表6。

表6　北京地区的文化旅游行业“独角兽”企业整体估值

序号	文化旅游行业“独角兽”企业	整体估值(亿美元)
1	OYO酒店	50
2	途家网	15
3	古北水镇	13.08
4	要出发周边游	10.77
5	客路旅行	10

三　兄弟省市扶持“独角兽”企业的相关政策

（一）杭州市：“独角兽”企业培育工程实施意见，重视平台性企业孵化作用，积极引入创投机构，增强全市创投氛围

2018年4月杭州科学技术委员会发布的《杭州市独角兽企业培育工程实施意见（2018—2020）》明确提出打造国际知名的“独角兽”企业集聚地与新经济重要策源地的整体目标。

从策略上看，一是重视平台性企业衍生孵化“独角兽”企业的优势作用。深化与阿里巴巴、富士康、科大讯飞、海康威视等大企业大平台的战略合作，集中优势创新资源，精准扶持，做大做强。二是积极引入创投机构。推进市创业投资引导基金及子基金与“独角兽”猎手国际一线投资机构的合作，引进国际知名投资机构落户杭州，营造城市的创投氛围。三是完善政策性担保和周转基金政策，加大风险补偿力度，多维度聚合和链接“独角兽”企业在全周期所需的优质投融资资源，为“独角兽”企业成长提供综合金融服务。

（二）深圳市：出台培育“独角兽”企业行动方案，实现“独角兽”、准“独角兽”、潜在“独角兽”的动态追踪、精准扶持

2018 年 7 月，深圳市出台了《深圳市培育独角兽企业行动方案》，以企业成立年限、私募融资与估值、近三年收入或净利润的平均增速等为主要指标，结合技术平台、知识产权、研发团队等创新能力指标，提出制订准“独角兽”、潜在“独角兽”遴选发现评价标准体系。建立准“独角兽”、潜在“独角兽”企业数据库，对入库企业的相关信息进行动态更新和跟踪，以提供精准政策扶持。

在人才扶持上，除了通过“孔雀计划”加大高层次创新创业团队引进力度外，也鼓励大型企业开展内部创业，扩大大型企业的人才溢出效应。对上市公司创始人及高管人员二次创业给予精准支持，发挥其在资金、技术、市场、管理和创新等方面的优势，从而催生更多“独角兽”企业。

（三）成都市：设立“独角兽”岛吸引“独角兽”企业空间集聚，设立“独角兽”专项投资基金与政策性风险资金池

2018 年 7 月，以“独角兽”企业孵化和培育为主的产业载体——“独角兽岛”项目在成都高新区正式开工建设。2019 年 2 月，四川天府新区成都管委会出台《关于支持新经济企业入驻独角兽岛的若干政策》，推动“独角兽”岛成为支撑新区高质量发展的场景培育地、生态创新区和产业聚集地。

由国有资本联合社会资本共同出资设立总规模 100 亿元的“独角兽”专项投资基金，按照企业融资金额 3% ~9% 的比例对企业进行投资，其中投资金额的 1/3 份额所购股权在 1 ~2 年内按“投资额 +8% 收益”由企业核心团队回购，帮助企业团队锁定股份。

同时，为了进一步帮助企业团队获得资金支持和稳定信贷，成都高新区还设立政府政策性风险资金池，银行放大 10 倍授信额度，以帮助企业稳定获得银行信贷资金。

四 对策建议

（一）打造更为包容的文化创新创业服务环境，完善从创业企业到“独角兽”企业再到上市企业的全周期服务与追踪

文化企业的成长有别于其他行业，它具有潜伏性与爆发性的特点。一个文化创意项目的成功孵化，可能带来文化创意领域商业模式的创新，也可能带动消费者整体文化消费心理的迭代与行为升级。

基于此，应着力打造更为包容的文化创新创业服务环境，尤其不能忽视处于整个行业末端的小微甚至是初创文化企业。完善对处于各个成长周期的文化创意企业，包括创业企业、准“独角兽”企业、“独角兽”企业、上市企业的全周期数据监测，了解不同成长周期内存在高成长性的企业的需求，进而提供精准化服务。

（二）健全更为活跃的文化投融资支撑体系，利用社会协同性政府基金投入模式，助推文化“独角兽”企业成长

对于整个文化产业而言，金融和文化产业的合作，不仅是为了解决钱的问题，而且是一个整合资源、培育功能、重塑生产力的过程。对于单个文化企业而言，文化金融是企业进行可持续性文化项目建设的保障因素。

考虑到文化“独角兽”企业不仅在自身经济体量拓展方面具有巨大发展空间，而且在整个社会的文化影响、整个行业的文化带动上也存在号召力，应更多地利用社会协同性政府基金投入模式，以政府文化企业资助基金与社会私募基金绑定比例、共同出资的方式，向高成长性的文创企业注入资金，并自动获得企业相应比例股份，在分享文化企业成长收益的同时，也在企业对社会文化影响力的整体方向把控上添置了“控制阀”。

（三）加大文化创意产业中青年优才引入力度，为文化产业生态升级持续提供高层次的人才

目前关于文化人才的相关引进政策，仍然侧重于“艺术家”资助模式，即以精品文艺创作为度量衡。这使得实际引进的文化人才呈现年龄结构偏老的特点，且会造成“引进一个人带来一家三代人”的现象。

文化创意产业说到底是年轻人的产业。不仅在产业供给端，年轻人的创意智慧需要被激发和有效转化，在产业需求端，年轻人的文化消费需求也需要被有效激活。因此，应在目前尊重艺术家成就的人才引进模式下，探讨分层文化人才引入策略，加大文化创意产业中对产业生态具有关键性作用的中青年优才引入力度，为文化产业的“年轻生态”“可持续发展”提供动力。

B.8
北京市文化上市公司生产效率研究*

池建宇　兰 紫**

摘　要： 本文从微观角度出发，为北京市文化企业效率研究提供了基于上市公司的有代表性的证据。为了能更客观评价文化产业生产效率，本文运用三阶段 DEA 方法分别对 2016 ~ 2018 年北京市 15 家文化上市公司的生产效率进行了静态评价，得出的主要结论有：（1）近几年北京市上市文化产业公司的发展环境整体较好；（2）北京市文化上市公司的整体效率较低；（3）同一环境水平下北京市文化上市公司的整体规模较小。

关键词： 文化产业　上市公司　北京

一　引言

《文化及相关产业分类（2018）》中定义的文化及相关产业是指为社会公众提供文化产品和文化相关产品的生产活动的集合，主要包括两个方面：一是以文化为核心内容，为直接满足人们的精神需要而进行的创作、制造、传播、展示等文化产品（包括货物和服务）的生产活动；二是为实现文化产品的生产活动所需的文化辅助生产和中介服务、文化装备生产和文化消费终端生产（包括

* 北京市社会科学基金一般项目“北京市文化创意企业生产效率的测度及影响因素研究”（项目编号：17LJB006）。

** 池建宇，博士，中国传媒大学经济与管理学院副教授，研究方向为产业经济学和文化经济学；兰紫，中国传媒大学经济与管理学院 2019 级硕士生。

制造和销售）等活动。该报告将文化及相关产业划分为9个大类、43个中类、146个小类，其中9个大类中文化核心领域包括新闻信息服务、内容创作生产、创意设计服务、文化传播渠道、文化投资运营、文化娱乐休闲服务，文化相关领域包括文化辅助生产和中介服务、文化装备生产、文化消费终端生产。

根据行研网的研究报告，北京市2019年文化创意产业①实现增加值1497.7亿元，按现价计算，比上年同期增长11.2%，高于全市GDP现价增速4.4个百分点，占全市GDP比重为12.6%，比上年提高0.5个百分点，全市文化创意产业增速逐渐加快，四个季度增加值现价增速分别为7.8%、9.0%、9.7%和11.2%，文化创意产业规模不断扩大。② 在“十三五”规划的引导下，我国文化产业有序发展，2018年我国文化产业实现增加值38737亿元，较2004年增长10.3倍，2005～2018年文化产业增加值年均增长18.9%，高于同期GDP现价年均增速6.9个百分点；文化产业增加值占GDP比重逐年提高，由2004年的2.15%、2012年的3.36%提高到2018年的4.30%，可见我国文化经济总量明显增加，文化市场繁荣发展。根据艾媒咨询的研究报告，十八大以来，我国文化创意产业发展态势良好，政策、经济、社会、科技等条件的支持，共同推动了文创产业的发展。2019年全国规模以上文化及相关产业企业营业收入86624亿元，按可比口径计算，同比增长7.0%，继续向国民经济支柱性产业迈进，文化产业总体融资规模不断扩大。2020年7月13日，中共北京市委宣传部发布了《2020年度北京市级文化产业园区拟认定名单公示》，嘉诚胡同创意工场、“新华1949”文化金融与创新产业园等100家文化产业园区入选。据了解，名单中包含市级文化产业示范园区10家、市级文化产业示范园区（提名）10家、市级文化产业园区80家，北京是全国拥有文化产业聚集区最多的城市。2019年11月30日，北京市文化走出去工作现场推进会在北京经济技术开发区管委会召开。记者从会上获悉，2019至2020年度，北京市有75家企业入选国家文

① 即文化及文化相关产业，《北京文化创意产业发展报告2019》中指出未来将用“文化即文化相关产业”替换“文化创意产业”，是根据《文化及相关产业分类（2018）》所做出的调整。

② 《2020年—2025年中国文化产业发展前景预测与产业链投资机会分析报告》。

化出口重点企业。本文最终选取了 15 家文化上市公司进行 DEA 实证研究，这 15 家公司的详细情况见表 1。

表 1　北京市 15 家文化上市公司股票代码及所属细分行业

公司名称	股票代码	所属细分行业
中文在线	300364	新闻和出版业
盛通股份	002599	印刷和记录媒介复制业
数码科技	300079	计算机、通信和其他电子设备制造业
北巴传媒	600386	零售业
歌华有线	600037	电信、广播电视和卫星传输服务
引力传媒	603598	商务服务业
蓝色光标	300058	
掌趣科技	300315	互联网和相关服务
昆仑万维	300418	
人民网	603000	
数知科技	300038	
万达电影	002739	广播、电视、电影和影视录音制作业
北京文化	000802	
光线传媒	300251	
华录百纳	300291	

资料来源：同花顺财经官网，http：//www.10jqka.com.cn/；巨潮资讯网，http：//webapi.cninfo.com.cn/#/company？companyid＝300291。

从北京各个区域来看，朝阳区文化创意产业已经成为外资投资的重点领域，海淀区文化产业未来发展方向是逐渐高端化，东城区目前正在加快文化产业园区发展的速度，但同时也应注意质量，怀柔区将重点推进文化创意产业村的建成，石景山区还需继续完善文化创意产业政策体系，昌平区四大文化创意产业项目集群正在形成，西城区、丰台区、顺义区也在不断推进各自文化创意产业的发展，各个区都将文化创意产业作为未来的重要支柱产业。

从行业细分来看，安景文、刘颖①分析了 2006～2013 年北京市文化产

① 安景文、刘颖：《文化创意产业细分行业发展效率异质性实证研究——以北京市为例》，《北京社会科学》2015 年第 5 期。

业细分行业的异质性，发现各细分行业效率表现不稳定、波动性大，产业发展尚不成熟、易受外部环境影响，此外在一些细分行业中存在投入冗余和产出不足的现象，资源配置效率还有待进一步提高。

因此，虽然北京市文化产业发展规模已经初步形成，但是除了对北京市整个文化产业效率进行测度，对各个文化公司的效率测度也是非常必要的，本文将采用 DEA-BBC 模型静态地对北京市的各个上市公司进行效率测度，这样可以避免“一刀切”现象，为北京市文化创意产业的发展提出针对性的建议。

生产效率是当代经济学中一个重要的概念，反映了在生产活动中各种生产要素的有效利用程度。一般意义上的生产效率是要素资源在生产过程中投入要素转变为实际产出的效率。

根据生产要素范围的不同，生产效率可分为部分要素生产率（Partial Factor Productivity，记为 PFP）、全要素生产率（Total Factor Productivity，记为 TFP）和总生产率（Total Productivity，记为 TP）。本文所讨论的生产效率是全要素生产率（TFP），指的是除资本和劳动力两大生产要素以外的其他投入要素所带来的产出增长率，随后全要素生产率开始演化成狭义的技术效率（Technical Efficiency，记为 TE），技术效率又可以分解为纯技术效率（Pure Technical Efficiency，记为 PTE）和规模效率（Scale Efficiency，记为 SE）。技术效率（TE）代表经济体的综合资源配置能力；纯技术效率（PTE）代表经济体的管理水平和资源利用水平，纯技术效率越高，说明经济体在生产活动中对拥有的要素资源的配置和转化越合理，同等资源带来的产出就会越高；规模效率（SE）代表了经济体对生产规模设置的合理程度，规模效率越接近 1 说明越靠近最佳生产规模，小于 1 则说明规模过大或过小。

国内对文化产业生产效率的研究主要集中在区域层面和企业层面上，而且有从宏观转向微观的趋势。

区域层面上，王家庭和张容①研究了中国 31 个省区市（不含港澳台）的

① 王家庭、张容：《基于三阶段 DEA 模型的中国 31 省市文化产业效率研究》，《中国软科学》2009 年第 9 期。

文化产业全要素生产率，认为文化产业生产效率受环境因素影响较大，得出了各省区市文化产业技术效率整体较低，而且东中西部地区文化产业全要素生产率差异明显的结论。蒋萍和王勇[1]、袁海和吴振荣[2]、李兴江和孙亮[3]的后续研究都支持该结论。杨祖义[4]进一步分析得出东部地区效率提高的原因是技术进步，中西部地区效率提高则得益于技术效率上升的结论。较近的研究表明东中西部地区的差距仍然存在，但逐渐在缩小，如郭淑芬、王艳芬、黄桂英[5]便持此观点。此外，马跃如、白勇、程伟波[6]认为技术效率对文化产业增长具有促进用，但目前我国文化产业规模过小，无法发挥规模效应。董亚娟[7]发现相对于区域地理位置，区域的文化资源更能影响文化产业发展。还有一部分研究是专注于更加小范围区域文化产业，如方忠和张华荣[8]对福建省各区市的文化产业的 TFP 进行区域差异分析，发现各地区 TFP 整体呈上升趋势，但是各地区的技术效率还存在一定差距。

企业层面的研究大多出现在产业层面之后，相关文献数量相对较少，由于数据的可得性，相关文献大多是研究国内文化企业上市公司以及相关公司所代表的行业的生产效率。赵琼和姜惠宸[9]用 DEA-Malmquist 方法直接对文化产业子产业的上市公司进行了效率分析，发现上市公司的生产效率有所下

① 蒋萍、王勇：《全口径中国文化产业投入产出效率研究——基于三阶段 DEA 模型和超效率 DEA 模型的分析》，《数量经济技术经济研究》2011 年第 12 期。

② 袁海、吴振荣：《中国省域文化产业效率测算及影响因素实证分析》，《软科学》2012 年第 3 期。

③ 李兴江、孙亮：《中国省际文化产业效率的区域差异分析》，《统计与决策》2013 年第 20 期。

④ 杨祖义：《文化产业效率及其影响因素研究——基于 DEA-Malmquist 指数法和 Sys-GMM 法》，《宏观经济研究》2016 年第 6 期。

⑤ 郭淑芬、王艳芬、黄桂英：《中国文化产业效率的区域比较及关键因素》，《宏观经济研究》2015 年第 10 期。

⑥ 马跃如、白勇、程伟波：《基于 SFA 的我国文化产业效率及影响因素分析》，《统计与决策》2012 年第 8 期。

⑦ 董亚娟：《区域文化产业效率的影响因素研究——基于随机前沿模型的分析》，《商业经济与管理》2012 年第 7 期。

⑧ 方忠、张华荣：《基于 Malmquist 指数的福建文化创意产业效率区域差异分析》，《亚太经济》2014 年第 3 期。

⑨ 赵琼、姜惠宸：《文化产业上市公司效率评价及影响因素分析——基于 DEA 模型的分析框架》，《经济问题》2014 年第 9 期。

降。郭淑芬、郝言慧、王艳芬①，刘杨和赖柳华②也得出了类似的结论，并认为技术进步下降是造成全要素生产率负增长的主要原因。此外，还有一些学者用 SFA 的方法研究文化企业的技术效率，如雷原、赵倩、朱贻宁③，王宏波和刘杨④。赵倩、杨秀云、雷原、朱贻宁⑤进一步分析了影响文化产业技术效率的行业差异的因素，得出技术效率过低甚至为负的结论。

本文主要从静态角度研究北京市文化产业的生产效率。首先运用三阶段 DEA 方法对 2016～2018 年北京市 15 家样本文化上市公司的生产效率进行了静态评价，其中 DEA 第一阶段运用规模报酬可变的 DEA-BCC 模型进行原始的效率评估；DEA 第二阶段运用第一阶段得到的投入产出松弛变量与环境变量进行 SFA 回归，并且使用估计出来的参数调整第一阶段的投入产出变量值，使得调整后的变量剔除了环境因素的干扰；DEA 第三阶段运用第二阶段调整后的投入产出数据再次进行 DEA-BCC 分析。其次对比分析了第一阶段在环境差异条件下文化上市公司的生产效率和第三阶段在同一环境条件下文化上市公司的生产效率，还探讨了第二阶段环境因素对文化产业生产效率的影响。

二 假设前提与研究方法

（一）研究假设前提

首先，文化产业生产活动从投入到产出的实现，离不开一定的资源要素

① 郭淑芬、郝言慧、王艳芬：《文化产业上市公司绩效评价——基于超效率 DEA 和 Malmquist 指数》，《经济问题》2014 年第 2 期。

② 刘杨、赖柳华：《中国文化上市企业全要素生产率研究》，《经济与管理研究》2014 年第 7 期。

③ 雷原、赵倩、朱贻宁：《我国文化创意产业效率分析——基于 68 家上市公司的实证研究》，《当代经济科学》2015 年第 2 期。

④ 王宏波、刘杨：《基于随机前沿分析的中国文化上市企业生产率测算研究》，《西北师大学报》（社会科学版）2015 年第 1 期。

⑤ 赵倩、杨秀云、雷原、朱贻宁：《我国文化创意产业技术效率：行业差异及影响因素研究》，《经济问题探索》2015 年第 11 期。

条件和环境因素的约束。本文选取位于北京市的文化上市公司作为研究对象，假设各个区的资源不存在异质性。以往对文化产业投入产出的时滞性没有明确的结论，主要是因为无法清晰地界定投入要素产生或失去所需要的时间。本文考虑到文化产业是知识密集型产业，一般文化产品进入市场见效快，失去影响也快，一般能在当年产生作用，并且信息爆炸会使消费者很快转移注意力到其他文化产品上。Griliches①、Jaffe② 等人的研究认为时滞性对效率评价的影响并不显著，所以本文不考虑投入产出指标之间的滞后性处理。

（二）三阶段DEA模型

三阶段 DEA 模型总体来说分为三部分：第一阶段运用 DEA-BCC 模型评价投入产出效率；第二阶段运用 SFA 回归的原理将投入或产出松弛变量和环境因素进行回归，然后利用回归系数将随机干扰和管理无效率分离出来，剔除投入或产出变量中环境因素的影响；第三阶段运用剔除环境因素影响的投入或产出变量，再次使用 DEA-BCC 模型评价投入产出效率。具体计算过程见下文。

1. 第一阶段：初步的效率评估

在 DEA 第一阶段，我们使用原始的投入变量和产出变量估计生产效率，这一阶段不考虑环境因素和随机干扰的影响。

DEA 方法的原理在于，为了评价各决策单元（Decision Making Unit，DMU）的生产效率，把各个 DMU 的投入与产出向量组合运用数学规划方法包络出一个最优投入产出的前沿面，再将每个 DMU 的投入产出与生产前沿面的距离进行比较。如果一个 DMU 的各项产出不高于生产前沿，而各项投入均低于生产前沿面，则说明该 DMU 不处于生产前沿面，即该 DMU 是 DEA 无效率的。DEA 模型有以下两个特点：至少存在一个 DMU 是 DEA 有效的；DMU 的 DEA 有效性与投入产出数据的量纲选取无关。

---

① Zvi. Griliches, "Patent Statistics as Economic Indicators: A Survey," *Journal of Economic Literature*, Vol. 28, No. 4 (1990).

② Adam B Jaffe, "Technological Opportunity and Spillovers of R & D: Evidence from Firms' Patents, Profits, and Market Value," *The American Economic Review*, Vol. 76, No. 5 (1986).

DEA 模型在假设上分为规模报酬不变的 CCR 模型和规模报酬可变的 BCC 模型。由于企业生产活动中一般都存在规模报酬现象，并且 BCC 模型能够对技术效率（TE）进行分解，这是 CCR 模型所不具备的优势。所以，本文选取 DEA-BCC 模型对各个文化上市公司决策单元进行效率评估，以便更深入分析各 DMU 技术效率产生差异的原因。BCC 模型的具体表达式为：

$$
\begin{cases}
\min\theta \\
\text{st. } \sum_{j=1}^{n} x_j\lambda_j \leqslant \theta x_0 \\
\sum_{j=1}^{n} y_j\lambda_j \geqslant y_0 \\
\sum_{j=1}^{n} \lambda_j = 1 \\
\lambda \geqslant 0, j = 1,2,\cdots,n
\end{cases}
$$

其中，n 代表 DMU 的个数，x_j 代表第 j 个 DMU 的投入，y_j 代表第 j 个 DMU 的产出，θ 为第 j 个 DMU 的效率值。上式中的四个约束中前两个约束使得效率值被控制在 0 到 1 之间，第三个约束条件是一个凸性约束，去掉该条件上式即变成 CCR 模型的表达式。最后一个约束是为了避免求解过程中出现无穷解。BCC 模型得出来的效率值是纯技术效率（PTE），技术效率（TE）是 CCR 模型计算的结果。因为技术效率（TE）＝纯技术效率（PTE）×规模效率（SE），因此可以得出分解值中的规模效率（SE）。

2. 第二阶段：SFA 回归分析

Fried、Lovell、Schmidt、Yaisawarng① 认为，DMU 的投入或产出松弛变量会受随机干扰、环境因素和管理无效率的影响，因此有必要分离这三种影响。三阶段 DEA 的第二阶段就是借助 SFA 回归，上文提到本文选择投入导向型，所以用的是第一阶段得到的投入松弛变量与环境变量和混合误差项进行回归，从而分离出以上三种影响，然后剔除随机干扰和环境因素，调整原

① H. O. Fried, C. A. K. Lovell, S. S. Schmidt, S. Yaisawarng, "Accounting for Environmental Effects and Statistical Noise in Data Envelopment Analysis," *Journal of Productivity Analysis*, Vol. 17, No. 1 (2002)

始投入变量，使得所有 DMU 的投入变量都处于同一个环境水平。

首先，第一阶段的计算得到了各投入变量的松弛变量，假设有 i 个 DMU，每个 DMU 有 n 个投入变量，则第 i 个 DMU 的第 n 项投入松弛变量 s_{ni} 为：

$$s_{ni} = x_{ni} - x_{n\lambda}; n = 1,2,\cdots,n; i = 1,2,\cdots,i$$

其中，x_{ni} 和 $x_{n\lambda}$ 分别为第 i 个 DMU 的第 n 个投入变量的实际值和其对应的同等产出水平上的最优投入值。

其次，以环境变量为自变量，以投入松弛变量为因变量，对每一个投入松弛变量建立一个 SFA 回归方程，则一共要建立 n 个回归方程，其中第 n 个回归方程为：

$$s_{ni} = f(z_i;\beta_n) + \nu_{ni} + \mu_{ni}; i = 1,2,\cdots,I; n = 1,2,\cdots,n$$

其中，s_{ni} 是第 i 个决策单元第 n 项投入的松弛值；z_i 是环境变量，β_n 是环境变量的系数；ν_{ni} 表示随机干扰，μ_{ni} 表示管理无效率。其中 $\nu \sim n(0,{\sigma_v}^2)$ 是随机误差项，表示随机干扰因素对投入松弛变量的影响；μ 是管理无效率，表示管理因素对投入松弛变量的影响，且服从 $\mu \sim n^+(0,{\sigma_\mu}^2)$，且 ν_{ni} 和 μ_{ni} 相互独立；ν_{ni} 和 μ_{ni} 之和代表混合误差项 。特别地，$\lambda = {\sigma_\mu}^2/({\sigma_\mu}^2 + {\sigma_v}^2)$ 代表管理无效率方差占总方差的比重，当 λ 值趋近于 1 时，说明管理无效率占主导地位，当 λ 值趋近于 0 时，则随机干扰占主导地位。

3. 第三阶段：调整后的效率

这一阶段采用第二阶段调整后的投入变量和第一阶段的原始产出变量，再次运用 DEA-BCC 模型进行计算。原理与第一阶段完全一样，在此不再赘述。

第三阶段得到的调整后的效率值剔除了各 DMU 所处环境和随机干扰的影响，可更客观地评价各 DMU 的效率及其分解值。

三　变量设计与数据来源

学界对文化产业投入产出指标的选择多种多样，并没有一个统一的认识，笔者借鉴前人的研究方法，并考虑到指标评价的全面性、产业特点和数据的可得性，构建了文化产业投入产出指标体系，共包含五项投入指标和两项产出指标。为了便于阅读，现将投入产出变量汇总，如表2所示。

表2　文化产业生产效率投入产出指标

类别	变量名称	含义
投入变量	主营业务成本	反映文化领域的生产成本(万元)
	资产总额	反映资本要素的投入情况(万元)
	应付职工薪酬	反映劳动力要素投入的质量(万元)
	销售费用	反映文化产品推广力度(万元)
	固定资产投资	反映文化企业投入的原始价值(万元)
产出变量	营业总收入	反映企业的全面产出水平(万元)
	净利润	反映企业的盈利水平(万元)

资料来源：本文涉及的文化上市公司样本的投入变量和产出变量来源于万德（WIND）金融研究数据库；地区生产总值、全社会固定资产投资、一般公共预算支出、人均可支配收入来源于北京市统计局官网，http：//tjj. beijing. gov. cn/。

环境变量是在三阶段DEA模型的第二阶段计算中用到的变量，笔者在参考相关文献的基础上，结合文化产业的特点和数据的可得性，选取了以下5个环境变量：GDP、常住人口数、固定资产投资、一般公共预算支出和居民人均可支配收入。

四　相关分析与描述性统计

由于DEA模型的效率评价需满足一项基本要求，即投入变量与产出变量间存在一定的相关性且影响方向相同，所以，在进行三阶段DEA效率测算前应先用SPSS 22.0软件对本文选取的投入指标与产出指标3年共45个样本进行Pearson相关性分析，检验结果如表3所示。

由于固定资产投资与资产总额存在重复性，为避免共线性问题，在进行相关性分析时去掉了固定资产投资。从表3可以看到，投入指标与产出指标的相关系数几乎都为正值，满足“同向性”要求。

表3　投入变量和产出变量的 Pearson 相关性分析

变量名称	主营业务收入	净利润	主营业务成本	资产总额	应付职工薪酬	销售费用
主营业务收入	1	0.330 *	0.994 **	0.773 **	0.900 **	0.807 **
净利润	0.330 *	1	0.264	0.619 **	0.309 *	0.218
主营业务成本	0.994 **	0.264	1	0.739 **	0.889 **	0.813 **
资产总额	0.773 **	0.619 **	0.739 **	1	0.755 **	0.598 **
应付职工薪酬	0.900 **	0.309 *	0.889 **	0.755 **	1	0.740 **
销售费用	0.807 **	0.218	0.813 **	0.598 **	0.740 **	1

注：*、** 分别代表在5%和1%的水平上显著。

投入变量和产出变量的描述性统计见表4，可以看到除资产总额外，主营业务收入、净利润、主营业务成本、应付职工薪酬、销售费用的标准差均大于平均值，固定资产的标准差接近平均值的2倍，各个变量离散程度低，比较稳定，基本符合正态分布。

表4　投入变量和产出变量的描述性统计结果

单位：万元

变量名称	统计量	最小值	最大值	平均数	标准差
主营业务收入	45	34935.26	1523083.77	304304.93	354578.14
净利润	45	1943.34	275132.79	46629.56	53144.12
主营业务成本	45	37472.54	1508467.80	276930.99	336903.89
资产总额	45	87899.68	2314212.48	730443.17	576345.93
应付职工薪酬	45	6440.93	223849.09	48535.06	59904.29
销售费用	45	402.82	114167.49	25565.49	32689.75
固定资产	45	421.57	414833.55	58149.17	105996.68

注：表中数值为各变量2016~2018年数据的统计结果。

五　生产效率静态度量结果分析

（一）环境差异下的效率评估

三阶段DEA模型第一阶段的效率评估结果是不排除环境差异和随机干扰

的影响的，因本文篇幅所限无法展示所有上市公司的评估结果，故选取了北京市 15 家文化上市公司作为样本，并对其效率情况进行了统计（见表 5 和表 6）。其中表 5 展示了 TE（技术效率）及其分解指标 PTE（纯技术效率）和 SE（规模效率）在每年度的均值、标准差和变异系数。

根据表 5，从各年技术效率均值上看，三年间文化上市公司的 TE 值在 0.950 到 0.8968 之间，效率损失在 10% 左右，说明文化上市公司效率尚存在提升空间。TE 值在 2016 ~2018 年呈逐渐下降趋势，说明近几年来虽然北京地区在国家扶持政策等外部因素上具有得天独厚的优势，但是在文化行业整体市场环境不景气、公司内部管理混乱和规模有限等因素的共同作用下，技术效率仍然难以提高。从技术效率的分解来看，每年都表现为纯技术效率较高（0.981 ~0.997），而规模效率相对较低（0.967 ~0.974），说明北京市文化上市公司在产业结构上不合理，进而导致效率低下，而公司的管理水平、资源利用效率表现要优于规模效率，这也与近年来文化公司越来越重视内部结构与管理有关。

表 5　2016 ~2018 年北京市 15 家文化上市公司第一阶段生产效率静态评估结果

年份	均值			标准差			变异系数		
	TE	PTE	SE	TE	PTE	SE	TE	PTE	SE
2016	0.968	0.997	0.970	0.071	0.011	0.070	0.073	0.012	0.072
2017	0.960	0.986	0.974	0.061	0.033	0.048	0.064	0.033	0.049
2018	0.950	0.981	0.967	0.074	0.042	0.052	0.078	0.043	0.054

注：变异系数根据根式 CV = σ/μ 计算，其中 σ 表示标准差、μ 表示均值。

不难发现，TE 和 SE 的标准差比 PTE 的标准差略高，初步判断样本公司的规模效率差异较大。由于各效率值的平均值差距较大，仅用标准差的大小不好比较各组数据的分散程度，因此使用变异系数来评价分散程度，以排除平均值的影响。从各年样本间的效率值变异系数来看，TE 与 SE 较高，PTE 呈逐年上升的趋势，且 PTE 明显较低，说明样本企业间的技术效率差异较大，这主要是因企业间的规模效率差异较大而造成的，并且企业间规模效率差距越来越大，进而导致规模效率均值降低。相反，随着样本企业的发展，纯技术效率差距逐渐缩小，企业内部管理和资源利用越来越合理。

表6展示了2016～2018年北京市15家文化上市公司静态效率测算中实现DEA有效的企业数量和规模报酬的情况。在15家样本企业中，每年技术效率处在生产前沿面的企业并不多，基本每年保持在9家左右，大约高达样本总量的60%，说明北京市大多数文化上市公司的生产活动处于有效状态，其他的40%还有待改善。

表6　2016～2018年第一阶段DEA有效公司数量与规模报酬情况

年份	TE有效企业数	PTE有效企业数	SE有效企业数	规模报酬不变		规模报酬递减		规模报酬递增	
				企业数	比例(%)	企业数	比例(%)	企业数	比例(%)
2016	11	14	11	11	73	1	7	3	20
2017	9	12	9	9	60	3	20	3	20
2018	8	12	8	8	53	3	20	4	26

注：表中“比例”表示符合相应规模报酬情况的企业占样本总数比例。

从分解指标来看，规模效率实现DEA有效的企业数量与技术效率比较相近，但是呈逐年递减的趋势，说明大多数样本企业规模效率非有效，这些企业还需调整生产规模使其生产效率达到有效。而实现纯技术效率有效的企业数量较多（12～14家），占样本总数的80%～93.33%，说明在当时的技术与环境条件下，样本中有将近4/5的企业投入资源使用是有效的，其他1/5的企业仍需改进其生产活动的管理模式、制度设计以及资源使用的方式。结合表5和表6来看，整体的纯技术效率是要比整体的规模效率高的，达到PTE有效的企业要比SE有效的企业多，这说明在不排除环境因素影响的情况下样本企业的纯技术效率较高，而规模效率低的企业数量相对较多，企业间规模效率差异过大，导致规模效率的平均值较低，这可能与整个文化产业的不合理结构有关。

从规模报酬的情况来看，样本中至少有50%以上的企业处于规模报酬不变（与 SE 有效的 DMU 基本一致）状态，即其生产活动达到了最优规模。2016 年以后的 2017、2018 年均有 20% 的企业处于规模报酬递减状态，而规模报酬递增的企业一直保持在 20% 以上，在 2018 年增长到了 26% 。其中规模报酬递减的企业比例从 2016 年的 7% 增长到了 2018 年的 20% ，而规模报酬递增的企业比例从 2016 年的 20% 增长到了 2018 年的 26% 。规模报酬递增指的是企业增大投入比例时，产出增加的比例要大于投入增加的比例，规模报酬递减则与之相反。出现文化产业这种从多数企业规模报酬递减变成规模报酬递增的情况大致有两个原因：一是企业内部原因，企业的技术、制度、管理水平等因素的提升和完善使得企业可以适应当前规模甚至扩大规模来提高产出；二是企业外部环境原因，本文的产出变量指的是营业总收入和净利润，这些产出都是需要借助市场来实现的，外部经济环境向好，市场调节和政府扶持力度的加大使得当前规模已经无法适应市场需求，进一步扩大规模反而能获得更大的收益。根据表 5，PTE 有逐年降低的倾向，因此可以初步认为企业规模报酬的变化可能是由于技术进步或者市场环境变好而形成的。

（二）SFA 回归

三阶段 DEA 模型第二阶段是对第一阶段得到的 2016 ~ 2018 年各投入变量的松弛变量与各年的环境变量截面数据进行 SFA 回归，为了消除变量间的量纲关系，本文对环境变量进行标准化处理。

使用 SFA 模型的前提是管理无效率项 u_i 的存在，此假定可以通过单边的广义似然比检验“ $H_0:\sigma_u{}^2 = 0$ vs $H_1:\sigma_u{}^2 > 0$ ”来判断是否成立。自由度为 5 的单边的广义似然比值（LR 值）的临界值为 10. 37，从表 7 中可以看出，所有的投入松弛变量的 LR 值均小于 10. 37，说明不存在管理无效率缺失的情况，因此没有必要使用 SFA 回归对 2016 年进行分离，意味着样本中上市公司在 2016 年管理效率较高，受环境因素影响较小。

表7　2016年各投入松弛变量的SFA回归结果

2016年	主营业务成本	固定资产投资	资产总额	销售费用	应付职工薪酬
常数	-1031227.8* (-1031227.7)	-241998.4* (-241970.1)	-1434382.8* (-1434382.8)	186429.8* (186429.8)	1881920.8* (1874424.4)
GDP	264.2* (24.9)	63.1* (17.6)	343.5* (344.1)	-47.6* (-6.9)	-512.1* (-12.6)
常住人口	-6137.0* (-4013.9)	-1548.6* (-1402.0)	-8180.2* (-8180.3)	1277.7* (1542.5)	12167.4* (449.3)
固定资产投资	2101.6* (636.2)	526.3* (45.5)	2805.4* (2805.6)	-428.8* (-403.7)	-4165.4* (-28.4)
一般公共预算支出	-1456.1* (-918.8)	-353.0* (-43.5)	-1972.2* (-1972.2)	273.1* (383.0)	2930.3* (222.7)
居民人均可支配收入	15.3* (76.8)	3.9* (17.5)	21.0* (93.1)	-3.3* (-7.1)	-31.1* (-9.5)
γ	1.0	1.0	1.0	1.0	0.0
LR值	6.6	—	6.6	6.0	—

注：*为1%的水平上显著，括号内为相应估计的t统计量。

由于2017年各投入松弛变量的SFA回归结果与2018年一样，LR值只存在两个变量，因此只对两个变量进行了分离，为了避免冗余，本文选取2018年的结果进行分析。

从表8中可以看出，只有固定资产投资和资产总额的投入松弛变量的LR值大于10.37，说明在这两方面管理无效率缺失存在，有必要使用SFA回归对其进行分离。γ值约等于1，说明各公司管理效率差异明显，管理无效率是导致上述两项投入冗余的主要原因。

表8　2018年各投入松弛变量的SFA回归结果

2018年	主营业务成本	固定资产投资	资产总额	销售费用	应付职工薪酬
常数	-28965.6* (-28965.6)	391335.0* (391335.0)	381375.9* (381375.9)	-59036.1* (-59036.1)	-135692.7* (-135692.5)
GDP	-3.7* (-7.5)	52.7* (52.9)	49.5* (49.7)	-7.1* (-10.1)	-19.9* (-54.7)

续表

2018 年	主营业务成本	固定资产投资	资产总额	销售费用	应付职工薪酬
常住人口	-80.5* (-87.1)	1833.1* (1833.1)	1862.0* (1862.1)	-178.5* (-179.4)	-450.9* (-340.6)
固定资产投资	17.8* (13.8)	-543.5* (-543.5)	-569.0* (-569.1)	43.6* (45.9)	126.5* (29.8)
一般公共预算支出	68.15* (68.43)	-615.00* (-615.02)	-521.43* (-521.46)	121.93* (122.22)	277.85* (278.72)
居民人均可支配收入	0.2* (68.9)	-5.7* (-11.1)	-5.9* (-10.6)	0.5* (16.9)	1.4* (22.1)
γ	1.0	1.0	1.0	1.0	1.0
LR 值	9.0	13.4	12.7	9.0	6.3

注：*为1%的水平上显著，括号内为相应估计的 t 统计量。

进一步考察各投入松弛变量（因变量）的回归系数，由于环境变量（自变量）是对投入的松弛变量进行回归，回归系数为负代表环境变量有利于投入松弛变量的减少，也就是说可以通过提高投入的利用效率而提高生产效率；反之，回归系数为正代表环境变量不利于企业效率的提高。

（1）GDP。可以看到，2018 年该指标对主营业务成本、销售费用、应付职工薪酬的松弛变量都是呈显著负相关。说明在这个阶段，随着文化产业扶持政策和基础设施的逐步完善、文化市场环境的逐步好转，GDP 越高越有利于消化企业产出，实现企业规模效应，提高生产效率。

（2）常住人口。2018 年该指标与主营业务成本、销售费用、应付职工薪酬的投入松弛变量呈显著负相关。常住人口越多，人们在稳定的生活环境下对文化消费的投入越高，从而起到稳定文化消费市场的作用。

（3）固定资产投资。2018 年该指标与固定资产投资和资产总额的投入松弛变量呈显著负相关，这一结果也符合文化产业轻资产的特点，说明文化产业更重视创意与创新。

（4）一般公共预算支出。2018 年该指标与固定资产投资和资产总额的投入松弛变量呈显著负相关，与主营业务成本、销售费用和应付职工薪酬呈显著正相关，表明北京市文化产业的一般公共预算支出存在冗余现象。这表现为在一些文化产业孵化基地的建设中，固定资产投入较高，企业使用财政资金和执行政策的效率并不高，经济效益有待进一步提升。

（5）居民人均可支配收入。2018 年该指标与固定资产投资和资产总额的投入松弛变量呈显著负相关，与主营业务成本、销售费用、应付职工薪酬的投入松弛变量呈显著正相关。虽然居民人均可支配收入较高，但是考虑北京生活成本（房价）很高，居民实际的可支配收入也有限。即便如此，总体来说北京市的文化需求仍然比较旺盛，高精尖人才密集，文化产业基地较多，具有文化公司成长发展的较好环境。

由上述分析可知，各环境因素对文化产业投入冗余影响方向不一，程度不等，如在 DMU 生产效率评估时不剔除环境因素和随机干扰的影响很可能造成效率评价不恰当，即处于较好市场环境或运气较好的文化企业有较好的表现，反之亦然。本文根据第二阶段结果对北京市各年度 15 家文化上市公司的投入变量进行调整，使其处于相同环境下。

（三）同一环境下的效率评估

首先来看调整前后各效率值的对比。从图 1 来看，2016～2018 年调整后的 TE 值都低于调整前。一般来说，如果整体环境较好，有利于文化企业提高生产效率的话，剔除这些好的环境对企业的支持就有可能会暴露其本身相对较差的生产效率，同时，如果企业本身管理和规模就十分突出，那么即使剔除好环境的支持依然会处于生产前沿面，这样就会与本身实力差的企业的效率评估值拉开差距，此消彼长，最终使整体的 TE 均值降低。因此，2016～2018 年调整后的 TE 值低于调整前，说明 2016～2018 年北京市上市文化产业公司的发展环境整体较好。笔者认为 2016 年环境条件的好转是国家进一步规划文化产业发展，规范文化产业市场的结果，2015 年国家将文化产业作为支柱性产业列入了“十三五”发展规划，为文化产业发展明确了目标，一系列利好政策，加上经济的快速发展，使得文化产业整体环境变好。

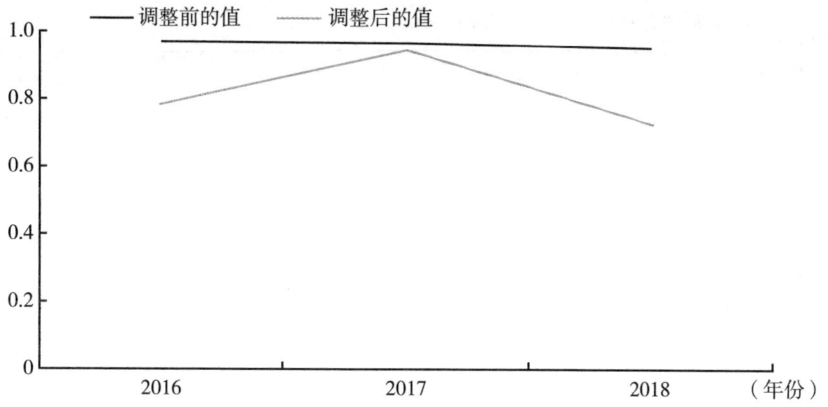

图 1　2016～2018 年北京市文化企业技术效率值前后对比

图 2 显示，2016～2018 年调整后的 PTE 均值都大于调整前的 PTE 均值，第一阶段的效率评价明显低估了企业的纯技术效率，说明抛开环境因素，北京市文化企业本身的管理水平和资源利用效率就很高了，且这三年的文化产业发展环境可能不太利于提高文化企业的管理水平和资源利用效率，但是 2016 年的影响最小（0.997 到 0.988）。图 3 显示，2016～2018 年调整后的 SE 均值都要高于调整前，说明这三年文化产业整体发展环境有利于文化企业规模效率的发挥。

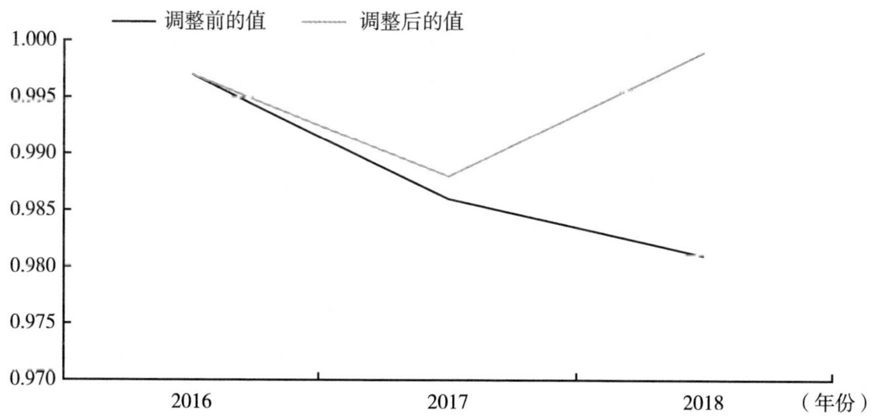

图 2　2016～2018 年北京市文化企业纯技术效率值前后对比

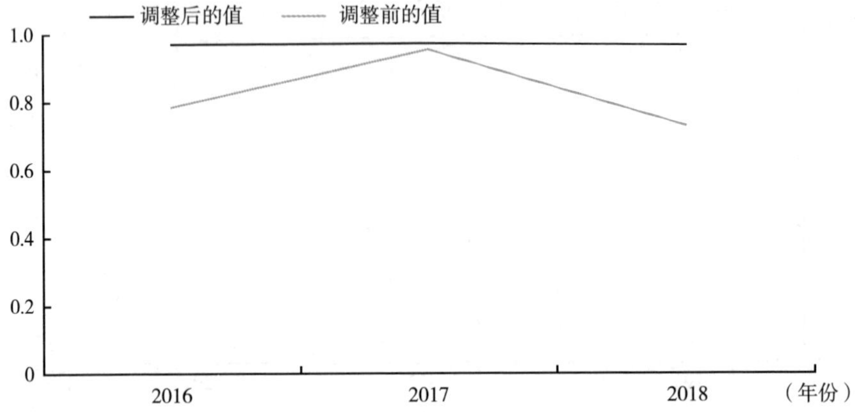

图3　2016～2018年北京市文化企业规模效率值前后对比

根据表9，2016～2018年文化上市公司的TE值从0.782下降到0.728，说明北京市的文化企业实际生产效率本就不低；从技术效率的分解来看，2016～2018年技术效率下降主要是因SE下降形成的，要提高文化企业的技术效率必须调整企业的规模。但从PTE值可以看出企业的经营管理水平一直都很好。随着文化上市公司的发展，一部分优势企业已经在各方面的水平上与其他企业拉开差距，这可能是整体的技术效率及其分解指标的实际值下降的主要原因。而造成差距越来越大的原因，根据表9推测可能还跟环境因素有关，文化产业的生产特点就是依赖创意，优势企业聚集更多的人才使得其创意效率较高，可以减少资源的浪费，并且优势企业更容易获得融资从而

表9　2016～2018年北京市文化上市公司第三阶段生产效率静态评估结果

年份	均值			标准差			变异系数		
	TE	PTE	SE	TE	PTE	SE	TE	PTE	SE
2016	0.782	0.997	0.785	0.296	0.012	0.296	0.379	0.012	0.378
2017	0.943	0.988	0.954	0.076	0.029	0.070	0.080	0.029	0.073
2018	0.728	0.999	0.729	0.275	0.003	0.275	0.378	0.003	0.377

注：变异系数根据根式 $CV=\sigma/\mu$ 计算，其中 σ 表示标准差、μ 表示均值。

扩大其规模以适应市场需要，而其他的非优势企业本身的生产效率不高，在市场缺乏竞争力，但是政策支持使其还能继续存活发展，非优势企业就不会那么迫切地调整经营规模、改善企业管理，所以政府支持对文化产业整体效率的提高并不一定都是有利的。

由表 10 可知，实际上 DEA 有效的企业是在慢慢减少的，说明在同一生存环境下部分企业已经跟不上最高发展水平的企业的步伐。对比表 8 和表 10 发现调整后的 PTE 有效企业数、SE 有效企业数有所减少，并且规模报酬递增的企业数明显增多，而规模报酬不变和递减的企业数减少，说明在环境因素的影响下会高估企业的纯技术效率和规模效率，在同一环境水平下文化上市公司的整体规模还是过小，企业应该根据实际的环境状况来调整自身的生产规模，并且注意提升管理水平和资源利用效率，从而提高生产效率。

表 10　2016～2018 年第三阶段 DEA 有效公司数量与规模报酬情况

年份	TE 有效企业数	PTE 有效企业数	SE 有效企业数	规模报酬不变		规模报酬递减		规模报酬递增	
				企业数	比例(%)	企业数	比例(%)	企业数	比例(%)
2016	8	13	8	8	53	0	0	7	47
2017	6	12	6	6	40	4	27	5	33
2018	7	11	7	7	47	0	0	8	53

六　结论

本文运用三阶段 DEA 方法对 2016～2018 年北京市 15 家文化上市公司的生产效率进行了静态分析。在综合分析后得出以下结论：

第一，近几年北京市上市文化产业公司的发展环境整体较好。2015 年以来，国家进一步规划文化产业发展，规范了文化产业市场，且将文化产业作为支柱性产业列入了“十三五”发展规划，为文化产业的发展明确了目标。北京市在国家扶持政策等外部因素上也具有得天独厚的优势，落实了《关于深化北京市文化体制改革的实施方案》，所以北京地区文化产业整体环境在逐年好转。

第二，从整体来看北京市文化上市公司的效率较低。这种低效主要表现为公司的管理水平和资源利用效率要优于规模效率，公司越来越重视内部结构与管理。规模效率的低下与文化产业的结构不合理也有关，产业组织集约化程度不高，很多文化公司诞生于计划体制下，政策的各种保护使得各个文化公司在市场化进程中动力不足，在这种情况下就出现了经营单位众多，但是产业的集约化程度不高，资源极度分散且经济效益较低的缺陷，在迅速市场化的阶段，这些缺陷就成为抑制文化公司效率提升的重要因素。

第三，同一环境水平下北京市文化上市公司的整体规模较小。若没有大环境的影响，企业的规模效率是较低的。因此，北京市文化上市公司应该根据实际的环境状况来调整自身的生产规模，并且注意提升管理水平和资源利用效率，从而提高生产效率。

B.9

北京市文化产业社会融资分析

刘德良*

摘　要： 近年来，随着文化产业在国民经济中重要性的日益凸显，文化与金融产业联系日趋紧密。预计未来，北京市文化产业社会融资市场将出现市场主体流动性加强、股权融资市场竞争加剧、债券融资规模提升、多个文化领域因现金流承压融资需求上升等趋势。建议通过进一步建立健全文化产业资本市场主体培育机制，从资本供给入手激发股权融资市场活力，利用大数据等技术提高债权融资服务针对性，创新文化金融服务缓解新冠肺炎疫情下文化企业现金流压力等促进文化产业融资发展。

关键词： 文化产业　社会融资　北京

一　北京市文化产业社会融资总体情况分析

文化产业社会融资是指文化产业从业主体从社会金融体系中募集资金的现象。2019 年，北京市文化产业社会融资规模呈下行走势，募集资金总额（不含银行贷款）同比下降 12.33%，社会融资资金收紧。2020 年第一季

* 刘德良，新元智库和新元资本创办人，清华大学新经济与新产业研究中心特约研究员、中国人民大学文化产业研究院特约专家、中央财经大学文化经济研究员特约专家，研究方向为文化金融与文化科技融合。

度，新冠肺炎疫情对文化产业资本市场冲击较大，融资规模进一步下降，北京市文化产业社会融资规模同比下降56.83%。

（一）疫情下市场降温，文化产业社会融资资金进一步收紧

近年来，受金融去杠杆、挤压泡沫、防范风险等资本市场环境影响，文化产业社会融资呈现收紧态势。据新元文智－文化产业投融资大数据系统（文融通）统计，如图1所示，2018～2020年（3月），北京市文化产业通过私募股权融资、新三板融资、上市首次募资、上市再融资、债券、信托、众筹等社会融资渠道发生1203起融资事件，募集资金1596.15亿元。其中，2019年，北京市文化产业社会融资市场降温，融资活跃度、融资规模均有不同幅度的下降。发生融资事件472起，同比下降29.24%；融资规模为725.51亿元，同比下降12.33%。2020年第一季度，受新冠肺炎疫情的影

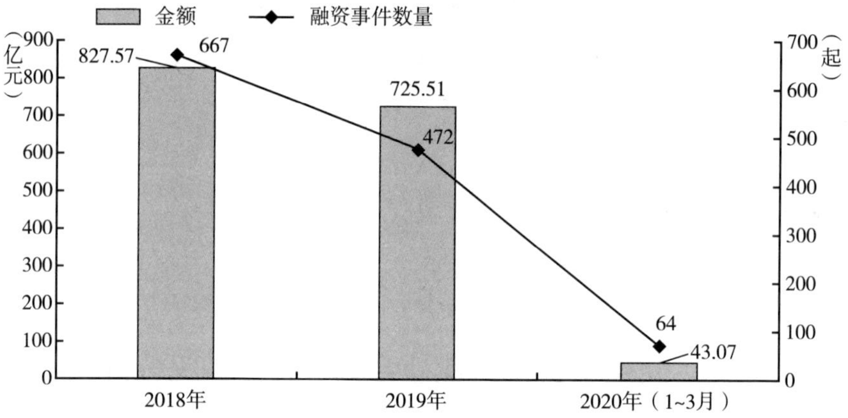

图1　2018～2020年（3月）北京市文化产业社会融资情况

注：因文化产业银行贷款数据未公开披露，文中计算社会融资相关指标时并未计入银行贷款的数据；为避免重复计算，文中新三板融资、上市再融资仅指发行股票融资，不含相关企业进行的债券、信托融资；2018～2020年（3月），北京市没有发生文化产业信托融资事件；因数据四舍五入的原因，文中可能存在总和（或差值）与各分项求和（或相减）不等的情况。

资料来源：新元文智－文化产业投融资大数据系统（文融通）。

响，北京市文化产业社会融资相关指标的下降幅度进一步扩大，社会融资事件数量同比下降 56.83%，融资规模同比下降 47.97%，北京市文化产业社会融资市场受到了较大冲击。

（二）私募股权渠道融资规模占比下降，债券渠道资金贡献度提升

据统计，如图 2 所示，2018 ~2020 年（3 月），北京市文化产业众筹融资始终保持较高活跃度，其中，2018 年，众筹渠道融资事件数量不及私募股权融资渠道，在各渠道中排第二位；2019 年，众筹渠道反超私募股权渠道，成为文化产业社会融资活跃度最高的渠道；2020 年第一季度，众筹渠道继续保持融资事件数量的领先优势，在各渠道中排名第一。2018 年、2019 年、2020 年第一季度，文化产业众筹融资事件数量占比分别为

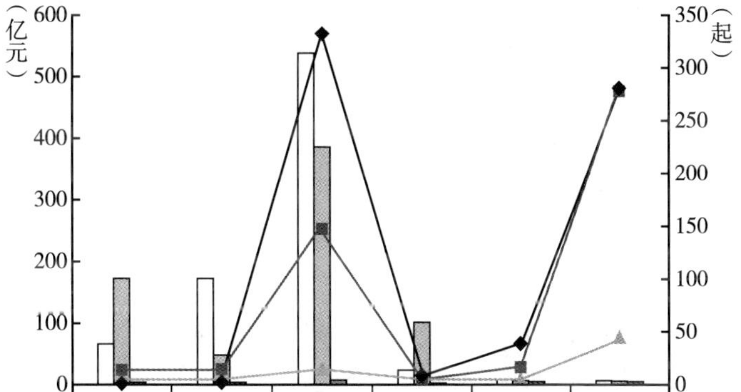

	债券	上市首次募资	私募股权融资	上市再融资	新三板融资	众筹
2018年金额	67.19	175.93	546.40	27.72	9.15	1.18
2019年金额	177.87	48.54	389.10	105.99	3.31	0.70
2020年（1~3月）金额	15.00	14.10	12.94	0.58	0.23	0.22
2018年融资事件数量	10	6	330	6	36	279
2019年融资事件数量	11	9	148	3	16	285
2020年（1~3月）融资事件数量	2	3	13	2	1	43

图 2　2018 ~2020 年（3 月）北京市文化产业社会融资渠道情况

资料来源：新元文智 - 文化产业投融资大数据系统（文融通）。

41.83%、60.38%、67.19%。从社会融资规模上看，2020年第一季度，受新冠肺炎疫情等影响，北京市文化产业私募股权融资降温，渠道的资金贡献度减弱，融资规模占比由2019年的53.63%下降至30.04%（在各渠道中的排名由第一降至第三）；文化企业债券融资需求较大，渠道的募集资金规模占比升至第一，占比由2019年的24.52%上升到34.83%。

（三）细分领域分布较广泛，资金集中度高

从细分领域分布看，北京市文化产业社会融资的领域分布较广泛，如图3所示，2018~2020年（3月），融资事件分布在互联网文化娱乐平台、互联网信息服务、广播影视发行放映、广告服务等37个文化细分领域。以募集资金规模为标准，细分领域的集中度较高，据统计，融资规模前十的细分领域募资额占总融资额的比重达到92.02%。借助互联网信息技术的迅猛发展以及互联网市场巨大的消费潜力、良好的发展前景等，“互联网+”吸引大量资

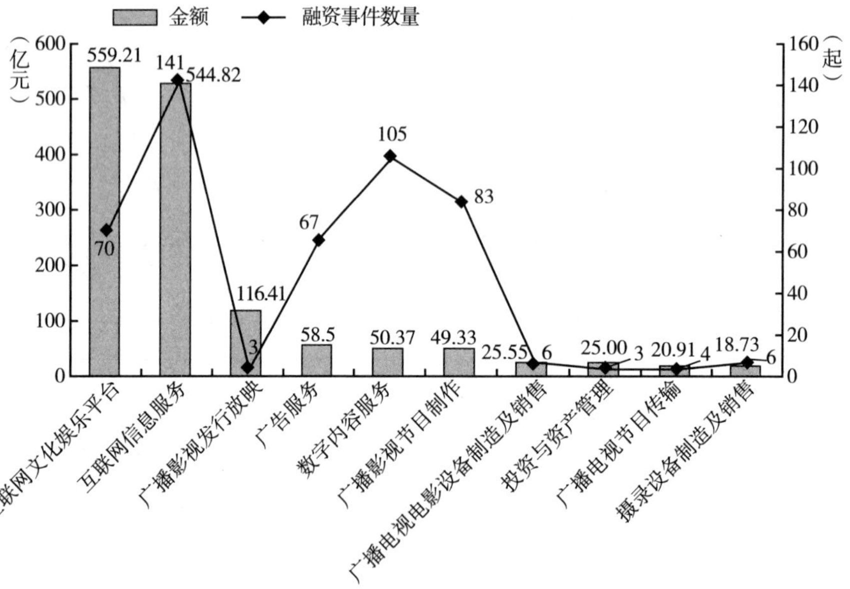

图3　2018~2020年（3月）北京市文化细分领域社会融资规模TOP10

资料来源：新元文智－文化产业投融资大数据系统（文融通）。

本注入，与互联网联系密切的互联网文化娱乐平台、互联网信息服务社会融资规模居前两位，分别涉及资金559.21亿元、544.82亿元，占比35.03%、34.13%。

二 北京市文化产业社会融资渠道结构分析

融资是推动文化产业发展的重要力量，依托融资渠道，文化产业与资本融合，创新商业模式，激发活力，推动转型升级，促进产业高质量发展。2018～2020年（3月），北京市文化产业社会融资规模达1596.15亿元。其中，私募股权渠道是社会融资主要渠道，融资规模占比59.42%；债券渠道资金贡献度次之，融资规模占比16.29%，并且走势上行；通过上市首次募资、上市再融资、新三板融资、众筹渠道北京市文化产业融资共计387.65亿元，占比24.29%。

（一）资本关注度下降，文化产业私募股权融资市场降温

投资者愈发谨慎，融资活跃度、融资规模持续下滑。受投资机构募资难、退出难等多重因素影响，投资者对文化产业投资较为谨慎。如图4所示，2018～2020年（3月），北京市发生了491起文化产业私募股权融资事件，涉及资金948.44亿元。从时间轴看，私募股权融资呈现明显下行态势，2019年，北京市文化产业私募股权融资规模、融资事件数量分别同比下降28.79%、55.15%；2020年第一季度，新冠肺炎疫情导致私募股权融资的项目尽调、谈判、工商确权等工作延缓甚至停滞，标的企业的未来经营状况不确定性增大，进一步产生负面影响，北京市文化产业私募股权融资市场进一步降温，融资事件数量、融资规模分别同比下降86.83%、69.77%，降幅均超过2019年全年。

互联网信息服务融资能力最强，募资规模突出。如图5所示，据统计，2018～2020年（3月），北京市文化产业私募股权融资主要发生在互联网信息服务领域，融资事件数（133起）占比27.09%，募集资金规模（469.09亿

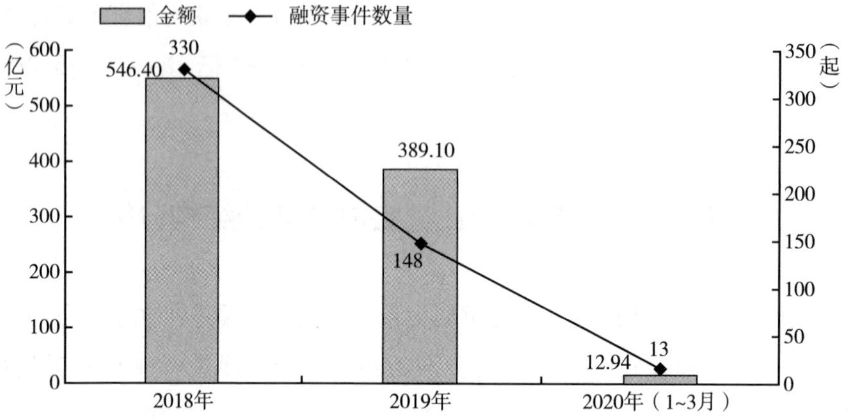

图4　2018～2020 年（3 月）北京市文化产业私募股权融资情况

资料来源：新元文智－文化产业投融资大数据系统（文融通）。

元）占比 49.46%，融资活跃度、募集资金规模均领先于其他细分领域。分年度看，2018 年，北京市文化产业私募股权融资资金主要集中在互联网信息服

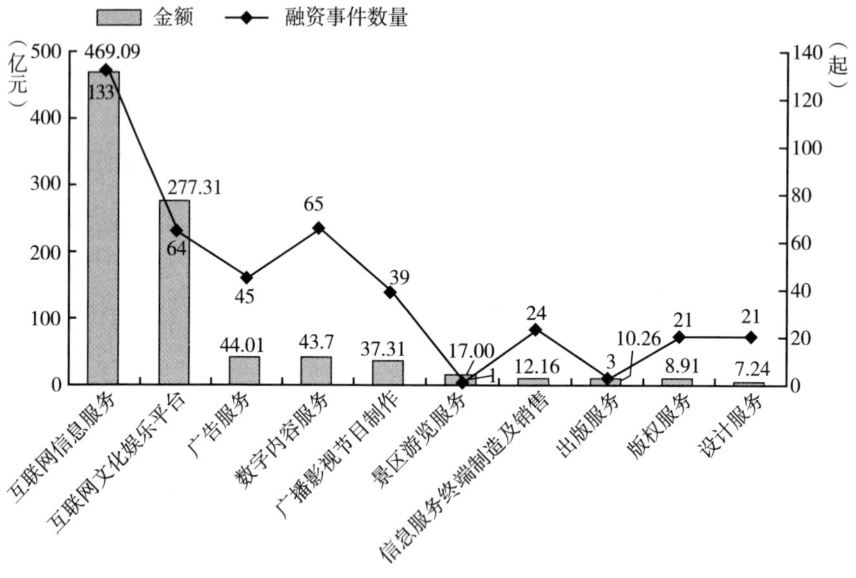

图5　2018～2020 年（3 月）北京市文化细分领域私募股权融资规模 TOP10

资料来源：新元文智－文化产业投融资大数据系统（文融通）。

务领域，融资规模占比 71. 58% 。根据文融通的相关数据，2019 年，互联网文化娱乐平台领域募集资金规模最高，占比达 59. 67% ；互联网信息服务融资规模居各细分领域第二，占比 18. 17% 。2020 年第一季度，互联网信息服务领域募集资金 7. 24 亿元，占比 55. 97% ，高于其他细分领域。2018 年以来，互联网信息服务领域在私募股权渠道融资最为突出。

（二）新三板挂牌文企融资持续下降，未来预期向好

新三板挂牌文化企业融资规模下降，降幅持续过半。新三板是服务中小微企业融资的重要平台，是我国建设多层次资本市场的重要举措。如图 6 所示，2018 ~2020 年（3 月），北京市新三板挂牌文化企业发生 53 起股权融资事件，募集资金 12. 69 亿元。其中，2019 年挂牌企业发生 16 起股权融资事件，同比下降 55. 56% ；涉及资金 3. 31 亿元，同比下降 63. 83% 。2020 年第一季度，北京市新三板挂牌文化企业继续保持较高幅度的下降速度，融资事件数、融资规模分别同比下降 83. 33% 、65. 77% 。近年来，新三板市场政策红利不断释放，改革持续进行，特别是通过推进精选层工作搭建通往深沪交所的转板通道，对于提高市场流动性、促进企业融资具有重要意义，北京市新三板挂牌文化企业融资预期向好。

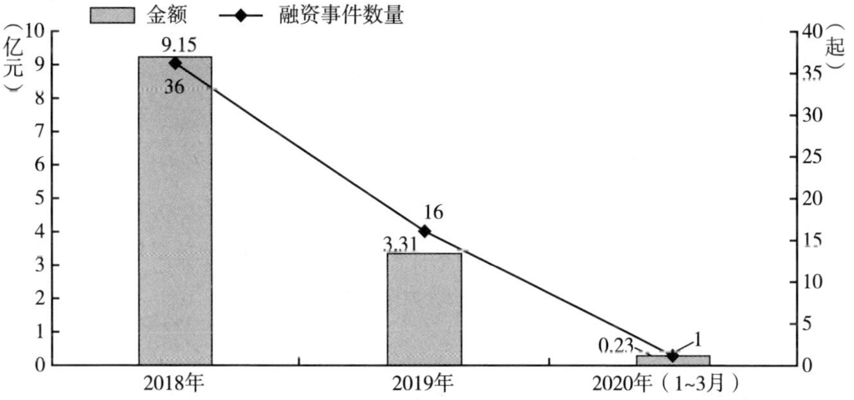

图 6　2018 ~2020 年（3 月）北京市文化产业新三板股权融资情况

资料来源：新元文智 - 文化产业投融资大数据系统（文融通）。

广告服务融资活跃、数字内容服务募集资金规模领先。如图7所示，从细分领域分布看，2018～2020年（3月），北京市新三板挂牌文化企业股权融资主要集中在数字内容服务、广告服务领域。广告服务融资活跃度最高，2018年以来，共发生了16起融资事件，占挂牌企业融资事件的30.19%；募集资金3.01亿元，占挂牌企业融资额的23.72%。数字内容服务融资规模最高，通过10起（占比18.87%）事件募集资金3.36亿元，占比26.48%。具体来看，2018年，北京市新三板挂牌文化企业融资主要流向数字内容服务、广告服务领域，融资规模分别占当年挂牌企业融资额的30.80%、26.31%。2019年，广播影视节目制作领域的挂牌企业融资规模最高，占比40.42%。2020年第一季度，仅在数字内容服务领域发生1起事件，融资0.23亿元。

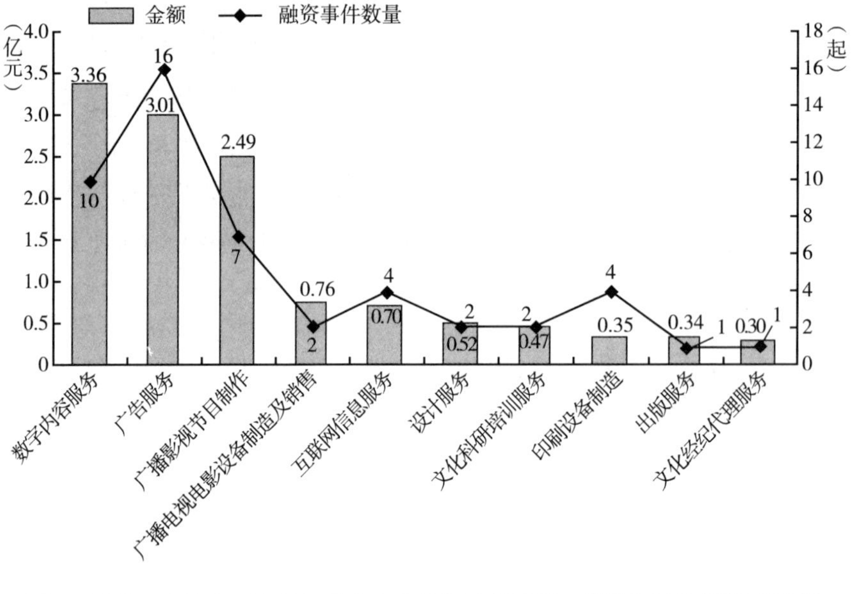

图7　2018～2020年（3月）北京市文化细分领域新三板股权融资规模TOP10

资料来源：新元文智－文化产业投融资大数据系统（文融通）。

（三）文化企业IPO上市“速度”提高，新增企业数量同比增长

企业积极寻求上市，新增IPO文化企业数量持续增长。随着经济社会的

不断发展，企业的生存、竞争能力与资本市场联系日趋紧密，寻求 IPO 上市已经成为企业快速融资、加速扩张，以及在市场博弈中建立优势地位的重要途径。近年来，北京市符合 IPO 条件的文化企业积极申请上市，借助资本市场做大做强。如图 8 所示，2018 ~2020 年（3 月），北京市新增 18 家 IPO 上市文化企业，首发募集资金共计 238.57 亿元。2018 年以来，北京市文化企业 IPO 上市明显“提速”，其中 2019 年 9 家文化企业实现 IPO 上市，比 2018 年同期增长 50.00%（首发募集资金 48.54 亿元，同比下降 72.41%）；2020 年第一季度，新增 3 家文化企业 IPO 上市，同比增长 200.00%，并且募集资金规模（14.10 亿元）大幅提升，同比增长 1939.63%。

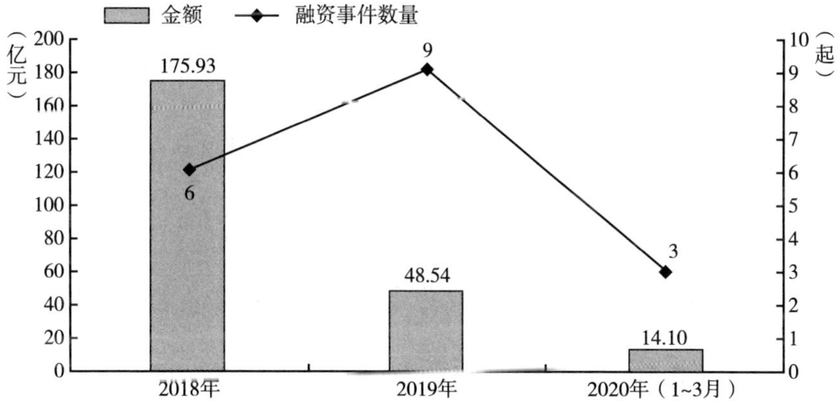

图 8　2018 ~2020 年（3 月）北京市文化产业上市首次融资情况

资料来源：新元文智 – 文化产业投融资大数据系统（文融通）。

IPO 文化企业分布分散，互联网文化娱乐平台吸金效果显著。如图 9 所示，2018 年以来，北京市新增 IPO 上市文化企业领域分布比较分散，其中广告服务领域新增上市企业数量最多，为 4 家；互联网文化娱乐平台、互联网信息服务领域各新增 3 家企业上市；广播影视节目制作领域新增 2 家企业上市；此外，摄录设备制造及销售、广播电视节目传输等 6 个领域分别新增 1 家企业上市。从融资规模看，互联网文化娱乐平台领域的企业首发融资最突出，平均每家企业融资 51.76 亿元，是平均融资规模第二领域（摄录设备制造及销售）的 2.88 倍。

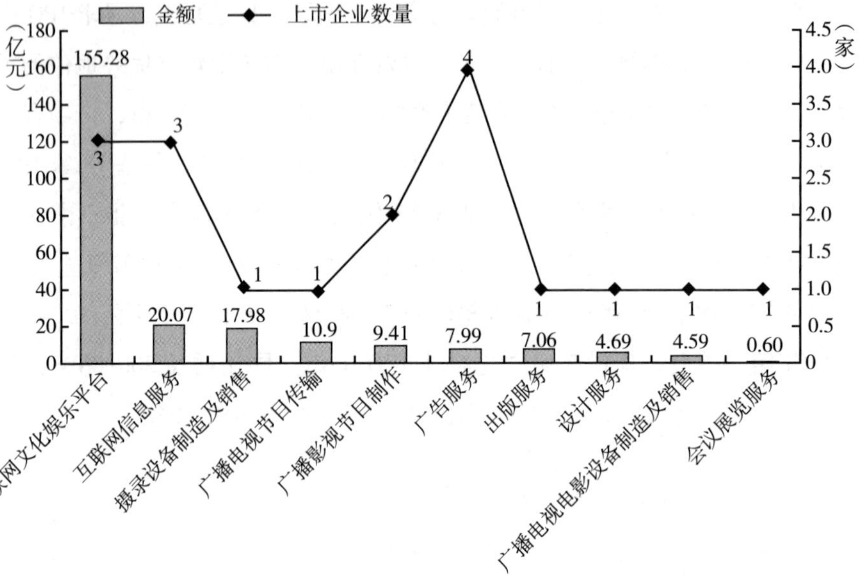

图9　2018～2020年（3月）北京市文化细分领域上市首次融资规模分布

资料来源：新元文智－文化产业投融资大数据系统（文融通）。

（四）积极信号不断，上市文化企业股权再融资规模同比提升

再融资政策松绑信号不断，上市文化企业发行股票再融资规模持续提升。近年来，我国不断释放上市企业再融资条件松绑的信号，如，2018年11月，证监会发布《发行监管问答——关于引导规范上市公司融资行为的监管要求》；2019年11月，证监会就“主板/中小板、创业板、科创板再融资规则”征求意见；2020年2月，证监会发布《关于修改〈上市公司证券发行管理办法〉的决定》《关于修改〈创业板上市公司证券发行管理暂行办法〉的决定》《关于修改〈上市公司非公开发行股票实施细则〉的决定》等。上市企业再融资积极信号的不断释放，极利于激发投资者的投资热情，改善市场环境，促进上市文化企业再融资发展。如图10所示，2018～2020年（3月），北京市上市文化企业发生了11起股权再融资事件，融资规模达134.29亿元。分年度看，虽然2019年北京市上市文化企业股权再融资事件数量同比下降50.00%，

但募集资金规模同比增长 282. 36%；2020 年第一季度，上市企业通过 2 起事件融资 0. 58 亿元，高于 2019 年同期（未发生再融资事件）。

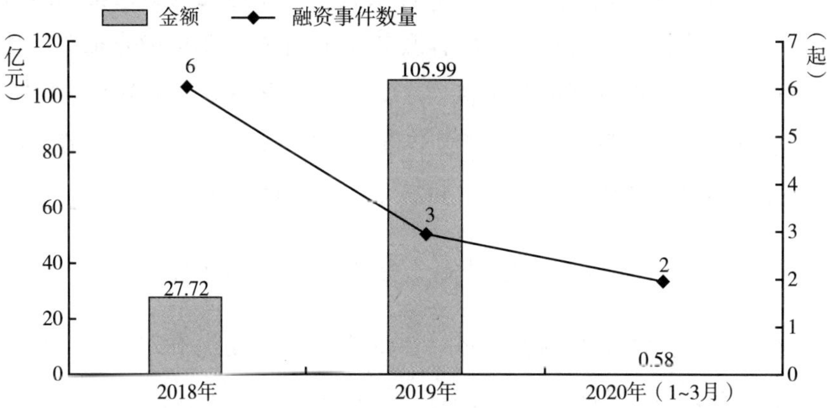

图 10　2018 ~2020 年（3 月）北京市文化产业上市后股权再融资情况

资料来源：新元文智 - 文化产业投融资大数据系统（文融通）。

细分领域再融资时间连续性低，广播影视发行放映领域募资规模高。如图 11 所示，据统计，2018 年 ~2020 年（3 月），广播影视发行放映领域上

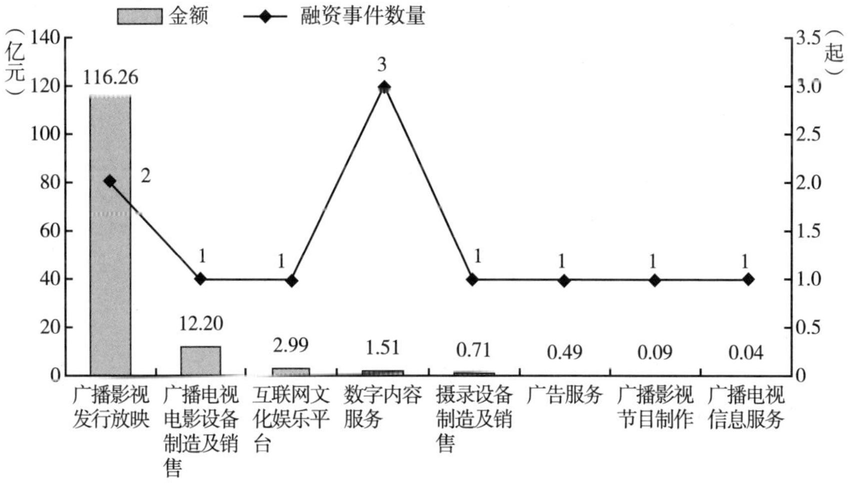

图 11　2018 ~2020 年（3 月）北京市文化细分领域上市后股权再融资规模分布

资料来源：新元文智 - 文化产业投融资大数据系统（文融通）。

市后股权再融资规模最高，达116.26亿元，占北京市上市文企股权再融资的86.57%。具体来看，各细分领域的再融资连续性较低，2018年文化产业上市后股权再融资分布在广播影视发行放映、广播电视电影设备制造及销售、互联网文化娱乐平台、数字内容服务4个领域，2019年分布在广播影视发行放映、摄录设备制造及销售、广播电视信息服务3个领域，2020年第一季度分布在广告服务、广播影视节目制作2个领域，仅广播影视发行放映领域连续两年（2018~2019年）进行了上市后再融资。

（五）文化产业债券市场升温，募资规模大幅增长

文化产业发债融资规模持续提升，2020年第一季度优于2019年同期。基于较低的融资成本、灵活的发行方式、较高的自主性等优点，发行债券融资成为具有一定实力的文化企业重要的融资方式。如图12所示，2018~2020年(3月)，北京市发生文化产业债券融资事件23起，融资规模达260.06亿元。近年来，北京市文化产业债券市场持续升温，2019年发行债券活跃度提升，发生融资事件11起，同比增长10.00%；募资规模较大幅度提升，涉及资金177.87亿元，同比增长164.73%。2020年第一季度，北京市文化产业通过2起发债事件融资15.00亿元，相比2019年同期的0起事件，也有所提升。

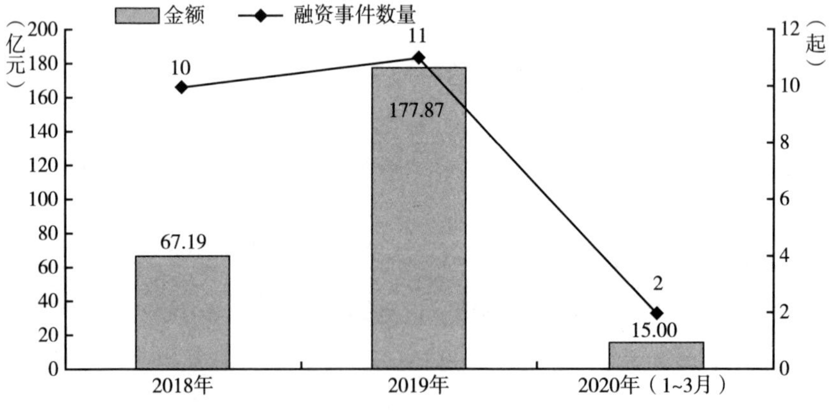

图12　2018~2020年（3月）北京市文化产业债券融资情况

资料来源：新元文智－文化产业投融资大数据系统（文融通）。

融资事件细分领域集中度较低，互联网文化娱乐平台领域募资能力最强。如图 13 所示，2018～2020 年（3 月），北京市文化产业债券融资事件的领域分布较分散，各领域的活跃度均较低，融资事件数量最多的为艺术表演领域，仅发生了 5 起发债融资事件。互联网文化娱乐平台领域的募集资金能力最强，共计融资 123.63 亿元，占比 47.54%。其中，2018 年，互联网文化娱乐平台领域发债融资 43.00 亿元，占当年募资额的 64.00%；2019 年融资 80.63 亿元，占当年募资额的 45.33%。2018 年、2019 年，互联网文化娱乐平台均为北京市文化产业债券融资规模最高的领域。2020 年第一季度，投资与资产管理领域为募资规模（10 亿元）最高的领域，占比达到 66.67%。

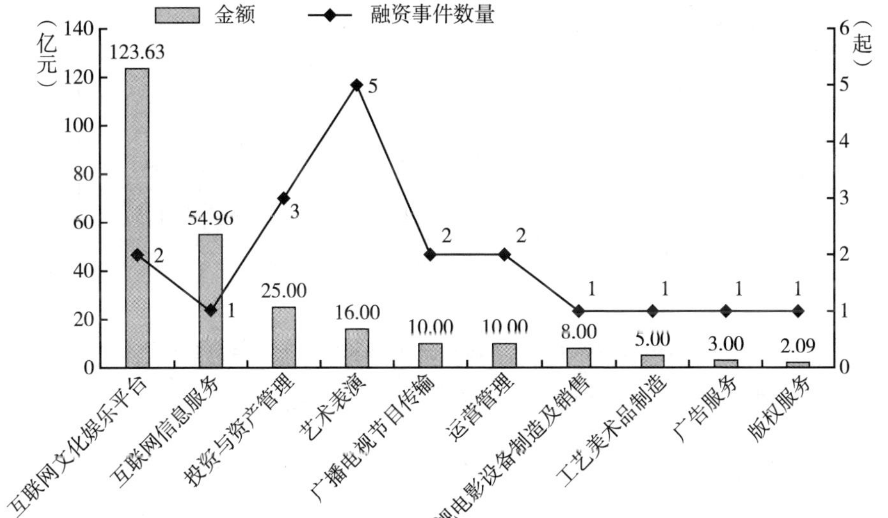

图 13　2018～2020 年（3 月）北京市文化细分领域债券融资规模 TOP10

资料来源：新元文智－文化产业投融资大数据系统（文融通）。

（六）文化产业众筹市场低迷，融资规模下行

文化产业众筹融资活跃度增速下降，融资规模同比回升。众筹作为一种

相对新型的文化产业融资方式，经过一轮高速增长后，市场表现已较为低迷。如图 14 所示，2018～2020 年（3 月），北京市发生了 607 起文化产业众筹融资事件，融资规模为 2.10 亿元。从近年来的融资活跃度变化趋势看，2019 年，北京市文化产业众筹融资事件数同比增长 2.15%；2020 年第一季度，增速下滑，融资事件数同比下降 41.10%。北京市文化产业众筹融资规模同比下降后回升，2019 年，融资规模同比下降 40.68%；2020 年第一季度，融资规模同比增长 33.50%。

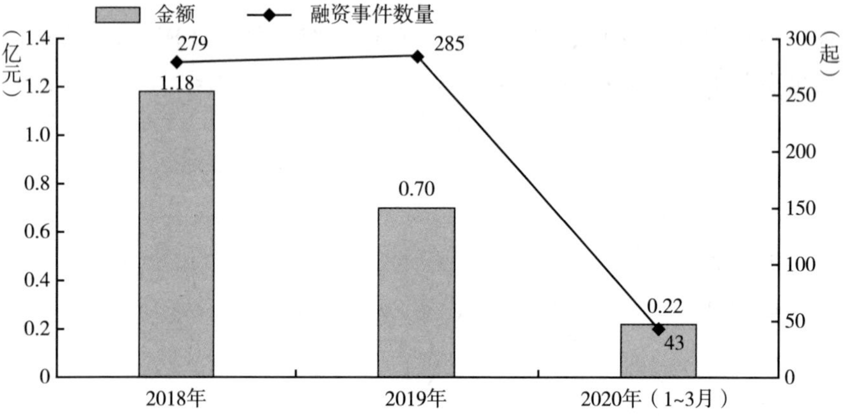

图 14　2018～2020 年（3 月）北京市文化产业众筹融资情况

资料来源：新元文智 - 文化产业投融资大数据系统（文融通）。

设计服务领域优势明显，融资活跃度、融资规模始终居于前列。如图 15 所示，从细分领域看，2018～2020 年（3 月），设计服务领域为北京市文化产业众筹融资最突出的领域，融资事件数、融资规模分别占比 27.68%、30.48%。近年来，设计服务领域的融资活跃度、融资规模始终居于各领域前列。2018 年、2019 年，设计服务领域是北京市文化产业众筹融资最活跃、融资规模最高的领域，根据文融通相关数据，2018 年融资事件数、融资规模分别占比 19.00%、31.42%，2019 年分别占比 32.63%、31.50%。2020 年第一季度，设计服务仍是融资最活跃的领域，众筹融资事件数占比 51.16%；出版服务融资规模最高，占比 69.86%。

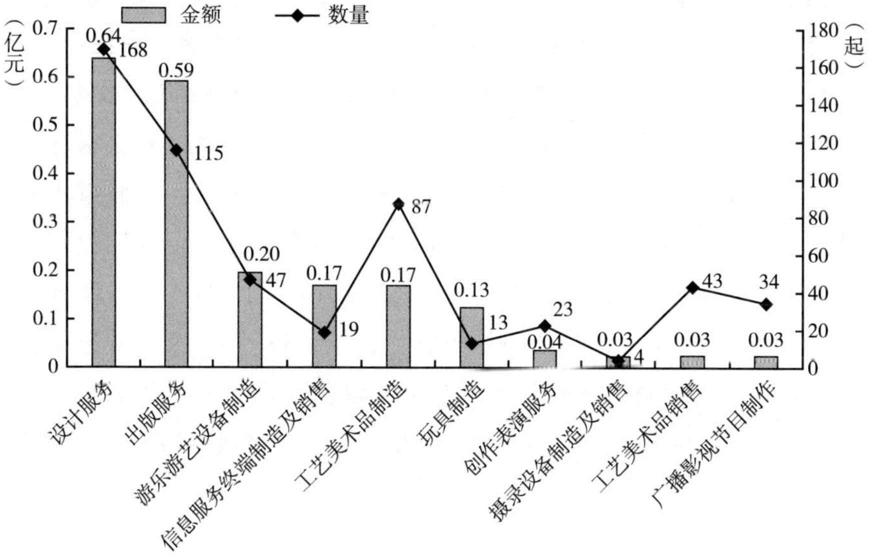

图 15　2018~2020 年（3 月）北京市文化细分领域众筹融资规模 TOP10

资料来源：新元文智－文化产业投融资大数据系统（文融通）。

三　北京市文化产业社会融资发展展望

近年来，我国不断推动资本市场改革，加之新冠肺炎疫情的出现等，均为北京市文化产业社会融资环境带来新的变化。预计，北京市文化产业将出现资本市场主体流动性加强、股权融资市场竞争加剧、债券融资规模提升、多个文化领域因现金流承压融资需求上升等趋势。

（一）文化产业资本市场主体流动性加强，马太效应深化

在资本市场优化营商环境、强化监管等背景下，北京市文化产业社会融资主体在新三板、A 股市场的“进、出”流动性加快，竞争强势主

体将会得到更多的融资发展机会，而弱势主体的生存空间将会被不断压缩。2019年7月，科创板正式开市，北京市文化企业进入资本市场融资的渠道被进一步拓宽。2020年3月，新证券法开始实施，资本市场证券发行进入全面推行注册制的一个新时期。相比IPO核准制，在注册制下，北京市文化企业申请上市的流程得到简化，新股发行审核效率提高。2020年4月，全国股转公司正式启动股票公开发行工作，并在精选层开展挂牌业务受理及审查工作，北京市文化企业从新三板至A股市场的通道逐步被疏理打通。此外，资本市场退市愈显常态化，企业优胜劣汰进程将会进一步加快。根据Wind数据，截至2019年12月4日，我国A股市场共有144支ST股，包括印纪传媒、金亚科技等18家企业退市，创下历史新高。根据新元文智－文化产业投融资大数据系统（文融通）的数据，2019年我国新增224家新三板文化企业终止挂牌，同比增长31.76%。

（二）资本供给趋向消减，股权融资市场竞争加剧

从北京市文化产业社会融资情况看，股权融资难度呈加大走势。在资本供给端，新冠肺炎疫情下创业投资已处于“寒冬”之中，投资机构募资难成为一种普遍现象。同时，私募机构投资文化企业/项目的退出情况也不尽理想，投资机构对待文化产业日趋谨慎。根据新元文智－文化产业投融资大数据系统（文融通）的数据，2018年以来，我国年新增文化产业投资基金数量、披露总募集资金规模大幅度降低（2018年分别同比减少69.84%、73.64%，2019年比2017年同期分别减少40.48%、80.33%）。到2020年，受新冠肺炎疫情影响，股权投融资的项目尽调、谈判、工商确权等工作延缓甚至停滞，一定时间内，文化企业的经营不确定性也将增加，投资机构对文化产业的投资将更加谨慎，文化企业获取股权融资的难度将进一步加大，融资企业间的竞争将更加激烈。

（三）债券融资规模或将提升，违约风险上行、现金流压力加大

近年来，北京市文化产业债券融资市场升温，加之受新冠肺炎疫情、股权融资渠道资本供给等影响，债券融资需求提高，预计在相关政策的支持下，融资规模有望提升。为了抗击新冠肺炎疫情，支持企业融资发展，各级政府及相关部门出台多项措施支持企业发行债券融资。如，2020 年 2 月，国家发展改革委办公厅发布《关于疫情防控期间做好企业债券工作的通知》；同月，北京市文化改革和发展领导小组办公室出台《关于应对新冠肺炎疫情影响促进文化企业健康发展的若干措施》；等等。需要注意的是，企业债券融资后违约风险上行压力加大，但违约率急增的概率较低。近年来，我国的信用债违约数量不断增加，根据 Wind 数据，截至 2019 年 12 月 13 日，已有 173 支债券出现违约，违约规模创历史新高，为 1373. 87 亿元。另外，因新冠肺炎疫情的出现，文化企业的经营受到影响，现金流压力加大，潜在的债券违约风险也随之加大，但我国出台了一系列的政策扶持企业发展、刺激经济，预计不会出现违约率急升现象。如，2020 年初至 5 月，央行三次降准释放资金 1. 75 万亿元，并加大了对中小微企业的支持力度；通过出台财政贴息、缓缴税款等政策，降低融资成本，缓解短期流动性压力，避免信用风险集中暴露等。

（四）疫情下多文化领域现金流承压，融资需求上升

2020 年，新冠肺炎疫情给多个文化领域带来较大冲击，从业企业的经营面临挑战，一些企业现金流面临较大压力，需要补充运营流动资金，融资需求或将上升。受新冠肺炎疫情影响，预计急需资金支持的企业主要集中在线下聚集性文化生产、文化娱乐消费、其他以线下业务为主的文化企业及其产业链上下游企业，如影视制作、影视发行、电影院、演艺演出、剧场、旅游景区、线下文娱游乐、传统广告和公关等企业。

四　北京市文化产业社会融资发展建议

基于北京市文化产业社会融资发展情况，以及对未来的预期，建议北京市进一步建立健全文化产业资本市场主体培育机制，从资本供给入手激发股权融资市场活力，利用大数据等技术提高债权融资服务针对性，通过创新文化金融服务缓解新冠肺炎疫情下文化企业现金流压力等。

（一）优化政策服务体系，建立健全文化产业资本市场主体培育机制

建议优化完善北京市文化产业社会融资的政策服务体系，促使文化产业资本市场主体做大做强。一方面，充分利用好现有政策，并对现有政策进一步激活，促进配套政策的完善与落地；另一方面，针对资本市场的变化完善政策，与时俱进。如，新三板市场改革推进精选层，建议北京市尽快研究、制定、出台支持政策，积极引导推进文化企业向不特定合格投资者公开发行股票并在精选层挂牌，可以对参与相关工作的投资者、券商、企业给予一定的业务指导、奖励支持等。针对文化产业资本市场主体流动性加强的情况，除了优化政策服务体系外，还建议进一步建立健全市场主体培育机制，如建立北京市文化企业挂牌、上市储备库，开展财务及业务经营、并购重组、改制、上市辅导等全方位服务，与会计师事务所、律师事务所、券商、银行、证券交易所等达成战略合作，整合资源，推进北京市文化企业的挂牌、上市以及融资等资本活动落地。

（二）调节资本供给，全方位激发股权融资市场活力

基于受资本供给等的影响文化产业股权融资市场降温的情况，建议从多个角度入手，全方面激发市场活力。以促进基金发展为例，可以从投资主体、一级市场交易、二级市场交易、基金退出、投资标准等多重角度入手，推动股权融资市场发展。如，研究、探索、成立文化产业投

资引导基金，发挥政府资金的撬动作用，引导更多资本投资文化产业；与专业投资机构合作，参与文化产业投资基金的建设、运营工作，重点支持符合北京市发展规划及相关政策的文化领域发展，实现社会效益、经济效益的双重增值；与上市文化企业合作，支持并购基金发展，推动符合条件的文化企业并购重组，促进上市文化企业健康、快速发展；支持文化产业二级市场投资基金发展，一方面通过刺激二级市场交易可以激发市场活力，另一方面可以进一步疏通投资机构退出渠道，提高市场流动性；整合政府参与的文化产业投资基金关联方资源，为投资标的提供人才、并购、上市等辅助服务。

（三）以大数据技术为依托，提高债权融资服务针对性

在安全可控的条件下，大力发展债权融资，根据不同类型文化企业的特点提供针对性服务。如，针对中小文化企业资产较少、违约风险较大等特点，可以支持、鼓励担保机构、商业联盟等研究、探索、开发中小企业集合债券、集合信托等融资工具；针对影视制作、文艺演出等内容制作企业，基于经营历史及签约项目，提供银行贷款等方面的融资支持；针对电影院线企业，可以依据现金流情况，提供针对性的抵押、证券化等融资支持。提升融资服务的针对性，还应注意风险防控，可以充分利用现代科学技术，以大数据为依托，实现数据交互，构建信息流、资金流闭环，构建科学合理的融资放款流程、融资还款流程、融资方及关联方交易等管理体系。

（四）创新文化金融服务，缓解文化企业现金流压力

新冠肺炎疫情给文化产业发展带来较大冲击，一些企业面临短期资金缺口，建议创新文化金融服务，缩短工作周期，提高文化企业融资效率，缓解现金流压力。如，提高办公网络化水平，支持融资服务机构及相关部门开展远程审批、签约等工作，建立应对新冠肺炎疫情的绿色服务通道，提高信用

贷款、担保贷款等的放款速度；借鉴北京市文化科技融资担保有限公司组织成立的文担“票房宝”工作模式，建设类似的文化金融服务平台，提高产业链上下游文化企业的资金结转速度，并进一步创新开发相应的金融工具与产品，帮助文化企业融资；此外，还可以探索文化产业商业保理服务模式，推动企业进行账款融资，助推企业走出资金困境。

参考文献

北京市文化创意产业促进中心：《2019 北京市文化金融手册》，2019。

B.10 北京市文化企业"走出去"的问题分析与政策优化

翟秀凤*

摘　要： 近年来，北京市文化贸易规模不断提升，诞生了一些有代表性的"出海"企业。但是，这些文化企业在快速"出海"过程中也暴露出一些问题。重产业资本、轻文化价值，重短期项目、轻长期落地，重传统项目、轻现代文化，重"出海"效率、轻规范引导，重对外传播、轻双向交流，重项目转化、轻人才培养等现象十分突出。因此，从政策上明确文化企业"出海"的重点和发展理念、增加"1＋N＋X"政策配套、强化对互联网企业和民营企业的支持、注重规范引导和人才培养显得十分迫切。本报告旨在对北京文化企业"走出去"的特征加以归纳，针对政策统筹的不足提出提升文化"出海"质量和水平的对策和建议。

关键词： 北京　文化企业　文化"出海"

文化产业"走出去"既是市场主体行为，也是重要的国家工程。当前大部分北京文化企业对外传播的经验相对比较缺乏，而相关政策在战略重点、国际化、分类管理和规范引导等方面亦缺乏设计和引导。这是

* 翟秀凤，博士，首都师范大学文化研究院助理研究员，主要研究方向为网络产业治理、文化产业"走出去"。

导致文化“出海”的战略目标模糊、发展重点缺乏、传播效果欠佳的重要原因之一。本报告将首先对北京文化企业“出海”的现状和问题进行分析，进而明确相关政策配套中的不足之处，最后在此基础上提出有针对性的政策优化建议。

一　北京文化企业“走出去”的现状和问题

近年来，北京市文化贸易出口增长迅速。2019～2020年，北京市75家企业入选国家文化出口重点企业，占全国的22.3%。2018年，全市文化贸易出口24.3亿美元，同比增长9.9%。[①] 在文化产业扶持政策方面，北京市先后出台了提升国家文化影响力、推动中华文化“走出去”、“京影十条”等相关文件，运用文化发展专项引导资金、北京文化艺术基金，支持重点项目，引导和带动企业、社会资本开展对外传播，取得了较好的政策驱动效应。近期，“北京文化28条”的发布，更是给新冠肺炎疫情下的文化企业打了一剂强心针。

不过，虽然北京文化企业规模突出、“出海”速度加快、文化交流项目增多，但在文化价值输出、民营企业支持、项目多样性、规范引导和人才培养等方面仍相对滞后。具体可以概括为以下几个方面。

（一）产业资本“出海”迅捷，但文化价值输出相对滞后

近年来，一批北京文化企业迈出了资本“走出去”的强劲步伐。例如，北京万达文化产业集团大量并购海外院线，将全球排名第二的美国AMC影院纳入麾下，并且作价35亿美元并购了美国传奇影业。[②] 不过，虽然资本来自中国企业，但是所投资的内容核心创意和文化价值观却仍然以欧美文化

① 《75家入选 国家文化出口重点企业北京占两成》，凤凰网，http://finance.ifeng.com/c/7s1w1a9kyhZ，最后访问日期：2020年5月21日。

② 《万达35亿美元并购美国传奇影业 中国最大海外文化企业并购》，万达集团官网，http://www.wanda.cn/2016/2015_0112/32514.html，最后访问日期：2020年5月8日。

为主，业内期待的合作拍摄也进展缓慢。自2002年中国电影《英雄》获得1.77亿美元的全球票房以来，至今我国尚没有制作出一部在美国票房超过5000万美元的电影。资本“出海”的步伐迅速，但是价值理念“走出去”却难以一蹴而就。

（二）文化科技企业占比较高，但国际竞争力仍然有限

北京市科技类企业增长迅速，其中区块链企业数量占全国的38.1%。[①] 其中，“文化+互联网”是北京市“文化+科技”融合的突出优势。2019年1～11月，在互联网信息服务、互联网文化娱乐平台、互联网广告等的快速发展带动下，“文化+互联网”领域实现收入4878.5亿元，同比增长22.1%，比全市文化产业收入增速高13.8个百分点，占文化产业收入的比重达43.8%，同比提高4.9个百分点。[②] 在政策支持方面，迄今为止，北京市科委已经对云计算、大数据、虚拟现实、数字出版、智慧旅游等共50多个课题投入了约1亿元的资金支持。[③] 不过，北京市部分文化科技类企业的国际竞争力仍有待提升。目前北京市认定的文化和科技融合示范基地主要集中于国内业务拓展，国际业务相对较少。而四达时代传媒、掌阅科技数字阅读等新认定企业虽然具有海外拓展能力和潜力，但是目前北京市相关政策对海外拓展的支持力度仍然有限，因而无法有效帮助涉外企业解决海外资产难以抵押、贷款难度大等核心发展问题。

（三）短期交流项目较多，但对长期落地渠道的重视不足

长期稳定的落地渠道对海外文化传播至关重要。民营文化企业北京四达时代传媒有限公司专注于非洲卫星电视基础设施建设，能够面向非洲45个

① 《中国区块链行业数据分析：北京区块链融资占比为38.1%》，中商情报网，https://www.askci.com/news/chanye/20180818/1415061129279.shtml，最后访问日期：2020年5月21日。

② 《去年北京市新经济增加值超1.27万亿》，人民网，http://bj.people.com.cn/GB/n2/2020/0214/c82840-33794157.html，最后访问日期：2020年4月20日。

③ 引自北京市科委调研访谈资料。

国家、约10.6亿人口开展数字电视转播。作为中国对非援助“万村通”项目的执行企业，该企业为超过20个非洲国家的1万多个村庄安装了卫星电视设备，并通过40多个自办频道传播中国内容。[①] 作为“北京影视节目展播季”的承办方，四达时代将诸多北京电视剧（如《媳妇的美好时代》《北京青年》）传播到非洲，培养了大批中国电视剧迷。然而，由于聚焦海外广电基础设施建设，该企业海外投资长、收效慢，且海外资产不能在国内银行作为贷款质押，目前面临较为严重的资金周转困难，而其承接的北京海外影视展播等项目的金额也正在缩减。类似民营企业具有长期渠道和国家文化战略价值，迫切需要在政策上加以支持。

（四）项目选拔标准偏重传统文化项目，项目多样化不足

三年来，“北京文化庙会全球行”活动已经在台北、曼谷等地落地，北京市相关部门也在芬兰、爱沙尼亚、美国等地举办过北京特色的“欢乐春节”活动。类似活动对推动人文交流，尤其海外华人的认同有较好的作用。但也应该注意到，文化庙会、春节、美食节等活动，主要聚焦于传统文化，对现代中国的介绍相对较少。值得一提的是，北京摩登天空文化发展有限公司近年来在纽约、洛杉矶等地举办音乐节，借现代音乐推动青年交往，可谓较为有益的尝试。如何打破外国受众对中国的刻板印象，增强对现代中国的阐述是中国文化“走出去”不得不面对的严峻课题。

（五）“出海”效率提高，但对“出海”内容缺乏规范引导

近年来，游戏和文娱产业“出海”趋势迅猛。据人民网舆情监测，2018年中国游戏海外报道量超过20万篇，[②]《太吾绘卷》《中国式家长》等游戏更是风靡海外。这些游戏多由一些初创企业研发，更多迎合受众的娱乐

① 《四达时代集团：“万村通”让非洲人民“通世界”》，百度，https://baijiahao.baidu.com/s?id=1630289488242702412&wfr=spider&for=pc，最后访问日期：2020年3月12日。

② 《游戏产业助推文化出海（网上中国）》，人民网，http://paper.people.com.cn/rmrbhwb/html/2019-02/01/content_1907291.htm，最后访问日期：2020年4月10日。

趣味，在核心价值观和中国故事讲述方面尤为不足。在网络小说、影视娱乐领域同样存在类似问题。各类企业驻外机构和人员不断增多，但对当地风俗文化、宗教信仰、市场环境了解有限。共建“一带一路”国家众多，国情社情各有不同。如果不对“出海”行为加以引导，将会使中国企业的海外形象大打折扣。

（六）对外单向传播较多，双向文化交流相对有限

近年来，北京文化企业在出版和影视领域逐渐打开了“走出去”的局面。其中不乏“北京影视剧非洲展播季”，如北京华录百纳的“丝绸之路影视桥工程”、“中国当代作品翻译工程”以及《红楼梦》译制等典型项目。但与之相比，非洲、拉美、中亚等地文化“引进来”的渠道和规模十分有限，国内受众对共建“一带一路”国家的认识存在大量误读甚至盲区。此外，北京国际设计周、国际摄影展、国际文创展等活动也主要面向欧美文化进行设计和宣传，对非洲、拉美各国重视有限。实际上，非洲、拉美等国迫切希望向中国传播自身文化，开展双向交流，这种诉求应该成为对外传播需要考虑的因素。

（七）文化产业国际运营人才存在明显缺口

一方面，北京文化产业国际运营人才的规模明显不足。文化“出海”人才与面向国内市场的人才有所不同，这类专业人才不仅需要具备文化产业发展的基础知识和业务才能，还需要具有全球化的运营能力和市场特征把握能力。另一方面，认同中国文化、北京文化的海外本地运营人才也明显不足。要想使北京文化深入当地社区，需要大批具有文化、语言优势的本地化运营人才，尤其是中层以上管理人才。这类人才的缺乏，导致中国企业与当地文化长期存在隔膜，难以真正实现对外传播的有效到达。

以上问题并非某家文化企业的个别问题，而是关系北京文化企业“走出去”效果的整体问题，因而迫切需要从政策层面加以优化。

二　北京文化企业“走出去”政策统筹的现存不足

文化企业“走出去”既是文化企业主体的市场行为，也是关涉一国全球文化竞争力的重要产业工程。如果文化企业在“出海”过程中缺乏设计、统筹和规范，可能会浪费“出海”资源、制约传播效果，甚至造成“出海”乱象。从近年来北京市文化产业“出海”的发展趋势来看，文化企业“走出去”还面临以下一些政策层面的难点和痛点。

（一）缺乏战略重点和行动统筹

欧美日韩各国均建立了国家意志与文化产业高度统合的对外文化战略体系。美国好莱坞、百老汇，日本动漫，韩剧的全球流行都离不开各国及主要城市的战略引导。尽管国务院办公厅印发了《进一步支持文化企业发展的规定》，不过各省区市在“出海”理念、战略重点、政策分类等方面尚没有十分清晰的发展思路。首都文化资源丰富，既需要对外传递城市文化，又承担着国家形象的传播使命。由于缺乏文化对外传播的重点规划和资源分类，容易造成焦点模糊、用力分散，传播效果也会打折扣。

（二）多语种外宣能力滞后，产业国际化战略不足

政府和企业的多语种传播能力一直被视作文化国际化水平的关键要素。美国的推特（Twitter）、脸书（Facebook）等企业有多达几十种语言的国际版本，维基百科（Wikipedia）更是有超过 280 种语言版本。而当前，北京市政府尚未建立城市官方英语网站，更遑论多语种文化传播。北京文化企业的海外拓展，也没有通过多语种向世界宣介。国外机构和受众无法通过北京市的官方多语种渠道获得产业和文旅信息，因而只能依赖国外网站。然而，国外媒体和网站对华存在诸多偏见，其传播内容不利于海外受众对北京文化的全面认识。

（三）特定领域和民营企业的支持力度仍需提升

当前北京市文化企业“走出去”在创意表演、影视产品、出版和数字内容方面有所突破，但新闻信息服务十分滞后，文化休闲和科研培训出口有限，类型结构上仍有待优化；由于缺乏明确细致的分类标准，因此在文化“出海”统计上也存在交叉重叠或者难以界定的问题；市内大型重点项目仍以国企、央企为主要支持对象，对民营资本的支持力度和范围仍有提升的空间。

（四）缺乏审核评估和规范引导

“出海”培训和审核评估标准的缺乏是当前各省区市文化企业“出海”面临的普遍问题。一是缺乏针对文化企业的类别细分和分类审核机制。不同于装备制造等第二产业，文化“出海”企业类型更加多样、资质不同，市场行为和“出海”地区较为分散，难以进行较为统一的分类核定。二是当前缺乏对文化产业“出海”效果的第三方评估机制。由于国际传播效果评估本身较为困难且评估需要涉及海外勘探，目前缺乏针对文化企业的系统的、可行的“出海”评价指标和评估行动。三是海外各国国情社情复杂，对华友好程度不同，文化风俗多样。由于缺乏对文化企业“走出去”的经验培训和规则意识引导，很多企业往往不了解或者忽视所在国的市场规则，因而容易带来文化“出海”乱象。

三　提升北京市文化企业“出海”质量和水平的建议

文化企业“出海”，既需要市场主体的积极参与，也需要宏观政策环境的持续完善。针对北京市文化企业“走出去”的现存问题，有必要从城市产业战略层面，加强顶层设计、开展统筹规划、实施规范引导。基于此，本报告建议从以下方面加强政策优化。

（一）明确北京文化外宣的战略重点和标准体系

北京担负着首都形象和城市文化外宣的多重使命，因此迫切需要理顺文化资源、明确工作重点。一是进一步明确北京文化“走出去”的战略重点。建议根据各文化领域的外宣战略价值制定不同发展重点，如推动与国家舆论安全密切相关的新闻出版企业增加对外宣话语权的争夺；在影视娱乐领域强化与各国的内容产业合作；引导社会活跃的网络企业增加对各国的网络基础设施和信息产业投资等。二是建立文化企业“走出去”的标准体系，针对文化企业的业务类型、目标受众、资本结构、发展困境、地域分布、“出海”风险制定相应的发展规划，并提供差异化的政策支持和评价体系。三是面向冬奥会制定有针对性的北京文化传播规划，提升双奥体育对北京城市形象的促进作用。既要注重在冰雪运动推广中引入北京城市文化元素，凸显北京城市的文化底蕴和风味；又要重视回顾北京2008年奥运会的传播经验和不足，针对北京冬奥传播的渠道、文化元素、重点内容、面临的挑战制定相应规划，以最大限度提升冬奥会的国际传播效果。

（二）明确文化企业的国际化发展理念

一是加速北京市政府、各部门以及重点文化企业的多语种传播能力建设，通过官方多语种网站等形式与国外机构和受众建立联络，补齐多语种对外传播的短板，使北京的文化形象真正具备多语种的传播能力。二是在效果评价上，不仅要重视资本效益和“出海”规模，更要重视文化价值输出、规则意识、国际人才培养等长期战略，将文化“出海”作为战略重点和政策引导的重要方向。三是重视文化和传媒基础设施的渠道落地效应，不仅支持新闻内容产业海外传播，还要支持网络和影视基础设施产业向海外拓展，以产生本地影响力作为发展目标积极推动互联互通。四是按照地域、文化、发展程度、政策环境等的不同，针对各国制定分区域、分层次的“出海”策略。五是要将“引进来”和“走出去”相结合，重视与非洲、拉美、中东等地的双向交往，避免偏重欧美的单向传播。

（三）以“1 + N + X”政策体系推动“出海”政策落实

一是以《北京市文化产业高质量发展三年行动计划（2020—2022 年）》为框架，进一步明确其中关于“国际一流融媒体中心”、冬奥国际文化传播、提升国际文化贸易竞争力的具体政策，引导“出海”企业有序参与。二是发挥“1 + N + X”的优势，在北京市“1”揽子政策的基础上，各市级部门（“N”）加强对文化“走出去”重点行业和区域的设计，同时各区（“X”）结合本区实际制定有重点、有区分的区级文化发展规划和配套措施，避免重复建设、资源浪费和无序竞争。三是继续增加市区两级对文化产业的金融支持，针对海外文化企业风险大、收效慢、资产难抵押等特征，通过“投贷奖”等方式增加金融帮扶。四是建设北京市文化企业“出海”政策统一平台，促进政策的公开化和透明化，使各级政策可查阅、可咨询，真正惠及各类文化“出海”企业。

（四）注重发挥互联网企业和民营企业的独特优势

“北京文化 28 条政策”明确提出关于“文化 + 互联网”的发展战略，正是旨在发挥互联网企业在促进文化交往中的后发优势。在文化“走出去”战略中，一是重视互联网企业的后发优势，制定有针对性的支持策略。同时，要积极了解互联网企业“出海”过程中面临的政策困境和现实困难，并通过相关部门加以协助。二是提升政策灵活性，重视民营企业的独特优势，进一步增加对民营文化企业的支持和引导。三是在加速建立有国际影响力的文化企业示范基地的过程中，重视引进和认定有影响力的互联网企业和民营企业，增加对国际影响力和国外市场收入的考量因素，引导各类企业积极开拓国际市场，将“出海”效果作为企业的重要发展方向。

（五）建立文化企业“走出去”的评估和培训机制

文化“出海”的难点之一是对“出海”效果的跟进评估。未来一是要建立文化企业“走出去”第三方效果评价机制。不仅将市场规模纳入考察，更要将海外影响力、内容海外竞争力、对共建“一带一路”国家传播投入及效果等纳入评价。二是要把文化“走出去”业务作为考核国有文化企业的独立评价指标，引导国有文化资本进一步增加对相关领域的投入。三是要建立文化企业“走出去”培训体系。以北京市相关部门为统筹主体，以专家智库为依托，为企业提供关于海外政策环境、文化风俗、市场规则的培训，规避企业的文化和舆论风险。

（六）搭建“走出去”案例库和专家智库机制

对文化企业“出海”经验、效果和案例的总结和推广对于提升政策制定的针对性和企业决策的科学性具有重要意义。基于此，一是有必要在首都文化企业多年“强”“佳”评选的基础上，建立文化企业“走出去”典型项目库，按照内容类型、目标区域、“出海”效果等对不同项目总结归纳，遴选有代表性的推广案例。二是建立北京文化“走出去”全球专家委员会机制，与国内外文化产业专家学者建立咨询联络，邀请专家参与政策制定和项目评选，提升决策的科学性和国际视野。三是推动北京文化企业“走出去”经典案例进高校、进课堂、进培训，使之服务于文化“走出去”的人才培养，为文化企业“出海”储备充足的人才力量。

B.11

新媒体文化赋能文化创意产业

李一凡*

摘　要： 在文化发展的不同时期，文化有不同的语境，走过工业社会进入信息社会的当下，文化现象表现得非常多姿多彩，文化创意产业在新媒体赋能下获得了繁荣发展。新媒体为公共文化空间、数字文化遗产、智慧文化旅游提供了无限可能，网络文学、电子音乐、数字演艺、CG 艺术、灯光秀等构成了新媒体艺术的主流，沉浸式文化体验、微电影、短视频等是新媒体视听的典型，网络直播、直播带货则是新媒体营销的代表。

关键词： 文化创意产业　新媒体　新文化　新视听　新营销

一　新媒体与新文化

“新媒体”是一个历史的、相对的、变化的概念。“新媒体”一词源于传播学，每当一个新的传播技术诞生，“新媒体”和“旧媒体”的定义就会迎来一次更新。因此，新媒体是一个发展的概念，它永远不会终结在某个现存的媒体形态上。当前，“新媒体”泛指计算机技术、互联网技术、移动终

* 李一凡，北京印刷学院新媒体学院教授，新媒体艺术硕士研究生导师，教育部国家级多媒体艺术教学团队负责人，国家新媒体产业基地北京新媒体联合实验室主任，主要研究方向为新媒体艺术。

端技术以及物联网、大数据、智能化等数字化信息传播技术进入社会各个领域的新时代。“新媒体”一词已经突破了传播学概念，进入大文化概念，“新媒体文化”成为新时代的新文化现象。

我们的目的不仅是解释新媒体，更重要的是理解新媒体在人类社会发展中的促进作用以及新媒体对文化发展的作用。

从传播学理论来研究新媒体，分析新媒体从第一到第五媒体的发展路径，其中，“三网融合”促进了媒体传播领域的跨界融合，“多媒体”“跨媒体”“全媒体”“融媒体”的概念层出不穷，归结到一点就是新媒体“跨界融合”的功能价值。“跨界融合”可以说是新媒体文化的本体概念和价值所在。

新媒体“跨界融合”体现在当代文化中，已经远远超出传播学的范畴，新媒体文化渗透到文化、教育、产业乃至社会生活的方方面面，可以说新媒体文化对当代社会发展产生了全方位的革命性影响。

联合国贸发会议早在2010年创意经济报告中就说：新媒体是创意产业中快速发展的子群，是21世纪信息通信技术快速发展的结果。在创意经济发展中，新媒体子群主要承担两大作用，第一，作为创意产品本身，它以一种数字形式出现，如软件、卡通片、互动产品等。第二，它应该是一种链接纽带，用来发行其他的创意产品，如音乐、电影、书籍、报刊等，或者作为提供服务的工具，如广告服务、建筑服务等。同时指出，由于很多国家和领域目前还没有把新媒体作为明确的数据统计进来，有些领域还没有意识到新媒体的作用，因此，联合国贸发会议认为新媒体的作用被严重低估。

站在2020年的时间节点上，新媒体经过10年的发展，我们应该对新媒体文化促进文化创意产业的功能价值进行深入的研究和广泛的梳理。

1. 公共文化空间

城市的形成，在本质上源于人们的聚合。由于城市发展以及互联网时代而带来公共空间与人际交往的割裂，单纯地从物理层面以及公共文化设施的实际运行效果上看，如何更好地解决人们对公共文化空间的渴望和需求，以及实现城市公共精神的塑造是文化创意产业的发力点，也是新媒体赋能文化创意产业的推动力。

《城市会客厅》最初是由国家发改委城市和小城镇中心发起、城市中国网重点打造的一个对话栏目。《城市会客厅》栏目聚焦城市发展热点、重点和难点问题，开展一系列的高端对话，为国内外知名专家、有影响力的官员建立交流的平台，凝共识、集众志，向大众传播中国城镇发展的趋势和规律。为积极稳妥推进城镇化，促进中国城镇健康发展出谋划策。栏目的特色：聚焦城市改革热点，探讨城市发展道路，汇集城市规划智慧。城市会客厅社交项目定位：人文旅游、会客商城、商业交流、接待娱乐、人才智库、科技创业等服务板块。

随着全域旅游、城市新名片概念的兴起，有些城市在打造“城市会客厅”的公共空间理念。国家新媒体产业基地北京新媒体联合实验室以“新媒体城市会客厅”的概念，运用新媒体虚拟现实技术、远程通信技术、体感互动技术等，将城市人文历史、城市形象展示、城市发展规划、文化旅游、商务旅游、游学体验、会展经济、文化贸易等功能融为一体。“新媒体城市会客厅”的理念也可以将城市公共文化设施进行链接，激活城市公共文化物理空间和文化空间。在深圳、北京等地进行调研和探索，落地“新媒体城市会客厅”，以期让“新媒体会客厅”成为智慧城市的窗口。

2. 数字文化遗产

新媒体最大的特点是具有信息整合功能，将图、文、声、像元素整合，可以实现博物馆的多样复杂的展陈需要，特别是面向观众传播实施多感官的信息接收，实现博物馆多媒体、多形态的展陈功能。

新媒体技术和内容结合可以对文化遗产中蕴含的智慧密码进行深度解读，并且用全新的视听形象，把文化遗产的价值在更加广阔的视野中展现出来。

新媒体技术将对博物馆展陈总体形式设计产生深刻的影响和重大的改变。新媒体手段丰富多样，具有创新的新颖性，也有多层面、多角度的多种选择性。

可以通过新媒体技术对文化遗产进行记录、分析、理解、重构等，创作出包含传统文化基因的新故事和新叙事，建立全新的意义结构。它可以形成人与人、人与动物、人与自然的新关联，重新解释人类痛苦和喜悦的原因，从而把传承与创造、历史遗产与新创内容的 IP 更加紧密地联系起来。

博物馆将馆藏文物的资料分门别类录入云端，供参观者调取观看，文物经过三维建模，可实现 3D 立体呈现、360 度环绕观看，而且尽可能地还原文物细节，观众观看起来比在现场展柜里看实物都全面，而且通过放大观看有些细节看得更清楚。此外，还运用了新的 AR 技术，在观看的同时，可以植入虚拟讲解。在运用新媒体互动技术中，“复原”展品、“复活”展览对象并与之互动，弥补了现场博物馆互动的局限。博物馆线上展示还将暂时无法展出的藏品上线展示，扩大了文物的展示规模。博物馆还通过 AR 游戏以及 AR 馆内导航等多个方面的业务内容更加丰富了博物馆的功能。

2020 年以来，国家博物馆共推出 239 条云看展、云览文物博文，集中呈现了 30 余个重点展览专题页、展示了 40 余个在线虚拟展厅、推出了精选馆藏文物的三维互动欣赏。敦煌研究院也推出了“云游敦煌”系列展。打开其网站或官方微信，透过屏幕，不仅能全方位地欣赏莫高窟一年四季的美景，还能通过“数字敦煌”全景式地浏览敦煌石窟、榆林石窟的内景，这些洞窟跨越 10 个朝代。与此同时，数字敦煌还将 4430 平方米的壁画清晰地搬上了屏幕。

3. 智慧文化旅游

智慧文化旅游突破了传统的旅游定义“异地和短期的生活”，而发展成为“穿越时间和空间的短期生活”，让游客获得在不同时间和空间的穿越式体验。

随着旅游景区 IP 化发展过程，旅游景区 IP 一方面线下打造主题空间，将文化元素充分植入景区游览项目及相关文创产品中，实现多维文化特质的呈现与传播。另一方面通过线上 IP 故事传播与分享进行互联网营销，将 IP 内容场景实体再现。

百度地图的全景、AI 导游、境外景区语音导游等功能让用户可以足不出户遍览全球美景，用户使用 AI 导游功能，点击景区详情页中的“语音讲解”即可进入。

2019年5月，云南文化和旅游厅与腾讯共同发布“云南新文旅IP战略合作计划”，契合云南省提出的“云南只有一个景区，这个景区叫云南”的全域旅游发展理念，立足于腾讯“新文创”的战略指导与内容业务资源，在“一部手机游云南”智慧旅游项目成功合作的基础上，腾讯进一步参与云南省级文旅IP的建设，共同探索IP产业价值与文化价值的良性循环。

2020年受新冠肺炎疫情的影响，旅游业也出现一种新的业态。例如，百度地图上线了“AI云旅游，足不出户看世界”体验。宅在家里，旅游爱好者转而在线上进行虚拟游览，在疫情之中不失为一种新的旅游体验方式，也有助于为疫情结束后的出行做提前规划。疫情过后，线上虚拟旅游还将作为现场旅游体验的前置或者补充而存在，并且随着技术的发展，线上与线下的现实与虚拟的体验将越来越呈现融合的趋势。

二　新媒体与新艺术

新媒体是科技创新发展的时代产物，艺术是新时代文化思想的载体，新媒体艺术是新媒体与艺术结合的新型艺术形态。根植于文化底蕴的新媒体艺术，是多学科、跨学科的新兴学科，从形式到内容都是新的。新媒体审美元素的组合形成审美综合体验的过程，由传统的单项审美向综合审美发展，新媒体的人机互动体验功能，充分调动人类的多重感官，符合人类全面接收信息的方式。

国际多媒体协会联盟主席哈威·费舍在《数字冲击波》中指出：“艺术和文学一样，都是关于物像，否则就不算艺术。物像在我们看来就是视觉的浓缩，象征着一种美感或者主题，是所属社会的制度、价值和主要参照体系。”

从新媒体融合艺术门类角度说，它是新媒体音乐、新媒体美术、新媒体舞蹈、新媒体戏剧、新媒体影视、新媒体娱乐、动画制作、新媒体交互及产品设计等相关艺术学科的跨界融合。

1. 网络文学

在中国作协副主席、网络文学委员会主任陈崎嵘看来，网络文学正越来越多、越来越明显地影响着人们的阅读方式、思维方式乃至生活方式。如今网络文学网站星罗棋布，网络作者数以百万计，年更新字数超过600亿字，年长篇小说超过10万部。从整个网络文学的发展势头来看，网络文学还是能继续发展很长一段时间的，而且在网络文学委员会的统筹之下，网络文学会更加符合社会主义核心价值观，能够影响年轻一代的价值观，在他们阅读网络文学的同时，树立起正确的人生观、价值观。

随着文化创意产业进入IP开发时代，网络文学所具有的附加价值被最大限度地发挥出来。网络文学IP衍生品开发的影视、戏剧、动漫、文创产品等也形成趋势。据中国互联网信息中心发布的第44次《中国互联网络发展状况统计报告》，网络文学用户数量已达4.55亿人，半年增长率达到5.2%，五成以上网民都是网文读者。

另据《2019年度网络文学发展报告》指出，中国网络文学正在稳健发展，网络文学行业发展路径更加清晰，内容生态日趋繁荣。2019年，网络文学读者群体表现出更为明显的迭代性。报告显示，网文活跃用户中，“95后”读者占54.5%；付费用户中，“90后”占比已超过用户总量的66%。Z世代已成为网络文学受众和消费主力军，将深刻影响网文内容形态和商业模式的发展。基于体系化、专业化的作家培养机制，2019年中生代作家崛起趋势更加明显，新人作家快速上升。中坚力量和新生力量互促，形成了更加精品、新颖、多元、健康的网络文学内容形态和创作者梯队结构。

报告显示，在内容传播上，网络文学体现出全球的文化普适性和高速发展的态势，网文“出海”也完成了从内容到模式、从区域到全球、从输出到联动的3.0进化，开始进行文化价值和商业价值层面的输出。从阅文集团旗下领先的正版外语网络文学平台Webnovel（起点国际）的数据来看，截至2019年，阅文集团向海外授权作品700余部，起点国际在线社区日评论量超过4万条。而起点国际自2018年启动海外原创业务以来，平台的海外作者超过52000人，审核上线作品近9万部。此外，《2018—2019年度文化

IP 评价报告》显示，2018～2019 年中国 IP 海外评价 TOP 20 中，网文 IP 占 10 席，其中 70% 的作品来自阅文，“中国故事”大有可为。

本次报告指出，新时代下的“新网文”发展，呈现以下“新趋势”：网络文学的题材类型更加丰富，内容多元化表现显著，已经形成了都市、历史、游戏等 20 余个大类型、200 多种小分类，还新增了大量的二次元、体育、科幻题材类型的作品，加之现实类作品崛起，网络文学题材类型丰富多样，体现行业活力。

2. 电子音乐

2019 年以来，在中国举办的各类电子音乐节有上百场之多。其中最具亮点的就是连续举办 20 届的北京国际电子音乐节。

据北京国际电子音乐节主席、中央音乐学院张小夫教授介绍，主题为“辐射”的 2019 年第 20 届北京国际电子音乐节自 10 月 22 日至 27 日，历时一周，来自国际、国内 200 余位业界人士汇聚中央音乐学院。10 场音乐会演出系列包含了交互电子音乐、多媒体电子音乐、混合电子音乐和幻听电子音乐，可谓异彩纷呈、交相辉映，为我们带来新的视听享受，观众反响十分热烈；13 个单元的大师讲学系列辐射了“电影中的电子音乐”专题、“音乐与人工智能”专题，包含新技术新乐器发明、声音空间与声音投射扩散、计算机音乐的多样融合、计算机与科学之间的交互等丰富、多元的学术方向和科技前沿，其前卫性与应用性的齐头并进体现了音乐节的学术广度与深度，引发了业界的互动热情，为参会的各院校师生打开了电子音乐的国际新视野；开幕音乐会压轴曲目是由音乐节艺术总监张小夫作曲，与新锐视觉艺术家张超、赵汉卿、金蘅妍合作的多媒体电子音乐《脸谱 II》，运用创新的科技，汲取传统中华文化的特色，对中华文化的广度和深度进行探索和实践，让音乐不再只是传统乐谱上的音符，而能够拥有听觉与视觉上更多无限的可能性！

第 20 届北京国际电子音乐节秉承其一贯的精品战略和“国际·高端·专业·前沿”的学术定位，使之逐渐成为国际电子音乐学界的一道亮色和年度盛会，同时也是“大家的事情大家办”和“众人拾柴”协同创新的集中体现，也正是这一特质构建了音乐节的内在凝聚力和生命力。本届音乐节以精彩、创新、融合的艺术追求，用主题“辐射”把电影音乐和人工智能的重要内容包含进来，使得音乐节既有学术高度，又在应用领域非常的“接地气”。

作为国内外业界受关注度最高的音乐节，其以高端、多元、创新的理念，得到了业界高度评价。其自身的成长和成熟过程也陪伴和见证着中国电子音乐事业的整体起步与快速发展，并发挥着不可替代的重要作用。历经25年的积淀，音乐节形成了一定的号召力和影响力，北京国际电子音乐节平台和窗口不断通过能量、理念、智慧、思想的聚合，迸发出激情、活力与一往无前的精神力量，将聚合的能量转化、辐射并扩散到更为广阔的空间，探求技术创新与艺术创新的路径，实现音乐灵性与科学智慧的聚合，开创更加美好的未来。

3. 数字演艺

数字演艺是近年来文化创意产业内一门新兴交叉学科，它独具匠心地将数字信息和计算机技术直接运用于演艺服务流程中，把数字仿真技术与表演艺术相融合，从而全面提升文艺演出的创意、编排、表演、推广等创意水平。

2019年亚洲文明对话大会开幕式声光溢彩、人景互动、亦真亦幻的数字表演美轮美奂，充分传递出习近平主席讲话所指出的，从宗教到哲学、从道德到法律、从文学到绘画、从戏剧到音乐、从城市到乡村，亚洲形成了覆盖广泛的世俗礼仪、写下了传承千年的不朽巨著、留下了精湛深邃的艺术瑰宝、形成了种类多样的制度成果，为世界提供了丰富的文明选择。亚洲文明发展史深刻表明：文明因多样而交流，因交流而互鉴，因互鉴而发展。坚持相互尊重、平等相待，坚持美人之美、美美与共，坚持开放包容、互学互鉴，坚持与时俱进、创新发展，我们才能夯实共建亚洲命运共同体、人类命运共同体的人文基础，各国人民才能享受更富内涵的精神生活、开创更有选择的未来。

在新中国建国70周年的大型联欢晚会上，张艺谋总导演、黑弓团队共同创作的创新性的大型数字表演为国庆增添了“溢彩”，实现了“人屏共舞”。

由张艺谋导演组担任视觉导演的黑弓团队负责人王志欧介绍了创作过程。人、屏、人与屏在创作中被视为三种媒介。它们经由彼此间（无数次实地测试获得）的巧妙设计碰撞出奇妙的视觉变化：在行进的表演中时而平面、时而立体、时而闪耀钻石般的光彩——演绎着壮丽威严、威武雄劲或自由浪漫……

以屏为媒。《红旗颂》中利用调试每个光影屏光与色彩的设计，让立体感十足的高山大海快速变化成平展的五星红旗，诉说着壮阔的祖国山河对五星红旗坚定不移的守护。

以人为媒。《我们走在大路上》篇章诉说到“民族复兴的航路已经打通”，演员利用“多米诺”式的人浪翻动光影屏道具形成高低起伏的动态演绎。

人与屏共舞。《在希望的田野上》化绿树为风筝和草地，让小朋友牵动风筝。这是彩排冲刺阶段加入的最具亮点的创想。

阶段一，创意构思：创意发生在一切的最初，要依据初创期的视觉探路，以设定最符合现场实际的演员构成、科技道具生产参数等。屏幕中的马赛克换算至广场是真实鲜活的表演者。视觉风格上也进行了多版本的设计，以便给后续的艺术创作工作提供更多可能。高清摄影、裸眼 3D、马赛克、钻石……这些组内成员对风格设定图的“代号”，都以日期为单位被收藏在他们特殊的工作文件夹中。

阶段二，制作测试：内容聚焦后进入制作阶段。与视觉组配合最高频的是仿真组和编导组。仿真组得到视觉设计图后，匹配 3290 规模的人数和表演队形编排，对照现场设计好的点位，由电脑计算出每个人的运动路径。再将表演手册由编导发放给演员进行指导和排练。

然而 8 月末正式进入全员实地带道具彩排前的制作阶段是艰难的，内部人员将其称为“盲测”。技术道具还在生产线上，视觉和仿真工作只能依据 1∶10 的 300 人模型进行数字推演和内容细化制作。针对图形队列边缘不匀的问题，工作人员一帧一帧地将队形编排动画放入仿真系统进行更新测试，对超出或不足人数的动画部分进行修改，手动优化仿真系统编译图形队形的圆滑度和生命感。此外，结合实际道具的光点特性，聚焦动态影像光与色彩的再调整，效果得到很大提升。如《在希望的田野上》中的风筝造型、《领航新时代》中“新时代”字样造型、鸽子造型、花朵造型都在仿真系统中进行了二次优化。

阶段三，上屏调整：“前所未有”的表演也彻底颠覆了传统的、再明确不过的表演筹备工作流程。8 月中旬开始，基地深夜不间断地上屏测试和连夜决策修改循环上演。联通为无线下发搭建起基站，京东为演员技术道具加速减重，北理工仿真组与编道组和视觉组的默契协作、顽强探索，演员排练的风雨无阻……从未挑战过的工作方式让全体工作成员不分小组、不分专业背景地真正拧成一股绳。抗住高压、优化工作流、科学配合直至挑战效果的巅峰。

全长 5352 秒的表演完美呈现共计 133800 帧画面、1760 万颗以上钻石光点璀璨的变幻，点亮每个激动人心的时刻。钻石光的落地并非一帆风顺，对同期制作几乎是颠覆性的重来。同时在进一步制作中团队发现，仅依靠 CG 模拟效果得到的光阵并不能完全对应到每个光屏上，有时光点的 BUG 会像“碎掉”一样被分割到两块甚至三块屏上。于是视觉组从仿真点位动画中重提 3290 个屏幕的数据信息，在综合数字开发平台上将每个光点重新投射到每块光屏，再将修复后的“钻石光阵”数据加载至最终画面，确保闪耀颗粒效果的美轮美奂。最终将真人构成的图形与虚拟影像结合，又将虚拟影像延伸到真人演绎中，让观众在“虚”与“实”间穿梭往来。于是全场绿草摇曳、风筝飞舞，充满活力与希望。全方位地体现人屏交融的流动数字演艺的魅力所在。

4. CG 艺术

CG 是通过计算机软件所绘制的一切图形的总称，既包括技术也包括艺术，几乎囊括了当今电脑时代中所有的视觉艺术创作活动。CG 设计师是以电脑来完成视觉创作的艺术家兼电脑技术达人。该技术正改变着电影创作人的思维方式，运用 CG 制作电影，为电影创新发展提供了强有力的支持。

北京国际设计周组委会办公室、中国电影美术学会与北京坊联合主办的北京坊生活方式设计节暨北京国际 CG 艺术双年展，在北京坊劝业场拉开帷幕。国内 67 位顶尖 CG 设计师首次集体展出其硬核创意。通过计算机软件完成的影视特效、制作出的立体模型以及绘制出的油画、水墨等绘画作品令人惊叹。经过严格筛选进入展览的设计师，绝大多数为“90 后”，他们正在成为影视特效以及视觉创作领域的最大推手。展览展出了这些达人为《长安十二时辰》《流浪地球》等著名影视作品创作的 CG 作品。其中，《流浪地球》就是一部堪为行业里程碑的作品。“它打开了大众对 CG 的认识。让人们了解到生活中常见的影视、游戏、手机屏幕里的图标等，全部都是 CG 作品。”北京国际 CG 艺术双年展总策展人之一杨雪果介绍，《流浪地球》在制作过程中产生的 CG 画面有上千帧，这么大的图画创作量如果用传统绘画方式来制作几乎是不可能的任务。而由 CG 设计师操作电脑完成，不仅大大节约了时间和人力成本，也将一部硬科幻作品中难以描述的想象真实呈现在观众眼前。该片中出现的重要“道具”——推动地球的推进器设计稿亮相展览。推进器的设计稿曾十几次易稿。“每一款推进器使用什么燃料，会产生多大的推力，以及在这样的推力和颜料作用下，其火焰该是什么颜色、直径多少等，都要符合科学原理”，杨雪果说。逻辑正确，是评判 CG 创作优劣的基石。

5. 灯光秀

2019 年的夜间经济是促进文化消费、活跃文化生活的新举措。灯光秀是点亮夜间经济的一个新亮点。2019 年 12 月 18 日，“点亮龙庆峡之夜”灯光秀及裸眼 3D 山体投影表演开启，第 34 届龙庆峡冰灯艺术节正式拉开序幕。据“点亮龙庆峡之夜”灯光秀总导演王荣起介绍，2019 年龙庆峡冰灯艺术节以“冰雪乐万家，冬奥连世界”为主题，展示以“冬奥会”元素为主题的冰灯作品 350 件、冰雕作品 200 件、雪雕作品 100 件，北京冬奥会、冬残奥会吉祥物“冰墩墩”和“雪容融”以冰雕的造型与游客见面。花灯区，大型灯光雕塑 4 组、花灯 350 组、树灯 2000 棵、山体灯光长城及亭台楼阁轮廓灯、灯光装饰画2组和万盏装饰照明灯，各式各样的彩灯交会在一起，把夜晚的龙庆峡景区装扮成如梦似幻的神奇世界。景区内分为冰展区、彩灯区和娱乐区，将从一月持续至三月初。

三　新媒体与新视听

北京是全国文化中心和科技创新中心，汇集了上百家重点网络视听平台、一万多家影视节目制作机构和一大批视听技术领军企业，长视频、短视频、直播等各类业态齐头并进，人才链与产业链有机衔接。进入新时代，“北京新视听”跑出了高质量发展的新速度：宣传阵地不断巩固壮大，有力服务了党和国家工作大局；文艺创作百花竞放，有效满足了人民群众视听新期待；产业活力充分迸发，媒体融合向纵深发展；行业治理不断完善，网络视听生态更加清朗。

2019年12月5日，北京市广播电视局宣布成立北京网络视听研究院，这是北京视听业发展史上的一个重要标志，也开启了“北京新视听”的发展进程。来自网络视听平台、制作机构、产业园区、高等院校等学界、业界领军人物，围绕“新视听·新生态·新愿景”的主题，以网络视听的全域创新、全产业链创新为主线，分享对新时代网络视听生态发展趋势的见解，对北京建设全球视听产业中心充满期待。

国家广播电视总局网络视听节目管理司司长魏党军表示，北京网络视听研究院的成立和运行，是北京创新网络视听宣传管理、推进网络视听有序发展的很好的尝试，也是一个有力之举。北京市广播电视局党组书记、局长杨烁指出，“新视听”正在重构我们的业态，正在迭代我们的影像，正在创新我们的表达，正在重塑我们的文化。组建北京网络视听研究院，目标是打造“北京新视听”，让人民共享视听发展成果。我们着眼构建“北京新视听”治理和创新体系，加强顶层设计，推进协同创新，为首都广播电视和网络视听业繁荣发展提供智力支持。

如何进一步打造“北京新视听”，共同做好首都文化发展这篇大文章？

杨烁认为，要坚持以内容建设为根本，以有思想、有温度、接地气、聚人气的内容优势赢得发展优势；坚持以先进技术为支撑、企业为主体、市场为导向，产学研深度融合，各方力量协同作战，紧跟新趋势，紧盯新成果，以技术促融合，不断丰富终端呈现；坚持以创新管理为保障，构建网上网下同心圆，不断完善多主体参与、多手段结合的综合管理体制机制。

据介绍，北京网络视听研究院将从聚焦政策解读和规划研究、加快推进网络视听全域创新、组织“线上+线下”的品牌文艺评论三方面为网络视听业高质量发展提供助力。同时，将设立院士顾问团，构建“1+N”协同创新实验室，聘请首席专家。邀请各领域领军人物加盟，遴选邀请一批“90后”网络视听领域拔尖人才，纳入首都传媒人才百人工程和千人计划，为“北京新视听”发展规划和产业布局顶层设计、重点领域协同创新、精品节目孵化制作提供智力支撑。还将通过创建“北京视听指数”，发布北京网络视听白皮书，加强行业指导和服务。

1. 沉浸式文化体验

新视听技术对于文化产业的重要拓展，是创造了各种文化体验的新业态，开创了沉浸式体验+丰富的文化消费空间。它通过全景式的视、听、触、嗅、震动等感觉的交互体验，以沉浸式体验为核心的电影、展览、演艺、游戏、娱乐等，这些新技术的应用，包括利用VR设备的帮助，更加自由地表达创意（故事的创意、观演关系的创意、新技术的创意应用等）。利用情境、沉浸、角色、气氛、情节、光影的效果，它重新定义了创作者与消费者的关系，让观众和听众融入故事之中，使人有一种进入“时空的穿越”和“虚拟的世界”的感觉，成为深受大众喜爱的一种新型的文化艺术形态。

沉浸式展览让人们一旦步入展厅便被奇妙的视听感受所包裹。沉浸式剧场演出突破了传统意义上的剧场格局，形成一种全景包裹的视听氛围，让观众也成为剧场和演出的一部分。它常常以再现历史上经典场景、经典作品的形式出现，又赋予这些视听场景以新的寓意和内涵。依托新视听技术所创作的沉浸式艺术秀，将多媒体、虚拟现实、三维实境等高科技手段与传统演出相结合，在更高的水平上恢复了当代人与历史记忆和经典作品的内在联系。

2. 微电影

微电影是指能够通过互联网新媒体平台传播，时长在30～60分钟的影片，适合在移动状态和短时休闲状态下观看。微电影是具有完整故事情节的短片，制作周期一般在7～15天或数周，每部投资规模在几千或几万元不等，可以单独成篇，也可系列成剧。微电影的收入主要来自网络广告和用户付费。其内容一般融合了时尚潮流、公益教育、商业定制等主题以契合微电影存在的商业模式。

微电影初期门槛较低，曾经历了一段“恶搞、低俗”的阶段，随着“限娱令”“限广令”的出台，发展至今已脱离了“恶搞”范畴，如今微电影还有些价值扭曲、过度叫卖等刻意浮夸之风，而这并非受众所需。公众所需的是短小精干、剧情考究、能使其产生共鸣的“有营养的微电影”，这也成为微电影新的标准。很多企业开始转移广告的投放渠道，而近期发展火热的微电影则成了广告商们新的选择。

微电影现在以“电影—新媒体—广告赞助商”的商业形式运作，微电影要想实现大规模的营销利益，就要使产业获取利益的方式更加多元化。除了依靠广告、互联网上的点击率，还可以通过开发周边新产品、大学生年度微电影节、新兴艺人经纪和微电影出产版权等多种渠道来获取利益。2019年全国举办的微电影赛事已高达130多项，各类型的微电影节和微电影征集活动如雨后春笋般涌现。目前国内微电影产业总产值已达到700亿元，年产量达2万多部。随着新媒体技术的不断更新，国内微电影产业正迎来蓬勃发展。

3. 短视频

据艾媒《2018—2019中国短视频行业专题调查分析报告》，短视频行业商业化模式主要包括品牌营销、内容付费、电商导流。其中品牌营销适用范围较广且相对较为成熟，内容付费受到内容质量及版权等问题的掣肘，电商导流则受制于获客成本的增加及对外界平台的较强依赖性。艾媒咨询分析师认为，品牌营销将是当前及未来较长一段时间内短视频行业商业化的主要途径。

短视频是在新媒体上传播的时长在5分钟以内的视频。随着移动终端普及和网络的提速，短、平、快的大流量传播内容逐渐获得各大平台、“粉丝”和资本的青睐。短视频2019年市场规模在230亿元左右。随着短视频与其他行业的融合逐渐加深，行业规模存在继续上升的空间，预计到2020年将出现超过5000家MCN机构。

短视频的“场景+情节+情感+创意”的内容原生型广告，具有让品牌表达更加生动具体、容易引发用户共鸣、产生自发传播效应等优点。但品牌方应注意到，此类爆款型短视频广告对内容要求极高，题材选取、创意设计、品牌融合、用户洞察等需要精细打磨，在无形中提高了短视频品牌营销的成本与门槛。

5G的商用将会为短视频行业注入新的活力，短视频和直播作为新兴社会化营销平台备受关注。

四　新媒体与新营销

1. 网络直播

在短视频重新崛起后，直播也成为快手、抖音等平台提升短视频创作者粉丝维护与变现效率的工具。直播的兴起，第一次为互联网带来了所见即所得的内容呈现方式。通过手机摄像头采集到的影像信息，在同一时间就可以被其他人接收，直播与综艺、教育、医疗、演唱会等都进行过结合，输出专业性更强的内容。同时，基于平民主播的造星运动也在进行。在直播平台的主导下，将电视台的直播间演变成了网络直播间，将新闻主播演变成了网络主播，互动性则被物化为礼物打赏。用户观看直播的心态更接近于看电视节目，对待主播也像是对待明星。在此基础上，直播与具体行业的结合，也更近似于明星代言式的合作。作为“中间人”的直播平台居于这条产业链的核心位置，一方面把持着主播与流量，另一方面掌控着行业资源，从中抽成是直播的商业模式。

短视频创作者通过短视频聚拢“粉丝”，通过直播与“粉丝”进行更直接的交流，在此基础上开始发展出直播带货这种电商形式，并逐渐从内容平台扩展为电商平台的新抓手。

网络直播正在打开现实世界与虚拟世界的融合通道。2019 年是网络直播爆发的一年。全民直播的理念随着“千播大战”的爆发迅速进入人们的视野，据统计，全国网络视频用户已达 7.25 亿。网络直播成为一种新兴的网络社交方式，网络直播平台也成了一种崭新的社交媒体。

网络现场直播是指在现场随着事件的发生、发展进程同步制作和发布信息，具有双向流通过程的网络信息发布方式。属于“网络直播”的大范畴。网络直播吸取和延续了互联网的优势，利用视讯方式进行网上现场直播，可以将产品展示、相关会议、背景介绍、方案测评、网上调查、对话访谈、在线培训等内容现场发布到互联网上，利用互联网的直观、快速、表现形式好、内容丰富、交互性强、地域不受限制、受众可划分等特点，加强活动现场的推广效果。现场直播完成后，还可以随时为读者继续提供重播、点播，有效延长了直播的时间和空间，发挥直播内容的最大价值。

网络直播的主要应用场景包括电视直播、体育比赛、在线教育、远程会议、虚拟活动、企业推介、产品营销等。

2. 直播带货

直播带货本质是互联网红利的新赋能，网络直播加入了带货植入各类商业营销的“新零售”行业，成为普罗大众在新媒体时代的线上“摆摊”，是将“老铁经济”、流量经济和线上经济“三合一”的新经济形态。一部手机就能够解决很多人和很多产业的就业、扶贫、滞销、体验问题。

围绕着消费行为，主播、商家和消费者形成了一个稳定的三角结构，主播沟通消费者为商家卖出商品，商家为主播买单获得消费者，消费者借助反馈行为获得投票权，决定主播与商家合作关系的持续性。随着这种模式逐渐获得广泛的认可，内容质量高、“粉丝”数量多、“粉丝”评价好的短视频创作者会首先享受到这种作为信任中介的好处。他们逐渐开始扮演起映客、花椒等平台曾经想要扮演的角色，成为具体行业在消费者面前的代理人，帮助其效率更高地对接流量与需求。

2019 年 6 月 5 日，经中国商业联合会下达计划，中商联媒体购物专业委员会将牵头起草行业内首部全国性社团标准《视频直播购物运营和服务基本规范》和《网络购物诚信服务体系评价指南》。这意味着首部全国性直播电商标准不久后将出台，以此让“直播带货”有规可循。直播带货主管部门除了商务部门之外，市场监管部门、网信管理部门、文旅部门、新闻出版与消协都是法定责任部门。

“人人主播”时代在技术上打开了表达空间，视野上也在汇聚同好，提高数字时代人的生活体验与空间感知。

2019 年直播带货最具影响力的可谓“二李网红直播”。首先要说起的是能让全网女人看了“口红一哥”直播都“失去理智”的李佳琦，他的直播成为最具商业影响力的网红直播带货。李佳琦直播的亮点其实是“口红效应”，2020 年新冠肺炎疫情来袭，口罩成为人们出行的标配，但这也挡不住爱美女生们的心，露在口罩外的眼睛又成了女性朋友们着重关注的对象，各式各样的“口罩妆容”层出不穷，而“口罩妆容”的亮点就是眼妆，所以眼影一时间成了美妆界的新宠。“口红效应”瞬间转为“眼影效应”。在拼多多发布的“白领复工十大畅销产品”中，眼影排名第三。

顺便说一下，受新冠肺炎疫情的影响，传统商业模式已经暴露出它的缺陷，人们需要思考新的商业模式。直播电商就是当下最为亮眼的一个。比起被“粉丝经济”撑起的网红电商，以供应链驱动的直播带货形态似乎开启了更多可能性。新冠肺炎疫情之后的复工复产，直播带货的形式立了大功，连各级领导也上了直播带货的平台，身先士卒地推介当地的产品。

全世界较受欢迎的具有中国文化传播影响力的当属李子柒的“田园生活场景”。李子柒成功的一个亮点就是内容营销，通过优质内容和自媒体的传播来赢得消费者。李子柒通过古风的美食、古风的美景和古风的美人，让人们能够在心灵上暂时远离城市的喧嚣，进入人们理想中的“世外桃源”式生态美好的田园生活。

直播带货的模式，可以把商业空间转化为富有艺术魅力的文化空间，把文化意义的丰富性、审美设计的独创性和空间功能的有效性有机融合在一起。透过李子柒现象往宏观方向深层次思考，笔者认为这是信息社会向生态社会转型的开端。李子柒田园诗意的生活是信息社会人类回归生态环境的向往，但不同于原始社会和单纯的农业社会，更不同于工业社会和信息社会，李子柒与世界的沟通是顺畅的，与人类沟通是具有共识的。李子柒并不把效率和效益放在首位，也不把物质需求放在首位，而是把田园诗意生活的追求放在首位。

B.12
文化创意产业区块链技术应用发展报告

白瑞亮*

摘　要：　作为新一代信息技术中的关键技术，区块链对各产业发展有着巨大的影响。区块链对文化创意产业的影响主要包括区块链技术的应用促进了版权产业的发展，区块链技术通过数字资产确权加强了文创产品的真伪辨别和产品溯源，以及区块链技术影响文创产业价值链的利益分配。本报告从上述三个角度介绍了区块链技术在文化创意产业中的应用现状和案例，并对所面临的问题做了概括，最后总结并展望了区块链技术对文化创意产业的影响。

关键词：　北京　文化创意产业　区块链　数字资产

一　区块链概述

2008年，一位名为中本聪的神秘学者发布了一篇题为《比特币：一种点对点的电子现金系统》的论文，并于2009年发布了首个比特币软件，开启了创世块。之后，比特币迅速被炒热，一度成为投资热点，而后经历了过山车式的币值变化，币值大起大落，同时也引发了一些社会问题。比特币作为一种虚拟数字加密货币，为世界提出了一个新的课题。

* 白瑞亮，北京交通大学博士，中国科学技术发展战略研究院博士后，主要研究方向为科技投资、文创产业、区块链。

而后，比特币以及其他数字加密货币的投资和监管成为全球热议的焦点。与此同时，比特币背后所蕴含的分布式加密记账技术得到技术人员的普遍关注。几年后，这种分布式加密记账技术被冠名“区块链”并成为通用术语。

2014 年，俄罗斯少年天才 Vitalik Buterin 重组了区块链技术，并和他的伙伴 Gavin Wood、Jeffrey Wilck 一起打造了一个无须任何信任基础就可以实现交易的智能合约平台——以太坊。由此，区块链的应用场景进一步被扩展，此时的区块链进入了 2.0 时代。

2016 年，国务院印发《“十三五”国家信息化规划》，将虚拟现实、量子通信、人工智能、深度学习、无人驾驶以及区块链等技术列入超前布局的战略性前沿技术。2019 年 10 月，中共中央政治局就区块链的现状和发展趋势进行集体学习，区块链这一概念迅速被中华大地熟知。

区块链技术自诞生以来，和它的原生应用加密数字货币一样，很快得到世人的关注。加密数字货币对现行世界货币体系提出了挑战，而区块链技术则可能对人们生产关系和价值分配体系产生重要影响。毫无疑问，区块链已经成为 21 世纪上半叶最重要的计算机技术之一，与大数据、人工智能、云计算、3D 打印等并称为“新一代互联网技术”。

二　我国区块链的发展

（一）论文与专利

我国在区块链领域的研究和应用处于国际前沿，在论文发表数量、专利申请量上均居第一梯队。

InCites 是在汇集和分析 Web of Science 三大引文数据的基础上建立的科研评价工具。通过 InCites 对文献进行可视化分析，[①] 可以看到全球关于区块

① 数据采集时间为 2019 年 12 月。

链的论文文献数量分布。我们通过 InCites 可以看到，中国和美国遥遥领先于其他国家。

Derwent Innovations Index 数据库是基于 Web of Science 平台建立的，主要收录来自全球 47 个专利机构的专利信息，具有一定的权威性。

（二）区块链实践

在实践方面，我国区块链项目的数量也非常令人瞩目。根据链塔智库的数据，截至 2020 年 6 月，全球区块链项目共有 8880 个，而国内项目就占据了 2369 个，其中，底层开发平台及基础应用层占比为 6%，应用开发及技术扩展层占比为 18%，金融服务占比为 32%，实体经济占比为 12%，社会服务占比为 18%，公共事业占比为 2%，行业服务机构占比为 12%。①

我国互联网、金融、供应链、医疗、能源等行业都在积极布局区块链，尤其是我国的互联网巨头，敏锐地察觉到区块链技术对行业颠覆性的影响，在区块链应用方面做到了先布局、先应用，为我国区块链的发展起到了重要的推动作用。

阿里巴巴早在 2015 年就成立了区块链小组，IPR Daily 公布的 2019 年区块链企业发明专利榜单中阿里巴巴以 1005 件排名第一，专利申请数量令人瞩目。阿里巴巴的区块链应用主要集中于公益、溯源、存证、跨境汇款等。

腾讯也是从 2015 年底就开始布局区块链，并随后开始研制区块链底层技术。腾讯涉及区块链的应用也非常广泛，包括供应链、金融、游戏、发票、黄金交易等。腾讯旗下的微众银行很早就开始关注区块链技术，并在黄金交易等多种金融场景尝试应用区块链技术，做到交易真实可信。腾讯 2018 年发布的手游《一起来捉妖》就应用了区块链和 AR 技术，将玩家在游戏中获取的妖怪存储在区块链上永不丢失。

京东推出的“智臻链”，主要用于溯源，以保障平台上的每件商品都是真品。智臻链记录了平台商品从原材料采购到运输再到售后的每个环节的重

① http：//www.blockdata.club/。

要数据，对商品实现全生命周期管理，已经覆盖了生鲜、母婴、酒类、医药等十几个领域。

互联网巨头中，百度在区块链的布局是相对比较晚的，但在区块链技术应用方面，却动作频频。2017 年，百度区块链开放平台 BaaS，后来 BaaS 更名为“度小满金融区块链开放平台”，协助企业联盟构建自己的区块链网络平台。“百度超级链”是百度公司在区块链方面的另一个重要布局，Xuper Chain 是百度超级链的第一个开源项目，是构建超级联盟网络的底层方案。与其他区块链底层技术相比，Xuper Chain 有其独到之处，它采用的是可插拔的插件化架构，通过 Xuper Bridge 技术插拔多种语言虚拟机，支持多种合约开发语言，使用户可以根据业务场景方便地选择适合的解决方案。

除了互联网企业外，金融及供应链企业也开始应用区块链技术，如北京银行、海联金汇等知名企业，将区块链技术应用到实际业务当中。此外，中国联通、国家电网、华为、联想等知名企业，以及一些创业企业在区块链方面的作为，成就了中国作为区块链大国的地位，也为区块链项目在中国落地打下良好的技术基础。

尽管区块链人才仍然稀缺，但我国的区块链人才发展具有独特的优势。自比特币诞生以来，区块链技术及相关开源代码在网络中多数是公开的，极客们为了展示区块链的真实性，会将部分代码放置于网络中供程序员学习和维护，这为区块链技术的学习和普及提供了便利。但区块链技术涉及许多非常复杂的多学科领域的知识，使得区块链技术成为一种非常难以掌握的知识，能够系统全面掌握区块链技术的人才非常稀有。凭借着我国众多优秀企业对区块链的重视与较大规模的应用，以及我国政府对区块链技术的重视和提倡，我国在区块链人才建设和培养方面有一定的优势，为区块链技术的发展奠定了良好的基础。

三　区块链基本原理

区块链到底是什么？简单而言，区块链就是一种安全可信任的价值传递方式。所谓安全，就是说封存于区块中的数据不会被篡改，不会被破坏，不会因为服务器损坏而消失；所谓价值传递，就是区块中封存的信息不像互联网的信息一样可以被复制粘贴，信息的传递会被记录，随着信息的转移，信息所具有的价值也被转移；所谓可信的价值传递，就是说区块链每一次的信息传递，都会被全网记录，价值定位在哪个节点上明明白白。

用计算机的语言来说，区块链就是指一种非中心化的非对称加密分布式存储技术，其“非中心化”“非对称加密”“分布式”的存储，以及时间戳和智能合约等技术，保证了数据真实可信及不可篡改、不易丢失、可追溯、合约自动执行等特点，这些特征使区块链在很多方面有了与传统互联网不一样的应用。

中本聪曾在论文中给出了区块链的链接传递结构（如图 1 所示）。

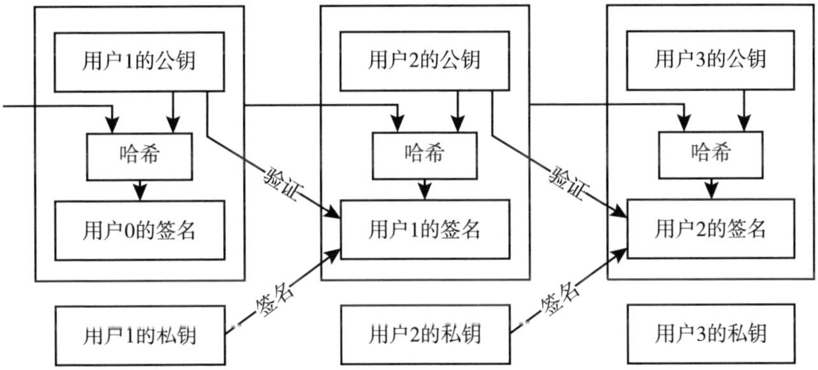

图 1　区块链链接传递结构

资料来源：Satoshi Nakamoto，Bitcoin：A Peer – to – Peer Electronic Cash System，https：//bitcoin. org/bitcoin. pdf。

这种通过用户的公钥与私钥，以及数字签名和哈希加密的技术，再加上分布式存储方式，实现了安全可信的价值传递。

早期的区块链技术仅适用于加密数字货币，或者说为了创造加密数字货币才诞生了区块链技术架构。后来，Vitalik 对区块链技术进行了改进，引入了智能合约、虚拟机等技术，使区块链向更广阔的应用场景迈出了重要的一步。Vitalik 创建的以太坊将区块链的结构分为三部分：第一是底层服务层，向核心层提供如密码学、P2P 网络等底层技术支持；第二是核心层，是区块成链的核心内容，包括区块链的结构、区块之间的验证和链接、虚拟机等技术；第三层是顶层应用层，顶层通过核心层提供的 API 接口实现面向终端用户的应用。

区块链技术属于发展中的技术，目前区块链技术的发展仍处于初期，仍存在很多的局限，而且区块链在发展中会融入其他技术，使应用更为广泛。诚如人民网党委书记叶蓁蓁所言，“不能高估区块链的今天”，但也“不能低估区块链的明天”。

如果说传统互联网是“信息互联网”，那么区块链就是在传统互联网基础上的“价值互联网”。信息互联网传递的是信息，信息可以无限复制，而区块链则需要通过“挖矿”获得奖励，所以，区块链传递的本质上是富含劳动和资源消耗的价值。

四　区块链在文化创意产业中的应用

目前，区块链技术仍然主要应用于金融和溯源方面。但不可忽视的是，区块链也开始应用于文化创意产业领域，并对文化创意产业产生深刻的影响。目前，在文化创意产业中，区块链的应用主要分为三个方向：①创意产品的版权确权和司法索赔；②艺术品和文玩的数字产权确定；③文化创意产业价值链的重新分配。

（一）创意产品版权确权

长期以来，无论是文字、图片、影视还是设计等以创意为核心的文创作品都面临版权侵权的问题。在传统互联网环境下，依据“谁主张谁举证”的司法原则，被侵权的文创原作者取证和起诉费时费力，维权之路举步维艰。但在区块链环境下，取证和维权就变得非常简单。

区块链技术在文化创意产业中最为成熟的应用是对版权确权和维权的应用。由于区块链具有的不可篡改、可溯源、真实可信的特点，在版权确权、司法取证、司法流程上有着天然的优势。

案例一 百度图腾计划

图片侵权现象在互联网媒体上非常普遍，对于图片盗版者而言，图片盗用成本低且方便，面临索赔的风险概率低，甚至还未等到图片生产者索赔，盗图者的引流功能已经完成。这为网络使用未经授权的图片、音频提供了滋生的沃土。

百度超级链为解决版权保护问题提供了一整套方案，包括版权存证、侵权预警、监控取证和司法维权等。借助区块链技术的优势，百度超级链可以做到全链路版权服务，实现作品版权的全生命周期管理；百度的区块链电子存证数据与北京互联网法院天平链对接，使存证数据具有法律效力；借用人工智能和大数据技术，以及文字识别、图像识别及高效的检索技术，可以实现快速产出报告，一键维权。

2018 年 4 月，百度推出了“图腾计划”，支持对文字、图像、音频和视频等形式内容的版权权属记录以及侵权证据的固化。百度图腾使电子存证具有法律效力，可以直接实现司法流程，以最低的成本解决了网络时代文字、图像、音频和视频的版权确定和侵权索赔的问题。目前百度图腾计划存证数已超千万，维权成功数已过万。

百度图腾计划的流程模式如图 2 所示。

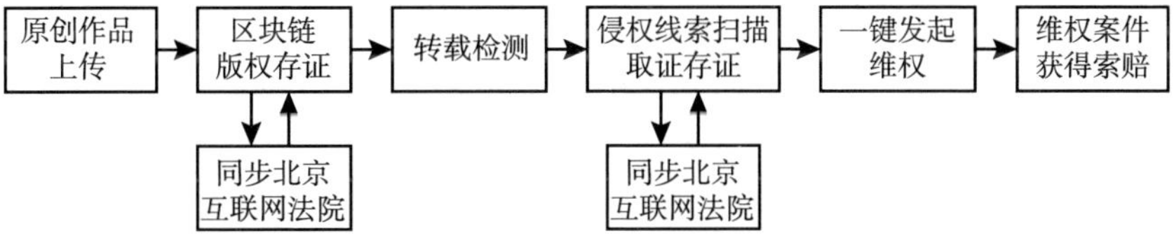

图 2 百度图腾计划流程

案例二 安妮股份

安妮股份是较早运用区块链布局版权业务的主板上市公司，其业务领域涵盖数字版权服务、数字营销服务、商务信息用纸等，其下属全资子公司北京版全家科技的业务体系包括了版权保护、版权大数据、版权授权交易、IP孵化等，从而形成了以区块链和大数据为支撑，以版权的保护、管理、交易、运营为主要业务的运营框架。

版全家以“版权家”为品牌，推出了手机移动客户端，实现了即时创作、即时申请，全流程线上操作，不受时间和空间的限制。同时，版全家应用人工智能技术，快速引导和辅助用户完成数字版权申请，在登记资料完整的情况下，三分钟即可完成数字版权登记填报和提交。版全家围绕影视、艺术、动漫、新媒体、出版等行业，汇聚数十家文创企业的版权生态体系，已累计为用户提供版权服务超百万次。

版全家对版权存证的解决方案如图3所示。

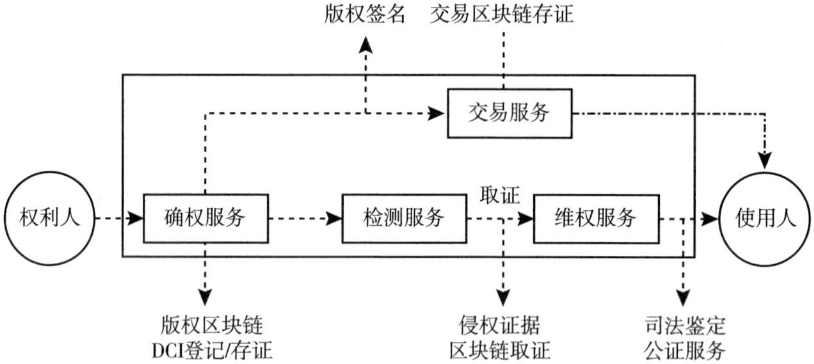

图3　版全家区块链解决方案

“版权家”提供的服务也是全生命周期的。在产品生产阶段，介入创作客户端，链上实时记录创作过程进行版权存证；在作品流通阶段，借助发行和阅读终端在多节点存证，作者在链上进行作品交易，读者点赞、留言、转发等反馈都作为对社区的贡献被区块链记录；在版权监测阶段，用区块链、大数据和AI等技术辅助，在盗版监控方面提供版权确权证据。

“版权家”平台基于区块链技术的版权存证，快捷高效地保障了海量原创内容的版权，降低了侵权举证成本，并且能够在创作者、传播平台和消费者之间确保版权确权的真实性、授权规则的准确性、版权定价的透明性，并提供支付保障。在内容付费层面，转载的收益亦可被原创者获得，保障了优质内容的作者收益。

安妮股份采用的是 FISCO BCOS 区块链。FISCO BCOS 是一个稳定、高效、安全的区块链底层平台，经过多家机构、多个应用长时间的实际检验。FISCO BCOS 是对外开源、安全可控的企业级金融联盟链底层平台，于 2017 年正式对外开源。FISCO BCOS 社区以开源链接多方，汇聚了超过 500 家企业和机构，已成为国产开源联盟链生态圈中规模大且活跃度高的平台。FISCO BCOS 在 2.0 版本中，提出了“一体两翼多引擎”的架构。“一体”指群体架构，让企业建链像建聊天群一样便利，“两翼”指的是支持并行计算模拟和分布式存储，前者改变了区块链中按交易顺序串行执行的做法，后者支持节点将数据存储在分布式系统中。“多引擎”指的是一系列功能，包括预编译合约、控制台、自检虚拟机、MPC 套件等。上述功能为区块链应用的开发、运维、支持、监管提供了良好的工具支持，让系统运行更快、更安全、更稳定。

（二）艺术品和文玩的数字资产确权

区块链可以应用于资产的注册、存储和交易。任何资产都可以在区块链上注册，注册后所有权归控制私钥的人所有，所有者可以通过转移私钥或者资产来完成出售行为。

文化创意产业中赝品问题始终是困扰艺术品市场的一大难题，以往，艺术品的甄别多数靠鉴赏专家的个人能力，然而专家会因为主观性使鉴别结果扑朔迷离。在古玩、字画、珠宝、玉石市场，这种问题更为突出，此类商品价值不菲，而商品的真伪却始终是困扰买卖双方的难题。

区块链数字资产注册为这一难题给出了一种技术方案。通过在区块链上对资产进行注册，资产的转移在区块链上有相应的记录，这样艺术品的流通就有了良好的溯源。一件艺术产品从哪里来，中间经过几次转卖，现在归属权是谁的，就有了完整的记录。

在艺术品交易实例中，画家完成艺术品创作并在区块链上进行注册，画廊收购了艺术品并在区块链中注册相关信息，收藏者购买了该作品的相关信息也保存在区块链中，第N任的收藏者可以在区块链上看到完整的信息。通过这种方式可以验证作品的真伪。如果在其中某个环节，收藏者A以赝品顶替真品出售给收藏者B，相关信息也会在区块链进行登记。那么收藏者A手中的真品就无法再通过区块链转卖，即使收藏者A将真品出售给另一位收藏者W，收藏者W也无法将区块链中对应的产权传递给下一位收藏者，这样真品就失去了流转的功能，其价值也大打折扣。

案例三　文投宝

文投宝是京文投旗下的文化收藏品及文创产品交易电商平台，为文化消费者、收藏者、艺术家和商户提供文化产品交易信息服务。文投宝平台不仅实现了全面化的线下服务生态，为客户提供产品线下的交易、鉴定、提货、托管、售后等专业服务。而且平台应用区块链技术提供线上交易服务，平台商品都具有唯一的数字ID，且所有交易商品真实防伪，数据公开透明，追踪溯源，不可篡改。

文投宝的文创电商平台采用的是阿尔山金融科技公司提供的区块链技术。通过区块链系统，文投宝解决了文化艺术品交易中赝品多、溯源难、信息不透明以及流动性差的问题。

阿尔山金融科技是区块链领域的一家知名公司，结合云计算、大数据、人工智能等前沿技术，为企业提供区块链解决方案。阿尔山金融科技成立于2016年，拥有具有自主知识产权的区块链底层技术，不但与清华大学合作成立了研究中心，并且与央行数字货币研究所签署了战略合作协议，探索和研究国家法定数字货币的推出。

（三）文创产品的价值分配

长期以来，以创意为核心的文化创意作品，迈出第一步的门槛都很高。

《哈利·波特》的作者J. K. 罗琳曾经11次被出版商拒绝，史泰龙在成名前拿着电影剧本向多家电影公司自荐也多次被拒。文化创意领域的年轻作者们也都有类似的经历——在作品面世前，传统渠道往往设置了较高的门槛。

在网络时代，虽然作者能够以较低的门槛让大众接触到自己的作品，但产品的收益往往较难保证，一方面是上面提到的产品确权问题，另一方面是产品的收益分配问题。传统互联网是中心化平台，创作者发布的作品，价值基本上都贡献给了平台，创作者本人很难拿到收益，造成了创作者与消费者之间的信息不平等，导致创作者与平台之间的利益分配失衡。

区块链从技术层面给出了一种解决方案，基于区块链的文创平台，可以将创作者与消费者直接对接起来，使创作者的收益实现最大化。区块链技术甚至可以是“去平台化”的，使创作者和读者直接实现版权和交易。

案例四　Haloha文创链

Haloha文创链是国内首家去中心化的区块链设计师平台，供设计师发布原创作品，学习交流、作品变现的平台。平台入驻了众多知名设计师、著名动漫IP、人气插画师、青年艺术家等。Haloha文创链通过区块链技术解决版权的确权问题，使用Token激励设计师、插画师等创作优质的作品。作者可以通过发布作品获得奖励，读者可以通过点赞、留言、分享获得奖励。

Haloha的底层架构采用的是以太坊，采用非图灵完备的模板合约机制，安全且执行效率较高。区块链的上层是Haloha Node节点，用于运行去中心化的爬虫、调用外部服务等功能。Haloha Node节点直接和区块链连接、调用智能合约完成关键操作和数据写入及验证。Haloha Node还提供Restful API供客户端使用，提供分布式数据缓存、索引等功能。Haloha的上层是用户直接使用的客户端，Android和IOS可以进行访问。Haloha提供SDK和API，使生态圈中的网站、平台、客户端具备同样的DNA生成、内容保护、内容溯源等功能，致力于从源头解决互联网盗版泛滥的问题。

Haloha平台的目标是构建一个开放的文创价值生态圈，除了原创作者外，还包括文创生产商、文创服务商、企业、平台和用户等一系列文创产业供应链中的企业。Haloha 对原创作者依据发布的数量、内容、信用记录等因素综合计算信用评分。Haloha 中设置了对侵权行为的举报机制，对举报的处理由社区选出的若干个节点进行验证，如果验证节点确认了侵权行为就会影响侵权者的信用评分，进而影响其后续发布的内容等。

五　区块链在文化创意产业中的问题

区块链作为一项重要技术被世界各国政府推广使用，但不可忽视的是区块链技术对现有体系的冲击是非常大的，如果不能进行良好的监管，实现平稳过渡，区块链很有可能引发社会动荡。

而且区块链技术也不是一项万能的技术，目前仍有许多问题需要去面对、探讨和解决。由于区块链本身的特性，其在文化创意产业中的应用，会面临以下几个问题。

（一）产品上链前的情况无法确定

几乎所有的区块链项目都会面临这样的问题，在信息上链之后，信息透明、可溯源、不可篡改，但在信息上链之前，相应的实体信息无法确认。

例如，一件文玩商品的相关信息作为数字资产上链后，交易的价格、对象、时间、新旧或损坏程度等详细交易信息都可以保存在区块链中。但如果在上链之前文玩就被确定为赝品，而在上链时被恶意地以真品信息上链，并且相关的信息也被记录在区块链中，那么这个赝品就会一直在区块链中以真品的信息存在，直到在区块链中被指认为赝品。当然，由于区块链信息是可溯源的，始作俑者也可以很快被查出。

（二）区块链高频使用难题

文化创意产业的消费，有着高频的特点，在面临高频流量时，区块链的处理速度会降低，区块链系统确认时间是数字娱乐行业面临的一个重要问题，如果处理不好将会给用户带来很差的使用体验。对于这种问题，技术人员给出了一些可能性的探索，一种思路是将区块链的去中心化与传统网络的中心化结合起来。由于中心化的数据可以满足数据高频使用，在部分节点使用去中心化的网络结构，这样既可以拥有去中心化的真实可信，也可以享受中心化的高频高效；另一种思路是区块云的思想，区块的确定不必等到全网确认，只需要局部确认，也能够基本满足真实可信的需求。

（三）虚拟货币的监管

由于全球对虚拟货币的监管并没有形成统一意见，虚拟货币的稳定性和拓展性仍然存在很大争论。对非法定的数字加密货币，日本、德国、加拿大等国家是支持的，并且还推行各种政策鼓励发展；而美国、英国、俄罗斯等国家则是持比较谨慎的态度；中国、韩国对加密数字货币所持的是抵制态度。

2017 年，中国人民银行等七部门联合发布《关于防范代币发行融资风险的公告》。同期，中国互联网金融协会发布《关于防范比特币等所谓“虚拟货币”风险的提示》，指出比特币交易平台投机氛围浓厚，洗钱、贩毒、走私等违法犯罪活动常用比特币进行交易，从而全面禁止使用人民币与比特币等虚拟货币兑换。

为防范金融风险，七部门联合发布的公告中，称“代币融资交易平台不得从事法定货币与代币、‘虚拟货币’相互之间的兑换业务，不得买卖或作为中央对双方买卖代币或‘虚拟货币’，不得为代币或‘虚拟货币’提供定价、信息中介等服务”。从流通的本质上切断了虚拟货币与法币之间的兑换关系，有利于防止非法集资、欺诈、ICO 融资等行为。

然而，从全球范围内看，对虚拟货币的监管还存在很多困难和争议。例如，Facebook 所要发行的 Libra 币，尽管本质上是一种稳定币，但在实践中仍有许多未能有效防范和解决的问题，例如，与各国法币的兑换汇率、对恐怖组织资金流动的监管、用户数据隐私、多国监管等问题。我国央行也打算推出自己的法定加密数字货币，目前正在筹备测试中。

六 区块链在文创产业中的发展趋势

（一）版权确权市场大有可为

区块链在文创产业中最直接的用途仍然是版权的确权。由于我国版权侵权问题严重，从业者版权意识淡薄，因此文创产品的版权确权仍然有非常广阔的市场空间。而且许多文化创意产业从业者对基于区块链的确权平台并不熟知，还需要确权平台的宣传与发展。

目前，国内头部企业在此方面已经做了较好的示范，除了产权确权之外，这些企业还将区块链技术与大数据、人工智能技术配合使用，对侵权行为进行全网扫描，及时发现侵权行为。此外将获得的数据存入区块链中加以固化作为证据，直接与司法平台对接，使原创作者维权过程变得非常容易，仅需要在电脑前进行简单操作就可以完成维权全过程。这种一条龙、一体化的方案对打击版权侵权行为十分有力，非常有助于我国版权市场的净化。

（二）文创产业区块链数字资产前景广阔

文创产品中需要对产品的真伪、溯源有需求的领域，应用区块链技术对产品进行数字资产注册，这也会是区块链在文创产业领域一个重要的应用。区块链数据对产品或物品的鉴定、溯源应用将会对行业产生巨大影响，对文物、珠宝鉴定行业会产生较大冲击，商品的交易也会逐渐从线下走向线上。个人对物品的判断能力要求也会随之降低，业内的仿制产业链会受到影响。

数字资产不仅可以与实物资产的产权形成“孪生”，更是可以实现对实物资产的使用权和所有权，即通过 NFC、传感器等信息设备将物理资产的使用权嵌入区块链中来保证所有者的权益。其模式类似于扫码共享单车，通过扫码获得区块链中的使用权或所有权，并且在区块链中记录车辆使用权或所有权的转移。不同之处在于传统共享单车的数据是集中于某一处服务器的，而通过区块链记录则是分布式的。通过区块链获得的使用权或产权是通过记录在区块链中的数据交换实现的。

在这种理念的冲击下，未来面对消费者的商业模式将会发生很大变化，因为产权通过区块链交换更为方便、可信、频繁，未来共享经济可能成为一种广泛渗透的经济模式，文化创意产业也会相应地发生很多变化。

（三）网络传播内容质量会提高

在传统互联网纷纷“争取流量”的商业模式下，许多互联网内容粗制滥造，泛滥不堪，网络上充斥着侵权的内容、不完全转载的内容以及机器写作的内容。这种内容有一个共同的特点就是内容低劣、含金量不高。以廉价的方式生产内容，目的就是将用户引流到平台上。

在区块链环境下，内容的版权可以保障，用户付费机制将逐步形成，更多优质的内容会出现在网络空间。同时产业的利益分配会被重新调整，原创作者的版权收入会得到保障，文化创意产品链利益分配会更清晰公平，有利于优秀内容的输出。实际上，我国网民的付费意识已经大大提高，这为区块链版权付费创造了良好的基础。未来，更多优秀的内容会更倾向于在网络中进行传播。

参考文献

叶蓁蓁、罗华主编《中国区块链应用发展研究报告（2019）》，社会科学文献出版社，2019。

杜均：《区块链 +：从全球 50 个案例看区块链的应用与未来》，《华北电业》2018 年第 3 期。

B.13
北京文化和科技融合模式研究
——基于文化创意产业价值链视角的案例分析

江光华*

摘　要： 文化和科技融合已经成为当今文化创意产业发展的新特点、新需求、新趋势。随着技术与经济的快速发展，文化创意产业呈现文化和科技日益融合的景象，新业态、新模式层出不穷。从融合模式来看，大致可分为延伸型、整合型、渗透型三种，延伸型融合层次较浅，对原有产业形态没有太大的改变，整合型和渗透型的融合层次则较深，对原来产业链的有利要素进行整合和创新，催生出一批兼具文化和科技双重性质的新业态，实现了业态创新。这三种融合模式从不同程度拓展了文化和科技融合的深度与广度，完善了文化创意产业的价值链。北京作为我国的文化、科技创新中心，在文化和科技融合方面具有得天独厚的优势，也具有引领全国文化和科技融合的使命担当。通过分析其文化创意产业的典型案例，把握延伸型、整合型、渗透型融合模式的特点，为促进北京文化和科技融合及文化创意产业提质增效提供经验启示与对策建议。

关键词： 文化科技融合　文化创意产业　北京

* 江光华，博士，北京科学学研究中心副研究员，主要研究方向为科技与文化融合、科技政策与管理等。

一　融合模式及其作用机理

文化创意产业是体现文化和科技融合的典型产业，既包括科技含量高的文化产业也包括向文化领域跨界的科技产业。基于此，为更好地促进文化创意产业发展，本报告根据文化和科技相互作用机制、作用特点，从文化创意产业价值链的视角，将文化产业和科技产业融合模式分为延伸型、整合型和渗透型三种，并对其作用机制和特点进行剖析。

（一）延伸型融合模式及其特点

为了促进原有产业升级，延伸型融合模式通过汲取对方产业链中的有利因素，实现产业间的功能互补，达到延伸产业链的效果。这种融合模式中，一方基于保留原有产业大部分价值链环节不变，借助另一方的优势要素来弥补自己某些功能短板与不足。根据文化和科技双向融合方向，延伸型融合模式可分为两种：一种是科技向文化产业延伸型，另一种是文化向制造业等科技产业延伸型。

1. 科技向文化产业延伸型

此种融合模式是指文化产业在科技的牵引下，在创作、生产、传播、消费等某个环节上采用了移动互联网等技术，以完善价值链的构造，提高文化产品的感染力、表现力、传播力。科技向文化产业延伸型融合模式中，文化产业处于主导地位，科技产业处于辅助地位，融合往往发生在文化产品的传播和消费环节，其关键在于实现产业间某些方面的功能性互补，对文化产品内容影响不大。其作用机理见图 1。

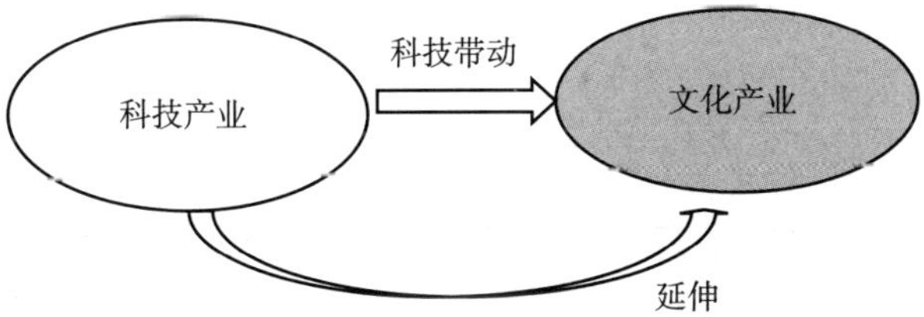

图 1　科技向文化产业延伸型融合模式的作用机理

2. 文化向科技产业延伸型

文化向科技产业延伸型融合模式，主要是指科技产业在文化创意的驱动下，通过主动增加文化内涵，促使科技产品兼具科技性和人文性的一种融合模式。在这种模式中，科技产业处于主导地位，文化产业处于辅助地位，科技产业通过引入文化元素，来提升其文化内涵和产品品质，进而达到延伸产品价值链的目的。其作用机理见图2。

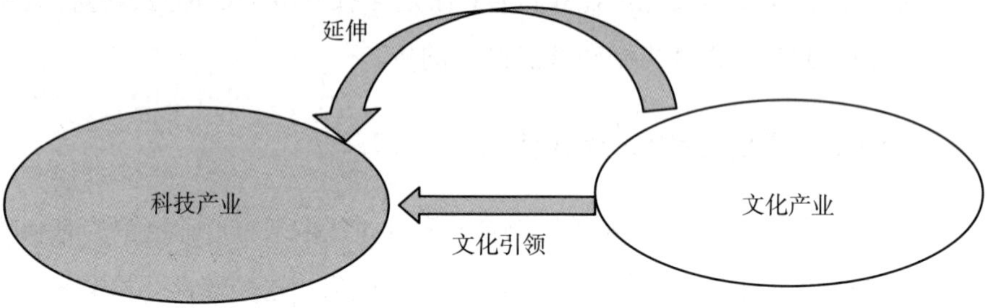

图2　文化向科技产业延伸型融合模式的作用机理

（二）整合型融合模式及其特点

整合型融合模式也常被称作重组型或者跨界聚合型融合模式。整合型融合模式主要是指将互相融合的文化产业与科技产业原有的价值链进行拆散分解，对具有竞争优势的价值链环节进行选择和重组，构建包含两产业优势环节的新的价值链形态。文化产业的价值链包括内容创意、生产制造、营销推广、用户消费等，科技产业价值链则包括科技研发、生产制造、传播推广、用户消费等环节。在整合型融合模式中，文化企业或科技企业根据自身条件、发展需求和战略分析等，选择具有优势的价值链环节进行重新整合。其作用机理见图3。

整合型融合模式的特点主要体现在两个方面。一是体现在产业的“跨界”上，产业通过科技创新或文化创意向另一方跨界，既包括传统文化产业通过科技创新向新兴产业跨界重组，如传统出版业向数字出版的跨界整合，也包括科技产业通过跨空间、跨行业的企业兼并，形成以文化科技融合

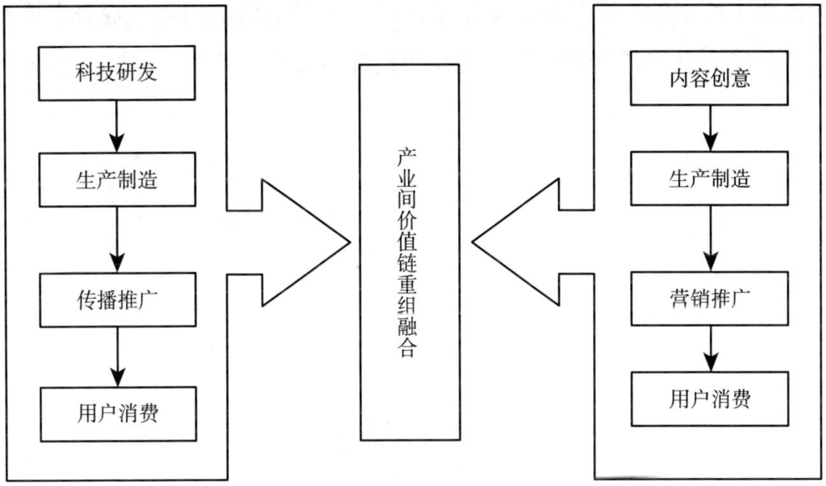

图 3　整合型融合模式的作用机理

为核心的大企业、大集团的过程。二是体现在要素的“重组”上，原有产业根据发展战略，对与文化或科技相关的资源、资本、人才、品牌、市场、渠道等产业内部要素进行拆解和重组，构建新的产业业态。在整合型融合模式中，文化与科技要素并非直接融合，而是借助产业的“跨界”和“重组”来实现聚合。①

（三）渗透型融合模式及其特点

渗透型融合模式也可被称为深度融合模式或者业态新创模式，主要是指在科技创新的推动下，通过科技与产业的渗透融合，使原来属于不同产业的价值链环节，全部或部分渗透到另一产业中进行相互融合，从而形成新型产业。在渗透型融合模式中，技术创新起到至关重要的作用，它是产业渗透融合现象的主要内趋动力，技术的渗透扩散促进了产业的优化升级。例如，信息技术向文化领域渗透产生了数字影视、数字出版、动漫游戏等新型产业，

① 李凤亮、宗祖盼：《文化与科技融合创新：模式与类型》，《山东大学学报》（哲学社会科学版）2016 年第 1 期。

大大优化了原来的产业结构，丰富了原有产业的价值链内涵，提升了原有产业的增值能力。渗透型融合模式的作用机理见图4。

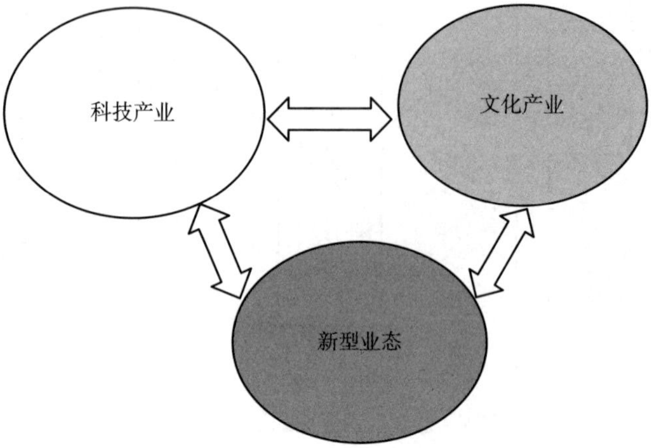

图4　渗透型融合模式的作用机理

对于文化创意产业而言，渗透型融合往往发生在高科技产业和传统文化产业的边界处,[①] 主要包括两种形态：一种是科技向文化产业渗透的融合模式，主要是指使高新技术渗透融合到文化产业的各种要素之中，以科技创新提升文化产业的生产和传播能力，使文化产品更高级、产业结构更合理，以期达到优化资源配置、提高经济效益的目的；另一种是文化向科技产业渗透的融合模式，主要是指传统文化产业为新兴产业的发展提供了资本和产品基础，进而通过科技创新实现其价值链的优化。

在当前全球新旧业态更迭交替时期，渗透型融合模式主要表现为文创企业以新的技术、经营管理手段来运作传统或新创的文化内容，进而创造出新型文化产业形态，以满足不同的文化消费需求。数字内容、数字影视、数字出版、虚拟娱乐、创意设计、新媒体、动漫制作、网络游戏、网络文化、网络音乐、智慧旅游等新型产业就是其典型代表。

---

① 李宇、杨敬：《创新型农业产业价值链整合模式研究》，《中国软科学》2017年第3期。

二 融合模式的典型案例

为了更好地把握延伸型、整合型、渗透型三种融合模式的特点，深入分析文化和科技的融合过程及效果，本报告结合北京的部分实际案例进行剖析，以期为文化创意企业实现文化和科技有机融合提供经验借鉴。

（一）延伸型融合模式的案例分析

1. 科技向文化产业延伸型：故宫博物院文创产品的开发与传播

近几年来，故宫博物院能成为文化创意产业中的佼佼者，与其积极利用科技手段延伸其价值链是分不开的。故宫博物院采用的是科技向文化产业延伸的融合模式，将科技手段嵌入文化创意产品的创作、生产、传播、消费等环节，从而提高了其文化产品的感染力、影响力、表现力、传播力。这主要体现在以下三个方面。

在创作、生产环节，采用信息技术“活化”文创产品。故宫博物院奉行“文化传承，科技支撑”原则，利用信息技术对馆内文物的历史文化特质进行活化。如《韩熙载夜宴图》App，运用“内容注释点标识 + 专家音视频解说 + 后记总结分析”的形式，帮助人们通过新奇的浸入式体验来了解古代宴会的盛况。[①] 同时，在创作环节，充分利用虚拟现实技术并结合现代人的偏好进行再创作，开发出具有实用性的虚拟文创产品。

在传播环节，采用“互联网 +”宣传推广文创产品。当前故宫博物院主要通过微博、微信和电子商务平台等方式来营销传播文创产品。比如，通过“故宫淘宝”集中展示和推广相关文创产品；通过在微信公众号推文、设置故宫微店的形式，实现文化传播与产品营销一体化。同时，故宫博物院还大力拓展现代电商消费渠道，通过故宫文创旗舰店、故宫文创馆、故宫淘

---

① 《让收藏在故宫里的文物“活起来”——〈韩熙载夜宴图〉App 正式上线》，故宫博物院官网，2015 年 1 月 26 日，https：//www. dpm. org. cn/classify_ detail/180639. html。

宝店、故宫商城等网络运营主体，对各类文化创意产品进行宣传推广。除此之外，故宫还通过开发 App、开发 H5 产品、联合制作影视综艺作品、跨界生产联名款文创产品等多种渠道进行复合式传播。

在消费环节，采用数字技术，优化文化产品和服务的供给方式。比如，故宫博物院开发了数字博物馆，为游客提供沉浸式立体虚拟环境，通过利用虚拟现实技术，游客可以参观以前不能踏入的宫殿并试穿帝后服装。同时，还开发了故宫资讯、游戏等众多移动智能终端服务，拉近了与游客的距离，优化了服务供给方式。

2. 文化向科技产业延伸型：小米科技有限责任公司向文化领域的跨界探索

小米科技有限责任公司（以下简称“小米科技公司”）不仅在小米手机、小米电视、小米路由器等科技产品上获得了成功，而且还向文化领域进行了产业链延伸，在文学、影视、动漫、游戏等文化内容产业链上进行了战略布局，如今小米科技公司的文化产品已经崭露头角，逐渐成为影响北京乃至全国市场的新兴力量。

一是布局网络文学。小米科技公司依托自己开发的“小米读书”App，通过收购知名移动阅读平台——多看科技，打通“多看阅读”渠道，推出“小米小说”App，并在 MIU 生态圈内构建自己的网络原创文学阅读平台，开始了对网络文学内容的运营。①

二是运营游戏、影视等文创产品。小米科技公司基于自己的硬件设备优势，整合了米聊、游戏、视频等多项业务，建立了涵盖游戏、影视业务在内的“小米互娱”。同时，小米科技公司还入资金山软件旗下游戏子公司——西山居，与西山居合力推动移动游戏开发与发展。

三是整合优势资源做大娱乐产业。小米科技公司一直重视文化内容产业。小米科技公司董事长雷军认为，文化内容产业对小米手机、小米电视、小米盒子和平板电脑来说都至关重要，如果内容不够丰富，那么消费者投诉

① 文化产业案例研究课题组编著《首都文化产业（文化企业）案例分析》，经济日报出版社，2015，第 44～51 页。

就会很多，所以解决内容问题已经成为小米迫在眉睫的任务。[①] 为此，小米科技公司与爱奇艺紧密合作，小米科技公司依托自己的默认播放、应用预置等互联网硬件入口，为爱奇艺带来较大流量的同时，爱奇艺也将小米产品展现给了上亿用户。

（二）整合型融合模式——利亚德案例分析

在市场竞争不断加剧的背景下，越来越多的文化创意企业开始注重公司的成长与发展，并通过整合型融合模式来提高产业链的价值。利亚德公司就是文化和科技整合型融合模式的典型代表。

利亚德于 1995 年诞生在北京中关村，是一家集设计、生产、销售、服务于一体的 LED 显示和照明应用高科技公司。整合型融合模式是利亚德的核心驱动模式。利亚德充分利用自己的优势资源，通过并购重组等手段，整合来自科技界与文化界的多方资源，实现了企业的做大做强，并于 2019 年 3 月被授予国家文化和科技融合示范基地称号。利亚德能够在产业链上取得成功，与其注重文化和科技融合是分不开的。

第一，重视科技创新，不断加大研发投入。利亚德从 2012 年就开始加大对小间距电视的研发投入，小间距电视随后成为利亚德公司的主力产品。为了保持公司的核心竞争力从而在行业领域能够处于领先地位，利亚德公司的研发投入不断增多，研究人员占总体人员的比例也逐年提高，使公司的创新能力、产品的竞争能力增强，并使产品的销售额增加。2017 年，利亚德的研发人员数量为 740 人，占公司总人数的 18.56%；研发投入金额为 2.63 亿元，占营业收入的 4.06%；拥有发明专利 105 件、实用新型专利 391 件、外观专利 166 件、已授予软件著作权 179 件。[②] 2019 年，利亚德的营业收入

---

① 《小米最大一笔投资为何给了爱奇艺?》，电科技网站，2014 年 11 月 11 日，http://www.diankeji.com/guandian/15849.html。

② 鲁小帅：《利亚德公司成长性的案例研究》，硕士学位论文，沈阳工业大学，2019，第14～23 页。

突破90亿元，而2012年上市时营业收入只有5.7亿元。①

第二，重视企业并购重组，不断整合文化和科技资源。利亚德自2012年上市后，进行了数十次的并购，市场规模迅速扩大。利亚德刚上市时的主营业务集中在国内市场。此后，利亚德面向全球市场，成功构建了全球销售服务框架，投资设立了利亚德香港、利亚德欧洲、利亚德美国、利亚德日本、利亚德巴西等，其并购历程详见表1。在2017年以后利亚德对外并购行为开始放缓，以整合内部资源为主导方向。在公司搭建平台大步发展时期，并购重组对公司的高速发展起着决定性作用。在搭建好发展平台后，利亚德注重并购后的整合工作，以文化和科技整合作为公司持续发展的动力。

表1　2013～2017年利亚德在产业链上的并购事件

年份	投资及并购事件	对利亚德产业链的贡献
2013	收购北京互联亿达科技有限公司	扩大公司在广播电视行业市场份额
2013	收购深圳市金达照明有限公司	拓宽公司LED照明业务板块
2015	收购广州励丰文化科技股份有限公司	推进公司在文旅新业态方面拥有声音、照明、电力方面的优势,拓展文旅新业态业务
2015	收购北京金立翔艺彩科技有限公司	发挥公司内的协调效应,扩大演艺服务等业务规模
2015	收购美国平达电子	扩展国外的销售市场,打开国外的销售大门
2016	收购上海中天照明成套有限公司	拓展城市建筑泛光照明等业务范围
2016	收购四川普瑞照明工程有限公司	拓展灯光照明、智能化设计等业务
2016	收购西安万科时代系统集成工程公司	拓展建筑中的智能化设计等业务
2016	收购上海蓝硕数码科技有限公司	拓展高端创意LED显示、高端LED数字多媒体、创意数字内容服务等业务
2017	收购美国Natural Point公司	拓展海外市场,并利用3D光学动作捕捉软件、硬件等
2017	收购湖南君泽照明设计工程有限公司	拓展灯光照明、机电设备安装等业务

① 利亚德：《利亚德光电股份有限公司2019年年度报告》，2020年4月，https：//guba.eastmoney.com/news，300296，921148412.html。

第三，重视文化和科技的跨界业务发展。利亚德公司一直注重文化和科技的跨界融合发展，围绕以文化内容为核心、以科技创新为支撑的理念，依托公司声光电及VR产品技术方面的领先优势，在数字创意、文化旅游、娱乐体验等领域，打造极致的视听文化体验，全面布局大文化时代。目前利亚德拥有29家国内控股企业，21家海外控股企业，业务布局覆盖智能显示、景观亮化、文旅新业态及虚拟现实四大领域，并将从产品到应用的链条全部打通，形成了集文化创意、规划设计、技术制作、商业运营于一体的协同创新工作模式，全面参与文化体验产品的开发与应用，成功打造了建筑声光秀、水舞声光秀、空间声光秀、文化主题馆、文化旅游展演、VR体验馆等系列产品，为文化与科技融合发展做出重要贡献。

（三）渗透型融合模式——完美世界案例分析

随着文化和科技融合发展，文化产业和科技产业相互渗透融合进而不断催生新型产业形态。完美世界便是其中的一个典型。完美世界于2004年在北京成立；2007年，在美国纳斯达克证券交易所挂牌上市。

完美世界在发展过程中采用“科技+文化”渗透融合的方式，致力于科技创新与文化创新，使自身从单纯开发网络游戏产品的软件企业发展成为集研发、运营、销售、服务为一体的网络游戏领域的文化创意企业，并连续八次入选“全国文化企业30强”。①

以科技创新保持企业领先优势。游戏引擎技术是游戏行业的核心技术，完美世界根据网络游戏发展规律持续不断地研发和改进核心游戏引擎，相继研发了Angelica Ⅰ、Angelica Ⅱ、Angelica Ⅲ等引擎技术，开发了下一代互联网娱乐技术等。正是依靠引擎技术研发、3D建模与渲染技术等的独特优势，完美世界相继开发推出了《完美世界》《诛仙》《赤壁》等一大批广受追捧的网络游戏精品，由此得以独步于游戏之林。

---

① 《完美世界第八次入选“全国文化企业30强”》，中国经济网，2019年5月18日，http://www.ce.cn/xwzx/gnsz/gdxw/201905/18/t20190518_32118552.shtml。

以文化创新积极融入民族文化。完美世界多个原创游戏产品的选材来源于中国古代典籍和经典文学作品。完美世界的第一款产品——《完美世界》就取材于《笑傲江湖》《诛仙》《山海经》等。同时，完美世界非常注重与时俱进，主动遵从国际化思维，通过邀请全球多支高水平开发团队参与的方式，增强民族原创网游的世界竞争力。可以看出，这些游戏产品包含了中国文化精粹的内涵，在一定程度上可以激发玩家的文化认同和共鸣，也可以向世界展示中国传统优秀文化及新时期中国文化与科技融合的优秀成果。

三　研究发现

（一）三种融合模式各有优势特色

从延伸型、整合型、渗透型三种融合模式来看，每种融合模式各有不同的侧重点，体现的融合阶段和深度也不相同。

延伸型融合模式主要出现在产业价值链的生产制作与消费环节，属于最简单、最浅显的产业融合类型。从企业主体来看，主要体现为文化企业与科技企业相互合作。文化企业通过采用科技手段，提升文化产业的生产能力、传播能力等，从而延伸文化产业的产业链条；而科技企业则通过引入文化元素、丰富科技产品的文化内涵，提升科技产品的品质和功能，延长产业的价值链，带动相关产业的发展。例如，故宫博物院通过延伸型融合模式，将科技融入文创产品的生产制作和消费环节，既提升了产品的质量又扩大了产品的推广范围，有效地拓展了产品的发展空间。

整合型融合模式是将原有产业的价值链进行解散、重组，属于产业结构重组型的融合模式，兼具延伸型与渗透型两种融合模式的优势，但对管理创新要求较高。例如利亚德主要通过研发投入、并购、股权激励等方式来促进文化科技融合，在并购过程中注重将原有公司的核心环节提取出来，再加以统筹整合利用。

渗透型融合模式主要体现在业态创新上，对技术创新要求较高。一方面，需要把握科技发展的前沿，将新技术成果应用转化到文化领域，催生培育新的文化业态。另一方面，需要使科技渗透文化产业的生产、制作、消费等各个环节和层面，丰富文化产品的内涵，改造和提升传统文化产业。比如，完美世界之所以能够成功“走出去”，主要是因为完美世界采用“技术创新＋产品原创”模式，不断进行技术创新，不断开发新产品。

综合上述三种融合模式的特点，从融合尝试和开发的角度考虑，延伸型融合模式是融合得最浅的也是最容易的，产业融合的障碍小、时间短，不需要太多的资金，但需要政府的政策支持，政府管理的放松起到很重要的作用。而渗透型融合模式是融合得最深的也是最难开发的，既需要高新技术的支撑、大量资金的投入等，也需要既懂科技又懂文化的复合人才进行产品的创意设计与开发。整合型融合模式的融合深度介于延伸型、渗透型两者之间，其实现难度也介于两者之间，需要政府、资金等方面的支持，通过整合文化和科技两个领域的资源，推动产业结构优化升级。

（二）文化是内容，科技是支撑，两者不可偏废

对于文化创意产业来说，文化是内容，科技是支撑，只有将两者有机结合起来才能实现人的发展，故宫博物院、小米科技公司、完美世界等是成功的典型。决定文化产品是否有市场的关键因素是文化内涵，而不是其表现形式。科技是一种支撑和手段，如果离开了科技，文化很难形成一种产业，很难服务于广大受众。① 只有将文化与科技融合，使文化和科技实现真正的相得益彰，才能打造更加丰富、更加专业化的文化科技产品。

从文化创意产业的发展视角看，文化与科技融合的目的是通过延伸和重构产业链来提升产业的价值和功能。在延伸和重构产业链过程中，科技创新是重要的引擎与支撑，通过科技创新能够增强文化的原创力、感染力、传播

① 《冯守华：文化是内容　科技是支撑　推动文化与科技融合发展》，百家号网站，2018 年 11 月 8 日，https：//baijiahao. baidu. com/s? id＝1616529450698278595&wfr＝spider&for＝pchttps：//baijiahao. baidu. com/s? id＝1616529450698278595&wfr＝spider&for＝pc。

力、影响力；然而，科技创新不能取代文化创意本身，必须服务于文化的内容。如何把握好“科技引领”“内容为王”，推进文化和科技深度融合，促进文创产业高质量发展，是当前北京值得探究的问题。这不仅仅关系人们物质和精神的丰富，还关系北京的全国文化中心建设乃至我国“文化强国”的未来。

（三）文化和科技融合体制机制有待完善

近年来，北京的文化和科技融合加速推进，文化创意产业发展态势良好，涌现出一批如利亚德、完美世界等文化科技龙头企业，这与科技的快速发展、市场需求的拉动、政策的支持是分不开的。然而，也必须看到，与建设全国文化中心、科技创新中心的要求相比，北京的文创产业还有很大的提升空间，需要进一步完善文化科技融合体制机制，为产业的跨界融合提供相应的基本条件。

从动力机制来看，科技对文化产业的支撑作用有待加强。当前文化创意产业的科技创新意识总体不强，基础研发环节还比较薄弱。很多企业目光短浅，只注重短期效益而不考虑长久发展，没有将主要精力和资金投入自主创新，缺乏世界级的自主品牌。另外，文化和科技分属两个领域，两者之间缺少沟通与交流，致使许多科技成果没能转化应用到文化产业领域。

文化科技融合的市场体系建设尚需加强。文化科技融合是一种跨界融合，具有投入大、周期长、风险高等特点，需要在科技与管理上进行不断创新，许多企业因此不敢进行跨界融合。当前文化创意产业还存在市场拉动力不足、消费潜力有待进一步挖掘等问题，现有的文化科技产品或服务的营销手段针对中青年的较多，对老年人的关注还不够。

文化和科技融合政策环境尚待优化。文化产业的市场化程度有待进一步加深，当前的文化产业还存在行业壁垒和区域壁垒，以民营资本为主体的科技企业进入文化领域时还存在诸多障碍。为此，在北京推进全国文化中心、科技创新中心建设等大背景下，推进文化科技融合的政策还有待调整与完善。

四 相关建议

发展文化创意产业的最终目标是将无形的文化创意转化为有形的产品以促进经济的发展并满足广大公众的文化需求。故宫博物院、利亚德、完美世界等的实践证明了文化和科技融合对促进文化创意产业发展的重大作用。因此有必要积极发挥政府的引导和服务作用，充分调动企业的积极性，扫清文化和科技融合的制度障碍，推进文化和科技融合的实践进程。

（一）探索选择合适的融合模式

故宫博物院、小米科技公司、利亚德、完美世界都是文化和科技融合领域的成功典范，它们都注重利用自身的优势资源，突出产品特色，积极探索和选择适合自己发展的融合模式。

从产业价值链的角度看，延伸型、整合型、渗透型三种融合模式各有所长，无好坏之分。比如延伸型融合模式下，虽然较容易进行跨界融合，但这不代表所有的文化企业、科技企业均可以随意进行延伸融合，企业需要权衡自己的资源，找到融合的切入点；整合型、渗透型融合模式的融合度较深，融合的效果可能也较好，但是对科技创新和管理创新的要求比较高，风险也相对较高，并不是所有的文化创意企业都适合采用。

因此，对于政府而言，在制定文化和科技融合的相关政策时，需要人力引导，并注重因时制宜、因产制宜。比如，在文化和科技融合初期，提倡“互联网+”，鼓励企业采用延伸型融合模式拓展营销和传播渠道。对于不同类别的文化产业给予分类指导，文化艺术、新闻出版、旅游休闲娱乐等产业相对来说拥有更好的文化资源优势，可能更适合采用延伸型融合模式；而对于广播影视信息服务、数字内容服务产业来说，其拥有较强的科技创新能力，在整合型、渗透型融合方面拥有基础优势。对于企业来说，因时制宜、因地制宜、因事制宜，应该根据自身的资源要素，注重发挥自身的优势和对特色产品的打造，并在不同的产业环节选择不同的融合模式，探索出适合自己的融合模式。需要说明的是，融合模式只是一种概念模式，企业需要在借鉴成功案例经验的基础上，发挥自身的优势，突出自己的特点，在实践中不断地探索，进而促进文化创意产业健康快速发展。

（二）以内容为王、以科技为支撑，促进两者深度融合

对文化创意企业来说，应该坚持“内容为王、科技支撑”的原则，深入挖掘文化资源，加强科技的研发与运用，促进文化和科技深度融合，进而不断拓展产业链、促进产业升级增效。从政府的角度来说，为促进文化和科技融合，需要全力做好以下两方面的工作。

一是要着力提升文化服务能力。落实《北京市推进全国文化中心建设中长期规划（2019 年—2035 年）》等政策文件，推动文化产业发展引领区和公共文化服务体系示范区建设，讲好“北京故事”和“中国故事”，挖掘和拓展文化产业市场，增加文化产品尤其是有北京特色的文化产品的供给，搭建文化交流和合作平台，鼓励和支持文化企业“走出去”，提升首都文化的辐射力和影响力。

二是促进文化领域的科技创新与运用。聚焦北京文化产业、文化事业发展的重大需求，制定文化科技创新项目指南，以文化艺术、新闻出版、广播影视、文物保护等重点文化领域为突破口，开展核心技术、关键共性技术研发攻关，突破制约文化产业的技术瓶颈；强化科技成果在文化领域的转化运用，支持 5G 技术、大数据、人工智能、物联网、云计算、3D 打印、虚拟现实等高新技术在文化产业领域的集成创新与转化应用，促进文创产业模式创新、业态创新和提质增效；推进制定与应用文化领域的行业技术标准，将文化科技融合服务纳入北京市重点发展的技术标准领域，支持文化领域的龙头企业和研究机构开展文化艺术、新闻出版、广播影视、文物保护等行业领域国际标准、国家标准、行业标准和地方标准的制定工作。

（三）培育壮大融合创新主体，促进文化创意产业跨界合作

企业是文化和科技融合创新的主体。要想推动文化和科技融合，必须促

进文化和科技企业合作，打破产业之间的壁垒，跨越产业边界，开拓属于自己的蓝海市场。

1. 深化产业融合理念，促进企业互动合作

文化和科技融合不但可为各自领域的产业发展注入新的活力，而且可以形成新型产业业态——文化科技产业。文化科技产业往往具有更为广阔的发展前景，发展潜力巨大。对于企业而言，要深化产业融合的理念，把握机会，主动参与融合，加强企业间的合作，寻找自己的发展空间。对于政府来说，应为企业搭建合作与交流平台，为文化企业和科技企业提供合作机会，促使企业取长补短、资源共享，进而达到合作共赢。

2. 培育壮大文化科技融合创新主体，打造高知名度的文化科技品牌

充分发挥企业在文化和科技融合发展中的主体作用，通过税收优惠、贷款贴息等政策，吸引和鼓励企业参与文化和科技资源的融合创新，提高行业整体的竞争力。同时，企业需要发挥自身的优势，全力打造具有自身特色的高知名度品牌，以品牌带动文化科技产品的营销和传播。

（四）引导和刺激消费，扩大文化科技产品需求

消费需求对文化和科技融合的拉动力不可低估。为了促进文化和科技融合，可以通过培养公众对文化科技产品的认知能力，挖掘用户的消费需求，开发文化科技产品，进而使文化创意产业不断发展壮大。

1. 提高大众对文化科技产品的认知能力

在引导合理消费的过程中，企业和政府需要加强合作，广泛运用各种宣传媒介，大力宣传文化科技融合产品。在宣传和营销方式上采取多样化手段，如电视、广播、报纸尤其是网络等各种现代宣传媒介，提高人们对文化科技产品的认知和接受能力，进而引导文化科技产品的需求方向。随着经济和社会的发展，人们的文化消费也不断变化，个性化、多样化、精神化、品质化、体验化文化产品日益成为大众的消费需求。因此，企业也应根据自身的优势和特点，创新营销方式，不断增强自身的品牌影响力。

2. 挖掘需求，开发文化科技产品

文化科技产品与以往的单纯的文化产品和科技产品相比，往往更具有吸引力和创意性。这些创意元素具有比较广博的内涵，通过开发创意元素，企业能够抓住文化创意产品消费者的心理需求，运用现代高新科技手段，开发出具有体验性、参与性、互动性等的文化产品，并通过互联网及电子商务等宣传媒介来宣传融合后的新产品的体验价值，从而激发公众的消费动机，培育出新的消费群体，开拓出新的消费市场，创造后续财富。

（五）创新体制机制，完善文化科技融合环境

1. 建立跨部门协调工作机制，凝聚文化与科技两大系统的力量

成立由市委宣传部、市科委、市文化和旅游局、市经信委、市广播电视局、市文物局、中关村管委会等部门组成的文化与科技融合联席会议，加强对全市文化科技融合工作以及重大事项的统筹协调，有效推动文化和科技深度融合。加大对文化和科技产业联盟的支持力度，引导企业、高校、科研院所组建相关的联盟。通过成立相关的联盟机构、组织承办一些学术研讨会，促进创意、技术、团队等方面的交流合作；组织相关的企业培训，提升企业文化和科技融合的业务水平和能力。

2. 加大财政、税收及金融等方面的政策支持力度

通过设立文化科技创新专项基金，资助文化领域的关键共性技术攻关科技创新项目以及5G技术、人工智能等应用场景的建设。探索发行“文化科技创新券”，以后补助方式，支持企业开展文化领域的科技研发和成果转化。加强文化科技融合的载体平台建设，开展北京市文化科技融合示范基地、示范企业认定工作，对认定的示范基地、示范企业给予一定的政策支持。

3. 完善文化科技创新服务体系，营造良好的社会环境

加大知识产权保护力度，完善著作权、专利权、商标权等知识产权法制体系和保护机制，降低文化科技融合企业的维权成本。充分发挥智库的作用，开展文化科技融合领域的理论与实践课题研究。加强人才队伍建设，培

育扶持一批文化科技创新领域的领军人才，支持文化科技融合企业、园区与高等院校及科研院所共建人才培养基地。打通文化科技融合“最后一公里”，在开展科学普及的同时，加强对人文社会科学的普及，弘扬和倡导创新文化，使文化和科技融合的理念深入人心，进而为文化和科技的融合发展营造良好的环境氛围。[①]

① 江光华：《文化科技融合产业的发展机理及对策研究》，《前沿》2017 年第 11 期。

B.14

北京国际电影节品牌建设研究*

丁 宁 刘文舒**

摘　要： 北京国际电影节是北京基于自身“全国文化中心”和“国际交流中心”的城市功能定位而打造的城市文化品牌之一。尽管规模扩大迅速，国内外影响力逐年增大，但北京国际电影节仍面临品牌定位模糊、展映单元分工不够明确等问题。北京国际电影节需在本土性与国际性两个层面精准定位，做出自身特色，塑造品牌形象，提升国际影响力。

关键词： 北京国际电影节　创意城市　公众型电影节　电影策展　文化创意产业

创立于2011年的北京国际电影节（BJIFF）至今已成功举办十届，最初名为北京国际电影季，次年更名为北京国际电影节（以下视情简称“北影节”）。2013年，创办北影节主竞赛单元奖项“天坛奖”，其形式逐渐完备。2015年起，电影展映单元开始由中国电影资料馆、北京电影学院等共同组织承办，北影节的发展逐渐走向正轨。

---

* 本报告系北京市社会科学基金项目“基于大学生群体的京津冀电影文化消费空间研究”（项目编号：17YTC031）的阶段性成果。

** 丁宁，北京信息科技大学公共管理与传媒学院副院长，教授，主要研究方向为影视文化传播；刘文舒，北京信息科技大学公共管理与传媒学院网络与新媒体系2016级本科生，主要研究方向为电影营销策展。

一　概述

北影节秉持“共享资源、共赢未来”的活动宗旨，努力为中国与世界电影文化提供一个自由交流的窗口。北影节的国际影响力逐年提高，在中国影迷心中的地位也日益显现。2019 年 4 月，北影节随春天而来，为北京及其周边影迷带来电影狂欢盛典。除了电影展映、电影见面会、电影相关活动等环节外，作为北影节七大核心板块之一的“电影嘉年华”延续以往的形式，在怀柔影视产业示范区举行，将电影节庆活动、本土影视资源与旅游业有效地结合，为游客提供沉浸式的电影文化体验。北影节已然成为北京城市中带有节庆性质的活动，成为北京城市文化的一张新名片。

尽管发展迅速，“年轻”的北影节还有很大的发展和进步空间。北影节依旧挣扎于自身定位，在如何建立面向国际和国内的品牌形象问题上仍处于探索阶段，缺乏大胆的尝试；其致力于发展国际性的目标未能与其推广本土文化的企图达成平衡。北影节虽然已成为影迷的狂欢节，但其影响力仅限于短暂的活动举办时间内。尽管主办方有些许尝试，但整体上北影节还未能有效地联合北京及周边地区影视产业资源、文化产业资源、影迷基础等各方优势营造电影文化氛围。解决这些问题的重点在于提升电影展映单元的策划能力，完善电影节主要环节的设置，建立起电影节自身的品位以及电影评价体系，逐步立身于亚洲乃至世界。

创意城市是一种通过发展城市文化创意产业，进而推动城市发展的模式，被认为是“解决都市问题的新途径”。[①] 在全球化背景下，城市发展更加依靠自身独特的个性，创意成为城市发展的内驱力，创意城市已经成为当今世界城市发展的一个趋势，并对城市复兴有重要的意义。随着全球化进程的加快，世界各大城市或多或少陷入了一种同质化的趋势中，中国城市发展似乎也面临这样的趋势。放眼国际创意城市，其发展通常聚焦于本土文化、

① 王克婴：《比较视域的国际创意城市发展模式研究》，《山东社会科学》2010 年第 4 期。

音乐、电影、手工业等，比如作为亚文化中心的美国旧金山，其将被主流文化批判的生活方式和文化现象作为发展的核心。又如以音乐节闻名国际的苏格兰城市格拉斯哥，在经历后工业时代带来的经济萧条后，通过发展文化产业，改变了城市形象。借鉴这些成功的经验，北京可以充分利用新兴的北影节作为发展创意城市的文化因素，打造“影视之都”的城市形象。北京城市文化资源为北影节的发展提供养分和支持，而北影节在本土和国际上的品牌形象建立也有利于北京城市形象的提升。

国际电影节作为世界电影交流的平台，也已成为世界各国文化交流和展示的场所。国际电影节吸引国际观众与会，接收和放映世界各国电影的过程同时也是实现自身文化传播的过程。许多著名的国际电影节选择在环境宜人的海滨城市举办，比如法国戛纳国际电影节、西班牙圣塞巴斯蒂安国际电影节等，与会者参与电影节活动的同时，也能体验本地城市的民俗文化，带动当地旅游业的发展，提升城市形象，使城市名声得到更广泛的传播。也有很多国际电影节选择在国家首都和中心城市举办，比如德国柏林国际电影节、日本东京电影节、波兰华沙电影节等。这些城市往往已经是国际知名都市，大多以身为国家经济中心、政治中心、文化中心著称。尽管如此，国际电影节品牌的建立对于这些城市的文化相关产业仍有巨大影响。由于电影文化产业在世界文化产业中的占比日益增加，其与各种文化产业的结合更加多样化，联系也日益紧密。但无论是自行举办本国电影节，还是向外参与国际电影节，它们对本国城市文化、民族文化的对外传播都有巨大的影响。

二　北京国际电影节的本土性品牌定位

北京作为中国影视文化中心，具有丰富的电影产业资源，并拥有一批高素质的影迷和优秀的影迷文化。因此，北影节若想在本土建立自己的电影节品牌形象，便需要妥善利用这一优势，拉近电影节与公众的关系。此外，北京也是中国当下城市的形象代表之一，脱离北京城市文化讨论北影节是不可能的。产生并成长于城市土壤中的北影节，其发展也必定要汲取城市的资源作为养分，而北京又是中国影视产业中心，能够为北影节的发展提供丰足的资源。电影节与本土电影产业之间可以互相促进，相得益彰。同时，电影节能够推动城市电影文化氛围的提升，随着电影节品牌的建立与推广，电影节不再是一小部分忠实影迷的专属，而能够吸引更多、更广的观影群体和活动参与者。因此，北影节在探索本土性品牌定位时要善于利用自身地域优势，拉紧与公众、城市、城市文化产业资源之间的关系纽带。

（一）电影节与公众的关系建构

不少学者提出，北影节由于其所在地的特殊身份和地位，并不适合成为聚焦于某一方向的专门类电影节，而应该放眼世界，成为比肩“欧洲三大”（意大利威尼斯国际电影节、法国戛纳国际电影节、德国柏林国际电影节）的A类国际电影节。本报告认为，基于北影节现有的影迷基础和观影文化，以及出于对电影节推动城市创意产业发展、构建创意城市的考虑，“欧洲三大”中属于公众型电影节的柏林国际电影节对于北影节发展方向有许多可供借鉴之处。

柏林国际电影节与柏林城市的关系非常紧密，它对于公众更加友好，对市民而不仅仅是行业内的专业人士敞开大门。简要回顾柏林电影节的发展历程可以发现，电影节与公众的紧密联系并不是从其诞生起就存在的。柏林国际电影节在“冷战”背景下产生，也曾在多方政治角力中挣扎，以求发展。经历了自1980年起的一系列调整，柏林国际电影节找到了合适的方向，通过对社会题材影片、描述人的行为和心理活动类影片的关注，来平衡其与生俱来的“政治性”与通过电影展映环节自我表达的意图。这些展映影片有时将国际视角的宏观政治环境置入背景，有时索性忽略不提。从本土影响力来看，北影节已经在影迷中建立了一个电影节形象，但这一形象是模糊的。对于大部分市民观众而言，北影节仅仅意味着可以在大银幕上观看很多难以在院线观看的影片。电影节与公众的关系似乎止步于观影活动，并未建立某种深层次的意义。

回到柏林电影节的例子上，柏林电影节“全景单元”（Panorama）一直以来承担着连接城市与公众的职责，这种连接不是简单地参与放映活动，而是展映影片选择、展映主题确立、电影展映这一列过程的整体体现。这些展映影片聚焦城市中的各个群体，不管是主流群体还是边缘群体，柏林电影节通过“全景单元”的板块为他们提供电影中的表达空间。这里的城市不局限于柏林，而是包括世界各地的城市或乡村，影片中涉及的群体往往可以映射到现代城市的各个角落。全景单元板块毫不吝啬其对于性少数群体、女性主义和政治立场的直率表达，但这种表达并不是空洞而公式化的。回顾近十年来的展映影片，其涉猎范围广而深入，有《假小子》（*Tomboy*，2011）、《小女孩》（*Little Girl*，2020）、《童心无归处》（*Casting JonBenet*，2017）这类关注儿童成长中的身份认同问题以及反思成人世界对童年的过早入侵的影片；也有《助理》（*The Assistant*，2019）、《37 秒》（*37 Seconds*，2019）、《柔情史》（*Girls Always Happy*，2018）等紧随全球女性主义浪潮，关注女性工作、生活以及心理状态的影片。该展映单元从建立初期便一直以直面社会冲突为主题之一，自然对来自全球不同国家和地区的现实主义题材影片敞开怀抱，《浮俘》（*Buoyancy*，2019）、《风中有朵雨做的云》（*The Shadow Play*，2018）、《父亲》（*Otac*，2020）皆是此类影片。除此以外不得不提到全景单元对全球性少数群体的关注，“泰迪熊奖”（Teddy Awards）专门为以性少数群体为主题的影片而设立，评选范围覆盖柏林所有板块的影片，该奖项契合了全景单元为社会边缘群体提供电影表达空间的愿望，试图借此平台将该类影片推向主流视野。

全景单元平等的姿态不仅仅体现在选片策略上，这种力图与公众建立沟通桥梁的意图还在其设立观众评审的举措上一览无遗。自 1999 年起，全景单元的观众便开始肩负起影片评选的职责，成为柏林电影节人数最多的评审团。全景单元认为观众、影片制作者、电影产业中的专业人士、媒体都是同盟，特别是将观众视为忠实的朋友，给予其权力与尊重，将“观众选择奖”颁发给剧情片和纪录电影。观众参与评选、在电影节中取得属于自己的话语权，这种参与感远大于仅在银幕前观影带来的体验。通过展映影片中多元化的文化表达、对边缘人群与个体本身的关注，配合观众在参与评选时体现的偏好与诉求，柏林国际电影节的全景单元构建起电影节与市民（参与者）生活的联系，这种联系超越了观看、参与放映活动的常规形式，形成了某种深层次的纽带，二者互相依赖，共同成长。

放眼东亚地区，致力于面向公众推广电影文化的韩国釜山电影节也是如此。釜山电影节在过去20年间不断改善观影环境，扩大电影节展映影片的放映规模，试图为观众提供良好的观影环境。同时，所有放映影片都向观众开放。这些措施使得釜山电影节观影人数逐年上涨，良好的影迷基础和观影文化也逐渐形成体系。此外公众与电影节的联系也体现在奖项设置上，“KNN奖”（KNN Award）和“釜山银行奖”（Busan Bank Award）皆由观众参与评选，这也体现了电影节对观众的重视。

（二）电影节与城市的文化融合

电影节在举办期间更多偏向于影迷市场，似乎不足以全面覆盖城市市民。但其实电影节与公众、城市的联系可以不局限于电影节的举办时间，增大品牌的辐射面，“不将自己视为一个系列放映的活动，而是一系列放映活动的集结”。[①] 电影节可以通过各种形式走进公共领域，比如通过公共电影放映活动、大众媒介上的电影放映、与城市文化相关的影片创作、外展教育等。

公共电影放映活动常见于在海滨旅游城市举办的电影节，如中国海南国际电影节便将露天电影院设立在沙滩上。美国芝加哥每年夏天会举办公园电影季，这项活动由芝加哥公园管理局推出，在全市154个社区公园为市民免费放映电影。市民在休闲纳凉，享受家人、朋友陪伴的同时，接触和了解电影文化。北影节可以考虑将电影节品牌与面向公众的

① 张耀婷：《“文化中国”的影像名牌——对北京国际电影节展映单元的实践分析与前景设想》，《北京电影学院学报》2016年第1期，第36页。

免费放映结合起来，在电影节外与市民生活建立联系，由此也能获得更广泛的观影群体。对中外经典电影进行放映，也有助于培养更浓厚的影迷文化。

电影节展映的优秀影片也可以经过筛选，进入大众传播媒介。美国圣丹斯电影节有专属的付费频道 Sundance Channel 来展映每年电影节上的优秀影片。2011 年，釜山国际电影节也设立了电视频道播放参展影片。除电视频道外，今年全球新冠肺炎疫情迫使许多国际电影节转向线上放映参展影片，这让我们看见了电影节参与形式革新的可能。线上放映形式是否能为电影放映提供一个新的思路？受困于地域与时间限制，无法现场参与电影节的观众在将来是否能通过线上形式参与电影节？电影节结束现场放映后，其中优秀的获奖影片、展映影片是否可以以线上放映的形式进入观众的视野？这样的尝试若能得以实施，将对北影节面向全国甚至全球的品牌形象推广有巨大的推动作用。

在构建电影节与城市的联系上，北影节还可以借鉴其他电影节的经验，策划与城市文化相关的影片创作项目。香港国际电影节曾集结四位香港导演进行“香港四重奏”短片拍摄计划。该项目由香港商务及经济发展局旗下的“创意香港”资助，短片皆以香港为题，在内容上带有浓厚的城市特色与生活气息，勾起本土观众的城市记忆，产生强烈的文化共鸣。短片中隐秘而微妙的城市情感达到了些许“排外”的程度，却也因此为外地观众留下一份带有神秘色彩的城市印象。

此外，香港国际电影节每年会面向社区和学校开展免费的放映活动，有时还会邀请专业电影人士参与映后讨论，为前来观影的社区居民和学生提供一个自由交流的平台。这个免费活动保证了电影放映能够覆盖所有的城市居民，而不仅是只面向那些有消费能力的群体。电影节活动的票价往往会高于院线日常放映的票价，这是电影节无意中为观影群体设立的门槛，它无疑阻止了一部分公众的参与。北影节可以开展免费的外展教育活动，带着电影走进社区和院校，增强电影节和电影文化在公众生活中的影响力，特别是在年轻一代中的影响力。

（三）电影节创作项目与产业资源的联动

北京及其周边有丰富的影视产业资源以及大量的高质量电影放映院线，这是北影节可以充分利用的资源。同时这些企业、院线、影视基地等也可以借由北影节这一品牌在本土和国际上的推广获得更好的商业机会。

北影节可以推出带有实验性质的创作项目计划，联合本地以及周边的产业，对项目影片的制作进行资助。影片完成后可考虑通过北影节或者其他国际电影节的平台进行展映，或者联合“艺术院线”进行项目影片的推广。韩国的全州国际电影节（JIFF）的“全州数字项目”从2000年起每年资助三位导演完成短片的拍摄。随着2014年产业界资本的介入，该项目不再由电影节独家投资，并从资助短片拍摄变为了资助长片拍摄。

通过电影节的创作项目产生的影片可以送到专门类别的国际电影节参赛或者展映，比如First青年电影展训练营中的许多作品在完成后便被选入过国际短片电影节竞赛单元。如果这些影片能在国际上获奖，对于北影节和与其合作的影视企业都将带来宣传效应，既能吸引和鼓励更多创作者加入该项目，也能带来更多电影节与产业界的合作。参照圣丹斯电影节和釜山电影节建立专属电视频道的先例，如果创作项目中带有实验性质的项目影片在院线放映受阻，也可以考虑与流媒体合作，进行线上放映与推广。毕竟在新冠肺炎疫情影响下，北影节已经获得了与流媒体合作进行线上放映的经验。如此一来，电影节也能建立与传媒行业的联系，达到相互宣传的目的。

三　北京国际电影节国际性品牌定位

（一）拓展国际视野

1. 主动挖掘“新电影”

分析第九届北影节展映单元片单可以发现，在展映电影的国别、地区上，依旧以欧美电影为主体，随之是作为“一带一路”专题出现的亚洲电影与中东地区电影，南美洲电影很少，多为与欧洲合拍的影片，而非洲电影则完全缺席。展映的电影中，除中外经典电影外，大多数新片已经在国际电影节上展映过，有些影片已小有名声。展映环节“视野”中也设立了“新锐关注”来关注新人导演及其影片，但这些影片在来北京展映前已经在各大电影节首映。“惊喜首映”单元的7部影片也未能带来很大的惊喜。由此可见，一方面北影节展映影片对非影视产业大国影片的关注还远远不够；另一方面，北影节在国际上还未建立起名声，仍然缺少对于国际导演的吸引力，在国际影坛的影响力也不足以使其成为新人导演向世界展示才华的第一选择。

北影节可以考虑主动挖掘电影产业稍微薄弱的国家和地区，比如非洲各国、中东地区等地的优秀导演和作品，将这些影像作品带到北影节的展映环节，为这些电影提供一个向世界展示的平台。北影节可以借鉴当年柏林国际电影节对中国电影传播提供帮助的方式。柏林电影节在20世纪80年代开始关注和展映中国电影，“是第一个在比赛单元中展映中国大陆电影的西方电影节”。[①] 在饱受竞争压力和政治问题的双重困境下，柏林国际电影节通过主动发掘和展映中国电影，将自身塑造成一个东西方互相凝视的窗口。随着《红高粱》在柏林摘获金熊奖，中国电影更频繁地在西方影评人的话语中出现，中国电影开始走向世界。而柏林电影节无论是在欧洲还是在中国都获得了更多的媒体关注，提升了自己的国际形象和国际地位。如今的柏林国际电影节依旧通过竞赛和非竞赛单元，寻找和发现来自全球各地的新人导演、独立影片以及蓄势待发的电影运动。如果策展方能够更主动地去联系并说服这些导演和制作团队在北影节进行首映，或将某国、某地区正在兴起的电影运动引入观众的视野中，一旦这些影片展现出超乎寻常的影响力、吸引世界媒体和影迷的关注，那么北影节的国际地位和国际声誉都会获得大幅度的提升。

2. 独立的展映单元与国际对话

北影节目前具有七个核心板块，除去主竞赛单元外，非竞赛单元的电影

---

① 〔匈〕维多利亚：《中国电影走向世界　柏林电影节扮演的角色》，《北京电影学院学报》2018年第6期，第139页。

展映集中于“北京展映”这一大型板块，这一点与欧洲三大电影节在形式上有些不同。欧洲三大电影节经过多年的发展和摸索，都已经形成了大体上稳定的展映结构，非竞赛单元往往都有各自明确的职能与定位，也拥有各自的奖项和评奖机制，这是北影节目前所缺少的。展映单元具有的大量展映影片和主题单元，似乎在某种程度上压缩了每一单元应该传达出的意义，观众的体验和与主题单元的联系被局限在零散的观影活动中。展映单元的主题或许可以更少、更精练，而每一主题包含的影片可以更丰富。

“注目未来”国际展映单元从第四届北影节开始设立，第五届开始设立奖项的评选，它由北影节组委会主办，由北京电影学院合力承办，并于北影节期间在北京电影学院举办。其主体活动有开幕式、闭幕式、影片展映、映后主创见面会、国际电影学术论坛等，并致力于关注新人导演及创新作品。尽管目前“注目未来”单元展映影片体量较小，处于起步阶段，不足以成为主要单元，但就其形式和展映内容来看似乎有发展为柏林国际电影节“论坛”单元以及戛纳电影节“导演双周”“一种关注”单元的潜力。而发展具有独立、完备形式的展映单元正是北影节未来应该努力的方向。

在国际交流上，北影节目前已经加入不少覆盖电影艺术、电影文化、电影产业的国际论坛、研讨会以及行业对话等，这些国际交流活动大多面向产业内的专业人士或者电影制作者，如何将中外电影文化交流推广到广大的影迷群体是北影节需要思考的问题。中外文化各有千秋，中外电影也产生于各自的历史、文化、社会语境中。除简单的电影放映之外，阐释外国展映影片并使之与中国文化产生联系，能够帮助中国观众更好地理解外国电影及其产生的文化土壤。相对应的是，对于中国经典电影的阐释若能以合适的方式与外国文化产生联系，也利于中国电影的对外传播。各国文化虽有隔阂，但并非不能相通。特别是在全世界受好莱坞主流影片统治多年的情况下，各国影迷都对某一种电影范式有着共通的认识和记忆，这些相同点是世界影迷相互理解、相互交流的基础之一。釜山国际电影节曾设立“我们心中的法国电影”单元，由法国电影人进行电影推荐，再由韩方的电影从业者完成评论，交流的结果汇总成刊物发行。“直接以之为课题反而避免了拿来式的模仿。

细究之，它又以西方个体差异化的发声，颠覆了群体强势并带有侵略性的文化输入。”① 北影节上的国际交流不仅要落实在产业和技术的合作和对话上，还需要文化层面的相互理解，使得中外影片在北影节搭建的平台上自由流通，由此建立北影节在国际电影文化交流上的重要位置。

（二）确立国际担当

如上所述，北影节需要努力做好展映单元的策划与发展，通过国际名声的累积吸引更多来自世界各地的优秀导演和作品，在不断探索中确立自己的国际定位与功能。非竞赛单元的展映稳扎稳打地做好，主竞赛单元必然是最大受益者。

此外，北影节可以尝试承担某种责任，比如东亚电影的领头者，或是共建“一带一路”国家电影的推广者等。从这种责任感出发，策划影展单元、选择相关影片，构建一个以自身文化为语境的评判体系，对第三世界国家的电影进行不同于西方传统论调的讨论。这一行为旨在登陆西方电影界未能涉及的领域，利用中国与其他第三世界国家互相能够理解的对于历史、世界环境、身份认同等问题相似的思考，成功扮演组织者的角色。

北影节也可以成立专门的基金会，为这些国家的新兴电影人提供资金与技术资助，利用北影节展映平台为其作品提供进入产业的渠道。正像是作为“亚洲电影向世界展示的窗口”的釜山国际电影节，其拒绝好莱坞作品，大力扶持亚洲小国的电影产业，设有多个展映单元专门介绍亚洲电影作品，并专门设立“亚洲电影基金会”。“截至 2016 年，亚洲电影基金共资助了 110 部故事片和 147 部纪录片。”② 釜山电影节已确立了自己的职能，其在国际上的影响力也日益增强，韩国的电影产业也随之开始腾飞。

---

① 张耀婷：《“文化中国”的影像名牌——对北京国际电影节展映单元的实践分析与前景设想》，《北京电影学院学报》2016 年第 1 期，第 37 页。

② 贾佳、潘莹：《釜山国际电影节发展特色、问题及对策建议》，《电影评介》2018 第 17 期，第 75 页。

四　北京国际电影节品牌建设的反思与前景

（一）联合文创产业填补周边产品的缺失

尽管北影节在过去10年间发展迅速，但也有很多一直被外界批评的问题未能到改正，比较突出的是关于北影节宣传海报的设计问题。北影节的海报向来缺乏设计感和艺术感，海报内容与电影文化缺少联系，也未能很好地表达电影节的主旨，透露出一种廉价感。

电影节海报是对电影节形象的直观呈现，它对于影迷形成对该电影节的整体印象非常重要。电影节海报一直以来也是影迷津津乐道的话题，聚焦欧洲三大电影节的主要海报，戛纳电影节近年来常采用著名影片中的经典剧照或者著名影人的形象作为素材，既是对电影文化的回顾与致敬，也借此表达电影节主题与设计者对电影的独特理解。戛纳电影节的海报设计别具一格，引人入胜。柏林国际电影节的海报通常以其象征物——熊以及城市元素为主题，熊是柏林的象征，而与城市的紧密联系一直以来是柏林国际电影节的主要特点。海报常常表现为柏林熊出现在空无一人的城市街头、参与城市生活，加上简洁明了的文字排版设计，令人印象深刻。威尼斯国际电影节的海报常以画作形式呈现，2012～2015年，连续四届电影节海报皆由意大利著名画家西蒙·玛西（Simone Massi）亲手绘制，后面的海报包含着前一年海报的元素，形成一幅幅连续的电影史图像。而同样被中国影迷批评的上海国际电影节也在2019年做出了改变，邀请著名设计师黄海设计电影节海报，致敬中国经典动画片《大闹天宫》，影迷纷纷感到耳目一新，这也帮助上海国际电影节完成整体形象的提升。优化电影节海报的观赏性、艺术性是非常有必要的，这同时也是提升电影节形象各类措施中比较容易完成的。

除电影节海报外，电影节周边文化创意产品的生产也是北影节可以考虑的范畴，电影节可以主动寻求与艺术家、设计公司、设计工作室、文化创意企业的合作，生产纪念品、周边文化创意产品、精美的纪念票根和场刊等。

这样既能满足影迷群体的收藏需求，也能联合北京及周边地区文化创意产业共同发展，这种联合甚至可以发散到全国的相关文创产业。

北影节也可以考虑对电影节内容进行扩展。电影节的现有衍生活动有与中国（怀柔）影视基地合作举办的“电影嘉年华”，该活动充分利用了影视基地资源，发展旅游产业的同时提升影迷文化；也有与各国使馆合作的电影文化交流与教育活动；还有在艺术中心举办的影视相关类大师课程或艺术展览等。这些电影活动利用本地现有的基础设施和优质资源，借助电影节这一机会得以举办，是本地文化产业与电影节相互扶持、相互促进的表现。

北影节另一大缺陷是电影节出版物及记录影像的不足。电影节开展的论坛、名人访谈、大师对话等活动可以择优整理成册，作为电影节周年纪念物发售。另外，也可通过现场录像的形式在电影节官网或电影节官方社交账号上进行发布。伦敦电影协会（BFI）便提供了这样一个思路，官方会摄制导演的访谈现场、剧组演职人员的问答环节，将其制作成网络节目，上传到官方的“油管”（YouTube）频道上。对于播放量比较高的视频，官方有时会应影迷请求配置多国语言的字幕，以便非英语国家和地区的观众观看。这种借鉴网络亚文化传播方式的形式可以展现电影节包容、平等、平易近人的姿态，也能借助影迷对电影大师或热门电影的关注吸引全国乃至全球观众对电影节的兴趣。

（二）北影节未来发展方向设想

目前来看，北影节似乎最适合走公众型电影节路线。踏实做好电影展映环节，发展出自身特色，这也是电影节品牌形象得以全面提升的前提。电影节名声一旦建立起来，提升主竞赛单元的质量也就不成问题。目前，北影节在策展上比较突出的问题在于其庞大而笼统的展映环节设置，缺少功能和特色明晰的特色展映单元。北影节可以考虑对现有展映环节进行改革，按照展映电影的性质进行分类。在某些展映单元设置奖项的评选，必要时将评选权交予观众手中，赋予展映环节超越观看与被观看行为的深层次联系。设置新的展映环节，关注和扶持电影产业不发达的国家，联合产业界主动发掘新人导演和潜在的电影运动，承担起某种国际责任，从而在国际影坛建立起电影节形象。

除展映单元的改进外，北影节还可以考虑开展更多的创作项目和实验项目，整合本地及周边地区的影视制作及放映资源。这些以工作坊形式进行的项目可以为青年电影人提供拍摄影片及进入电影业的机会。优质作品的产出有助于电影节宣传，从而吸引更多的电影人以及产业合作。

全球电影节数量在过去十几年间快速增长，但对于包括北影节在内的新兴电影节而言，寻找自己的定位并不是一件容易的事情。北影节若想获得长久而繁荣的发展，务必脚踏实地做出自己的特色，面对国际国内电影环境和话题的更迭不断进行调整和改进，在不断地探索中找到自己的核心及定位。

五　结语

北京城市的人文底蕴、基础设施都具备发展创意城市的肥沃土壤，而作为创意城市建设可利用的文化资源之一的北影节，现阶段需努力在发展中厘清自身的功能与定位，在国际上建立起品牌形象，结合北京目前良好的声望，必然能使北京在世界上的形象更加丰富饱满。一年一度的北影节也会带来更多、更深入的国际交流与合作，使中国文化在与世界文化相互促进的过程中实现扩充和发展。今日的北京已发展成为一座现代化的国际大都市，在创意城市背景下，北京的创意城市形象需要更真实、更多元、更深入、更国际化的呈现与传播，北京国际电影节任重道远。

B.15

北京地区网络游戏从业者的职业现状与发展研究*

王婉　黄佩**

摘　要： 北京要打造成“创意之都”，人才是关键要素。了解创意人才的结构和配置状况、关注创意人才的职业发展需求、解决创意人才的现实关切是夺取创意产业发展制高点的必由之路。本报告以北京地区的网络游戏从业者为例，对创意人才的职业发展特征、工作满意度、留京因素进行调查，以期全方位呈现创意人才真实的工作面貌，分析企业在人才管理中存在的问题，揭示吸引创意人才留京发展的重要因素，从而为创意产业公司的人才吸纳和人力资源管理提供改进建议，为政府出台人才扶植政策提供制定依据。

关键词： 网络游戏　网络游戏从业者　北京

一　研究背景

随着信息社会和知识经济时代的来临，创意产业在社会发展中的重要作

---

* 本报告为北京市社会科学基金项目“北京地区网络游戏从业人员现状研究”（17XCB003）的成果。

** 王婉，北京邮电大学数字媒体与设计艺术学院2019级硕士研究生，主要研究方向为网络文化与创意产业；黄佩，北京邮电大学数字媒体与设计艺术学院教授，网络系统与网络文化北京市重点实验室副主任，主要研究方向为网络文化与创意产业。

用逐渐被人们认知和重视。美国经济学家保罗·罗默（Paul M. Romer）曾指出，创意是推动国家经济快速发展的原动力，因为创意不仅可以衍生出“新玩意”，催生新的市场领域，还可以创造出新机遇，给国家和社会带来无穷无尽的惊喜。[①] 目前，各国都加紧创意产业布局，发挥创业产业在拉动国家经济增长和提升国际竞争力方面的重要作用。创意产业的快速发展带来社会劳动模式的嬗变，过去那种依靠体力的传统劳动逐渐走向没落，取而代之的是依靠智力、才能、技术的知识和创意劳动。创意劳动涉及一系列创造性思维、解决问题的创新型方法，以及利用专业且复杂的知识进行创造的过程，这就对创意人才提出了很高的要求。可以说，创意产业的竞争其实就是人才的竞争。培养智库型创意人才、发掘富有创意的“大脑”，成为创意产业可持续发展的动力源泉。

我国首都北京高校众多、群英荟萃，为创意产业发展和创意人才培养提供了得天独厚的条件，使其有望打造成为全国“创意之都”。北京每年上百万的高校毕业生为本地创意产业输送着源源不断的人才力量，同时，政府提出的一系列鼓励支持创意产业发展和人才引进的政策，也汇聚和吸引了一大批来自全国各地的知识型、智慧型、技术型的创意人才。然而，就目前北京地区创意人才的职业发展状况来看，出现了人员流动性大、工作满意度低、工作忠诚度不高、工作不稳定等诸多问题。人才的流失对创意产业的稳定健康发展造成了一定影响，同时也为相应的创意公司带来不可估量的损失。因此，了解目前创意人才的结构和配置状况、关注创意人才的职业发展需求、解决创意人才的现实关切，成为留住核心人才、夺取创意产业发展制高点的关键法宝。为此，本报告以北京地区的网络游戏从业者为例，分析创意产业人才的职业发展现状，了解创意人才的留京因素，以期为创意产业公司的人才吸纳和管理提供改进建议，为政府出台人才扶植政策提供制定依据。

---

① Paul M. Romer, “Human Capital and Growth: Theory and Evidence,” *Carnegie-Rochester Conference Series on Public Policy* 1 (1990): 251 – 286.

二　研究问题的提出

网络游戏产业的飞速发展引发了社会各界的广泛关注。网络游戏产业的劳动者所从事的工作，在各国的分类不太一致，有的国家将其归为艺术类，有的国家将其归为媒介类，还有的国家将其放在了技术和设计类之下。但是，共同的特点是，它们都被包含进了文化产业当中，而且随着后来政策的变化，网络游戏产业又进一步被称为创意产业，而且还是创意产业中的集合者，其对文学、影视、动画、漫画、音乐、编程等相应内容进行借鉴、整合和再生产。而网络游戏的从业者更是被视为文化水平高、掌握新科技、具有创造力的一类工作人群，因此他们通过自己的智力、创意、技术所从事的游戏工作，自然而然被归为创意劳动。

从新闻媒体报道中可以发现，网络游戏产业中的劳动者被赋予了诸多光环，在艺术、审美、经济等各方面都有诸多溢美之词，他们的工作是高报酬的、富有科技感和具有创意性的。这些特点非常吻合当下人们对于新兴劳动与个人化、自由主义之间关系的想象。另外，网络游戏涉及文化生产，与人的创造力、思维活动相关，既需要大量思考和投入，也倡导积极的参与和协作，这项工作因此又被看成是社会更加民主和开放的一种表达。众多的开放式办公环境、以任务为导向的项目组、没有固定时间的弹性工作制等新颖的工作方式，更是让网络游戏行业的从业者带上了令人艳羡的光环。然而，当他们被赋予“创造性劳动者”的角色，分享着由知识和创意所产生的地位和权力时，一种新的压力和风险也在凸显。加拿大学者文森特·莫斯可（Vincent Mosco）指出，在研究社会中的“劳动”问题时，“我们不应该仅停留在结构上面，即文化产业中的劳工如何创造剩余价值，而是要把我们的分析扩展到理解主体性的生产方式层面”。[①] 虽然创意劳动让从业者获得

① 〔加〕凯瑟琳·麦克切尔、文森特·莫斯可编《信息社会的知识劳工》，曹晋等译，上海译文出版社，2014，第207、152～169页。

了名声、地位、财富和所谓的自由，但是他们同样也在遭受某种隐形的压迫。西班牙学者阿维莱斯通过对西班牙和英国六家数字化新闻编辑室进行观察以及对新闻工作者进行访谈发现，数字化系统的运用使得编辑室组织结构重组，新闻工作者的工作内容也发生了变化，数字技术使记者获得了对生产过程的控制，但是他们也因此承担起更多的责任，同时他们还要不断学习各种新技术，以适应角色的变化。[①] 尼尔·科恩（Nicole Cohen）通过对加拿大的一群自由撰稿人进行观察和访谈，发现雇佣关系不稳定性加剧了出版商对自由撰稿人的剥削，这些知识创意劳动者往往需要付出更多的隐性劳动时间来完成工作，但是获得的薪酬回报无法与付出的劳动相匹配。[②] 另外，格瑞德·皮特（Greig de Peute）和尼克·戴尔威瑟福德（Nick Dyer-Witheford）通过对加拿大网络游戏劳动者进行田野调查，指出了在网络游戏产业中普遍存在的免费劳工问题和盗版问题，破除了网络游戏作为创意产业所具有的光环效应。[③] 在本土研究中，我国学者姚建华、刘畅通过对上海两家出版社进行田野调查发现："弹性雇佣关系的兴起，以及与之相伴随的办公室和家庭、工作和休闲边界的打破都使他们的工作陷入了不稳定的状态，另外在他们劳动过程和工作环境中无处不在的电子监控都使这种状态急剧恶化。"[④] 由此可以看出，创意劳动者虽然被罩以各种光环，但是体面工作的背后同样存在着资本的宰制和剥削。

就网络游戏行业来说，技术持续创新需要永不疲倦的探索。游戏公司最终以赢利为目的，它要实现在资本驱使下获得最大利润，依托新的技术创新是首要手段。完美世界的副总裁兼官方发言人王雨蕴表示："对于网络游戏

---

① 〔加〕凯瑟琳·麦克切尔、文森特·莫斯可编《信息社会的知识劳工》，曹晋等译，上海译文出版社，2014。

② See Matt Carlson, "The Robotic Reporter: Automated Journalism and the Redefinition of Labor, Compositional Forms, and Journalistic Authority," *Digital Journalism* 3 (2015): 416 – 431.

③ Greig de Peute and Nick Dyer-Witheford, "A Playful Multitude? Mobilising and Counter-mobilising Immaterial Game Labour," *Fibreculture Journal* 5 (2005): 191.

④ 姚建华、刘畅：《新媒体语境下众包新闻生产中的弹性雇佣关系研究》，《新闻爱好者》2017 年第 11 期。

产业，创新几乎意味着一切，因为这就是一个完全的创意产业。”“这是最好的年代，这也是最坏的年代。对于那些坚持创新、坚持精品化的企业，这是最好的年代；对于那些想抄一个产品捞一票就走的企业，这就是最坏的年代。”① 首先，技术创新速度很快，因而网络游戏生产行业中的劳动者为了适应这种工作节奏，其工作强度非常大。其次，文化内容的生产需要持续的知识储备，因为游戏是一种使故事情节、动画、音乐、美术、计算机编程等多种技术结合在一起的互动性娱乐软件，② 它是一种文化产品，这就意味着并不是任何人都可以从事这一行业，工作人员应达到一定的知识文化水平，而且这种知识时常是跨界的，不易快速习得。即使挤进这个行业，也并非一劳永逸，面对飞速发展的技术，游戏从业者必须持续不断学习新科技以提升自己的竞争力。再次，网络游戏从业人员还需要充分了解玩家的心态，准确把握市场的发展方向。市场是瞬息万变的，为了紧跟其变化，网络游戏产业的从业人员经常面临高强度、高密度的工作任务，加班更是家常便饭。曾经有调查人员采访了一些网络游戏从业人员以及他们的家庭成员，让他们说说对彼此的心里话。在谈到对伴侣工作的理解时，几名游戏人的爱人几度落泪，因为工作性质，加班加点、通宵工作屡见不鲜，很多人无法长期陪伴在自己家人身边，其中一名游戏人表示最长的一次他连续工作了 36 个小时没有回家。长时间、高负荷的工作强度使得这份看上去很光鲜的工作多了几分无奈。

那么，以网络游戏从业者为代表的创意人才的真实工作面貌到底是怎样的？他们的群体形象与媒体报道和公众认知有什么不同？他们对目前工作的满意度情况又是如何？能够吸引他们留在北京的因素有哪些？这些都是本报告想要具体探索的问题。

---

① 孙冰：《腾讯、阿里、乐视和完美世界的成功法则：不变即亡的互联网创新》，《中国经济周刊》2013 年第 48 期。

② 李大伟、董雪梅：《我国游戏产业发展及人才培养战略析》，《潍坊学院学报》2010 年第 5 期。

三 研究设计

（一）研究对象与问卷设计

在网络游戏生产的整个产业链中，网络游戏研发工作是网络游戏生产的第一道程序，同时，网络游戏研发又是网络游戏生产链中最具创意性的一环。目前，网络游戏的研发工作主要分为策划、美术和程序三大类。其中，游戏策划在开发团队中主要负责编写游戏故事背景、制定游戏规则和核心玩法、设计游戏交互环节、计算游戏公式等，是游戏开发的核心。游戏美术负责游戏中所有与画面相关的内容，一般包括原画师、2D/3D 建模师、动画、特效、UI 设计师等。游戏程序通过计算机编程语言构建游戏中所有的逻辑和功能，实现策划和美术的所有功能。可以说，网络游戏研发的生产过程涵盖了网络游戏从创意到最终产出的全部过程。因此，本报告选择北京地区的网络游戏研发人员作为研究对象，具体包括以上叙述的策划、美术和程序三大工种。

本报告的调查问卷共由四部分组成。

第一部分旨在了解网络游戏从业者的个人基本情况，包括性别、年龄、教育程度、户籍情况、住房情况等变量。

第二部分旨在了解网络游戏从业者的工作情况，包括工作经历、从业年限、工作时长、工作收入等变量。

第三部分旨在了解影响网络游戏从业者选择留在北京工作的因素，共设置了“子女教育、住房补贴、医疗保障、户口指标、家庭收入、社会声誉、生活品质”七个可选项，要求网络游戏从业者根据指标的重要程度进行排序。

第四部分旨在了解网络游戏从业人员的工作满意度情况，共设置了“公司文化、薪酬福利、职业成长度、工作自主权、工作压力、工作内在回报”六个维度，分别测量网络游戏从业者的工作满意度情况。

（二）研究工具

工作满意度（Job Satisfaction Degree）是劳动者对在工作中获得的某种满足或者对自己从事工作的满意程度。研究者们普遍将工作满意度视为一种主观的态度和感受，认为其与个人情绪有关。① 探究网络游戏从业者对其工作的满意度水平，能够更加深入了解他们对工作的态度以及他们在工作中的需求，同时，对于进一步分析网络游戏从业者的工作境况并为政府和企业提出相关政策建议具有重要意义。

目前，对工作满意度的测量，学者们总结出了两种方式，分别是单维测量和多维测量。单维测量是从员工对工作的整体满意程度出发来进行询问，不具体细分维度。主要询问“你是否喜欢你的工作”之类的一般性问题。多维测量是将员工对工作的满意程度划分为不同的方面，并分别对这些方面的满意度进行测量。对于公司来说，多维测量可以很清楚地反映员工对工作中的哪些方面不够满意，及时发现问题并做出调整。例如，约翰·纽斯特伦（John W. Newstrom）等人的研究指出，采用多维的工作满意度测量对于组织管理的意义相较于单维测量更大。② 比较常用的多维测量的量表是由明尼苏达大学的学者大卫·魏斯（David J. Weiss）等人编制的 MSQ 明尼苏达满意度量表。③ 我国学者卢嘉等人根据我国企业和员工的具体情况，在实证研究的基础上也编制出了相应的工作满意度结构化量表。④

以上学者的相关研究和编制的量表为本报告提供了研究参照和研究工具。因此，本报告综合借鉴了 MSQ 明尼苏达满意度量表以及我国学者卢嘉

---

① R. Hoppock, “Job Satisfaction of Psychologists,” *Journal of Applied Psychology* 3（1937）：300–303；E. A. Locke, “What is Job Satisfaction?” *Organizational Behavior & Human Performance* 4（1969）：309–336.

② John W. Newstrom, “Organizational Behavior: Human Behavior at Work,” *McGraw–Hill Series in Management* 2（2007）：204–211.

③ David J. Weiss, et al., *Manual for the Minnesota Satisfaction Questionnaire*（1967）.

④ 卢嘉、时勘、杨继锋：《工作满意度的评价结构和方法》，《中国人力资源开发》2001 年第 1 期。

和陈金凤的员工满意度量表①，并根据具体研究对象的工作特征编制了适合测量网络游戏从业者的工作满意度量表，具体测量维度和测量问项如表 1 所示。

表 1　工作满意度量表

测量维度	测量问项
薪酬福利	1. 公司的工资水平让我感到满意
	2. 公司的福利待遇(医保、养老保险、公积金、休假等)令人满意
职业成长度	3. 公司为我提供了学习新知识和提高专业技能的机会
	4. 我在公司的发展路径明确,发展前景好
工作自主权	5. 工作中我能拥有充分的自主权和支配权
	6. 我能够灵活调整自己的工作进度
公司文化	7. 我认同公司所倡导的价值理念
	8. 我对公司的 logo、宣传标语和公司装饰很满意
工作压力	9. 我完全能够胜任现有的工作
	10. 我的工作负荷不重,不会因为工作强度过大而焦虑
工作内在回报	11. 我对我所从事的工作很感兴趣
	12. 我所做的工作能够带给我成就感

（三）问卷抽样与回收

本报告根据北京地区网络游戏公司的规模进行抽样，具体抽取大型游戏公司（从业人员≥300 人）3 家，每家公司派发 40 份问卷；抽取中型游戏公司（100 人≤从业人员 <300 人）6 家，每家公司派发 20 份问卷；抽取小型游戏公司（10 人≤从业人员 <100 人）12 家，每家公司派发 10 份问卷。

在问卷分发过程中，综合各方人力资源，联系到各家游戏公司的负责人，并将编码过的问卷送到负责人处，由负责人将问卷发放给公司研发部门的员工，最后再从公司负责人手中将员工填好的问卷收回。经过统计，本次

① 陈金凤：《关于员工满意度和忠诚度关系的实证研究》，硕士学位论文，南京师范大学，2007。

调查共收回293份问卷，剔除掉7份具有明显错误的问卷，最终共收回286份有效问卷。

四　研究结果

（一）北京地区网络游戏从业者的职业人群特征

1. 男性主导的性别失衡群体

在本次调查所收回的有效样本中，男性网络游戏从业者所占比例为64.34%，女性网络游戏从业者所占比例为35.66%（见图1）。男性从业者所占比例远大于女性从业者。不仅北京地区网络游戏行业如此，国际游戏行业男女从业者比例失衡现象也尤为突出。英国《金融时报》称，国际游戏开发者协会发表的研究显示，游戏行业女性从业者不足1/4。[①] 由此可见，网络游戏行业对男性群体更具吸引力，呈现男性主导的从业特征。

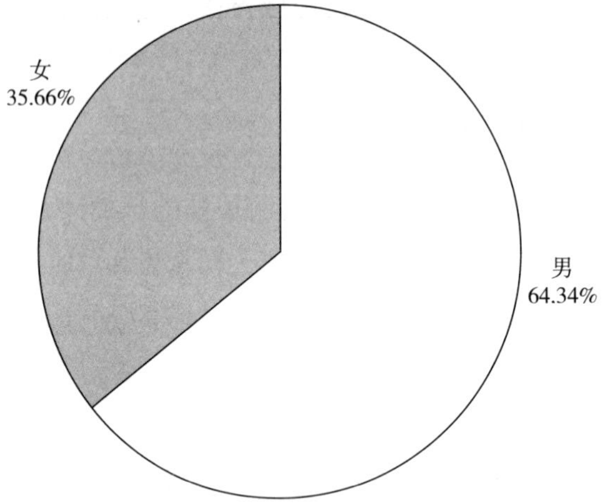

图1　性别分布情况

① 《金融时报：全球游戏玩家男女持平，但游戏行业女性从业者不足1/4》，中文互联网数据资讯网，2015年6月8日，http://www.199it.com/archives/353948.html。

2. 年轻的人才队伍

从网络游戏从业者的年龄结构来看，26～30岁的从业者所占比例最大，达到43.36%；31～35岁从业者所占比例次之，为30.07%；35岁及以下的游戏从业者合计达到了84.62%（见图2）。同时，从工作年限来看，工作1～3（含）年的从业者最多，达30.07%，工作年限在5年及以下的合计达到了76.23%（见图3）。从上述两项指标的数据能够明显看出网络游戏行业中的从业者是一支非常年轻的人才队伍，这也在一定程度上反映了以网络游戏为代表的创意产业更能吸引具有创新精神、创意激情，敢于冒险和挑战的年轻人。

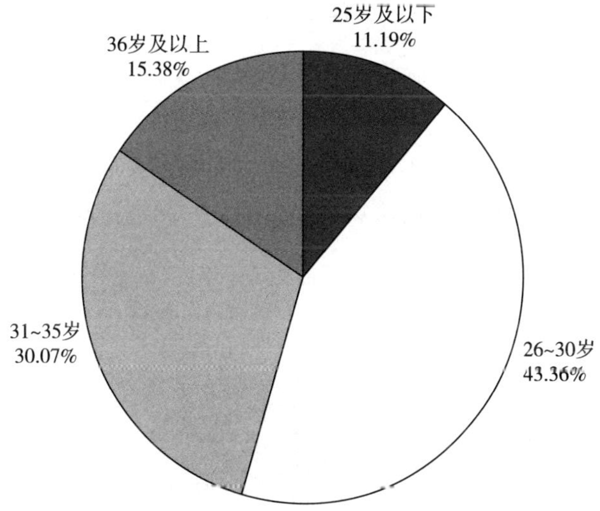

图2　年龄分布情况

3. 文化程度较高的知识劳动者

从网络游戏从业者的受教育程度来看，学历为本科的从业者比例达到了63.64%，学历为硕士和博士及以上的从业者总计达23.08%，而大专及以下学历的从业者只占13.29%（见图4）。网络游戏是与技术和创意结合非常紧密的行业，策划需要具备极强的创意构思和文案书写能力，美工需要具备专业的创作能力，开发人员则需要掌握多种计算机编程技术。可以说，游

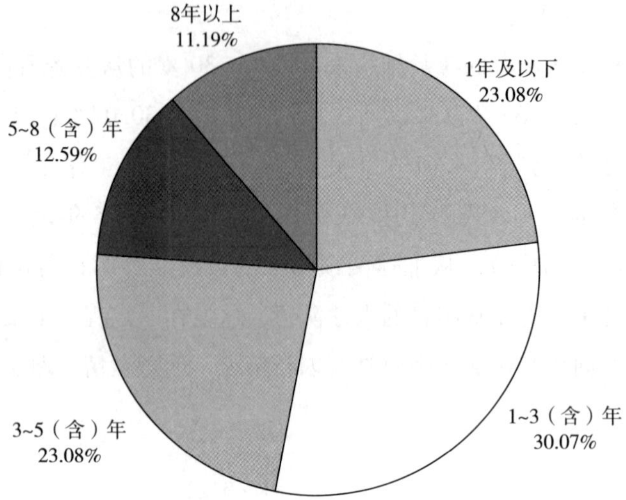

图3　工作年限分布情况

戏生产的每一个环节都需要工作人员具备一定的知识文化水平，否则就会被飞速发展的技术和瞬息万变的市场抛弃。因此，网络游戏从业者普遍存在学历水平较高的特征。

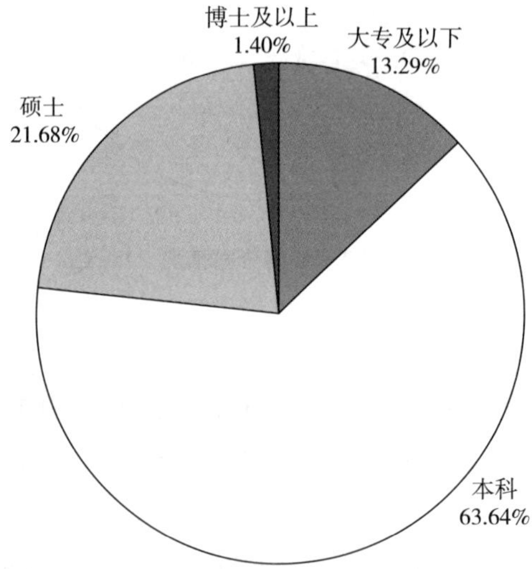

图4　教育程度分布情况

4. 新经济下的高收入人群

年收入能够体现网络游戏从业者工资的总体水平，也能在物质层面上反映劳动者的工作价值。如图 5 所示，网络游戏从业者的年收入在 10 万元以上的比例合计达到了 81. 12%，远远超过北京地区人均年收入，其中年收入为 10 万 ~20 万（含）元的人员比例最高，占 37. 06%，年收入为 20 万 ~40 万（含）元的比例次之，占 29. 37%，40 万元以上的高收入者比例达到 14. 69%，而年收入为 5 万元及以下和 5 万 ~10 万（含）元的人员比例相对较少，分别占到 6. 29% 和 12. 59%。由此可见，随着创意经济时代的到来，网络游戏产业的快速发展扩大了人才需求，间接带动了从业者薪酬的增长。

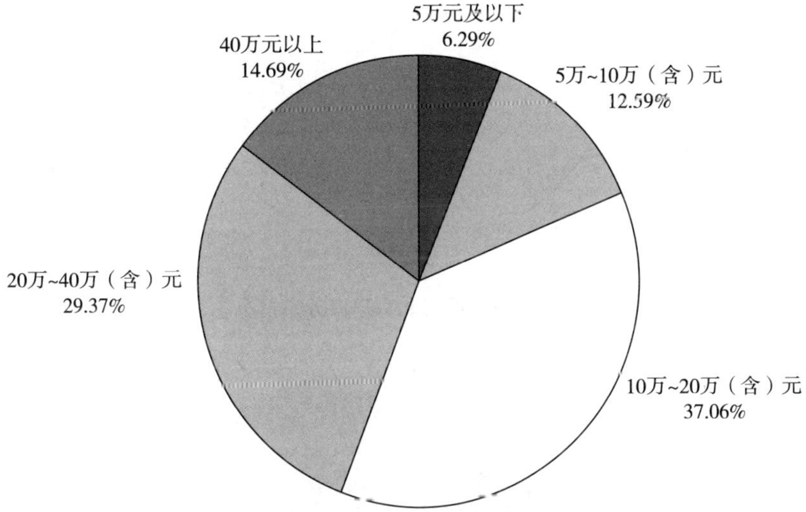

图 5　年收入分布情况

5. 漂泊的异乡人

户籍情况会在一定程度上影响网络游戏从业者的长期职业发展规划。能够拿到北京户口的游戏从业者，很大程度上会选择留在北京生活。本报告就网络游戏从业者拥有北京户口的情况进行调查，结果显示，拥有北京户口的从业者占 34. 97%，目前还没有获得北京户口的从业者达 65. 03%（见图 6）。此外，从住房情况来看，在北京租房的从业者比例最大，占 55. 24%，已经在北京买房的网络游戏从业者占到了40.56%，其他住房状况包括和父母同住、军产房等，所占比例为4.20%，而选择公司提供宿舍的人数为0（见图7）。由此可见，绝大部分的网络游戏从业者还处于没有户口、租房子住的状态，他们对于北京这座城市来说是异乡人，还没有真正被这座城市接纳，仍然是人们口中所说的“北漂”群体。

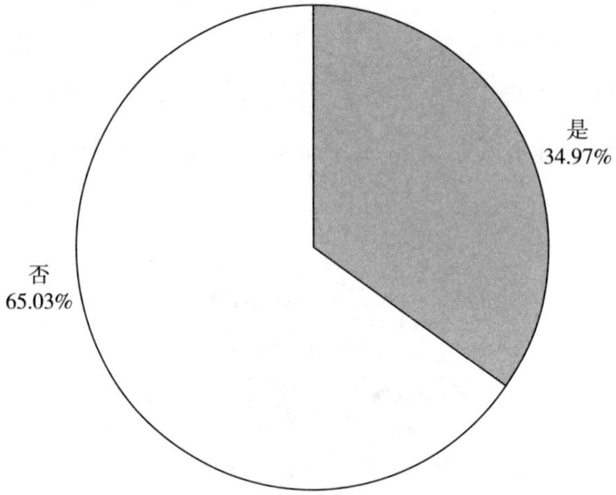

图6　是否拥有北京户口分布情况

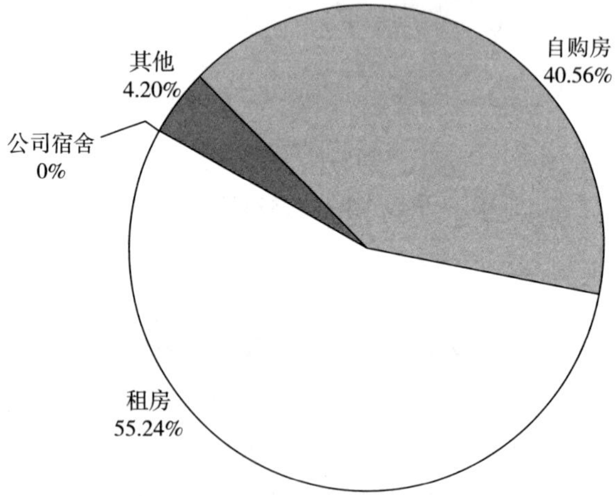

图7　住房状况

6. 数字时代的高压人群

提及互联网、游戏等行业的从业人员，“码农”“设计民工”等形容词早已屡见不鲜，“996”“007”这样的数字也时常出现在媒体的报道中。这样标签化的解读方式反映的是从业者高压的工作环境和生活方式。就网络游戏从业者平均每天工作的时长来看，每天工作 8 ~ 10（含）小时的人数比例最大，占到了 51.75%，其次是工作 10 ~ 12（含）小时的员工，占 31.47%，工作 12 小时以上的占 10.49%，而工作时间在 8 小时及以下的仅占 6.29%（见图 8）。网络游戏公司作为互联网企业，其工作性质符合互联网运作规律，游戏产品生产周期短、更新速度快，这就对员工的工作时间提出了一定的要求，因此游戏公司的工作时间普遍较长，且呈现弹性工作特征，即使是在非工作时间，一旦游戏出现“bug”，从业人员必须马上进入工作状态，这就模糊了家庭场所和办公场所的界限，使得从业者不得不面对常态化的加班、高度的精神压力以及不健康的生活方式等问题。

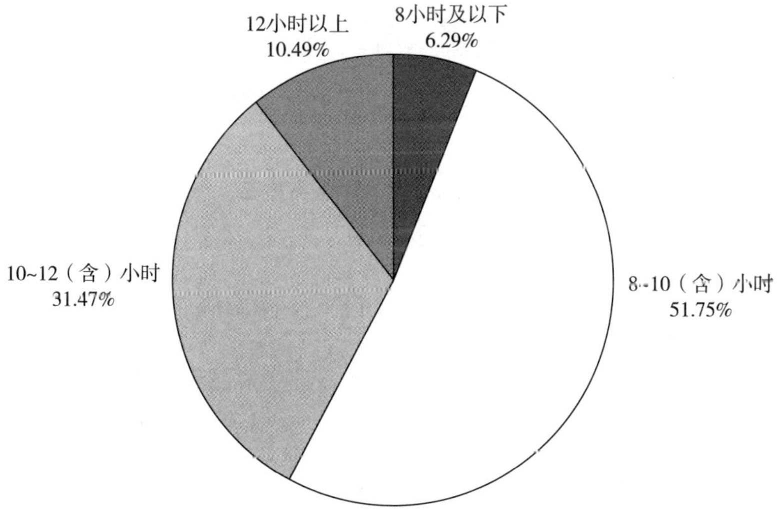

图 8　工作时长分布情况

7. 不稳定的流动人群

网络游戏作为集多种创意形式为一体的知识密集型产业，人力资本对其来说是最为核心的竞争力。优秀人才的流失会对公司造成不可估量的损失。转换工作的次数能够在一定程度上反映从业者的工作阅历，同时也从侧面反映从业者的工作忠诚度。如图9所示，有转换工作经历的从业者总计达85.32%，其中换工作次数为1～2次的占44.76%，次数在3次及以上的占40.56%，而从没有换过工作的从业者仅占14.69%。由此可以看出，网络游戏从业者的工作流动性较高，受诸多因素影响，他们时常处在一种不稳定的工作状态之中。

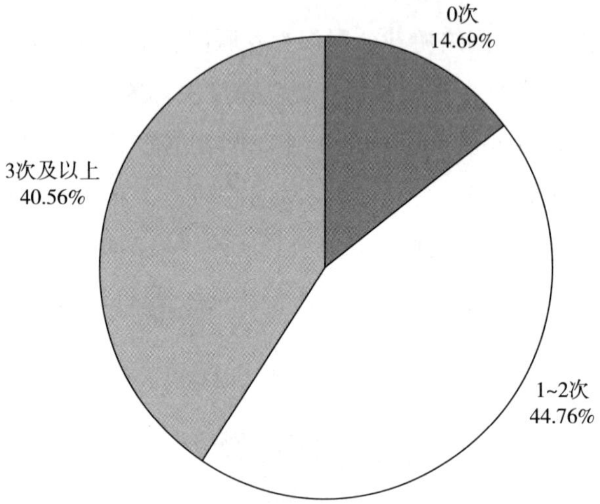

图9　转换工作次数分布情况

（二）北京地区网络游戏从业者的工作满意度情况

工作满意度反映员工对所从事工作的主观态度和感受，帮助公司和企业更直观地了解员工的各方面需求，及时发现在人力管理方面存在的问题，并有针对性地进行提升和修正。本报告采用工作满意度多维测量方式，将工作满意度划分为公司文化、薪酬福利、职业成长度、工作自主权、工作压力、工作内在回报6个维度，分别测量网络游戏从业者对这6个方面的工作满意情况。如表2所示，网络游戏从业者总体满意度的平均值为3.60，高于中间值2.50（五分计量法），由此可知，网络游戏从业者对工作的总体满意度达到了中等偏上水平。

表 2 工作满意度整体情况

维度	最大值	最小值	标准差	平均值
薪酬福利	5.00	1.00	0.87	3.41
职业成长度	5.00	1.00	0.88	3.46
工作自主权	5.00	1.00	0.94	3.64
公司文化	5.00	1.00	0.89	3.77
工作压力	5.00	1.00	0.81	3.45
工作内在回报	5.00	1.00	0.83	3.92
总体满意度	5.00	1.00	0.67	3.60

1. 工作内在回报满意度

从工作满意度的各维度来看，工作内在回报满意度得分最高，平均值达到了3.92（见表2），具体分布情况见图10。工作内在回报反映在游戏从业者对工作的兴趣以及通过工作获得的成就感和满足感。情感和兴趣能够激发游戏从业者的工作热情，使他们心甘情愿在工作上投入更多的时间精力。很多游戏从业者是因为热爱才进入游戏行业，如很多游戏从业者曾经是忠实的游戏玩家，他们有着满腔的热情，在工作中潜在的满足感很容易被唤醒。另外，他们在参与游戏生产时投入了时间和情感，那么游戏之于创造者来说就具备了情感价值。当游戏上市时，他们不仅能获得物质回报，同时还收获了各种内在心理上的回报，各种研究都证明了内在回报对人的激励作用更为强大。①

2. 公司文化满意度

游戏从业者对公司文化的满意度也相对较高，平均值达到3.77（见表2），具体满意度分布情况见图11。由此可以看出，游戏公司所奉行的价值理念与游戏从业者的个人价值观是契合的，包括公司的装潢、logo、宣传标语也是符合员工审美的。企业重视公司文化的建设，不仅能够加强员工内部的凝聚力、向心力，形成群体认同感，而且还可以塑造品牌形象，提升市场竞争力。

① P. Nagy and B. Koles, "'My Avatar and Her Beloved Possession': Characteristics of Attachment to Virtual Objects," *Psychology & Marketing* 12 (2014): 1122 - 1135.

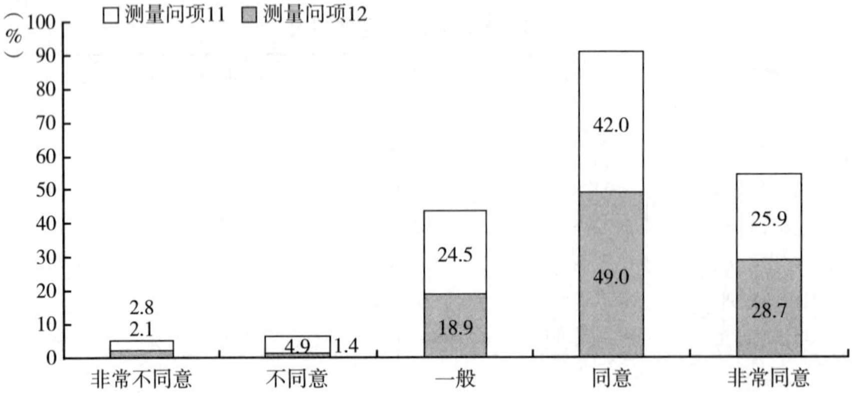

图10　工作内在回报满意度分布情况

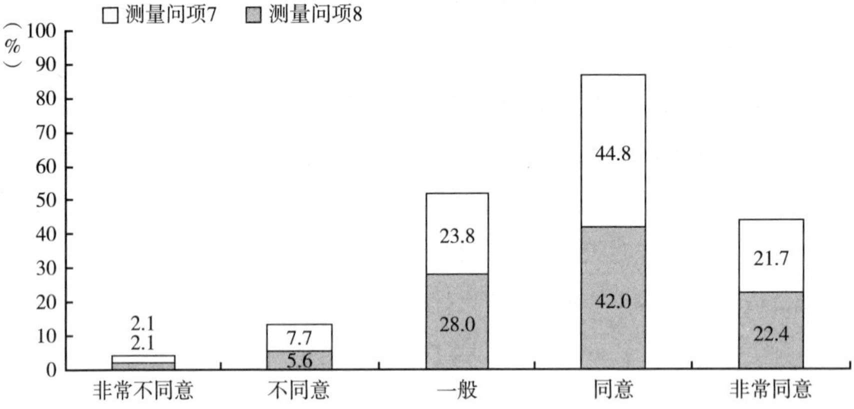

图11　公司文化满意度分布情况

3. 工作自主权满意度

工作自主权能够体现员工在工作中的主体地位，反映为能够灵活调整自己的工作进度以及自主选择完成工作的方法。从游戏从业者对工作自主权的满意度来看，均分达到3.64（见表2），处于中等偏上水平，表明了他们在工作中能够拥有一定程度的自主权和支配权，具体满意度分布情况见图12。

4. 职业成长度满意度

然而，游戏从业者对职业成长度的满意度相对其他维度来说较低，均分

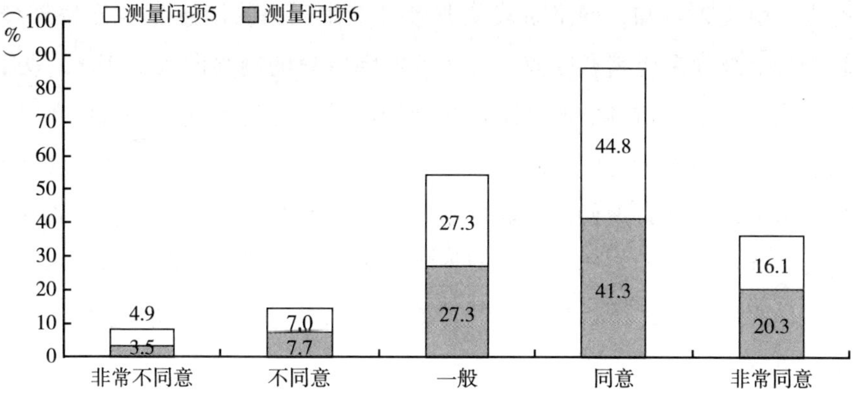

图 12　工作自主权满意度分布情况

为3.46（见表2），具体满意度分布情况见图13。从企业层面来说，为员工制定合理的职业发展规划，能够将员工的个人成长轨迹与企业的发展目标相匹配，实现二者的协调发展。同时，公正有效的晋职晋升政策，也能够对员工起到激励和鞭策的作用，鼓励他们努力奋斗。从这个角度来看，公司应当在员工的职业生涯规划和管理方面有所重视和改进。

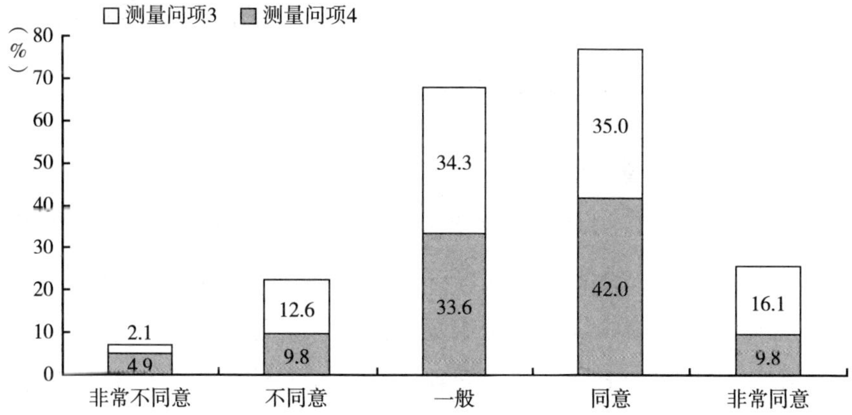

图 13　职业成长度满意度分布情况

5. 工作压力满意度

对工作压力的满意程度能够反映员工对工作的胜任力以及对工作强度的

承受力，由表2可知，网络游戏从业者对工作压力的满意度均分为3.45，相较于其他维度来说满意度较低。从事数字劳动的网络游戏员工，一方面承受着来自资本、市场的产品研发和创新压力，这使得他们要随时关注市场动态，不断更新自己的游戏产品；另一方面，面对飞速发展的新技术和层出不穷的新问题，他们只有通过不断学习、武装自我，才能在工作中应对自如。为此，他们不得不付出额外的休闲时间来进行自我提升，这就对本已工作强度很大的游戏员工造成了更大的压力。工作压力满意度具体分布情况见图14。

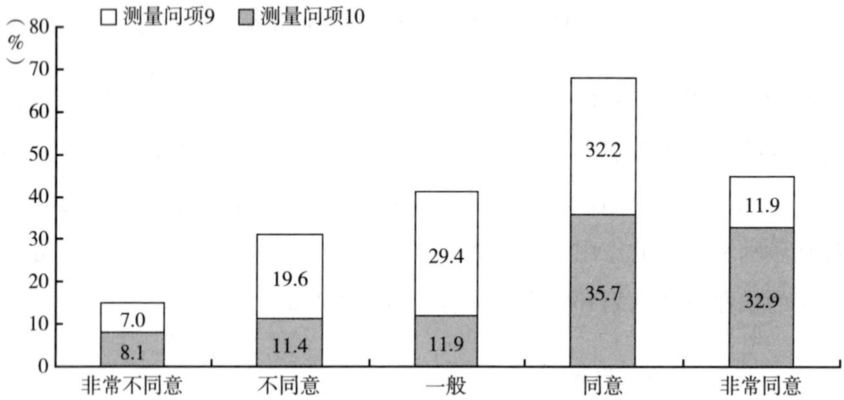

图14 工作压力满意度分布情况

6. 薪酬福利满意度

另外，值得注意的是，网络游戏从业者对薪酬福利的满意度相对其他维度来说最低，由此可以发现一个矛盾的现象，虽然我们从人口统计特征总结出网络游戏从业者是年轻的高收入群体，然而他们自身对自己的薪酬福利并不是十分满意。导致这种情况的原因之一可能是北京消费水平高、日常生活开销大，目前的薪资难以满足他们对高品质生活的追求；另一个原因可能是游戏从业者认为自己为工作付出的时间和精力与所得薪酬不成正比，心里有落差。薪酬福利满意度具体分布情况见图15。

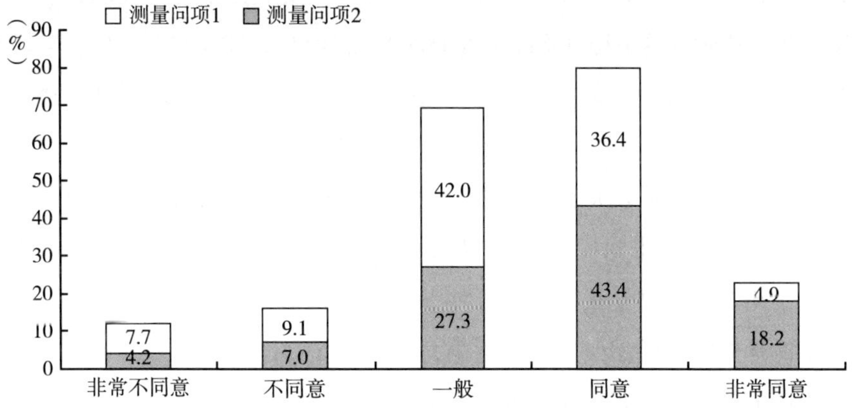

图 15　薪酬福利满意度分布情况

（三）影响北京地区网络游戏从业者留在北京工作的因素

北京作为我国的政治和文化中心，汇聚了来自全国各地的人才力量。然而，在调查中发现，创意人才流动性大、离职率高的问题普遍存在。北京要打造成为“创意之都”“网络游戏之都”，必须依靠各类创意人才。因此，只有了解影响创意人才留在北京的因素，满足创意人才的职业发展需求，才能从根本上解决人才流失的问题。

本报告对影响网络游戏从业者留在北京工作的因素进行了调查，共设置了“子女教育、住房补贴、医疗保障、落户指标、家庭收入、社会声誉、生活品质”七个可选项，要求网络游戏从业者根据指标的重要性程度进行排序，每个指标最终平均综合得分的高低由填写者的排序情况决定，得分越高表示综合排序越靠前。计算方法为：选项平均综合得分 = （∑频数 × 权值）/本题填写人次。权值由选项被排列的位置决定。例如有 3 个选项参与排序，那么第一个位置的权值为 3，第二个位置的权值为 2，第三个位置的权值为 1。

各个因素的平均综合得分情况如图 16 所示，首先，家庭收入以 5. 25 的高分位居网络游戏从业者留京因素第一名。完美世界教育研究院和伽马数据

（CNG）联合发布的《中国游戏产业职位状况及薪资调查报告》显示，北京地区游戏产业从业者的平均月薪以接近 18000 元的高位领跑全国。[①] 对于年轻的网络游戏从业者来说，留在北京可以通过个人的努力快速实现财富集聚，展现个人价值。

其次，生活品质也是促使网络游戏从业者选择留在北京的一大因素。在 2017 年举行的北京市党代会上，“人民生活品质”被纳入北京未来 5 年的发展目标。北京市委书记蔡奇提出要将北京建设成国际一流的和谐宜居之都，进一步提升人民生活品质和城市竞争力。北京作为国际化都市，各种娱乐项目、佳肴美食应有尽有，能够极大丰富人们的日常生活。此外，北京历史悠久，文化底蕴深厚，能够涵养人们的精神内涵，提升个人的品位格调。因此，无论是物质层面还是精神层面，北京对以网络游戏从业者为代表的创意人才都具有极大的吸引力。

另外，医疗保障、子女教育位列网络游戏从业者留京因素的第二梯队。一方面，北京先进的医疗条件和完善的社会保障能够为网络游戏从业者等创意人才提供社会支持；另一方面，北京拥有众多著名的高等教育学府和强大的师资力量，对于未来子女的教育和发展提供了良好的机遇和条件。这些因素都对创意人才留在北京生活发挥了重要的作用。

落户指标和社会声誉这两个因素虽然排序较为靠后，但是其对创意人才的吸引力同样不可小觑。一般情况下，拿到北京户口的外地人，有很大概率会选择留在北京生活。只有拿到北京户口，才能享受北京市提供的各种福利政策。社会声誉很大部分是由个体所从事工作的社会价值赋予的，网络游戏从业者所属的创意产业进行的是创意劳动，自然被社会大众赋予诸多令人艳羡的光环。此外，对于网络游戏从业者来说，在北京这种大城市发展，相较小城市来说更有利于个人价值的实现和社会地位的提升。最后，从图 16 中可以看到，住房补贴对于网络游戏从业者的吸引力排在了末尾，这可能与各

---

① 《完美世界 &CNG：中国游戏产业职位状况及薪资调查》，中文互联网数据资讯网，2019 年 9 月 29 日，http：//www. 199it. com/archives/944591. html。

个地区、各个行业都施行了暖心的住房补贴有关，因此，住房补贴还不能成为让创意人才留京的决定性因素。

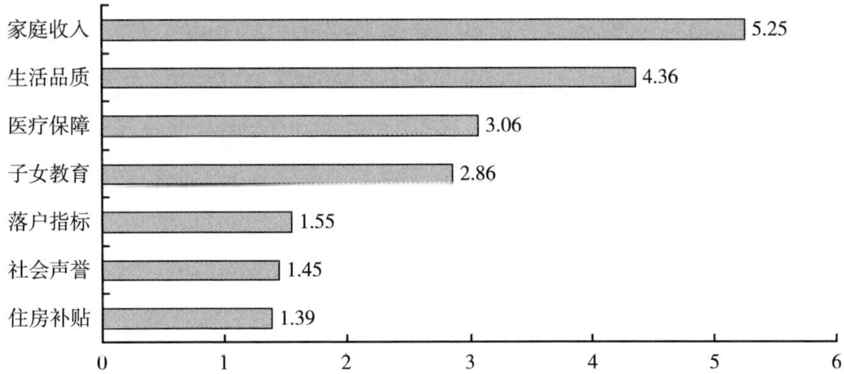

图16　留京因素平均综合得分情况

五　总结与启示

通过上述研究，可以发现，以网络游戏从业者为代表的创意人才呈现以男性为主体、年轻活力、知识水平高的群体特征，他们是令人羡慕的高收入人群，但同时他们又是数字时代的高压人群，以及还未完全被北京这座城市接纳的异乡人，他们的工作状态整体呈现不稳定的流动性特征。另外，当聚焦网络游戏从业者的工作满意情况，调查结果同样映射出一些问题，比如企业缺乏对员工职业规划的管理、员工对工作付出的时间精力与工资薪酬不成正比等。与此同时，本报告所呈现的对网络游戏从业者的工作情况、工作满意度、留京因素的调查结果和从中反映出的问题，也能为企业的人才管理和政府的人才政策带来一些启示。

（一）企业创建以人为本的人才管理模式

人才资本是企业的核心竞争力。对于企业来说，应当坚持以人为本的人才管理模式，关注员工的工作和生活状态，注重从各方面改善员工的工作条件和提升生活福利。

首先，在人才管理方面，公司应当根据员工个人能力专长，制定详细有效的培养方案，并结合个人发展目标和公司发展规划为员工量身打造职业成长规划手册，建立员工职业成长轨迹档案，让员工真切感受到公司对他们的重视与栽培，同时也能让他们看到自己未来的职业发展前景，在员工内心深处打上一针强心剂。另外，在日常管理时，公司应当对其员工进行适当范围内的授权，使其在创作和工作方式上享有充分的自主权，可以根据自己的意愿和工作方式合理地使用和配置其职权范围内的资源，以达到效率最大化，能够有创造力和创新性地实现其工作目标。

其次，公司也应注重打造人性化、生态化的工作环境。例如，在办公区域之外设置休息区、娱乐区、讨论区、餐饮区，配备各种零食、水果、茶点以及配套的娱乐设施，让员工在工作之余放松身心，从而劳逸结合，提高工作效率。此外，公司还要致力于营造适宜产生创意的工作氛围。员工的工作活动范围是有限的，但是创意和灵感是无限的。据有关报道，美国硅谷的一些软件开发公司已经不限制设计开发人员的衣着打扮，他们可以随意穿着，目的就是让智慧和创意的火花在最舒适、最自然的环境中迸发。

最后，公司还应更加注重员工的精神需求，建立良好的人文关怀和企业文化，真正让员工感受到集体的温暖。例如，Google 就十分注重集体荣誉感和归属感的培养，在每次的新员工入职大会上，都会给员工灌输一种理念，即“我们正在为改变世界而努力，和 Google 一起，在我们的行列，做一些惊天动地的大事”。这样一来，公司和员工之间就建立起了一种“心理契约”，使员工形成一种集体归属感和荣誉感，增加企业的凝聚力。

除此之外，公司要时刻关注员工的工作状态和心理状态，当其出现工作懈怠的征兆时，要及时对其进行心理疏导和排解。领导要多与员工沟通，了解员工的工作需求和感受，及时回应员工的合理关切。为防止工作懈怠，公司还可以在不同的工作节点，适时推出一些员工激励政策，如物质激励可以体现在薪酬、奖金、礼品等方面，非物质激励可以包括设立“优秀团队”“优秀个人”等荣誉称号，评选创新标兵，邀请优秀员工参与公司决策等方面。另外，考虑到创意产业工作的特殊性，加班是不可避免的现象。因此，公司要对加班的奖励和薪酬结算制定明确的标准，即使是在家中加班，这一部分时间也应当算入工作时长，并给予适当薪酬的奖励。

总之，公司要结合自身实际，从人力资源管理的各个阶段进行宏观把控，为创意人才做好职业规划，开辟成长通道；不断提升员工的工作条件和工作环境，增强员工的集体归属感；时刻关注员工的工作状态和心理状态，提升员工工作积极性。通过人性化的管理，组建一支充满激情与活力、创意无穷、敢于拼搏、技艺精湛的高品质创意人才队伍，为企业的长期稳定发展提供坚实的人才基础。

（二）政府构筑创意人才发展环境

一个地区创意产业的发展，人才是关键要素。为推动实现北京“创意之都”的目标，北京市政府应当将创意人才问题放在突出的位置，着力构筑创意人才的发展环境，出台各项人才扶植政策，满足人才留京的基本生活需求。

第一，政府应当着力提升人才居住的硬环境。户籍问题在较大程度上影响创意人才的工作和生活，政府应当继续完善落户政策，探索积分落户的管理机制，建立突出产业需求、实际贡献、社会发展的积分指标体系，对相应的创意人才在落户指标上给予一定的倾斜。另外，住房问题也是创意人才关注的焦点，政府应当推进公租房、经济适用房、共产权房建设，加大人才公寓建设力度，从多种途径解决青年人才的住房困难问题。在其他的一些生活保障上，如子女教育、配偶安置、医疗服务等方面，政府也应尽可能地提供相应的政策扶植，解决创意人才的在京生活难题和后顾之忧，以全方位的政策支持，为创意人才提供良好的工作和生活环境。

第二，政府应当提升城市的精神文明，构筑诱发创意的人文环境。北京要打造创意产业的“人才高地”，既要提供良好的硬环境，也要打造优质的软环境。能够吸引创意人才的软环境包括一个城市所散发出的人文精神和无处不在的创意氛围。北京历史悠久，有着深厚文化底蕴，这是一个城市文化自信的根基，也是吸引国内外优秀创意人才的魅力所在。因此，政府应当注重以人文环境涵养创新意识和创新文化，进一步提升城市的创意魅力。例如，在人才培育方面，通过革新创意人才的教育体制、完善培训体系，发挥首都的文化教育优势，为创意人才提供适合发展的“精神家园”；在公共文化建设方面，增加创意文化设施，如艺术馆、创意产业园、图书馆、博物馆等，传承创意的文化基因。另外，政府还可以通过组织举办创意人才座谈会，加强政府与创意人才的交流，了解创意人才的所思所盼，及时回应他们的切实关切，因此激励创意人才为首都创意产业发展做出贡献。

B.16
首钢园区文化创意产业发展研究报告

于 隽*

摘 要： 新首钢高端产业综合服务区是在原首钢石景山厂区北区上开发建设的、中国第一家以钢铁工业文化遗存为特色的主题文化园区。首钢是中国最早兴建的近代钢铁企业之一，是中国大工业时代的见证者、中国现代钢铁工业的先行者。进入21世纪，在北京建设国际化大都市和筹办2008年奥运会的新形势下，首钢配合首都大局，搬迁至河北唐山曹妃甸。2011年1月，首钢石景山钢铁主流程停产，首钢获颁“功勋首钢”纪念碑，首钢园区也进入了全新的转型发展阶段。

关键词： 首钢园区 文化创意产业 工业遗产 冬奥资源

2016年，随着北京2022年冬奥会组委会的进驻，首钢园区再度与奥运结缘，与祖国和首都的新一轮伟大征程结缘。红与白、冰与火的碰撞与交织在承载着百年钢铁记忆、创造了无数辉煌的首钢园区内展开，也由此为北京城市复兴新地标的建设铺就了更加精彩的道路。

国际奥委会主席巴赫称赞首钢园区是一个“让人惊艳”的城市规划和更新范例。城市更新不仅对建筑物等硬件设施进行改造，也对各种生态环境、文化环境、产业结构、功能业态等软环境进行延续与更新。在产业发展

* 于隽，博士，北方工业大学文法学院副教授，主要研究方向为文学与传媒艺术研究、文化创意产业研究。

方面，首钢园区将打造“三产三态一社区”的产业体系，规划建设“体育+”“数字智能”“文化创意”三个主导产业。其中，文化创意产业的发展是首钢园区实现城市更新的重要源泉和发力点。而文化创意产业发展的核心是文化，深入挖掘首钢园区可利用的文化资源，将百年首钢厚重的工业人文历史注入文化产业的品牌建构，将有效地提升文化创意产业的品质，使园区更加具有意义和灵魂。

一 首钢园区的文化资源梳理及其文化创意产业转化意义

文化资源是文化创意产业发展的源头，学者向勇在《文化产业导论》中指出，文化资源是“可供主体利用和开发，并形成文化实力的各种文化客观对象，包括前人创造积累的文化遗产库，今人所创造的文化信息和文化形式库，以及作为文化活动、设施与手段的文化载体库等”，① 同时，他把文化资源分为历史文化资源与现实文化资源、人文文化资源与自然文化资源、有形文化资源与无形文化资源、可再生文化资源与不可再生文化资源。

（一）首钢园区的主要文化资源

首钢园区内的文化资源主要有工业遗产资源、自然景观资源、历史建筑资源、博物馆资源和冬奥文化资源。

1. 工业遗产资源

首钢园区内的工业遗存相当丰富，是我国历史久远、规模庞大、保护完好、工业结构完整的工业遗产，具有世界级的资源价值。

比如，园区内的三号高炉是1992年由首钢自己设计、自己制造、自己施工、自己调试兴建的第一座炉容超过2500立方米的现代化大型高炉。其所在生产线是首钢老厂区冶炼体系中最典型的一条生产线，它遗留的建

① 向勇：《文化产业导论》，北京大学出版社，2015，第111页。

筑和构筑群是中国钢铁自主创新工业技术的珍贵写照；园区内的鱼雷罐车，曾是首钢工人创造的奇迹，从设计到完成制造只用了两个半月的时间，结束了我国靠引进鱼雷罐车的历史；遍布首钢的铁轨是在不同的时期，根据首钢的建设情况不断加以铺设的，是串联首钢发展的要脉，其中最早的铁路线为1936年所建。

这些资源属于有形文化资源中的现实物质资源，根据其主要依托形式，被归类为工业遗产资源。对工业遗产资源进行开发的一个重要前提是在保持首钢工业区肌理的情况下做好分类甄别工作，对一些具有代表性的反映某段历史的建筑、设施需要进行保护性开发，对一些象征性的设施比如轨道、管道可以有选择地进行结构性改造，而对那些无代表性和历史价值的建筑和设施可以进行效益最大化地再利用开发。

2. 自然景观资源

首钢的自然景观资源主要由石景山山体和永定河水体组成，首钢园区内的中心位置有“燕都第一仙山”美誉的石景山、群明湖以及秀池。濒临永定河，背靠西山，首钢园区的园林建筑以及自然山水资源十分丰富。

群明湖是人工湖，坐落在厂区中部，同秀池一样是一座经过环保处理的高炉循环水池，占地面积约10万平方米，建于20世纪50年代，80年代形成文化景观。紧傍该湖的北侧，三高炉的西面，有一“大水池子”，面积仅有群明湖的1/4，那是群明湖的“母亲”，新中国成立前就有，是引永定河水形成的最早的晾水池。与其相对照，群明湖就成为新中国成立后首钢飞速发展的历史见证。群明湖湖畔有仿古园林建筑群，古建筑群由“群明生辉”牌楼以及亭、榭、廊、桥相连而成。群明湖水域开阔，冬春季会有野鸭在此栖息，也有鱼类穿游其中，以及游人在此垂钓，环境宜人，同时有首钢的冷却塔、空分塔、煤仓等工业设施环绕周围，组成了著名的景观“群明塔影”。

群明湖不远处即著名的石景山，海拔183米的石景山在历史上又被称为“石井山”“石径山”“石经山”“湿经山”。分别得名于山上的双眼石井，以及“晒经台”，现在石景山南天门以北的摩崖处还有“石经山”三字可见。石景山上的《重建石景山天主宫碑记》记载：“神京之西，四十里许，山曰石经，又云湿经，亦名石景。惟山雄峙一方，高接云汉，钟灵秀之气，郁造物之英，真为燕都之第一仙山也。”据此，石景山闻名京畿。石景山古建群就坐落在石景山上，是石景山的文物保护单位。

3. 历史建筑资源

石景山峰峦东南坡的绿荫深处，有一座既神秘又庄重的建筑，它就是首钢红楼迎宾馆。红楼迎宾馆由白楼和红楼两部分组成，红楼与白楼连为一体，环山而居。白楼建于1940年初，为侵华日军建造，后改为“高级职员俱乐部”，新中国成立后，首钢将其作为专家招待所。红楼建于1955年，用红砖垒砌而成，所以人们称之为“红楼”。红楼迎宾馆是一座很不起眼的三层小楼，与现代的宾馆相比，其显得古朴、陈旧。但是，这里的每一个房间、每一块砖石，都承载着丰富的历史，都是重要历史事件的见证者。20世纪50年代，援助首钢建设的10多位苏联专家就食宿在红楼迎宾馆。红楼迎宾馆是首钢的第一座楼，党和国家领导人来，外国政要访问，都在红楼迎宾馆接待。

红楼迎宾馆至今已有70年的历史，不仅见证了首钢的发展变迁，还见证了新中国党和国家领导人对首钢建设发展的关心与支持。国家发展钢铁工业的许多决策都是在这里形成的，探究中国钢铁工业的历史，红楼迎宾馆是不可或缺的，这里珍藏了首钢最骄傲的记忆。很多国家领导人、历史名人都曾在这两座楼里驻足。刘少奇、朱德、周恩来、徐特立、张闻天、彭真、万里等中央领导和文化界贺敬之、老舍、梅兰芳、马连良、谭元寿、郭兰英、新凤霞、侯宝林等艺术家们来首钢参观以及采风、创作、表演、体验生活，也都住在红楼迎宾馆。

4. 博物馆资源

目前，首钢园区内有一座北京市爱国主义教育基地——陶楼，作为厂史厂志展览馆和首钢规划的展览中心，陶楼展厅内用实物、视频和大量的图片生动诠释了首钢自1919年诞生之日起就与国家和民族的命运紧密相连，特别是新中国成立后，改革开放40多年以来，首钢人始终秉承强企报国使命、一路改革创新前行的奋斗历程。陶楼不仅全方位展示了首钢人创建中国最大的钢铁联合企业的辉煌业绩，还描绘了新首钢的美好未来。

在不远的将来，曾经作为标志性符号的“功勋高炉”——炼铁厂三号高炉，将通过改扩建等手段，变身为一座现代化的首钢工业博物馆，一座拥有厚重工业历史的遗址将以博物馆的形式继续讲述属于首钢园区的故事。

5. 冬奥文化资源

2016 年，北京 2022 年冬奥会组委会入驻首钢，2018 年 6 月 5 日，北京 2022 年冬奥会和冬残奥会官方城市更新服务合作伙伴签约仪式在首钢园区北京 2022 年冬奥会组委会办公区举行。首钢集团正式成为北京 2022 年冬奥会和冬残奥会官方合作伙伴。目前，首钢已完成西十筒仓区域约 10 万平方米工业遗存改造，北京 2022 年冬奥会组委会顺利入驻办公。应国家体育总局需求，将精煤车间等大跨度工业遗存改造为速滑、花滑、冰壶、冰球训练馆，并配套公寓，兼具商业化运营；将冷却塔改造为特色酒店等，使冬奥广场两湖区域成为以冰雪项目为主要特色的功能齐备的文体休闲、体验和消费区域。由此营造了差异化的宜居宜业环境，树立了城市更新范例。

2019 年底，首钢滑雪大跳台建成。12 月 14 日，2019 沸雪北京国际雪联单板及自由式滑雪大跳台世界杯赛在首钢滑雪大跳台落幕。

冬奥会举办前后，“火”与“冰”的碰撞融合将是首钢园区的文化亮点。

如果说，以往的工业资源进行文化产业转化指的是“利用工业现有资源如厂房、技术、生产情景、企业发展故事等进行文化产业的改造利用，旨在获得企业文化发展和实现文化产业资源开发的双赢局面”,[①] 那么对于首钢园区的认识则不能局限于工业资源，应该放眼能够产生文化产业价值的文化资源，发现这些资源更为多元的附加值，将一些过去价值不高的“边角余料”或“点缀品”变成“金子”，从而实现更高的社会、经济和生态效益。

① 于隽、张咏德、张晓萌、邹承东：《北京工业文化产业转化的现状及发展策略》，《武汉冶金管理干部学院学报》2014 年第 6 期。

（二）首钢园区文化资源进行文化创意产业转化的意义

将首钢园区内的文化资源进行全面梳理，并进行文化创意产业的转化和利用，具有十分重要的意义。

其一，有助于展现工业遗产，留存历史记忆。首钢因其特殊的工业遗产而在中国工业历史以及城市建设和发展史上留下了重要的一笔，展示了共产党人感天动地的伟大壮举，也是广大工人阶级建设新中国、建设伟大社会主义事业的壮举。虽然它的主体已经搬迁，但留存的工业遗迹仍是历史的见证，这个不能抹去，值得保留，值得敬仰。

其二，有助于再现我党红色历程，激发爱党爱国情怀。数十万首钢人曾经在这里工作、生活，他们将对党、对祖国和家园的热爱化作动力，努力生产。在这里迸发的首钢精神，激发了全国工业行业的生产热情和首都人民建设新北京的热情，这是首钢人民对党忠诚、无私奉献的最好体现。

其三，首钢园区的资源利用改造对区域经济发展以及城市景观塑造也有重要的影响。上述丰富的文化资源与新的城市元素进行协调、织补，将有效地改变京西的面貌，为北京再添一处国际化、现代化又具有艺术和人文气息的文化产业聚集地。

二　首钢园区文化资源中的人文内涵在文化创意品牌建构中的应用

在许多工业文化产业园区，尤其是工业遗产转化利用的创意场景中，都容易产生“见物不见人”的问题。没有了人文历史，机器厂房就是被抽离了灵魂的空壳；没有了人的印记，再富有创意的改造，也只能是缺乏“意味”的形式。百年首钢既有厚重的工业人文历史，又具有新时代的中国故事。将其中的“人”和“事”在新生的工业文化园区中留存、放大和全新讲述，定会成为“品牌故事”，为园区注入生命力。因此，发展首钢园区的文化创意产业，还应当注重对文化资源中人文内涵的总结和提炼。

人文精神“是构成一个民族、一个地区文化个性的核心内容；是衡量一个民族、一个地区文明程度的重要尺度”。[①] 在人类文明的进程中，人文精神是实践的产物，是优秀文化的积淀、凝聚、孕育，是人类精神力量的整合。工业文化作为一种文化资源，凝聚着一个城市、一个国家历经沧桑、不断创新、拼搏进取的人文精神。找寻首钢园区文化资源中的人文内涵，既要打捞企业的发展历史，从中寻找优秀的担当意识、合作精神、效率观念等具有超越时代意义的重要精神营养，又要挖掘随着时代发展变化呈现出来的新的经营哲学、思维方式、管理制度、精神面貌和审美观念等精神要素。

百年首钢，连接着历史和未来，“好故事”不胜枚举。新中国成立初期“一天打八仗，三天不卸甲”的主人翁精神；改革开放中“做天下主人，创世界第一”的开拓进取；新世纪搬迁中的“浴火重生，敢为天下先”；新时代与冬奥携手，共建京西文化新地标的“筑梦成钢”；伟人、名人与首钢的互动。从毛泽东支持首钢工资改革，到周恩来到工人家里串门儿；从周立波创作《铁水奔流》，到贺敬之难忘首钢情；从震撼赫鲁晓夫的首钢民兵方队，到比利时钢厂大拆迁……这些重要的人文素材不应该只停留在文字上，或珍藏于博物馆中，而应该将其作为文化产业园区展示的重要组成部分。

比如，在对园区内冬奥广场项目（五一剧场、制粉车间）的改造工程中，应着力凸显“五一剧场”的人文内涵。“五一剧场”曾经是“十里钢城”的标志性建筑。在过去的几十年中，首钢人在这里，开大会、看电影、看演出，留下了许许多多珍贵的记忆，梅兰芳、马连良、张君秋等京剧名家都曾在这里演出。将这座以劳动者节日命名的剧院及在此发生的故事予以讲述、放大，既彰显对劳动者的尊重，亦是对劳动者生活历史的保留。在将一座厂区改造成一座城市花园的各类项目中，也应当印刻下无数首钢人顾全大局、舍小家、顾大家、背井离乡，离开曾经陪伴了他们大半辈子的生产环境的奉献足印。

---

① 陈旭光：《艺术的意蕴》，中国人民大学出版社，2001，第13页。

在首钢园区现有的展示场所中，除了以陶楼为代表的首钢展览馆之外，还应当在保留“匠魂精神”的工业遗迹如“鱼雷罐车”“功碑阁”等多个地方，将首钢的诸多故事进一步生动化、立体化地讲述、展示，如采取雕塑小品、视频投影、事迹墙等方式进行宣传、再现，让首钢优质的人文内涵成为园区不灭的灵魂和品牌。

首钢园区中正在兴建的“六工汇”项目，就是具有工业品牌理念的现代办公空间，将人文情怀和商业元素进行了很好的融合和对接。“六工”出自《礼记》：“天子之六工曰：土工、金工、石工、木工、兽工、草工，典制六材。”“工”寓意匠人精神，体现了钢铁搭建的建筑形态和工业传承的印记。“汇”则是汇聚、聚集的意思，寓意创意的火花在这里聚集、碰撞、燃烧，首钢的能量和火热被重新点燃。

优秀的品牌文化可以赋予品牌强大的生命力和非凡的扩张能力，在首钢园区丰富的文化资源中，人文内涵取之不尽，在进行文化创意品牌建构过程中，尤其应当合理运用这些宝贵的精神财富，使文创产品继承光荣，不断逐梦、铸梦。

三　首钢园区文化创意产业发展建议

习近平总书记指出，要推动文化产业高质量发展，健全现代文化产业体系和市场体系，推动各类文化市场主体发展壮大，培育新型文化业态和文化消费模式，以高质量文化供给增强人们的文化获得感、幸福感。首钢园区文化资源多样，人文内涵丰富渊深，是具有发展文化创意产业“吸引物”的园区。首钢园区的文化创意产业发展应具有宏观意识、大局意识和生态意识，充分利用其文化资源、树立优质品牌，使其成为立足北京、面向全国，具有世界影响力的高端、绿色的城市更新典范。

（一）利用工业遗产资源，建设最大的中国工业博物馆

建设工业博物馆是国际上通行的保护工业遗产的基本手段之一。能够改

造为工业博物馆的工业遗产，首先在内涵上要在工业发展史上具有独特而深厚的文化底蕴，在工业发展史上具有典型性。其次，其在外观上应当具备保存较好的工业建筑和场所。最后，其内部应当具有能够完整呈现工业生产流程的机器设备。①

虽然我国已有一座坐落于沈阳的中国工业博物馆，但是以新首钢高端产业综合服务区发展为契机，充分利用首钢主厂区 2 平方千米的炼铁区域、1.5 万平方米的工业特色建筑物和地上工业设施设备，按照 2012 年发布的《新首钢高端产业综合服务区南区控制性详细规划（街区层面）》，完全可以在北京建设一座规模较大、新颖、具备世界影响力的中国工业博物馆，并将其打造成中国冶金工业文化遗产示范基地、爱国主义教育基地和首钢文化传承基地。

集中开发一、二、三、四高炉及第一蓄水池所在区域内的生产类建筑物及设施设备，如高炉、烟囱以及众多的管线，将该区域打造成工业建筑风貌突出、钢铁文化氛围浓郁的工业博物馆，同时利用现有的工业场馆，策划一系列专题性较强、反映钢铁生产工艺的主题馆，可以让游客以工人的角色参与，并在其中废弃的工业设施中开展各种活动，让游客了解首钢工人的生活和生产方式，活化首钢厂区的真实感和历史感，激发游客的参与感和认同感，使其从中获得教育启发和精神慰藉。

目前，以首钢三高炉为改造主体的博物馆建设项目正在进行，建成后，该博物馆将立足京西、服务首都、面向全国，使自然山水和百年首钢工业遗址交相辉映。轰轰烈烈的钢铁生产场面与湖光山色有机结合，人与自然和谐统一，形成生态环境优美、创新创意活跃的高端要素集聚区域，该博物馆势必会成为展示百年首钢工业印记的标志性建筑。

（二）利用历史建筑及冬奥资源，建设首都最大科普教育基地

德国的鲁尔区是从高炉转向高雅文化的案例代表。鲁尔区的成功转型，

---

① 参见张京成、刘利永、刘光宇《工业遗产的保护与利用——“创意经济时代”的视角》，北京大学出版社，2013，第 173 页。

很大程度上要归功于其大力发展的科教和文化艺术事业。鲁尔区共有6所大学、12所学院和应用科学院，学生总计15万人，这些机构在全德国设立了40家以上的技术研究所和分支机构。鲁尔区还有26家技术中心和大企业总部，它们承担了提供服务和咨询、支持鲁尔区经济现代化的任务。鲁尔区的各种技术园内有600多家公司和机构，提供了近万人的就业岗位。德国北威州创新科技部部长把鲁尔区老工业基地的改造道路概括为："一个正在从工厂带变为思想库的改变。"

首钢园区同鲁尔区的情况比较类似，首钢是历史悠久、发展门类专业、技术含量相对较高的企业，教育科普的意义很大，可以通过改造厂房以及设立教育基地，并借助资料、展板、模型等方式进行展示，吸引如政府机关、企业、学生等特定人群团体参观。同时，首钢老厂区地处北京，工业制造与科技、文化与物质生产得以紧密结合，开展工业旅游也是进行科学技术普及和中小学生素质教育的重要方式。

此外，冬奥资源的引入更加丰富了首钢园区的教育内涵，体育文化教育、体育竞技教育、体育与首钢的渊源、奥运文化教育、奥运与首钢的渊源等都可以成为科普教育的新颖内容。首钢厂区面积大，可以同高校、研究所开展丰富的合作探索，例如承担爱国主义教育功能或者为中小学工训以及高校学生社会实践提供基地等。

（三）加强区域合作，建设国际动漫游戏体验谷

首钢园区地处北京市石景山区，首钢园区的发展应当注重与区政府的合作，实现共赢。作为我国重要的重工业基地，石景山区的工业文化资源非常丰富。随着京津冀一体化步伐的加快，首都"四个中心"功能的重新定位和高精尖产业结构的调整，石景山区对未来发展提出了新的定位和发展战略。2014年，石景山区委做出了全面深度转型、高端绿色发展的重要部署。为了落实这一重大战略部署，石景山区大力发展新兴主导产业，并将区域内工业资源的转型升级视为研究和发展的重点。尤其是，在北京2022年冬奥会组委会进驻石景山区的契机下，加强生态文明建设、

打造高端绿色之城、深挖旅游文化资源、创建靓丽城市名片，也是石景山区发展的题中之义。

以首钢为代表的“京西八大厂”（首钢、北京重型机械厂、北京发电厂、北京锅炉厂、北京西山机械厂、北京重型电机厂、北京特殊合金厂、北京第二通用机械厂）见证了石景山区乃至北京市的工业发展历史，成为北京市重工业发展历史上最具典型意义的工业文化遗产资源群之一。首钢应加强与石景山区政府的战略合作，更好地建设“发展共同体”。石景山区政府也应该有序协调推进新首钢重点项目开发建设，努力将新首钢高端产业综合服务区建设成为带动京西地区转型发展的新引擎和世界级老工业区转型发展的新典范。

具体来说，在首钢园区内可以打造与石景山区文化发展相通的一些项目。比如，近年来，石景山区政府大力扶持文化创意产业，尤其是动漫游戏产业。全国网络游戏排名靠前的知名企业，如搜狐畅游、完美世界、昆仑在线等其总部或北方基地大多落户石景山区。石景山区还曾主办过“动漫北京”首届民族原创动漫形象大赛、第12届世界漫画大会等国内、国际具有影响力的动漫大赛。在不改变首钢原有工业遗产空间结构的同时，可以有选择地保留原有厂区的建筑物和设施，把内部空间改造为办公、创作、设计等空间单元，建设国际动漫游戏体验谷，形成新的以“动漫艺术、游戏文化”为主题的产业集群。将首钢园区打造成世界动漫游戏主题公园，将成为首钢新的迎接世界目光的启发点。这样的项目也将与同样地处京西地带的国家创意产业实体——中国动漫游戏城（原址为北京第二通用机械厂，简称“二通厂”）遥相呼应，形成规模效应。

（四）利用自然资源，打造北京城市文化生态休闲示范区

北京历史文化底蕴浓厚，除了古都的身份，这里还有三个独特的文化带。《北京城市总体规划（2016年—2035年）》中历史文化名城保护一章提出了，要建设“长城文化带”“运河文化带”“西山永定河文化带”。其中，西山永定河文化带“是一个具有多重生态文化和历史文化属性的带状空间

单元，占据了北京‘源文化’的先机”。①

在西山永定河文化带石景山段璀璨多姿的文化构成中，既有灿烂辉煌的传统文化，如吸引世界各地佛教徒朝拜的八大处灵光寺供奉的佛牙舍利、作为宫廷文化技艺瑰宝的法海寺明代壁画、古都北京通往丝绸之路西域国家的重要出城古隘口——模式口等；又有山水融合的生态文化，如元初的戾陵堰引水入京、今天的“全国绿化模范城市”。

现今的首钢园区附近，有的是青山秀水，再也没有京西八大厂生产时期的“浓烟重雾”。首钢园区应以开发永定河绿色生态发展带为契机，有机整合首钢主厂区内的工业遗产和山水人文资源，通过开发一些新项目，将该区域打造成与钢铁遗址相呼应的绿色灵秀之地。比如，石景山古建群有历史底蕴和传说背景，同时也有一定的规模，风景秀丽，具有可参观性，而且距离市中心也不远，适合大多数北京市民作为一日放松出行的选择。但是石景山古建群在北京知名度较低，本身没有非常吸引人的景点。所以还需要对石景山古建群进行进一步的规划。再如，可以围绕首钢群明湖及其周边资源，通过对群明湖周边场地及建筑物的整治、修缮与提升，举办首钢灯光节、会展、演唱会等各种大型活动，彻底改善这一区域的空间环境景观效果，提升周边土地的开发价值，激发整个地区的活力。最终将该区域打造成为工业文明背景下，独具魅力的集文化、艺术、旅游、休闲、娱乐等多种功能于一身的城市文化生态休闲示范区。

（五）结合当代需求，打造首都特色商业文化示范区

主题街区是一种在城市发展过程中逐渐形成的新型旅游资源，是城市旅游的重要吸引物。工业资源可以成为主题街区建设的重要背景和材料，通过在工业遗迹中注入一些新的结构和形态，或者利用工业元素作为创意源头，形成一个个“生机勃勃”的兼具购物、饮食、休闲、艺术打卡等多种功能

---

① 胡晓钰：《西山永定河文化带：“源文化”开发的困局与破局》，《北京商报》2018 年 8 月 3 日，第 T09 版。

的消费综合区。工业主题的特色街区是北京工业资源转型的一种重要模式，代表案例如 798 艺术区、石景山万达广场的“厂东门 1919”等。

将工业与时尚完美融合，营造有故事的主题空间，使其具备火红历史年代的厚重质感、充满浓郁的钢铁工业氛围，成为购物潮流风向标和拍照打卡的必到之处，由此给消费者带来强有力的视觉冲击，为消费者提供美好的怀旧体验。首钢园区也可以将工业遗产建筑中的大空间，改造为会议厅，或用作表演戏剧、开演唱会、举办发布会、放映电影等的活动中心。充分发掘工业遗产中各种设施的空间潜力并赋予其新功能，力求使工业遗产文化资源的群体建筑和设施发挥更高的效能，实现综合利用。这样既可以很好地保护和再利用工业遗产，又可以满足公众对工业风情、工业气质以及后现代风格等在审美、娱乐、认知方面的需求，并带来经济效益和社会效益。

（六）塑造媒体故事，促进园区宣传推广

在媒介发达的今天，“好故事”和“讲好”故事同样重要。媒介是人的延伸，要将首钢园区成功地宣传和推介出去，还需媒体进行助力推广。

1. 传统媒体推广

在传统媒体宣传方面，主要有文学和影视两类作品。

文学方面，主要有报告文学和话剧剧本，如由河北知名报告文学作家王立新历时十年创作而成的长篇报告文学《首钢三部曲》，包括《曹妃甸》《首钢大搬迁》《大海上的钢城》。话剧剧本《实现》是北京首钢文化发展有限公司 2016 年 7 月推出的首部大型工业诗歌话剧。

影视方面，专门以首钢为表现对象的纪录片主要有《石景山——铁色记忆》《首钢大搬迁》。《石景山——铁色记忆》将“山”与“钢铁”相结合，在追溯石景山历史文化渊源的同时，讲述首钢这个“钢铁王国”发展的历史，揭示我国钢铁文明的演进历程。《首钢大搬迁》讲述的是 21 世纪之初，首钢人受北京市环保要求和城市发展空间布局的影响，“走出”北京在曹妃甸建功立业，实现“钢铁强国梦”的感人历程。

上述作品都真实地记录和展示了首钢人的民族情怀和奉献精神，在社会

中产生了较为广泛的影响，提升了人们对于首钢的认识。

2. 新媒体推广

与传统媒介相比，新媒体在当今受众中影响更为广泛。在现今的新媒介环境中，微媒体凭借其短小、快捷、使用方便等特点受到更多人的接受和欢迎，微信公众号、短视频成为更加亲民的信息传播手段。对于发展文化创意产业的首钢园区来说，其可借助微媒体进行宣传以及与民众互动，从而扩大园区的影响力。目前，对首钢园区进行报道的微信公众号主要有“首钢园”“首钢新闻中心”，经常报道首钢园区信息的还有“北京石景山”和“AI 石景山”。

其中“首钢园”立足于宣介首钢园区“新时代首都城市复兴新地标”“高端产业综合服务区”的定位，将园区的历史、现在和未来发展不断向公众推送。“首钢园”目前开设了三大板块，下设十一个专题：“关于园区”版块主要包括“园区概况”“产业定位”“北区规划”“首钢精神”“首建投公司”；“热点推荐”板块包括“首钢新闻”“园区发展”“活动掠影”；“党建文化”板块包括“党建动态”“身边故事”“员工心声”。从内容上看，“首钢园”公众号发布的比较有影响力的主题主要和首钢园区举办的丰富多彩且有趣味的活动相关。尤其是关于活动的介绍性图文，关注度也相对较高。从形式上看，图片和视频成为吸引大众眼球的主要手段，比如，《月季园、群明湖、大跳台……这里五月鲜花开满园》《工业风首钢园气势恢宏景色秀美，约吗》两篇文章都选用了首钢园区的绮丽风景图片，令人赏心悦目，也引得受众评论连连。

从发布频次看，仅以 2020 年 5 月为例，该公众号就发布了 11 次推送。可见，此公众号的存在感和用户意识还是比较强的，属于较为活跃的公众号。

可以说，与传统的媒介传播方式相比，微信公众号传播的特点主要有吸引性、服务性、交互性，可以让用户获得声、画、影相结合的立体文化体验，使跨文化交流更加生动，能够展示更多不同的文化内容形式。其可以利用新鲜、有趣、有意义和有意思的内容吸引人，也可以依靠清楚的信息讲解和介绍服务人，还可以利用开放式评论、可参与的设计增强交互氛围。

此外，首钢园区还可以通过创制 App、在抖音等开设视频账号等方式拓宽更大线上空间，形成具有“魅力”的传播平台，以优质的内容、高品质的推文、有趣的视频作品、人文气息浓厚的高雅艺术积淀用户，并形成口碑效应。

总之，在北京文化创意产业发展版图中，首钢园区是不容忽视的一笔，也是值得期待的一笔。当前，在 2022 年举行冬奥会的契机下，首钢园区正在进行如火如荼的改造和升级。

区域特色篇

Regional Development

B.17 国家文化产业创新实验区：高端引领、产业融合、创新服务，打造首都“全国文化中心建设”新名片

丰春秋　李浛　薛琳　刘成磊　刘欣*

摘　要： 2019年，国家文化产业创新实验区（以下简称“文创实验区”）聚焦高端品质化发展，深化产业融合，全力推进园区特色化建设及品牌培育等各项重点工作，文化驱动经济社会发展的效能显著增强，服务首都、建设全国文化中心的贡献显著提高，引领全国文化产业创新发展的作用日益凸显。

关键词： 文化产业　创新实验区　全国文化中心　北京

* 丰春秋，文创实验区管委会主任；李浛，文创实验区管委会副主任；薛琳，文创实验区管委会科长；刘成磊，文创实验区管委会三级主任科员；刘欣，文创实验区管委会高级研究员。

一 发展概况

（一）文化产业贡献突出

文创实验区持续深化文化体制机制改革，坚持高端定位、创新发展，壮大各类市场主体，集聚高端文化要素，文化产业规模持续扩张，为区域经济高质量发展做出了重要贡献。从发展规模来看，2019 年 1 ~ 12 月，文创实验区规模以上文化产业九大领域的单位数达 755 家，实现收入 1204.2 亿元，区域文化产业持续稳健发展（见表 1）。从区域贡献来看，2019 年 1 ~ 12 月文创实验区文化产业的单位数与收入占朝阳区的比重分别达到 53.3%、51.9%，占北京市比重分别为 18.1%、9.4%。文创实验区推动区域文化产业扩张的作用越发凸显，有力支撑了朝阳区文化产业的提质增效，服务首都建设“全国文化中心”的贡献显著。

表 1 2019 年 1 ~ 12 月文创实验区规模以上文化产业九大领域基本情况

领域	单位数(家)	收入(亿元)	增速(%)
新闻信息服务	58	103.7	-2.7
内容创作生产	154	192.8	19.1
创意设计服务	309	478.2	-16.2
文化传播渠道	54	148.2	-11.1
文化投资运营	8	5.2	-39.2
文化娱乐休闲服务	9	3.5	12.7
文化辅助生产和中介服务	143	84.3	-2.1
文化装备生产	4	3.5	-10.6
文化消费终端生产	16	184.7	-15.7
合计	755	1204.2	-9.2

资料来源：北京市朝阳区统计局。

（二）产业升级逐渐加速

文创实验区聚焦文化、科技、金融等多领域、全方位的融合发展，积极推进传统文化企业转型升级，通过“文化+”助力文化产业提质增效。文创实验区重点支持研发平台建设、关键共性技术发明专利以及数字文化领域标准体系建立等环节，进一步加快文化产品和服务的生产、传播、消费的数字化和进程，吸引了全球首个5G直播孵化基地、JDG京东电子竞技中心等高科技含量、高附加值企业落户文创实验区，引领文创实验区数字内容、动漫游戏、视频直播等文化科技新业态实现跨越式发展。此外，文创实验区积极探索建立以信用体系建设为核心的多元化、多层次的文化金融发展模式，集成各类金融服务资源，不断推进文创实验区文化金融服务中心的建设运营，已吸引20家金融机构入驻，有效促进文化金融融合进程，积极打造文化金融融合发展新高地。

（三）园区建设稳步推进

为适应资源环境紧约束下的城市发展新常态，文创实验区稳步推进重点园区建设工作，提高文化产业园区的发展质量和综合效益，加速文创实验区文化产业园区内涵式集约发展进程。2019年，文创实验区有6个老厂房“蝶变”为特色文化产业园区，包括东枫德必人工智能创新基地、爱工场文化科技融合产业园、E50艺术区、印象里文创园、DREAM 2049国际文创产业园广渠园区、菁英梦谷时尚创意梦工厂，文创实验区文化产业园区的规模化、特色化、专业化水平得到进一步提升。截至2019年底，文创实验区内共有63个文化产业园区，在首批认定的33家北京市文化产业园区中，有7家位于文创实验区，在2019年北京市认定的31家老旧厂房拓展文化空间办法试点园区中，有5家位于实验区。文创实验区文化产业园区产业布局和综合品质得到进一步优化，逐步迈入高质量发展“领跑方阵”，加速推进了产城融合发展和城市有机更新。

（四）品牌培育成果显著

文创实验区大力培育品牌创新成果，集中政策和资源，重点扶持一批高知名度、高影响力、高效益的品牌龙头企业，让老品牌焕发新活力、小品牌凝聚大能量，积极搭建文化产业高端交流合作平台，增进国际化人文交往和文明互鉴，加速实现城市品质的提升。文创实验区吸引了国际知名文化企业索尼音乐、国家级新媒体平台“央视频”运营公司央视频融媒体发展有限公司成功落户，抢占融媒体发展制高点，有效扩充品牌企业战略储备库。此外，文创实验区充分发挥资源平台优势作用，助力开展园区路演专题培训会、欧盟电影展电影发行论坛、首创创意文化周、“智汇三三”高端沙龙等活动，文化品牌溢出效应不断提升，高端要素资源加速集聚，文创实验区逐渐成为首都全国文化中心建设的靓丽名片。

（五）辐射效应日益凸显

文创实验区凭借有机的产业配套、先进的技术支撑，构建了具有辐射影响力和示范带动力的创新发展生态系统，带动了文化产业的迅猛发展，社会辐射效益日益凸显。2019 年，文创实验区内共举办文化活动 580 余场次，懋隆“燕京八绝”传统工艺展示体验、铜牛电影产业园“主旋律电影产业联盟”、塞隆国际文化创意园国际文化艺术节等一批公共文化活动深受广大市民欢迎。文创实验区借助系列品牌活动，深入挖掘文化内涵，强化辐射带动作用，极大地提升了文创实验区的美誉度和影响力。

二　创新举措

2019 年，文创实验区准确把握文化产业区域发展阶段性特征，坚持价值引领、创新驱动、跨界融合、开放协同，扎实有序推进体制机制、营商环境、区域协同、金融创新、人才培育等重点工作，着力打造朝阳区标志性文化集聚区，树立特色化区域文化消费标杆，实现文化与经济社会发展的有机结合。

（一）完善体制机制，巩固产业发展基础

文创实验区积极构建文化产业全面改革创新体系，进一步优化资源配

置，全力推进体制机制改革与完善，推动文化产业转型升级发展。一是研究起草《关于加快国家文化产业创新实验区高质量发展的意见》，进一步确立文创实验区在全市文化产业发展格局中的战略地位。二是出台促进国家文化产业创新实验区高质量发展“政策50条”，进一步升级政策创新体系，深入实施“文化+”战略，提升文化产业发展能级。三是发起成立了全国首个国际文化产业园区发展联盟，建立全球各国文化产业园区全方位、多渠道的互动合作机制，促进中外文化产业互学互鉴。四是聚焦文化金融、产业发展、实验区指数指标体系等开展课题研究，丰富文创实验区理论支撑，为促进文创实验区高质量发展提供思路举措探索。

（二）优化营商环境，构建良好发展生态

文创实验区坚持问题导向与需求导向，大胆实践、开拓创新，不断优化服务效能，提供全区联动的企业全生命周期服务，切实解决企业服务需求，营造了适宜文化产业发展的产业生态环境。一是坚持送“服务包”制度，走访服务园区逾300次，为央视频、果壳网等重点企业在空间选址、工商注册、综合工时申报等环节提供全方位管家式服务，切实帮助企业解决发展中的难题，提供全区联动、合力纾困的企业全生命周期服务，打造一流营商环境。二是提供专业化、持续性法治保障服务，与朝阳区人民法院签订《依法保护企业合法权益　服务保障文化产业发展合作协议》，双方围绕合同执行、劳动争议、企业融资、企业退市、知识产权保护等关键环节展开合作，深度服务园区企业。此外，文创实验区在莱锦文化创意产业园、铜牛电影产业园、东亿国际传媒产业园、吉里（北京）国际艺术区、东郎电影创意产业园5家重点文化产业园区成立法官工作站，为400余家企业持续提供法律服务。三是开展知识产权进园区“问诊”“4·26”知识产权服务周等活动，为文化企业提供版权保护和维权等全方位服务，有效提升了文化企业的知识产权保护意识和能力。

（三）加强区域协同，打造共赢联动格局

文创实验区积极推动区域互联互通、产业统筹布局、公共服务共建共

享，加速资源整合，构建共赢联动格局。一是加速京津冀文化产业协同发展步伐，举办2019“魅力京津冀”文旅项目交流活动，引导京津冀实现跨界资源整合，为京津冀三地文旅融合发展搭建了交流互动、合作共赢的发展平台。二是推动大运河文化带全流域各省市协同发展，开展《大运河文化保护传承利用规划纲要》发布后首个全流域8个省市共同参与的“大运河文化带文化遗产创新创意设计大赛”，进一步推动区域间优势资源流动，推动区域产业合理布局与分工。三是形成全球协同发展机制，举办2019国际文化产业园区发展论坛、“NICE CHOICE——中外手工艺采风交流”活动、欧盟电影展电影发行论坛等国际文化交流活动，吸引荷兰驻华大使馆文化参赞何甫（Bart Hofstede）等国际友人到访参观，扩大了文创实验区文化产业的海外“朋友圈”，塑造了国际化文化交流标杆。

（四）深化金融创新，释放产业发展活力

文创实验区依托企业信用促进会和文化金融服务中心，深化文化金融创新，逐步构建了多层次、多渠道、宽领域的文化金融服务体系。一是联合北京股权交易中心共同建设“北京文创四板”，并落户文创实验区文化金融服务中心，为文化企业提供股债融资、股权管理、四板挂牌、转板上市等专业金融服务，畅通文化企业融资渠道，助力文化产业释放活力。二是推进文创基金工作逐步落实，实现五部电影项目投资，对接30余家投资机构，积极协调推进影视产业投资子基金、文化科技领域投资子基金设立，逐步完善全产业链文化金融服务体系。三是与浦发银行北京分行达成战略合作，协调上海银行在文创实验区内设立文创特色支行，协助杭州银行落户文创实验区，贴近文化企业并开展更加精准化、定制化的金融服务。四是与深圳证券交易所北京中心合作搭建文化企业常态化路演平台，推进文创实验区文化金融服务中心建设运营，建设以满足企业融资需求为基础的全方位服务体系。

（五）加快人才培育，激发创新创业热情

文创实验区积极落实各类人才政策，以高素质的人才资源推动文化内

容的创意发展、科技手段的创造与运用以及商业模式的创新，为文创实验区文化产业升级带来发展红利。一是贯彻落实各类人才政策，积极培育引进各类高素质人才，充分发挥人才创新资源优势。落实《高精尖企业人才个人所得税奖励支持办法》，协助32家企业219人享受高管个税奖励，提供人才智力保障。协助思维造物等13家公司递交非京生源进京指标申请的申报材料，帮助9家企业获得指标17个，助力企业吸引“新鲜血液”，集聚创新型人才。二是开展文化产业人才资金奖励活动，在“政策50条”中提出，对于国际文化商务、高级精英管理、创意创新及技术研发等文化产业人才，给予一定额度的资金奖励，进一步激发文化产业人才的创新创业热情。三是开展各类人才专题培训会，包括企业融资与路演能力提升培训会、企业财务管理及个税筹划培训会、文化产业知识产权专业岗位培训班等，进一步提升人才综合素质，打造文化产业发展人才高地。

三 发展思路

在新时代、新形势下，文创实验区需要以朝阳区“文化、国际化、大尺度绿化”为主攻方向，坚持党建引领、锐意改革创新、主动担当作为，强化政策规划的引导力度，引领文化产业园区向高端发展，完善公共文化服务体系，加快文化品牌化建设步伐，进一步激发文化新需求，为培育经济发展新动能、加快全国文化中心建设、引领全国文化产业创新发展做出贡献。

（一）强化规划引领，完善政策支撑体系

强化各级政策的落实。深入贯彻落实“政策50条”等财税支持政策，科学安排文创实验区专项资金政策的实施工作，同时加强政策效果追踪，提高财政资金使用效率，切实推动产业提质增效升级发展。加强与部、市的沟通对接，在各级单位总体发展思路引领下，有序开展文创实验区“十四五”前期研究及专项规划编制工作，紧抓发展机遇，放大发展优势，谋划下一个

五年文创实验区的发展定位、发展战略、发展举措，为“十四五”时期文创实验区的高质量发展提供支撑。

优化科学管理制度。建立健全专家评审和行政决策相结合的管理制度，强化文创实验区的科学决策力量，实现文创实验区的科学有效管理。完善文创实验区园区基础数据库，持续推进文创实验区指数指标体系优化工作，全面、客观地评估文创实验区发展现状及其在经济社会发展中的作用，为科学决策提供数据依据。建立重大风险识别和预警机制，强化经济监测、预测、预警能力，针对国际贸易纠纷、全球新冠肺炎疫情等突发事件制定应急预案，做到重大风险的“早发现、早预警、早解决”。优化社会参与服务体系，引导社会力量投资建设体量规模大、社会影响广的公共文化设施，探索以优惠价格的方式来降低社会力量参与重大文化设施项目的准入门槛。

（二）提升园区品质，加速实现城市更新

提升园区发展能级。深入推进园区文化科技融合创新发展，鼓励文化产业园区运用数字传媒、移动互联网等科技手段，开发文化科技融合衍生产品和服务，持续引导天海科技广场、电子城·新媒体园区等定位文化科技融合的园区转型升级为“文化+科技”创新集聚地。支持各类园区设立研发中心、设计中心、创业中心、孵化中心、重点实验室等创新载体，强化园区要素资源吸附能力、产业支撑能力和辐射带动能力，促进文化产业由“空间聚合”层面向“价值聚合”层面转化。

深化园区品牌创建。鼓励文化产业园区做精、做深园区文化品牌，着力引入旗舰型、功能型、平台型项目及文化企业总部，以品牌企业提升园区知名度。巩固培育一批特色化发展的精品园区，精心打造一批集约化程度高、运营灵活专业、特色鲜明的“小而精”的特色园区，积极引导首农双桥农场、北京广播电影电视设备厂、菁英梦谷紫竹药业园区、燕京药业等园区实现高起点、高质量改造，通过特色化文化产业园区提高区域文化吸引力。

（三）完善公共服务，优化产业发展生态

优化金融服务体系。加快推进文创实验区文创四板建设，完善四板挂牌常态化机制，持续提升区域金融服务营商环境。优化文创基金子基金投资运营体系，健全产业基金退出机制，引导社会资本投资文化产业，充分发挥文化产业投资基金的放大作用。继续深化与深交所北京中心的战略合作，推动上市培育基地建设，激发文化企业发展活力。统筹指导文创实验区信促会工作，进一步推进文创实验区信用体系建设，完善文化金融服务平台。

夯实高端智力储备。积极落实各级人才政策，完善人才引进、培养、认定与激励等各项服务，优化人才保障环境。加大文化产业招才引智力度，引进培育在线经济、数字出版等领域的高素质人才，激发人才创新创造创业活力。强化文化人才培育，支持高校、科研院所、文化企业开展学科共建、实训基地等人才合作项目，为文化人才的海外进修及交流创设渠道，提升文化人才核心竞争力，加快构建文创实验区高端人才智库。

完善知识产权保护机制。发挥好文创实验区知识产权分中心、版权服务中心作用，壮大知识产权专业委员会，深入落实与朝阳区人民法院共建的法治服务机制，为企业提供精准有效的知识产权保障服务。积极举办知识产权专业岗位培训班、版权保护进园区等活动，针对企业关心的知识产权政策法规、经典案件等热点问题进行全方位解读，助力企业提升知识产权保护意识和能力，打造知识产权服务高地。

（四）加快品牌建设，扩大文化辐射效应

提升精品活动供给水平。持续推进文创实验区“智汇三三”高端沙龙、发展论坛等品牌活动，聚焦创新领域，紧密结合产业发展热点趋势，打造文创实验区文化品牌阵列。助力文化产业园区积极开展文化交流活动，鼓励园区举办国际性文化论坛、会展，提升品牌知名度，打造文化宣传点，形成独特的区域文化吸引优势。

深化全媒体宣传报道矩阵。依托首创中传传媒产业创新中心等传媒资

源，利用5G、VR、短视频、大数据等新模式、新业态、新技术，创新文创实验区宣传推介渠道，扩大品牌活动的影响力和覆盖面。加强文创实验区宣传推介力度，密切与主流媒体的沟通交流，推进与新媒体平台的宣传合作，持续在学习强国、人民网、北京日报、北京头条等平台展开宣传，为文创实验区的品牌宣传推广创设条件，加速打造“传媒硅谷”。

B.18

丰台区：挖掘特色资源，释放发展潜力，不断推动文化产业上台阶

郭尚珍*

摘　要： 2019年，丰台区按照“妙笔生花看丰台”的目标要求，以新中国成立70周年庆祝活动服务保障为主线，围绕首都全国文化中心建设，挖掘区域特色文化资源，开展戏曲文化活动，搭建文化园区、企业交流平台，文化惠民拉动文化消费，不断释放发展潜力，推动区域文化产业上台阶。

关键词： 特色资源　文化消费　区域文化产业

一　文化产业发展特点

（一）基本情况

近年来，丰台区紧紧围绕首都城市战略定位，高度重视区域文化产业建设，将文化产业作为转变经济增长方式、调整产业结构的重要途径，进一步推进文化领域供给侧结构性改革，逐步完善文化产业管理体制机制，在释放文化产业发展潜力、营造文化产业健康发展方面取得坚实成果。2019年，丰台区文化及相关产业规模以上企业有156家，共实现收入179.3亿元，同

* 郭尚珍，丰台区文化创意产业促进中心研究室干部。

比增长 3.8%，增速居城六区第三位。从业人员平均数为 1.8 万人，同比增长 4.6%。

（二）产业发展特点

一是产业布局实现多点支撑，形成多元化发展格局。按照文化强区的发展思路，丰台区积极推动文化产业要素的多元化集聚，促进区文化资源优势转化为产业发展优势。目前已形成较为完备的文化产业门类体系，产业发展活力明显增强。

二是产业结构趋于集中，重点行业优势明显。在多元化发展格局形成的同时，丰台区集中力量发展支柱产业，重点文创产业优势明显。新闻信息服务、内容创作生产、文化传播渠道及文化辅助生产和中介服务等四大支柱领域共实现营业收入 151.4 亿元，占全部文化及相关产业收入的 84.5%，拉动全区文化及相关产业收入增长 6.1 个百分点，支撑全区文化产业发展作用明显。

三是整体规模偏小，产业基础仍显薄弱。2019 年，丰台区文化及相关产业收入占全市比重为 1.4%，与其他城区相比仍存在一定差距。

二　文化产业发展成效

（一）聚焦重点任务，优秀文化活动献礼国庆

为庆祝中华人民共和国成立 70 周年，2019 中国戏曲文化周在往届的基础上突出专业性、群众性、传承性和常态化，以精彩纷呈的内容为国庆献礼。一是组织调度高效有序。2019 中国戏曲文化周被纳入庆祝中华人民共和国成立 70 周年国庆游园活动中，丰台区整合市、区 30 余家成员单位及执行方、参演院团等各方力量，及时对接解决需求和问题，确保了国庆游园活动的平稳、安全、有序。活动涉及 23 个剧种及跨界艺术，共有 65 家团体参与演出，各类演出及活动共 400 余场次，吸引 19 万游客入园观看，网上围

观人数达7800万人次。二是突显专业品质。首次成立艺委会进行专业策划，在京国有院团悉数亮相，另有30多家京外专业院团参演。结合“中国梦·中华魂·戏曲情”主题，形成十个板块的活动。第三方满意度调查数据显示，2019中国戏曲文化周九成以上游客表示满意，在系列活动中，对戏曲演出及博览会满意度普遍较高。三是助推传统文化“走出去”。戏曲周国际学术研讨活动邀请了意大利波莱托“两个世界”艺术节、意大利驻华大使文化处等国际知名专家学者参加交流研讨并观看了戏曲周演出。浙江绍剧院受邀参加2020年欢乐春节赴美国巡演，华阴市老腔艺术保护中心和高亚玲（秦腔）工作室受邀参加2020年芝加哥世界音乐节。同时，多家国际戏剧节都表达了希望邀请中国戏曲院团参加的愿望。首次开办的中华戏曲艺术与文创产业博览会邀请到来自全国的40余个戏曲机构参与，据不完全统计，博览会促成合作项目100余个。四是品牌形象进一步提升。《人民日报》《北京日报》等报纸媒体，中央电视台《新闻联播》《新闻直播间》，北京电视台《北京新闻》等电视媒体，新华社、人民网等网络媒体对活动进行了报道，学习强国、今日头条等主要门户网站及新媒体客户端对报道进行了转载。北京日报App、央广网、快手等同步直播开幕式，播放量近800万次，抖音平台戏曲周曝光量超过6300万次。中国戏曲文化周的品牌形象得到进一步提升，荣获北京日报报业集团主办的“北京品牌计划·文化品牌新势力”30强。

（二）推动常态创新，组织形式多样戏曲活动

为实现中国戏曲文化周活动的常态化延伸，充分利用区内戏曲文化资源优势，开展多样的戏曲活动，在全区营造良好戏曲文化氛围。一是传承创新，打造“嬉戏”亲子剧场。征集儿童体验剧剧本大纲26部，1部搬上舞台，3部入选项目剧本资源库。推出戏曲儿童体验剧《大闹天宫》，6场演出300余组家庭参与，场场爆满，社会反响良好。二是精准扶持，活跃公共文化空间。2018年、2019年对全区群众票房和文化空间进行调研的报告显示，全区68家票房集中需求包括资金支持、专家培训、展示平台，全区街

乡镇11处小剧场急需文化内容的填充。针对调研中收集的问题，策划为13家文化空间及公园挂牌“戏曲文化中心小戏台”，组织开展票房培育、集中汇演及公园“嗨戏”活动。23家戏曲票房在不到一个月的时间内在文化空间和公园开展戏曲活动73场次，平均每天有2场次，解决票房和文化空间的实际需求，实现戏曲周活动的常态化延伸。三是服务“到家”，戏曲电影首次下基层。深耕社区文化服务，组织开展“戏曲消夏电影展映”活动，在7个有放映条件的社区播放了20部戏曲影片，涉及8个剧种，观众约1000人，受到社区和观众的欢迎。四是彰显底蕴，办好戏曲主题展。在国庆期间推出“梨园之乡七十年”丰台戏曲成就展，以“七十绽放　沉郁芬芳”为主题，展示丰台区自金代以来与戏曲的深厚渊源，以及作为“梨园之乡”70年来推动新中国戏曲事业发展中的丰硕成果。

（三）强化服务举措，推动区域文化产业发展

丰台区密切把握文化产业发展态势，着眼区域性功能布局，采取积极措施强化服务保障、提升服务质量、优化营商环境，推动区域文化产业高质量持续发展。一是建立文创教育资源库。制定《丰台区文创教育资源库管理办法》，面向社会公开发布丰台区文创教育资源库资源单位征集公告，近80家社会单位提交了申报材料，经过专家评审最终有47家社会资源单位成为首批入库单位。二是举办丰台创意训练营活动。联合北大创业训练营共同举办北大创业训练营—丰台文创特训营活动，特别邀请到20多位著名的管理学家、经济学家、企业家现场授课，近100名文化园区（空间）负责人参加了此次创意训练营培训活动，为下一步文化园区（空间）高质量发展指明方向、提供智力支撑。三是办好2019丰台文化创意大赛。大赛共收到百余个项目报名参赛，经过初赛，最终推送7个优秀项目参加2019北京文化创意大赛复赛，“灵核世界”项目进入文创30强，获奖企业北京斯玛特教育科技集团有限公司“艾未”品牌成功入选2019中国文创新品牌榜50强。大赛得到市文创大赛组委会充分肯定，分别授予丰台区文促中心、竹海科技“最佳组织奖”“最具特色赛场”“最佳众创（文创）空间”荣誉奖项。四

是落实重点企业“服务包”制度。组织人教教材中心、依文服饰股份有限公司、北京时代华语国际传媒股份有限公司等8家文化企业相关负责人参加区长早餐会，推动文化企业在人才引进、居住证办理等方面的实际需求在更高层面得到解决。梳理市、其他区县及丰台区相关文化产业政策，盘点整合为丰台区文化产业下一步发展提供支撑。

（四）依托空间优势，引导文化产业集聚

作为文化产业发展的重要空间载体，丰台区文化园区呈现存量资源多、发展模式多样的特点。丰台区积极扶持文化园区发展，推动文化产业集聚。一是发起成立高精尖产业发展空间联盟。为充分发挥对接、服务等功能，带动区内各类空间高效利用与高质量发展，区文促中心和区投促中心发起成立高精尖产业发展空间联盟，其中，二七厂1897科创城、京工时尚创新园、依文文化产业园三家文化园区成为“丰台区高精尖产业发展空间联盟”理事单位。空间联盟的成立将有助于提升区域营商环境，促进产业集聚，带动区域间经济活力释放。二是大力推介文化空间（老旧厂房）。积极组织文化空间参加第十四届北京文博会，重点推介丰台10家文化空间，展现老旧厂房改造和非首都功能疏解中扩展文化空间所取得的成果。举办文化空间（老旧厂房）推介座谈会，有14家文化空间、老旧厂房进行路演，分享文化园区建设经验，探讨文化企业服务模式。三是积极推动老旧厂房改造文化空间。积极落实《关于保护利用旧厂房拓展文化空间的指导意见》政策精神，重点联系区内国有老旧厂房，调研分析老旧厂房改造利用的运作模式和实施路径，搭建产权单位和投资人合作对接平台。鼓励老旧厂房积极申报拓展文化空间试点项目，为符合相关政策的老旧厂房积极争取市级各类支持，成功推荐二七厂1897科创城、永乐文智园两家老旧厂房作为试点项目。2019年，区内新增京工时尚创新园、纪家庙双创产业园两家文化园区，永乐文智园一期、二期工程改造完毕，三期工程将于2020年改造完毕，二七厂1897科创城一期正式开园运营，京仪敬业科技产业园老厂房、二通厂项目已初步明确了改造规划。

（五）创新“文化+”模式，促进文化消费繁荣增长

第七届丰台区惠民文化消费季以创新的形式、融合的姿态，不断释放产业活力，探索文化消费的全新模式。一是“四进”拉动消费增长。第七届丰台区惠民文化消费季依托区内花卉文化、红色文化、戏曲文化等资源优势，以文化精品进商圈、进园区、进社区、进校园为着力点，以老中青少全年龄段为覆盖面，精心策划了“丰·花”绽放、“丰·影”惠聚、“丰·戏”梨园、“丰·华”校园、“丰·阅”书香、“丰·创”市集六大板块主题活动。为期两个月的文化消费季共举办主题活动80余场。据不完全统计，线上线下参与群众达35万余人次，产生文化消费金额达2512万元，带动关联消费4000余万元，激发了区域消费热点，促进了区域文化消费动能，点亮了丰台地域文化名片，产生了巨大社会反响，使丰台区惠民文化消费季再上新台阶。二是特色文化普惠市民。“丰·花”绽放花卉主题活动推出植物扎染（拓染）、花盆彩绘、陶艺手作体验等多项免费体验活动及消费优惠措施。“丰·影”惠聚观影主题活动联动23家区内影院，集中开展线下惠民观影体验和线上领用观影优惠券活动。“丰·戏”梨园统筹群众戏曲演出团体，推出戏曲惠民专场演出。“丰·华”校园朗诵主题活动在5校联动同步开展。三是创新供给丰富消费业态。“丰·阅”书香阅读主题活动开展特惠图书展卖、作家签售会、非遗项目展示、传统文化互动体验等活动。“丰·创”市集主题活动专场聚焦国家精准扶贫战略，以沉浸式的场景体验和个性化的“心零售”方式诠释民族文化的灵动与唯美。

三　文化产业发展思路

2020年是全面建成小康社会的决胜之年，也是“十三五”收官、“十四五”谋划之年，丰台区将以习近平新时代中国特色社会主义思想为指导，深入学习贯彻党的十九大和十九届二中、三中、四中全会精神，积极落实中央、市区关于疫情防控工作的决策部署，努力克服新冠肺炎疫情影响，强化

重点任务落实，持之以恒推动区域文化产业上台阶，为“妙笔生花看丰台”作出新的贡献。

（一）主要目标

一是立足区位优势，推动文化产业高质量发展。受新冠肺炎疫情影响，经济下行压力加大，要主动谋划、积极作为，更加有效地服务于企业发展和产业升级。二是推动文化消费，提升文化惠民品质。依托区域资源优势，做好文化资源的创新转化，提供高质量的文化供给。三是打造戏曲品牌，营造戏曲文化氛围。不断弘扬戏曲文化，办好中国戏曲文化周，唱响戏曲文化品牌。

（二）重点任务

一是办好2020（第四届）中国戏曲文化周，打造“戏曲嘉年华”。统筹好疫情防控和戏曲周主场活动，围绕“专业化、常态化、信息化、国际化”形成活动亮点特色，围绕戏曲周常态化项目，努力将北京园博园打造为“中国戏曲文化传播基地、中国戏曲艺术表演基地、中国戏曲人才培养基地、中国戏曲产业创意基地”，将中国戏曲文化周打造成为弘扬中华优秀传统文化的亮丽名片和市民体验戏曲文化的盛大节日。

二是举办第八届惠民文化消费季，提供优质文化供给。紧密结合常态化疫情防控要求，聚焦消费新趋势，推动文化消费空间协同联动，线上线下互相促进，惠民惠企双向互惠，扩大文化惠民覆盖面，将文化资源优势转化为形式多样的文化消费活动，推广区域文化消费品牌，繁荣区域文化消费市场，提升区域企业和群众的获得感幸福感。

三是做好文博会参展等工作，发挥“行业管家”作用。积极参展文博会，展示区域文化产业高质量发展成就，推介区内文化园区、企业及文创产品。挖掘红色文化资源，完成革命旧址二七厂近代建筑遗存展陈提升项目筹备工作。继续做好老旧厂房试点项目的改造建设与运营，举办老旧厂房保护利用推介系列活动，积极推广丰台区文化空间品牌，整合丰台区存量空间资源，积极引进重点项目落地。

四是做好文化产业顶层规划设计，明确发展思路。做好文化产业“十四五”规划研究和编制工作，开展丰台区文化产业研究分析课题研究工作，对区域文化产业发展的目标、方向、路径、配套政策进行整体规划，在梳理文化资源基础上全面摸清底数、明确发展思路。

（三）主要措施

一是做好调查研究，明确文化产业发展方向和重点。全面梳理丰台区文化产业的基础情况，探索文化产业转型升级的关键突破口和关键方向，明确丰台区文化产业下一阶段发展目标。

二是强化精准服务，促进文化产业融合化、特色化和集聚化发展。积极落实市区相关政策，争取各级各类扶持政策惠及丰台区企业，推进市保护利用老旧厂房拓展文化空间试点项目改造建设与运营，发挥高精尖产业发展空间联盟的作用，引导文化园区形成产业特色、加大集聚效应。

三是进一步丰富戏曲文化周内容，使戏曲文化周成为市民体验戏曲文化的盛大节日。依托专业力量，提高专业化程度，丰富区域戏曲文化活动，持续营造浓郁戏曲文化氛围。积极推动戏曲文化走出去，提升国际影响力。同时，采取线上线下相结合的方式，以信息化扩大活动影响力。

B.19

石景山区：政策组合拳助力文化产业提质增效

梁立英*

摘　要： 石景山区以文化创新发展作为引领地区经济转型升级的抓手，成效明显。文化产业在经济新常态背景下实现逆势增长，产业结构逐步优化，以价值链高端环节为主的文化核心领域成为创收的绝对主力，文化产业由拼速度向拼质量转变。动漫游戏、影视传媒等优势产业发展势头强劲，游戏领域龙头集聚优势显著，创意设计、文化旅游等潜力产业实现跨越式发展，文化旅游品牌提升，新闻出版等传统产业焕发新活力，“文化+”业态深度融合。适应产业发展新要求，行业主导部门主动创新角色定位，在产业扶持、产业引领和产业联动上下功夫，取得了良好成绩。

关键词： 文化产业　石景山区　动漫游戏　文化旅游

一　石景山区文化产业现状

（一）文化产业整体发展情况

2019 年，石景山区在经济新常态背景下仍实现逆势增长，文化产业收

* 梁立英，石景山区文化创意产业促进中心副主任。

入达到478.8亿元，增幅达12%。横向比较来看，以内容创作生产为主的文化核心领域作为文化产业链和价值链高端环节的典型，收入达到466.6亿元，占比高达97.5%。以文化辅助生产、文化消费终端生产、文化设备生产等为代表的文化产业配套环节占比约为2.5%。纵向对比来看，以文化辅助生产、文化消费终端生产、文化设备生产等为代表的文化产业配套环节2019年收入为12.2亿元，2018年收入为13.5亿元，同比下降了9.6%；而2018年该收入占当年文化产业收入的比重为3.2%，比重下降了0.7个百分点。反映了石景山区文化产业结构逐步优化，优势产业集聚效应凸显。

2019年，石景山区规模以上文化产业收入规模维持在一个相对稳定的位置，已经具备一定的先发优势，产业发展地位比较稳定。2019年，石景山区规模以上文化产业收入达到478.8亿元，在北京市16个区中位居第五。

（二）文化产业发展特点

石景山区大力推进文化产业发展，产业结构逐渐优化，产业结构呈现出由原来的网络游戏独大向依托数字技术的动漫游戏、创意设计、影视传媒等领域深度融合的发展态势，以数字创意为主的文化产业结构体系初步形成。2019年，石景山区有文化及相关企业5419家，其中规模以上文化及相关企业137家。内容创作生产、创意设计服务、文化辅助三大领域企业数量占全区文化企业数量的82%，三大领域已经具备了较好的发展基础。

动漫游戏、影视传媒等优势产业发展势头强劲。2019年，石景山区明确提出了“1+3+1”高精尖产业体系，数字创意成为全区的五大主导产业之一，并出台了《石景山区促进以数字创意为主的文化及相关产业发展暂行办法》等一系列政策，重点支持创意设计、动漫游戏、数字传媒等“高精尖”产业项目，基于数字技术的文化产业快速发展，形成一定发展优势。动漫游戏继续保持优势，龙头集聚优势显著。动漫游戏作为石景山区文化产业的传统优势产业，龙头集聚优势明显。全国网络游戏排名前列的企业，其总部或北方基地均落户石景山区，包括乐元素、搜狐畅游、蓝港互动、完美世界、昆仑在线、烽火连城等业界知名游戏企业。全区网络游戏产值曾一度占北京市同行业产值的1/2，占全国同行业产值的1/7。驻区企业完美世界2019年收入排名为全国第三、全球第二十；搜狐畅游2019年收入排名为全国第四、全球第二十一。2017年，畅游时代进入“中国2017游戏十强企业排行榜”；猎豹网络先后获得“2016年度中国十大新锐游戏企业”“2019年度中国十大海外拓展游戏企业”。2018年，乐元素入围“首都文化企业30佳”。目前，全区1000多款数字娱乐产品远销150多个国家和地区，具有较强的品牌影响力。

创意设计、文化旅游等潜力产业实现跨越式发展。2019年，创意设计增幅明显，成为区域发展新亮点。石景山区大力支持创意设计产业发展，依托数字技术对传统的创意设计行业进行升级，通过新技术的应用和产业生态的搭建，推动石景山区创意设计产业快速增长。2019年创意设计服务领域实现收入144.1亿元，占石景山区文化产业收入比重约为30.1%，同口径相比较，2018年增幅达到43.4%。

文化旅游品牌提升，发展迅速。石景山区立足“首都城市西大门”的定位，全力打造“有山、有水、有城、有业、宜居”的高端绿色生态之城，整合现有资源禀赋，进一步挖掘区内八宝山红色文化、首钢工业文化、永定河历史文化和八大处、模式口传统文化等，整合区域自然、人文景观资源，着力拓展文化旅游发展，同时，借助冬奥会举办契机，整合现有旅游资源，开展一系列与国际接轨的冰雪旅游、冰雪体验项目，极大地助力石景山区高端生态文化旅游品牌的塑造。

新闻出版等传统产业升级，焕发新活力。石景山区全力推进传统新闻出版业数字化深度转型。一是促进云计算、大数据、移动互联网技术与传统业态的融合发展，鼓励龙头企业实现跨领域多元经营，加快数字出版产业链布局，支持华录出版传媒有限公司、中版集团数字传媒有限公司等龙头企业加快发展。二是参与公共文化资源平台建设，提升社会效益，例如与区图书馆、社区文化中心搭建平台。

“文化+”业态深度融合。2019年，石景山区加强“文化+”业态深度融合。一是依托数字技术，推动“文化+科技”融合。鼓励深化技术研发，提升科技支撑力度，推动新闻出版、影视传媒、创意设计等产业的提质增效和优化升级。二是紧抓冬奥契机，推动“文化+体育”融合。冬奥组委的入驻为石景山区“文化+体育”产业发展带来了绝佳机遇，石景山区紧抓机遇，出台了全市首个区级服务保障冬奥的行动计划《石景山区服务保障冬奥会加快冰雪体育发展行动计划（2017—2022年）》，并实施冬奥体育生活化社区、京津冀国际冰雪交流等系列冰雪工程，打造冬季体育运动特色区、国家体育产业示范区和国际体育文化交流集聚区，加快建设国家级绿色转型发展示范区。

2019年，以依托数字技术的动漫游戏、创意设计、影视传媒等为主导产业的文化产业结构体系初步形成。从动漫游戏、创意设计、影视传媒三大行业获得石景山区文化产业专项资金支持情况也在一定程度上反映产业发展相对集聚。从支持金额来看，2018年石景山区文化产业专项资金中三大行业支持金额占当年支持总额的35.7%；2019年石景山区文化产业专项资金中三大行业支持金额占当年支持总额的54.6%。从支持项目看，三大行业2018年和2019年获得支持的项目数量占支持项目总数的46%，占比近一半。

二　石景山区支持产业发展的新举措、新成就

2019年，石景山区创新角色定位，由过去的管项目、管产业向促项目、推产业转变，作为行业主导部门“盯着项目干、围着企业转”，在产业扶持、产业引领和产业联动上下功夫。

（一）产业政策密集出台，精准支持行业发展

产业政策密集出台，支持力度持续加大。在加快构建石景山区“1+3+1”高精尖产业体系中，石景山区继续加大文化产业支持力度，《石景山区促进以数字创意为主的文化及相关产业发展暂行办法》《石景山区文化创意企业贷款风险补偿资金管理暂行办法》《石景山区促进游戏产业发展实施办法》“三驾马车”齐发力，推动文化产业发展。

1.《石景山区促进以数字创意为主的文化及相关产业发展暂行办法》

政策制定背景：按照北京“一核一城三带两区”城市总规要求，落实“四个中心”城市战略定位，加快构建石景山区高精尖文化产业体系，2017年推出的《石景山区促进文化创意产业发展暂行办法》规定，支持产业发展的额度为每年不超过3000万元。为加快构建石景山区“1+3+1”高精尖产业体系，2019年对《石景山区促进文化创意产业发展暂行办法》进行了升级修订，推出了2.0升级版的《石景山区促进以数字创意为主的文化及相关产业发展暂行办法》。

政策的特色亮点：基于数字技术的文化产业快速发展，形成一定发展优势，在支持方向和手段上，将奖励额度从100万元提高到200万元；提高了对数字创意领域的支持力度，更加聚焦主导产业；取消了申报单位的注册时间，降低了进入门槛，增强了对新入驻企业的支持力度；将知识产权纳入支持范围，有利于激发全区文化企业的创新能力与文化产业发展潜力，提高了知识密集型文化企业的数量比与增速；增加了老旧厂房拓展文化空间项目补助；增加了产业集群奖励，鼓励集聚上下游产业链的龙头企业及机构。

支持的重点：政策重点支持动漫网游、广播影视、数字内容制作、设计服务、文化旅游、文化体育、文艺演出、优秀传统文化、文化传承、新闻出版等行业，以及文化产业与金融、科技、商务、旅游等相关产业融合发展的项目。2019年对40家企业进行了2900万元的资金支持。

2.《石景山区文化创意企业贷款风险补偿资金管理暂行办法》

政策制定背景：文化类企业普遍具有轻资产特点，资产抵押不足，面临融资难的问题。2015年石景山区推出《石景山区文化创意企业贷款风险补偿资金管理暂行办法》，为企业提供贷款增信服务。石景山区政府与北京银行石景山支行、杭州银行北京石景山文创支行合作推出的风险补偿资金，额度为2000万元，是北京市首支文化创意企业贷款风险补偿资金，它是在为企业提供一定担保的基础上，政府将设立风险补偿资金作为增信手段，提高银行发放贷款额度。

政策的特色亮点：目的是缓解文创企业“融资难、融资贵”，既是石景山区推动文化与金融融合发展的尝试和推动财政资金支持产业发展的创新，也是石景山区支持“大众创业、万众创新”的重要举措。

支持的重点：区内有融资需求的文化类企业，经银行信贷审核后，由银行向区内文化主管部门申请使用贷款风险补偿资金，为企业增加贷款额度，增信金额由政府和银行共担风险，解决文化类企业融资难题。4 年来累计为文化创意企业提供贷款金额达 8 亿元。

3.《石景山区促进游戏产业发展实施办法》

政策制定背景：为把握北京市建设“一都五中心”（即国际网络游戏之都，精品游戏研发中心、网络新技术应用中心、游戏社会应用推进中心、游戏理论研究中心、电子竞技产业品牌中心）的良好契机，打造“网络游戏之都向西看”的区域名片，石景山区结合产业发展实际，在 2019 年末研究制定了《石景山区促进游戏产业发展实施办法》，每年拿出 3000 万元作为游戏产业发展专项资金。

政策的特色亮点：该办法集聚了石景山区各项政策的优势，针对游戏企业反映集中的痛点、难点问题，在支持方式上进行新的尝试和探索，确保政策真正解决企业发展所面临的实际问题。对精品游戏研发、老旧厂房改造、拓展游戏产业空间的支持金额达到 500 万元，与“以数字创意为主的文化及相关产业专项资金”相比支持力度更大、额度更高，在专项领域里更具竞争力；同时，对获市级游戏产业专项资金支持的，也给予配套资金支持。

支持的重点：从引进企业、精品游戏研发、产业空间拓展、吸引人才、电子竞技五个方面推动产业健康发展。

（二）夯实优化服务工作，构建“亲清”政商关系

企业服务方面，制定企业“服务包”，切实解决企业困境。“服务包”实地走访服务企业既是全区服务企业的重大任务，也是石景山区文促中心服务企业的一项固本培元的基础性工作，面对面了解企业的需求，倾听企业声音，做到企业的需求有处说、说了有人听、听了有响应，真正做到企业没事插手、企业有事不放手。2019 年，在落实服务企业制度中，送出“服务包”170 个，解决企业实际问题 335 个，构建了良好的“亲清”政商关系。

（三）平台创新，企业间资源互动，无缝联动

联盟平台方面，2016 年 8 月，石景山区成立文化创意产业联盟，联盟在强化企业与政府、企业与社会、企业间的联合方面发挥了积极作用，组织了多场次的路演、主题沙龙、京津冀对接等活动，提供“经济形势气象”发布，先后开展了“一带一路”“中意企业互动交流活动”等路演、主题沙龙活动，增加了企业间的横向联系、沟通，为会员企业提供了定向、定期的精准服务，推动了产业集群效应。

（四）以重大活动为抓手，促进产业间交流

重大活动方面，以行业重大活动为抓手，宣传推介石景山。一是做好第十五届中国北京国际文化创意产业博览会，通过文博会高水准、全面、深入、专业地展示石景山区文化产业及各项发展成果；二是组织北京文化创意大赛石景山分赛场赛事工作，广泛挖掘文化创意领域具有成长性的人才和项目，助力企业树品牌、促发展；三是充分发挥区文创产业联盟平台作用，通过多种形式的项目对接活动，促进产业间交流合作。

（五）推动重大项目计划，增强产业实力

2019 年石景山区京能热电的 1919 京西影视文创园 1 期和北重科技文创园项目 1 期两个项目被列入北京市老旧厂房改造试点项目；首钢工业区改造重点项目、郎园 Park 文化创意产业园区、创业公社文创空间三个项目成为 2019 年石景山区重点打造的产业园区项目。

1. 京能热电的1919京西影视文创园1期项目

京能集团石景山热电厂位于北京市石景山区广宁路 10 号，阜石路南侧，永定河北岸，毗邻新首钢高端产业综合服务区。石景山热电厂老厂区有近百年的工业历史，是中国电力工业的一面旗帜，在发展中留下了许多珍贵的历史资料，厂区内有史料陈列室一间。厂区总占地 28. 56 万平方米，办公、厂房等房产建筑面积共计 14. 3 万平方米。1 期工程占地面积 17. 4 万平方米，

改造建筑面积10.3万平方米。改造范围包括主厂房、办公楼、冷却塔及部分附属配套设施等47栋建筑。1期工程拟转型为影视科技文创园，具体业态将涵盖演播厅、发布厅、办公、酒店、餐饮、影院等。

园区还将建设面积约1.2万平方米的北京冬奥会主注册中心和制服发放中心，以及面积约5000平方米、反映京能工业文化的京能博物馆。

2. 北重科技文创园1期项目

北重老旧厂房建筑年代为1958~2003年，地处石景山区吴家村路57号院内，该地块土地证载面积为26万平方米，建筑面积15.7万平方米，主要厂房数量25座，其中单体最大面积3.6万平方米，最高为30米，厂房均为单层。北重园区产业定位为“科技+文化”。按照已洽谈意向合作单位的情况，拟定用于新媒体以及文旅、体育、休闲、动漫游戏、电竞赛事等文化产业的面积约为使用面积的40%左右。其中，设置公共文化服务内容包括公共书吧、展览展示馆，影院，剧院，集新闻、科教、影视、娱乐为一体的流媒体展示基地，基于服务周边区域的体育场馆等。园区计划呈开放式空间，配套各项服务和优美环境以及正向、高含金量的文化氛围，可形成区域效应，全方位提升区域品质。

3. 首钢工业区改造重点项目

首钢单板大跳台中心项目位于群明湖西岸与永定河东岸之间，以冷却塔为背景，现以工业遗存为依托，占地约17万平方米，由北向南依次包含电厂酒店、酒店配套、大跳台、制氧厂改造及制氧厂南侧地块改造，作为冬奥会期间配套服务设施，会后则赋予奥运特色酒店、体育休闲街区、单板与空中技巧研发中心及冬季运动展示等功能，而大跳台之下的奥运场地将被改造为兼具工业和体育特色的市民公园，形成群明湖与永定河之间的特色绿带。

“仓阁”假日酒店项目位于首钢老工业区北部，原为高炉空压机站、返焦返矿仓、低压配电室、N3-18转运站等4个工业建筑，改造后成为一家特色精品酒店，同时为紧邻的北京2022冬奥组委办公区员工提供倒班住宿服务，该项目已经竣工。

4. 郎园 Park 文化创意产业园区

郎园 Park 文化创意产业园区前身为集体经济组织运营管理的北方旧货市场、博古艺苑古玩市场。项目位于北京市石景山区上庄大街东侧，占地面积约 3.3 万平方米，建筑面积 3.45 万平方米。目前，进驻园区企业中文化产业类占比 81%，涉及文化类企业包括：政府统战项目北京侨梦苑跨境产品交易中心、NGO 组织中国爱乐青少年交响乐团、北京全民畅读科技服务有限公司、北京语慧天下文化艺术有限公司等文化类标杆性企业，涉及文化传媒、影视娱乐、音乐艺术、青少年教育等多种业态，形成了一定的产业集聚优势和文化产业生态，满足了周边旺盛的文化需求，为石景山区培养了常态化的夜间消费氛围，成为促进石景山区公共文化事业和文化创意产业融合发展的典范。

5. 创业公社文创空间

创业公社文创空间建设地点为北京市石景山区科技园内，其具有健全的管理制度和运营机制，能够有效组织开展空间建设、管理、运营和服务工作。目前，园区入驻率为 75%，共获得 988 项知识产权，其中文创企业 43 家，共获得 834 项知识产权，文创企业数占空间入驻企业数的 74%。在管理团队中聘请来自各行各业的行业精英和创始人，招募吸引专家级、高管级、创业家等组成创业公社的导师团队，为企业提供各种专业辅导、培训与咨询，定向互动式地帮助企业解决发展中遇到的问题，促进企业更好发展。

三　新形势、新业态对石景山区的冲击和影响

版号紧缩政策对石景山区动漫游戏产业的影响。受版号紧缩政策的影响，目前游戏产业正在经历由量到质的变化。2018 年以来全国游戏版号发放骤减 80%，从版号政策来看并没有释放积极信号。游戏产业是石景山区的主导产业，影响很直观：2018 年，石景山区文化及相关产业增幅 22.2%，2019 年产业增幅 12%，相较 2018 年增幅下降 10.2 个百分点。

四　石景山区文化产业由拼速度转向拼质量

截止到2019年底，石景山区有文化企业5419家，相对于“十二五”时期，“十三五”时期的企业数量增长速度放缓，2016～2018年，石景山区文化产业开始进入新的转型升级阶段，加上受“高精尖”产业发展战略和“疏整促”政策影响，一大批低端、低质、低效的企业面临淘汰，石景山区文化企业增长速度逐渐由高速向中高速过渡。

（一）文化企业平均生命周期较长，全区有效破解小微文化企业的成长烦恼

数据表明，在中国中小企业中，民营企业的平均生命周期只有2.9年，存活5年以上的不到7%，10年以上的不到2%。石景山区5000多家市场主体中，存活5年以上的文化企业数量占比约为54%，存活10年以上的文化企业数量占比约为17%，两项数据远远高于全国平均水平（见图1）。在政府和企业共同努力下，全区在应对小微文化企业生存难的问题上成效显著。

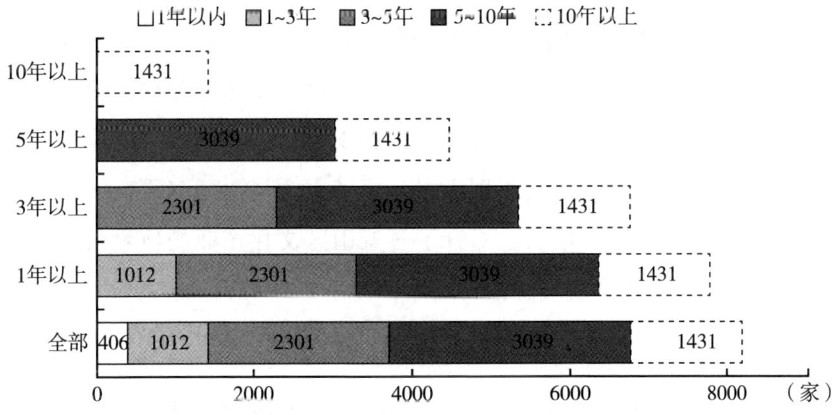

图1　石景山区在营文化企业注册年龄

资料来源：北京文投大数据有限公司。

（二）数字创意产业基础较好，高端产业前景乐观

“十一五”时期到2019年，石景山区逐渐奠定了北京市动漫游戏强区的产业地位，动漫游戏业产值曾经占到了北京市同行业产值的一半和全国同行业产值的1/7，产值规模堪称中国动漫游戏第一区。2018年，全区数字创意规模以上企业数量达到89家，其中，数字传媒和动漫游戏企业数量分别为44家和39家，石景山区已经具备了利用数字创意的示范带动作用激发区域产业创新发展的绝佳条件，在文化与创意、科技、金融等融合发展的大趋势下，全区以数字出版、影视、游戏、动漫等数字内容产业为基础的新兴战略产业大有可为。

（三）由单一发展到多元融合，数字技术驱动成为产业发展的内生动力

随着云计算、大数据、人工智能等技术的应用普及，互联网信息技术向各领域广泛渗透，“文化+科技”发展加速。石景山区依托数字技术的文化产业快速发展，2019年，以数字内容服务和广播影视为主的内容创作生产的单位数为66个，收入为242.8亿元，二者所占总量的比重分别为47.8%和50.7%，产业效率较高。依托数字技术的创意产业增长更为迅速，2019年创意设计服务领域实现收入144.1亿元，占石景山区文化产业收入的比重约为30.1%，同口径相比较2018年增长幅度达到43.4%。以近年来产业政策支持项目为例，2018年扶持了图灵机器人操作系统、中译语通多语言智能视频译制等文化科技融合创新型项目，提升了石景山区文化产业的技术引领性；到2019年以虚拟现实/增强现实、数字媒体、文化+AI等为代表的数字创意产业类项目所占的比重更是上升到80%。

（四）由传统传承到融合创新，文化内涵挖掘成为产业发展的核心支撑

石景山区位于北京市“一核一主一副、两轴多点一区”城市空间结构

中的“一主”和东西轴——长安街延长线的节点，位于西山永定河文化带的中间地带，资源禀赋突出。尤其是随着北京冬奥组委入驻石景山区、新首钢高端产业综合服务区加快建设，石景山区目前有永定河、天泰山、石景山、翠微山、莲石湖等生态特色资源，八宝山红色文化资源，首钢等工业文化资源，法海寺、承恩寺、模式口等历史文化资源，八大处等传统文化资源，冬奥冰雪文化资源等。经过多年的培育与发展，石景山区已经发展成为拥有丰富、多元资源的文化产业新区，石景山区的文化禀赋也已从以西山永定河为代表的传统文化和首钢工业文化优势，发展为以西山永定河为代表的传统自然生态与以首钢、冬奥为代表的当代文化生态的融合创新优势，为石景山区文化产业铸就了独特的文化内涵优势，并成为推动石景山区文化产业高质量发展的核心动力。

（五）由增量开发到存量盘活，腾退空间再利用成为未来产业发展的全新路径

“十三五”期间，在全市“疏整促”背景下，响应市委市政府鼓励利用老旧厂房发展文化产业号召成为趋势。石景山区占北京市老旧厂房待开发面积的43%，拥有首钢园、北京重型电机厂、京能热电厂等一批大型工业厂房，在城六区甚至是北京市内，这种密度之高、体量之大的老厂房条件是绝无仅有的。石景山区充分发挥腾退空间资源优势，一大批老旧厂房改造项目不断涌现。通过改造，在保留原有工业厂房原貌基础上，深挖工业遗产，植入艺术创意理念，增加了文化韵味，成就了一批高知名度的经典案例，如首钢区域改造等。利用老旧厂房改造发展文化产业，大大提高了石景山区城市更新和文化产业发展的空间承载能力，为石景山区跻身北京市重要的公共文化服务体系示范区、文化产业引领区增添了重要砝码。

（六）“文化+”融合发展，冬奥带来发展新契机

随着2022年北京冬奥会举办时间的逼近，石景山区服务保障冬奥会的重点项目、重大工程正在紧锣密鼓地向前推进，冬奥组委入驻首钢园区，国

家冬训中心、北京赛区唯一的雪上项目滑雪大跳台等项目顺利完成，高质量推进冬奥核心区路网建设，冬奥会给石景山区带来的提升是全方位的，为石景山区文化产业发展带来了大量的国际化视野和理念、国际化文化发展要素、现代化高水平体验产品、先进配套服务设施，为全区文化旅游、文化体育、文化商业等产业的发展创造了前所未有的机遇。随着冬奥会的临近和举办，石景山区城市文化品牌标识可能比以往更加显著，城市文化影响力和产业辐射力势必得到爆发式增强。

随着2022年北京冬奥会的临近、首钢打造高端产业综合服务区和新时代首都城市复兴新地标成为国家焦点，区域文化品牌影响力、先进产业要素吸引力有望实现历史性突破，石景山区文化产业发展将迎来关键机遇期。

五　下一步工作重点

（一）立足“三区”定位，实施“高精尖”产业发展战略

石景山区立足首都“四个中心”建设和“建设国家级产业转型发展示范区、绿色低碳的首都西部综合服务区、山水文化融合的生态宜居示范区”的新定位，瞄准“高精尖”产业发展战略方向，依托石景山区的历史、工业、山水等传统资源基础及新首钢、冬奥之城等现代文化优势，紧紧围绕如何彰显区域文化创新存在感、塑造文化消费氛围浓郁感、提升文化企业幸福感三大核心命题，深入实施文化改革创新发展战略，加快把石景山区建设成为多彩人文与绿色山水融合荟萃、传统文化与现代文明交相辉映、文化创造与美好生活共同绽放的京西文化改革创新发展示范高地，实现全区文化产业跨越式发展。

（二）打造“网络游戏之都向西看”的区域名片

石景山区游戏产业历时17年，形成了一定的产业基础。近年来，北京

市各区相继加大游戏产业推进力度，石景山区把握新的机遇，挖掘、撬动其已有的产业资源优势，把握北京市建设“一都五中心”的良好契机，借力发力。《石景山区促进游戏产业发展实施办法》通过专项精准施策，提高石景山区在新的产业环境下的竞争力，在北京建设成为“国际网络游戏之都”之际，打造石景山区“网络游戏之都向西看”的区域名片。

B.20
海淀区：文化产业高质量发展助推特色文化高品质呈现

叶亮清　高　洁*

摘　要： 2019年，尽管海淀区文化产业实现了发展规模化、品牌化、国际化，继续引领北京市文化产业发展，但文化产业发展潜力仍有待挖掘，优质原创内容生产需要加强，文化企业营商环境需要进一步改善。

关键词： 文化产业　品牌化　国际化　海淀区

2019年，海淀区深入贯彻“两新两高”（挖掘文化科技融合新动力、构建新型城市形态，推动高质量发展、打造高品质城市）发展战略，践行“创新合伙人”发展理念，不断助推海淀文化产业高质量发展，不断助推海淀特色文化高品质呈现。

一　海淀文化产业发展的三个主要特征

（一）产业发展规模化

2019年1～12月，海淀区903家规模以上文化产业单位收入合计6241.9亿元，同比增长21.2%，占全市的48.6%，其中33家上市文化企业、3家

* 叶亮清，海淀区文化发展促进中心主任；高洁，海淀区文化发展促进中心副主任。

"独角兽"文化企业保持稳定发展势头，继续引领北京市文化产业发展。

数字文化产业作为海淀区文化产业的核心优势产业，2019 年呈现强劲发展势头。区委宣传部牵头制定《北京市海淀区关于支持精品游戏和电竞产业发展的若干措施》以及《扶持资金管理办法》，成立中关村数字文化产业 50 人咨询委员会，举办亚洲数字艺术展以及 IEM 电竞大赛，加速落地中关村科学城数字文化产业园，吸引腾讯、网易、B 站等 20 多家游戏研发机构入驻，着力推进西三旗电竞产业园建设，为海淀区文化产业新业态的持续发展储备充足的后劲。

（二）产业发展品牌化

三山五园等古都文化品牌、香山革命纪念地等红色文化品牌、曹红纳兰等京味文化品牌、中关村科学城等创新文化品牌，由于文化推广的力度空前，使其稳定成为新时代海淀文化金字招牌和金色名片。

（三）产业发展国际化

2019 年北京外国语大学国际文化节、北京大学国际文化节成为海淀文化活动重要看点之一；三山五园文化巡展亮相巴黎凯旋门大街罗斯柴尔德公馆，纳兰舞剧登场莫斯科克里姆林宫大剧院；30 家海淀文化企业入选 2019 ~ 2020 年度国家文化出口重点企业，全国占比 7.8%，全市占比 38.7%，14 个文化出口项目入选"2019 ~ 2020 年度国家文化出口重点项目"。

二　海淀文化产业发展的三个主要问题

（一）文化产业发展潜力有待挖掘

2019 年海淀区文化企业存量下降幅度较大，小微文化企业生存发展压力较重，有必要更加突出关心支持小微文化企业发展，厚植文化产业可持续发展的潜力。文化企业"独角兽"3 家（今日头条、快手、知乎），数量不多，主打互联网文化信息服务行业，领域略窄。从全区近5万家小微文化企业中发现和培育“独角兽”，任务艰巨，但不得不为。

（二）优质原创内容生产需要加强

2019年1~12月，相对新闻信息服务行业、文化传播渠道行业的高速增长，海淀区内容创作生产行业收入负增长，优质的文化内容供给始终是一个短板，优秀的原创IP和文化精品缺乏。

（三）文化企业营商环境需要进一步改善

在世界银行2019年10月发布的《2020年营商环境报告》中，中国的总体排名比2018年上升15位，名列第31位，这是世界银行营商环境报告发布以来中国取得的最好名次。但是文化产业与其他行业相比有其特殊性，目前在市场准入、行政审批、文化品牌保护、文化政策落实、舆论环境等方面仍存在一些问题，需要给予更多关注，有针对性地提出解决办法。

三　2019年海淀文化产业促进工作

（一）努力助推海淀文化产业高质量发展

文化产业研究。组织海淀文化沙龙39期，充分发挥沙龙平台效应，调动社会力量共同研究促进海淀文化产业；按照张劲林常委指示，与北京社科院共同开展海淀文化产业发展比较研究（北上广深杭蓉六地比较研究）；与中国人民大学合作开展海淀文化产业品牌青年影响力排行榜研究；编写《海淀区文化企业动态分析报告》《海淀文化企业独角兽报告》《海淀区文化企业营商环境报告》《海淀区上市文化企业报告》。

文化产业推广。与北京大学文化产业研究院共同举办第十六届中国文化产业新年论坛海淀文化产业对话会，以海淀科技、时尚、电竞创新型经济发展为例，深入探讨文化科技融合新动力。精心组织第十四届北京文博会海淀参展工作，以“创新数字文化产业、创意共赢美好未来”为主题，设立电竞赛事体验、数字文化展示以及产业推广合作三个主题区域，突出展现海淀区数字文化产业和文化科技融合发展最新成果，助力北京网络游戏行业“一都五中心”发展战略。在中国文化 IP 展设立海淀专区，集中展售海淀特色文化以及电竞领域的优秀文创产品，深受观众喜爱。运营海淀文化产业沙龙公众号，发布文化产业统计数据，发布文化产业发展政策，推介海淀优秀文化企业，推广海淀文化产业成果。

文化产业服务。举办 2019 北京文化创意大赛海淀分赛区活动，近百支创业团队报名参赛，最终推荐 6 家优秀团队参加北京大赛总决赛，提供优质行业资源、创业服务和投资机会。区文化创意产业引导基金投资成立蓝天创投基金、博大文创基金、黑马文创基金。落实北京市《关于推动老旧厂房拓展文化空间指导意见落地实施的工作方案》，推荐海淀区老旧厂房拓展文化空间试点项目。落实海淀区消费能级提升三年行动计划，策划开展艺术中关村项目、“我们的节日”海淀文创市集活动和北京国际设计周创意市集，协助市文促中心举办北京文创市集中关村创业大街站、中关村创业公社站活动，为小微文化企业提供市场机会，激发创意创新创业活力，促进文化创意产品消费。开展海淀文化“走出去”活动，组织北京大学出版社、人民大学出版社、北京师范大学出版社、北京语言大学出版社和外研社 5 家大学出版社，参加 2019 年法兰克福国际书展，展出图书 700 余册，洽谈合作 20 余次，举办活动 3 场，进一步加强海淀图书出版企业对外合作交流，努力促成中文图书海外贸易。

（二）努力助推区域特色文化高品质呈现

红色革命文化。开展海淀区红色文创产业发展调查研究，支持贝家花园红色革命文化话剧和情景体验剧创作，充分发挥贝家花园“不忘初心、牢记使命”主题教育载体功能。

曹雪芹西山故里红文化。曹雪芹文化中心将进一步建设成为曹雪芹文化产业园，区市场监管局开通曹雪芹文化产业园网上注册专门通道。与曹雪芹学会共同举办2019曹雪芹红文化国博大讲堂项目，于中国国家博物馆“曹雪芹《红楼梦》文化展”期间，举办专题讲座，深入阐释和传播曹红学的文化价值。

纳兰文化。举办兰迷嘉年华之“纳兰性德与三山五园”主题文化月活动，通过文化展示、学术研讨、主题诗会、文化交流、文化讲堂、短视频大赛等丰富多彩的活动形式，推广纳兰文化，打造精品文化活动，活跃中关村地区的公共艺术氛围。

三山五园皇家园林文化。与中国林业出版社、中国林业大学三山五园研究团队合作出版图书《今日宜逛园——图解皇家园林美学与生活》，获得张宝章先生等三山五园专家的高度赞誉；在颐和园举办新书发布游园活动，将三山五园研学、三山五园文创与三山五园研究紧密结合，创新传播三山五园历史文化。举办中关村文化产业五十人研讨会中的数字三山五园分享会，邀请奇想飞航、中创文旅、数字圆明园等公司分享在数字三山五园研发创作方面的经验。举办第六届三山五园学术研讨会，150余位政产学研届代表，围绕三山五园与北京生态文明建设、三山五园历史文化内涵挖掘与传播展开讨论。举办三山五园文化巡展（巴黎站）活动，以“江山如此多娇——三山五园数字艺术”为主题，采用公助民办的运作机制，充分发挥创新合伙人作用，开展对外文化交流，展示中华文化魅力，促进文化产品出口。法新社、路透社、美联社、《欧洲邮政公报》、《每日先驱导报》、澳洲《商业日报》等30余家海外媒体和新华社、人民网、央视国际频道、《中国日报》、《经济日报》、《北京日报》等27家国内媒体给予关注和报道。12个线上合作商家，8月17日至9月5日专题推广期间，浏览量达1.03亿次，访客数达6329万人，成交数量为262万笔，成交金额达8759万元，转化率（下单买家数量/访客数）为4.87%；其中三山五园IP商品成交数量为5.80万笔，成交金额为313.81万元。参与“游园听梦——北京大学光影科技艺术展”，该展览以北京大学所在的畅春园为载体，展出新媒体艺术家的13项数字艺术作品。运营三山五园公众号，设立三山五园研究、艺术三山五园、三山五园文创等专题，推广三山五园历史文化，推介三山五园文化产品。

中法人文交流文化。欧美同学会法比分会与北京外国语大学法语学院，就贝家花园运营和中法文化交流开展研讨。举办第四届中法人文交流海淀论坛，探讨中法文化交流渊源，分享中法人文交流典型案例。

中关村创新文化。开展中关村西区公共艺术活动有关工作，与中关村创业大街、稻香湖非遗科学城联合举办中关村国际创新集市文化创意活动，为国际青年创业者提供中国传统文化体验，营造国际文化交流良好氛围。组织开展艺术中关村主题写生创作活动 10 场，挂牌艺术中关村写生基地 4 个，举办艺术中关村——全国青年写实油画展、艺术中关村 2019 年联展和新具象油画沙龙 5 周年展，运营中关村创新文化公众号，传播中关村创新文化，促进海淀区文化艺术消费。与创业公社达成战略合作，艺术中关村项目落地中关村西区，品牌影响力初步形成。

B.21
门头沟区：加强文化旅游融合，推动文化创意产业高质量发展

胡新宇*

摘　要： 门头沟区落实区域发展总原则，依托西山永定河“六大文化”与旅游优势资源，突出生态涵养、旅游文化、科技创新“三大融合”，推动文化创意产业高质量发展，文化产业融合发展大格局进一步形成。今后，门沟头区将围绕全国文化中心建设搭建各类平台，打造地区特色 IP，推进重点园区建设，推进文化旅游产业深度融合，推动精品民宿产业再发力。

关键词： 西山永定河　长城文化带　门头沟区　特色 IP　全域旅游示范区

2019 年，门头沟区文化创意产业发展工作围绕贯彻落实中央、市委、区委部署，重点按照习近平总书记对北京重要讲话精神和蔡奇书记六次调研门头沟指示精神，高标准对标新版城市总体规划与全国文化中心建设要求，落实区域发展总原则，依托西山永定河“六大文化”与旅游优势资源，突出生态涵养、旅游文化、科技创新“三大融合”，推动文化创意产业高质量发展。

---

* 胡新宇，门头沟区文化和旅游局副局长。

一 2019年重点工作开展情况

2019年，门头沟区大力弘扬“六大文化”和“四个一”精神，加快推进国家级全域旅游示范区、旅游业改革创新先行区、首都公共文化服务示范区建设，深化文化和旅游产业供给侧结构性改革，深入推进优化提升景区品质、建设精品民宿、提升文化旅游公共服务、保护传承历史文脉，促进文化创意产业发展，为建设宜居、宜业、宜游的现代化生态新区提供产业发展动力。

（一）文化创意产业发展基本情况

根据统计局发布的数据，2019年1～12月，全区规模以上文化企业共18家，营业收入实现快速发展，总量不断增大，收入达到25.3亿元，比2018年同期增长20.8%。其中，文化传播渠道行业收入为11.44亿元，比2018年同期增长49.2%，增幅较大主要由于北京文化《流浪地球》收益起到了重要的拉动作用；文化辅助生产和中介服务行业收入为2.94亿元，比2018年同期增长12.7%，源于会展企业的蓬勃发展；文化消费终端生产行业收入为6.82亿元，同期增长12.6%，收入增长主要来自北京竞业达数码科技股份有限公司的文化消费终端生产；内容创作生产和创意设计服务行业分别收入为3.08亿元、1.03亿元，均比2018年同期有所下降；新闻信息服务、文化投资运营、文化娱乐休闲服务、文化装备生产这几个行业无规模以上企业。总体上，全区规模以上文化企业运行态势向好，全区文化创意产业发展呈现总体健康向上，但内部行业发展结构不均衡的局面。

（二）谋篇布局，产业融合发展大格局进一步形成

从“全域”这个大局着眼，系统性谋划文化旅游发展空间，以顶层设计科学指导产业布局并带动资源整合利用，进一步构建产业融合发展的新格局。

1. 启动编制《门头沟区分区规划旅游产业专题规划》

根据陈吉宁市长到门头沟区调研精神，启动编制《门头沟区分区规划

旅游产业专题规划》。为实现旅游线路再造、旅游产品升级、旅游营销提速明确路线图。

2. 稳步推进“两个历史文化带”保护与发展规划

西山永定河、长城文化带是挖掘门头沟区优质文化资源内涵的重要来源。通过对两个历史文化带的历史文化资源剖析、空间分布梳理、重点项目研究等，目前两个文化带保护发展规划与五年行动计划均已完成初稿的编制工作，同时推进永定河文化博物馆新馆建设前期工作。

3. 重点推进八大景区专项规划

按照“重点景区带动，旅游资源整合”的发展思路，推动景区走品质内涵式发展道路，推动八大景区组团专线规划，为旅游文化休闲产业“调结构、上水平”蓄力积势。《国家步道系统规划》《妙峰山全域景区规划》《大台矿山旅游产业规划》《灵山景区控制性详细规划》《南石洋—碣石—珍珠湖景区组团规划》《灵水—爨柏—黄草梁景区组团规划》6 个规划已经完成。《潭柘寺—戒台寺—定都峰—九龙山旅游景区组团规划》和《清凉界—十八潭—落坡岭—北岭组团旅游规划》已完成结题汇报。

（三）狠抓项目，深化文化和旅游产业供给侧结构性改革

围绕构建“高精尖”产业体系，打造精品文化和精品旅游，加快优质产业项目落地，助力全区供给侧结构性改革。

1. 以文旅项目为抓手，弘扬六大文化

为进一步保护传承京西山水文化、古道古村落文化等六大文化，以项目为抓手，以项目建设“点”带动产业融合“面”，提点带面打造集生态旅游、文化体验、观光休闲于一体的文旅体验产业集聚区。

一是保护发展古道文化，加快实施京西商旅古道项目。依托《门头沟国家步道系统规划》，利用现存绵延全区 670 余千米的古道系统，打造覆盖全区的步道体系，目前一期工程项目已竣工，二期完成项目预验收，旅游休闲步道配套设施建设项目完工并组织项目验收。

二是综合利用生态山水文化，加快研究大台旅游观光火车项目。为促进

区域旅游产业与生态保护实现创新发展，计划利用既有的京郊铁路线“门大线”，串联山水资源、文化村镇、旅游景点，打造生态、文化创意、旅游综合性工程，目前该项目列入“京郊列车计划”。

三是研究利用遗址文化，加快推动老旧厂房改造项目。落实《关于推动老旧厂房拓展文化空间指导意见落地实施的工作方案》，开展老旧厂房普查登记工作，引导多家企业与老旧厂房对接，释放废弃厂房综合利用潜力。推动金龙泉泵业旧厂房改造为中关村（京西）人工智能科技园·智能文创园。10 月底，园区改造完成并正式启动运营。成为具有孵化、加速、研发、办公、展示、产业服务等综合功能的园区；推动北京明珠琉璃制品厂旧厂房，充分发挥官窑的历史地位，借助故宫博物院的优势资源，深入挖掘琉璃文化价值，将旧厂房打造成集琉璃保护性生产、琉璃文化推广、琉璃体验式旅游、文化创意办公于一体的中国琉璃文化创意产业园区，该项目预计 2021 年春季开工，年底完工，次年投入使用。

2. 以精品民宿为抓手，推动乡村振兴绿色产业发展

以“六大文化、四个要素、一张蓝图”模式为依托，搭平台、推政策、聚资源、育精品，助力乡村振兴绿色产业发展。一是加快旅游精品村改造提升，提升乡村文化旅游品质。实施 2019 年度旅游精品村改造提升项目，完成王平镇东、西马各庄村，妙峰山镇炭厂村、禅房村项目。二是加快精品民宿建设落地，打造乡村文化旅游新亮点。为加快精品民宿生根落地，出台了 8 亿元乡村振兴绿色产业发展专项资金，推出了贷款利息补贴、担保补贴等精品民宿扶持政策“组合拳”，陆续举办了“2019 北京精品民宿发展论坛暨门头沟区民宿项目推介会”“民宿健康发展沙龙”等活动。并在“安家”2019 门头沟文化创意大赛中设置民宿专项招募和乡创创意奖项，鼓励乡创项目参加比赛，引入全国、全市优秀民宿企业及银行、担保公司，聚力打造精品民宿。截至 2019 年底，门头沟区登记营业的民宿项目有 24 家，在建的有 8 家，已签约的有 3 家。

3. 开展文化惠民活动，引导文化旅游消费

围绕“文化、消费、惠民”主旨，以增进市民群众文化福祉为主线，

举办了为期 2 个月的“文化惠民　乐享京西”门头沟惠民文化消费月活动。活动通过“门头沟文化消费”微信小程序 GPS 打卡集图标兑新华书店购书券、京西特色民宿文旅体验卡、京津冀旅游一卡通等奖品的形式，开展文化旅游季；面向市民发放 1 万张电影优惠券，开展“10 元进影院”电影季；制作发放《“文化惠民　乐享京西”2019 年门头沟惠民文化旅游消费》手册等，广泛宣传、普及文化消费的理念；支持帮助中国（北京）第二届汉服文化节落地举办；等等，给群众带来丰富优质实惠的文化消费内容，吸引到约 17 万人次的关注和参与，带动文化消费市场交易金额约 654 万元。

（四）精搭平台，持续壮大文化产业发展主体

1. 对接市级平台，精心组织北京文化创意大赛门头沟区分赛区活动

以“绿水青山门头沟　文旅创客创未来”为主题，举办了歌华有线杯·2019 北京文化创意大赛门头沟区分赛区暨“安家”2019 门头沟文化创意大赛。大赛主要征集以文旅体验、科创智能、医药健康“三大产业”为方向，传承以“六大文化”为依托的创新创业创意项目。共吸引来自北京市，河北省涿鹿县，内蒙古自治区武川县、察右后旗等地的 80 多个项目报名，通过审核的 43 个项目参加了初赛，11 个项目进入决赛，通过创意人才的聚集、激烈的竞争，涌现出“生物医学文献人工智能翻译系统”“星空营地”“非遗与珠宝首饰配套服务”“中国永定河诗词大会”“看就购互动视频”“嘻范动物园原创动物文创”“紫非石非遗传承及 IP 开发”“呢喃山居民宿美学设计”“造间房子与你有关”等一批创意项目，前 7 个项目入围北京赛区百强企业。其中，“看就购互动视频”项目，在北京文化创意大赛总决赛中荣获创意组二等奖；“非遗与珠宝首饰配套服务”项目获得组委会特别奖。目前，开发“看就购互动视频”项目的，来自台湾的清华高端人才创立的北京创愿云端科技有限公司已落户门头沟区。本土企业和创意人才的融合及一批优质创意项目、人才、企业的引入，提升了区文创产业主体水平，蓄积了活力和动力。

2. 组建专家团队，为企业提供精准服务

区文旅局、石龙管委等相关职能部门，与创客工场、孵化器、银行、农业担保公司等机构形成合力，邀请文化科技金融信息服务、投资战略等专家，组建队伍，积极走访企业调查研究，对接企业资源与政策服务，在政策扶持、资金申报、项目融资等方面给予便捷的服务，2019 年 10 月门头沟区共有北京立思辰新技术有限公司、北京结绳文化发展有限公司等 8 家企业获得北京市“投贷奖”支持。

3. 指导成立行业协会，共建共享服务网络

指导成立门头沟区文化创意产业协会，该协会为跨行业、跨部门的专业性社团组织，是门头沟区文化创意领域唯一的综合性公共服务平台。旨在促进门头沟区的文创资源与产业整合，加强企业交流合作，推动产业健康快速发展。全面搭建形成会员之间、政企之间“多维链接、汇聚共享”的共建共享服务网络。协会成员的抱团合作发展，将吸引更多的资金和智力支持，服务行业、服务企业，实现真正的深度融合发展。

4. 扩大影响，展现产业发展的精气神

围绕“京西特色历史文化旅游休闲区”功能定位，进一步树立“绿水青山门头沟”的城市品牌形象。一是举办第十三届永定河文化节。推出开幕式演出、“山河　家国”西山永定河文化展、东胡林人论坛、精品红色话剧《跟党走》、“琉璃重生”文化论坛、“向往的生活”精品民宿品牌推广体验六大主题活动，更高层次、更大范围对外展现了地区优势文化旅游产业资源。二是参加第十四届中国北京国际文化创意产业博览会。以“凝视西山　永定长流”为主题搭建门头沟展厅，以红色历史文化、非物质文化遗产、永定河文化的活态传承和产业化转型为要素，对西山永定河文化资源及产业发展进行了展示与推介。三是完善自媒体平台，及时提供公共信息服务。不断丰富和完善“创意门头沟”微信公众号平台的建设和内容运营，编印《创意门头沟》季刊杂志与《门头沟文创产业政策汇编》等，持续加强对文创产业政策宣传、重点企业和项目动态宣传、重大文化旅游活动资讯等，将产业相关信息及时发送到政府、企业、投融资机构和群众

手中，树立地区文化创意产业蓬勃发展、积极进取的发展形象，扩大区域知名度。

二 2020年文化创意产业工作展望

2020 年，门头沟区文化创意产业发展将全面深入贯彻习近平新时代中国特色社会主义思想和习近平生态文明思想，坚决落实市委、市政府和区委的工作部署，坚持“绿色发展、生态富民、弘扬文化、文明首善、团结稳定”的区域发展总原则，坚持稳中求进总基调，高举生态大旗，以传承“六大文化”为依托，围绕培育文旅体验、科创智能、医药健康“三大产业”，促进文旅商体等产业深度融合，打造精品经济、精品旅游、精品小镇，走好绿色高质量发展之路，全力塑造“绿水青山门头沟”城市品牌，全力开创文化创意产业发展新局面。

（一）围绕全国文化中心建设，搭建好各类平台

围绕全国文化中心建设产业发展组 2020 年度折子工程项目，持续推进全域旅游示范区创建工作；组织好 2020 年北京文化创意大赛门头沟赛区，进一步发掘西山永定河流域优秀的文创人才和项目；参加第十四届文博会等重大文化展览展会，组织好北京惠民文化消费季暨“文化惠民 乐享京西”门头沟惠民文化消费活动，丰富扩大“创意门头沟”官微、《创意门头沟》电子杂志等信息平台，将文化旅游产业融合发展推向农业、体育等更加广阔的领域，持续推进文化创意产业健康快速发展。

（二）打造地区特色 IP，推进重点园区建设

以深挖梳理京西特色历史文脉和引进培育现代文化元素为着力点，打造地区特色 IP，重点推进中关村（京西）人工智能科技园·智能文创园发展壮大；推动以艺术设计和琉璃烧造等非遗产业为聚合的琉璃文化创意产业园在门头沟区落地建设；利用室外影视道具、布景，改造爱国主义教育影视基

地，打造宝宜合影视园区；推动斋堂镇军饷村约5600平方米旧车间改造为中医药科技文化创意产业园区；推动安普老旧厂房改造为机器人文化创新产业园。

（三）推进文化旅游产业深度融合，加快重大项目建设

推进九仙草中医药文化旅游基地、树唐枫林中医药文化旅游基地，通过对基地内公共服务设施的建设和改造，提升公共服务功能和综合承载力；推进马栏红色旅游景区提升改造工程，建设弘扬红色文化和休闲旅游相结合的新型红色旅游基地；推动西马各庄村冰雪夜间经济项目，点亮夜间消费场景，打造乡村夜经济消费地标。

（四）推广应用各种模式，推动精品民宿产业再发力

进一步梳理村企合作、土地流转、贷款申请、方案报审等相关流程，形成一套可借鉴、可推广的成熟模式，引导有条件的传统村落签约项目，走通流程，用好政策；举办门头沟区民宿汉服文化旅游节、精品民宿推介会等活动，加大宣传推介力度，招商引资；定期邀请民宿业界的专家、知名品牌商、协会代表为门头沟区民宿业从业人员传经送宝，开展“魅力主人”“金牌厨娘”“绿领管家”等多维度、特色化的业务培训，为更好地打造精品民宿积蓄人才力量；跟踪落实行业政策，推动精品民宿合法申办相关证照，让民宿投资商能真正安心投资，放心发展。

B.22
房山区：坚持创新引领，推动文化产业融合发展

魏 然 王艳华*

摘 要： 房山区坚持创新引领文化产业发展，通过“文化＋金融”，激发文化新活力；通过“文化＋创意”，打造文化品牌；通过“文化＋活动”，提升文化影响力。但文化产业依然存在产业主体规模小、缺乏竞争力、创意人才匮乏、园区规范化管理有待提升等问题，今后将以实现高质量发展为主线，积极促进文化产业集聚效应；以优化营商环境为契机，大力提升文化产业发展活力。

关键词： 文化品牌 文化＋金融 文化＋创意 房山区

2019年，房山区以习近平新时代中国特色社会主义思想为指导，紧紧围绕首都城市战略定位，坚持创新引领，以西山永定河文化带建设为重要抓手，着力搭建文化产业发展平台，持续优化营商环境，积极推动文化产业融合发展。

一 文化产业概况

截至2019年底，房山区共有文化产业法人单位13710家，其中文化产

---

* 魏然，北京（房山）历史文化旅游集聚区规划建设管理办公室主任；王艳华，房山区文化创意产业促进中心宣传调研科科长。

业规模以上企业52家，其中规模以上企业集中分布在创意设计服务、内容创作生产、文化辅助生产和中介服务、文化传播渠道四个领域。2019全年实现收入为85.6亿元，从业人员平均人数为3241人，利润总额为1.62亿元。全区共有文化产业园区12个，2家文化企业新三板挂牌，1家已经在美国纳斯达克上市。总体来看，房山区文化产业整体实力不断提升，文化产业创新主体逐步壮大。

二　产业发展举措

（一）加强顶层设计，实施规划引领

按照北京市建设全国文化中心总体要求，结合房山区实际，以西山永定河文化带建设为重要抓手，对照《房山区“十三五”时期文化创意产业发展规划》完成修订《房山区文化产业三年行动计划（2019—2021年）》工作。

（二）完善产业政策，强化企业扶持

加大专项资金扶持力度，实施了小微文化企业发展专项扶持，经过申报、踏勘、评审、公示等环节，34家文化企业获得961.2155万元的资金扶持，夯实了文化园区发展基础。规范“文心房山”基金管理，提高风险把控能力，发挥基金在孵化培育发展文化产业方面的积极作用。加强与基金投委会的协调沟通，聘请第三方公司对文心房山基金进行专项审计，基金对三维六度园区4K电影《开国大典》投资400万元。通过上述举措让这支基金为推动房山文化产业发展做出更大贡献。

（三）优化营商环境，搭建发展平台

当好“服务管家”。为保证《房山区持续优化营商环境建立重点企业“服务包”制度实施方案》有效落实，区主要领导为文化企业送去提供“管家式”政务服务、优化土地要素供给、加大财税支持力度等“普惠式”政

策集成和专项服务综合“服务包”，并做好管家服务项目跟踪。持续为文化企业送去“管家式”政务服务，为企业提供工商注册、增加项目、搬迁选址、园区入驻、人才支持等专项服务，赢得了企业的好评。

为拓展文化企业融资渠道，举办了以“加强文化金融融合　促进区域经济发展”为主题的房山区文化企业融资对接路演活动，组织区内30余家文化企业，邀请区内外近20家投资机构，对8类文化产业项目进行路演，3家路演项目与投资机构现场签订意向合同。加强融资服务对接，与北京农商行房山支行合作，推出了创业保、创业贷等金融产品，为文化企业添翼增利。

（四）提升改造园区，推进产业集聚

积极组织区级园区申报“北京市文化创意产业园区”及“北京市文化创意产业园区（文创空间）”，3家区级园区通过专家评审。

落实北京市《关于推动老旧厂房拓展文化空间指导意见落地实施的工作方案》，对区内老旧厂房进行调查，进一步摸清文化空间底数，建立老旧厂房台账。同时，积极组织区内符合标准的老旧厂房申报市级老旧厂房转型文化空间项目，东方1956文化产业园、文化创新工场长阳文创产业基地2期（恒通科技园）成为试点单位。东方1956文化产业园完成厂区原4号库改造成为东方1956文化厅项目，承接北京文化创意大赛复赛、云之跃舞蹈艺术中心汇报演出等活动。与人民日报社、《人民论坛》杂志社就国家治理高峰论坛应急管理峰会暨全国应急管理创新案例课题调研达成合作，签署战略合作协议。周口店大家据文化产业园深入和北京国际设计周合作，筹办北京国际设计周首届IDCC室内设计创造赛工作，完成设计周专题园区布置及园区外部环境改造。

（五）打造文化品牌，扩大区域影响力

成功举办2019北京房山文化产业峰会，积极参加第十四届北京文博会，举办2019年北京市文创大赛房山分赛以及全市文化和旅游专场复赛，助力

小微文化企业快速成长。组织北京设计周首届IDCC设计赛，设计研发“房山礼物”，云居寺系列文创产品于9月9日走进故宫博物院。通过一系列活动、赛事，更加展示出房山区深厚而丰富的文化资源和厚积薄发的文化产业，传播了房山好声音，彰显了房山好形象。

三　创新发展成效

房山区将创新贯穿于文化产业发展的始终，没有创新就没有文化产业的发展。

一是“文化+金融”，激发文化新活力。为缓解房山区文化企业融资难问题，加强融资服务对接，通过文化类基金机构资本导入文化产业项目落地，带动文化产业发展，形成“基金—项目—文化产业”发展模式，进一步强化房山区的文化产业与金融服务工作，激发文化产业发展新活力，构建高精尖产业结构发展。

二是“文化+创意”，打造文化品牌。通过“房山礼物”设计研发和房山吉祥物“方方”的宣传推广，着力培育有较高知名度和美誉度的文化品牌和产品，深度挖掘房山区历史文化内涵。

三是“文化+活动”，提升文化影响力。通过“文化+创意+科技”等形式，宣传了房山区的产业环境，展现了房山区深厚的历史文化、丰富的红色文化、优美的生态环境，以及近年来区域文化产业的发展成果和美好愿景。

四　存在的问题

（一）产业主体规模小缺乏竞争力

产业主体是产业发展的关键。房山区文化产业主体以中小企业为主，企业投资多以自筹资金为主，企业规模小，造成文化产业可持续发展能力较弱；具有核心竞争力的企业不多，具有创新实力的企业更少。

（二）创意人才匮乏

这成为制约文化产业企业发展的重要因素，缺少文创人才尤其是缺少高端的具有文创能力特质的复合型人才，更欠缺既懂文化又懂经营的领军人才。文化创意产业人才结构失衡现象严重，文化管理人才与创意人才不成比例。文化创意人才的发展环境有待优化。

（三）园区规范化管理有待提升

目前，房山区文化产业园区尚处于起步阶段，发展基础相对薄弱、市场化不高、产业特色不够突出、行业和区域发展不平衡等因素都影响着区级文化产业园区的快速发展。

五　2020年发展思路

以习近平新时代中国特色社会主义思想为指导，按照北京城市总体规划赋予房山“三区一节点”的功能定位，结合新一轮城南行动计划，持续优化营商环境，大力推进文化产业融合发展，努力构建发展速度与质量、发展规模与效益相统一的“高精尖”文化产业体系。

（一）以实现高质量发展为主线，积极促进文化产业集聚效应

一是加强文化产业园区建设。积极推进第二批北京市文化产业园区（文创空间）认定申报工作。引导区级文化产业园区科学合理规划，确定重点发展方向，以项目引领、大企业带动文化产业集聚，促进文化产业园区的产业集聚和规模效用。创新对区级文化产业园区的管理，实施动态管理机制，建立健全退出机制，对园区的建设、管理和运营进行定期考核、不定期巡查，全力提升文化产业园区品质。

二是夯实文化产业基础。统筹用好市区配套政策，积极推介、鼓励和引导社会资本参与老旧厂房开发利用。加快老旧厂房拓展文化空间步伐，努力

打造老旧厂房高质量改造利用的精品。加大对老旧厂房拓展文化空间政策扶持和招商引资力度，吸引资本、人才和技术等生产要素集聚，推动文化产业新旧动能转换。充分利用老旧厂房、空置楼宇、工业遗存等引进文创运营企业、优秀创业团队，着力推进东方1956文化产业园、北京文化创新工场（房山园）、智慧长阳文化产业园等区级特色文化产业园区建设。

（二）以优化营商环境为契机，大力提升文化产业发展活力

一是营造良好产业发展氛围。充分利用北京国际文化创意产业博览会、北京文化创意大赛、北京国际设计周等大型活动的外宣作用，加强对房山区文化产业、文化企业和文化项目的宣传推介，为加快文化产业发展创造条件、制造机遇。通过举办北京文化创意大赛房山分赛、北京国际设计周IDCC首届室内设计创造赛，发现和挖掘原创能力强的创新型文化人才和优质的文化项目，切实加强创业服务工作，助推项目转化落地房山。搭建文化产业大数据平台，尝试建立政企之间的“信息直通车”，企业能够第一时间了解政策动向、反映发展诉求，相关部门也可第一时间为企业答疑解惑、纾困解难，共推产业发展。

二是激发产业发展活力。积极争取市文资办、市发改委专项资金，统筹好区级小微文化创意企业发展专项资金，培育一批有发展活力、成长性强的文化企业。探索金融支持文化企业发展和文化项目建设新途径，通过举办文化企业融资对接路演、量身定制“服务包”等活动，为文化企业和金融机构之间多搭桥、多铺路、多牵线，解决企业融资难、贷款难问题。充分发挥文创协会作用，搭建交流服务平台，建设以房山区文化产业高级研修班为主、文创沙龙为辅的多层次文化人才培养体系。促进文化企业与高校院所、科研机构之间的合作，将优秀人才和研究成果转化为文化产业生产力。发挥文创协会党委的引领带动作用，加快推动非公企业党建和工会建设，形成“以党带工、党工共建”的效力，推动文化企业高质量发展。

（三）以激活文化市场为手段，有效推进文旅产业融合发展

一是加大文旅融合发展力度。以助力打造首都第二条国际旅游精品线路

为重要契机，立足十渡、蒲洼、霞云岭特色旅游资源，辐射带动周边山区乡镇，形成联动发展机制，打造“红歌绿海”旅游精品线路品牌，带动区域整体发展。全面推动文化创意与旅游、商贸、农业等跨界融合，努力挖掘极具房山特色的文化要素，并融入创意设计的理念，推动“源文化”文旅休闲、“房山礼物”等创意产品开发，提供更多的品质化产品和服务，满足旅游者消费升级和文化旅游体验新需求，形成文旅融合发展新动能。

二是整合资源推进实体书店建设。以合理布局、供需平衡、协调发展为原则，统筹现有实体书店资源，推进“一区一书城”和特色书店建设，以点带面形成实体书店发展框架。

三是做好优质文化 IP 转化开发。做好已有文化 IP“方方”的文化品牌营销，提高“方方”关注度，培育粉丝、做大流量，以更多创意化的方式开展更多衍生的文化消费需求。同时深度挖掘文旅融合的房山文化 IP，强化“西周燕都遗址”“周口店红色背篓”“南窖花港精神”等房山区特有文化 IP 的转化，推出动漫燕都故事、周口店背篓记忆和南窖花港精神红色展室等文化产业项目，实现文化 IP 品牌塑造，推动产业转型升级。

B.23

怀柔区：深入推进文化科技融合发展，建设具有国际影响力的影视产业示范区

吕晓国　杜晶晶*

摘　要： 2019年，怀柔区紧紧围绕服务首都"四个中心"建设，坚持新发展理念，全面落实北京城市总体规划，加快构建以科学城为统领的"1+3"融合发展新格局，全面开启怀柔创新发展、高质量发展新征程。文化产业促进单位坚定"怀柔就是科学城，科学城就是怀柔"的发展理念，依托和服务好科学城推进中国影都建设，全力以赴抓好项目推进、招商营商、品牌活动和空间供给等工作，全力推进文化产业向高精尖发展，全力打造"产业链条完整、关联企业集聚、综合服务齐全"的具有国际影响力的国家级影视产业示范区。

关键词： 影视产业示范区　文化科技融合　怀柔区

一　影视产业示范区建设的基础和目标

怀柔的影视产业起步于1995年落户杨宋镇的星美今晟影视城；2005年底开工、2008年7月底投用的国家中影数字制作基地，使怀柔区有了引领全国影视产业发展的核心资源。2016年底，北京电影学院新校区在中国

* 吕晓国，北京市怀柔区文化产业发展促进中心主任；杜晶晶，北京市怀柔区文化产业发展促进中心产业信息部。

（怀柔）影视产业示范区正式奠基；2016 年 6 月，博纳影业怀柔基地的落户，标志着又一重点电影企业进驻怀柔。此后怀柔区的重点是依托中影基地中影股份公司和北京电影学院怀柔新校区这两个核心资源，突出发展影视科技制作和影视人才培养。特别是北京拥有的影视人才、制作公司和技术装备占全国 70% 以上，为怀柔区影视产业发展提供了坚强的制作、技术和人才支撑。

中国（怀柔）影视产业示范区位于怀柔区杨宋镇，紧邻京承高速 15 出口和京沈高铁怀柔南站，按新城怀柔分区规划面积 6.99 平方千米，是 2006 年北京市认定的首批文化创意产业集聚区；2014 年 4 月 28 日，国家新闻出版广电总局正式批准设立中国（怀柔）影视产业示范区。

中国（怀柔）影视产业示范区的建设重点和目标是：依托影视产业示范区功能特色，加大文化与科技融合力度，大力集聚影视核心资源，推进文化产业向高精尖发展。建设集拍摄制作、投资策划、交易发行、旅游演艺、广告会展、衍生品开发、餐饮居住、教育培训、商贸金融等于一体的“产业链条完整、关联企业集聚、产能高度融合”的影视文化新城，打造国际高端水平、综合竞争力强的国家级影视产业示范区。

二　影视产业示范区发展优势

（一）核心资源丰富

近年来在市、区两级的全力推动下，中国（怀柔）影视产业示范区稳步发展。星美今晟影视城的前身飞腾（中国）制作有限公司成立于 1995 年，是中国北方地区最大的以明清建筑风格为主的影视节目外景地，占地约 23 万平方米，有街道、四合院、戏园子、水榭、客栈、江南园林、华北小镇等。全部屋宇约有 280 栋，另有大小规格不同的 4 个摄影棚。《铁齿铜牙纪晓岚》《像雾像雨又像风》《大宅门》《红楼梦》《打狗棍》等上千部备受观众熟知与喜爱影视作品都是在这里拍摄的。国家中影数字制作基地于 2008 年建成投用，是一个以影视后期制作为核心，具有影视拍摄、声音录制、数字加工及动漫、游戏、广告制作、设备租赁等全方位、高质量服务功能的电影生产基地，这里拥有国内顶端技术人员和专业研发团队，硬件设备与制作技术可与好莱坞、新西兰等地媲美，已跻身亚洲第一、世界一流水平。《狼图腾》《战狼 2》《流浪地球》等影片都是在这里拍摄或完成后期制作的。

目前，影视产业示范区已集聚中影、星美、博纳、乐视、华谊、海润等 600 余家影视及关联企业，实现固定资产投资 65 亿元，近年来国产票房过亿元的大片近半数出自怀柔；累计接待剧组拍摄或制作影视作品 3000 余部，初步形成以拍摄制作、影视特效、中影发行等为重点的产业链条。

（二）项目加快推进

作为中国影视人才摇篮的北京电影学院，其新校区于 2016 年 12 月正式落户怀柔，新校区位于中国（怀柔）影视产业示范区核心区——怀柔新城 08 街区东南角，按照 4000 名本科生和 1000 名教职工的规模进行规划设计，总占地面积约 44.5 万平方米，总建筑面积 40 万平方米。新校区分两期建设，一期工程建筑面积约为 18 万平方米，建设内容为教学楼、图书馆、体育场、剧场、影院、摄影棚和学生及教师公寓等，2018 年 2 月完成主体结构封底，截至 2019 年底，一期工程已基本完工；二期工程建筑面积约为 22 万平方米，建设内容主要为教学楼、体育馆、学生公寓、国际影视交流中心等。

北京电影学院的落户，为中国（怀柔）影视产业示范区的发展带来巨大的机遇，将来不仅能为影视产业示范区源源不断输送编剧、导演、摄影、表演、后期制作等专业人才。广大师生的到来，也必然带来品牌化和个性化的餐饮服装、休闲旅游、学习培训、电子产品等消费，促进城市发展。

（三）空间供给充足

制片人总部基地能够提供地上、地下 40 万平方米的工作室，可根据企业需要量身定制，共分为 5 个地块，其中商业地块 4 万平方米。自 2018 年 9

月29日开工建设，截至2019年底，0023地块地上9层建筑主体结构已封顶。11月底，“阿里文娱产业基地”项目签约落户中国（怀柔）影视产业示范区，怀柔和阿里巴巴携手共建集文创办公、演播录制、创意研发、影视综艺制作、旅游商业、服务配套等于一体的“数字娱乐新型度假示范区”，将建设国内最先进的影视演播集群，依托阿里文娱优酷平台引擎，联合阿里影业、大麦网、互动娱乐、体育、酷漾娱乐等多个垂直业务纵队，形成文娱生态体系内的一张矩阵联动网络。2019年12月18日挂牌上市的怀柔新城08街区A地块建设用地约21万平方米，规划建筑规模52万平方米，其中住宅近20万平方米，多功能用地30万平方米。怀柔区杨宋镇还有21宗地块的待转型厂房和闲置土地资源，可多种形式进行合作。已改造完成全面竣工的光华视觉工业园总建筑面积为2.1万平方米，配有国际标准影棚、化妆间、办公孵化楼以及配套酒店、餐厅、仓储置景棚等，专注于打造“影视全产业链平台基地”。这些空间可以满足投资者的各种需求。

（四）营商环境优良

一是设立创新创业服务平台，并争取市广电局设立政务服务站。2016年10月底，怀柔区政府专门在杨宋南大门设立了中国（怀柔）影视产业示范区O2O创新创业服务平台，设有工商审批和文促项目推进、创业指导等6个窗口10个工位。2018年5月底，市广电局下放电影剧本（梗概）备案、国产电影片审查、设立广播电视节目制作经营单位许可和国产电视剧片（动画片）审查等15项影视审批事项，在平台设立政务服务站于每周二定期上门服务受理业务。二是双管齐下，搭建创业孵化平台，2015年，市区共同注资成立影都文化投资发展有限公司，利用市场化手段服务示范区建设，实现“影管办+影都文投”运行模式，主要进行影视企业和影视IP的孵化，吸引上下游资源集聚，为影视人才和企业提供创作、创新、创业的优质环境，有效对接市级资源和优质社会资本，创造更良好的发展空间。三是加强对重点剧组和重点企业的管家式服务。邀请导演、制片人、外联等业界人士献计出力，完善影视摄制服务体系实施方案，编印《剧组服务手册》。

四是拓宽渠道，加强国际宣传招商。2019 年 4 月，区文促中心与瀚海洛杉矶文创园签订 3 年合作协议，在美国洛杉矶和怀柔建设“跨境双中心”，为中美影视文化企业及项目提供拓展、对接、合作和落地的跨境平台服务。

（五）品牌活动叫座

多年来，中国（怀柔）影视产业示范区一直参与举办多个品牌活动。一是自 2015 年开始，北京国际电影节七大板块中的开、闭幕式和红毯、天坛奖评奖、电影嘉年华四个主板块落户怀柔，这些主体活动在全国和世界大大提高了怀柔优越生态、会展和影视功能的品牌影响力和怀柔城市知名度。其中，从 2012 年就在怀柔设分会场、2015 年起全部移师怀柔的电影嘉年华，有力提高了怀柔影视旅游的知名度，实现了扬名气、聚人气、惠民生的目标。二是怀柔参与主办的北京电视节目交易会规模越来越大，品牌越来越响。自 2009 年秋季签约落户怀柔以来，参展电视剧数量、参会制播机构、与会代表屡创新高，每年参加的电视剧制播机构都在 450 家以上，推出电视剧为主的电视节目 900 部以上，参会人数超 3000 人，现在是全国三大电视节之一。三是举办影视文创大赛。自 2018 年举办首届怀柔影视文创大赛，2019 年举办第二届怀柔影视文创大赛，征集作品、参赛人员均有所增加。

（六）扶持政策给力

怀柔区的影视产业迅猛发展，离不开有效的政策奖励支持。除普惠财政奖励政策外，《中国（怀柔）影视产业示范区促进产业聚集专项政策（试行)》（以下简称“怀影十条”）于 2018 年 5 月 7 日正式印发，从企业奖励、租金、改造、投资补贴、上市奖励、招商奖励、孵化成长支持等方面进行突破或调整，新增工作室支持、作品奖励、人才服务等，在宣传文化和影视业界产生积极反响。

三　影视产业示范区未来发展方向

2020 年，为加快构建怀柔区高精尖经济结构，作为影视产业示范区建设的牵头部门，区文促中心全体干部更加坚定“怀柔就是科学城，科学城就是怀柔”的发展理念，深入挖掘文化科技融合发展新动力，打造与科学城核心区遥相呼应的城市新地标。

（一）以科学城为统领，提升发展融合力

区委工作报告指出，作为首都的生态涵养区和“四个中心”建设的重要承载地，怀柔已经形成了与首都工作高度契合的转型发展新格局，其中最根本、最重要的就是建设怀柔科学城。中国（怀柔）影视产业示范区建设将深刻认识“怀柔就是科学城、科学城就是怀柔”的目标要求，充分领会和认识科学城统领“1 +3”融合发展的重大意义，牢牢把握“统领”和“融合”的关系。影都建设要以影视科技制作和影视人才培养为核心，抓好外部文化科技融合项目的引进，同时鼓励引导市场主体对接怀柔科学城的科技创新资源挖掘合作内容。按照“科学 + 城”要求，将科学城高端人才的需求和影视文化产业人才的需求统筹考虑。立足影视文化和科技创新资源禀赋，以文化科技深度融合引领带动区域发展。大力集聚影视核心资源，加快北京电影学院怀柔新校区、制片人总部基地等重点项目建设，积极吸引高品质影视企业来怀发展，对接企业需求、强化精准服务，进一步提升影视产业竞争力。持续优化中国影都空间布局，同步推进发展规划、街区控规和城市设计导则编制，着眼电影学院建成投用，全面对接服务需求、提升供给能力，抓紧谋划布局商业、文化等功能要素，打造重点区域、门户地区沉浸式体验特色街区，切实形成服务配套高端、艺术氛围浓厚、文化科技交融的区域发展格局。

（二）加快推进重点项目，提升建设带动力

高质量建设中国（怀柔）影视产业示范区，要继续推进 10 余个重点项目建设，增加动力源泉。一是服务推进北京电影学院怀柔新校区等项目，力促二期早日开工建设；二是加快推进制片人总部基地项目建设，2020 年要实现 0023 地块竣工，完成 0020 地块基础建设；三是博纳影业怀柔基地项

目，加快设计方案论证和报审；四是推进中影二期项目土地一级开发工作，加快推进征地工作；五是翰高杨宋文创产业园项目，服务好一期招商运营工作，推进二期改造设计；六是积极配合推动阿里文娱产业基地项目，利用制片人总部基地 0016、0017 地块进行建设，积极跟进项目“多规合一”审批，取得开工许可证；七是推进国家文化遗产科技创新中心项目，与项目方达成战略合作，同时服务好庙城镇铜牛影视小镇、北京果脯博物馆等项目建设和落地。

（三）优化营商环境，提升招商吸附力

全面贯彻市委、市政府优化营商环境“9 + N”系列政策，探索运营好影视示范区创新创业服务平台和市广电局政务服务站，对重点企业提供管家服务。一是围绕龙头影视项目和产业链中投资制片、后期制作、交易发行、院线总部等核心环节企业，宣推利用好“怀影十条”，强化招商引资，促进企业集聚；二是扎实落实和用好“北京影视十条”政策，形成政策合力，加强服务创新，突出影视科技融合、影视人才培养引进、精品园区建设、影视重点企业服务、向丰宁辐射发展外景地等重点工作，培育和引进影视新业态，吸引新媒体、短视频、影视娱乐、动漫游戏、音乐电竞等企业落户；三是服务影创空间、光华视觉工业园、翰高文创园、庙城镇铜牛影视小镇继续培育引进有实力的项目；四是服务好制片人总部基地、08 街区 A 地块，加强招商引资；五是充分发挥“亲清”管家作用，突出抓好中影集团、星美公司、中外名人、爱奇艺等 10 家重点企业，深入对接，强化服务。

（四）打造节庆品牌活动，提升影都影响力

坚持把服务保障重大影视品牌活动作为推进影视产业示范区建设和打响中国影都品牌的重点工作。继续参与办好第十届北京国际电影节电影嘉年华和北京电视节目交易会、怀柔影视文创大赛等活动。同时深挖和发挥中影基地、星美影视城、老爷车博物馆等存量资源优势，有针对性地引进动漫游戏、音乐电竞等增量资源，突出策划和办好“来影都过周末”活动，不断

提升怀柔国际影响力及中国（怀柔）影视产业示范区行业地位。一是加大对中影基地、星美影视城、翰高文创园、老爷车博物馆、高两河红瓷、鹿世界、羊世界等存量资源的深入挖掘、拓展和利用；二是依托北京国际电影节，高标准打造电影嘉年华活动品牌，围绕电影节主题，突出简约、大气、安全，精心设置活动板块，开展形式多样、内容丰富的电影主题活动；三是加快VR虚拟体验和5G+8K视听等新技术的应用、演出和小型游乐场的引入，下一步利用北京电影学院新建开放影厅等实体资源；四是提前谋划好制片人总部基地商业配套、凤翔大都食品厂等增量资源，打造发展样板，突出影视主题和沉浸式体验特色，抓好餐饮、娱乐等服务配套；五是加强与雁栖湖、红螺寺、慕田峪长城等区内旅游资源的联动，将影视体验游与乡村休闲游、生态度假游、红色文化游、满族特色文化游等一系列特色旅游品牌有机结合。

（五）积极争取支持，推动示范区建设力

目前，中国（怀柔）影视产业示范区已经拥有外省市影视基地不可比拟的核心资源，但也存在建设发展资金不足、土地财税等招商政策相对较弱等问题和困难，仅靠怀柔自身力量难以解决。近年来，北京市委、市政府对中国（怀柔）影视产业示范区给予了大力支持，包括北京电影学院新校区和博纳影业集团等项目的引进，市委宣传部、市发改委、市教委和市文资办等市级部门都出实招、用实劲帮助项目落户怀柔。在《关于推动北京影视业繁荣发展的实施意见》中，特别把怀柔影视产业示范区建设作为全市精品园区建设重点，把北京国际电影节作为重要品牌活动。对此，我们将认真研究市级政策和怀柔需求结合点，积极向市政府争取有针对性的支持政策，努力在怀柔建设一个影视政策洼地、营商环境高地，吸引重点影视企业项目实质回归北京，让国内外优质影视资源及高精尖影视项目集聚北京。

B.24

北京国家级文化和科技融合示范基地：培育特色产业，创新驱动发展

张　锋*

摘　要： 2012年、2013年，科技部、中宣部等五部门分两批先后认定“北京中关村国家级文化和科技融合示范基地”①（以下简称“示范基地”），形成中关村海淀园、雍和园（现东城园）、德胜园（现西城园）、石景山园、朝阳区“1+4”基地建设管理模式。2019年，4家北京企业被认定为第三批国家文化和科技融合示范基地单体类基地。② 本报告介绍北京示范基地2019年发展情况，提出提升基地建设管理水平的措施建议。

关键词： 特色产业　建设管理　北京

* 张锋，博士，北京生产力促进中心高级咨询师。

① 《关于认定首批国家级文化和科技融合示范基地的通知》，科技部网站，2012年5月24日，http：//www. most. gov. cn/tztg/201205/t20120524_ 94609. htm。

② 《科技部　中宣部　中央网信办　文化和旅游部　广播电视总局关于印发〈国家文化和科技融合示范基地认定管理办法（试行）〉的通知》，科技部网站，2018年3月29日，http：//www. most. gov. cn/mostinfo/xinxifenlei/fgzc/gfxwj/gfxwj2018/201805/t20180502 _ 139278. htm；《科技部办公厅、中宣部文改办关于开展2018年国家文化和科技融合示范基地申报工作的通知》，科技部网站，2018年5月22日，http：//www. most. gov. cn/mostinfo/xinxifenlei/fgzc/gfxwj/gfxwj2018/201805/t20180525_ 139674. htm；《科技部　中央宣传部　中央网信办　文化和旅游部　广电总局关于认定国家文化和科技融合示范基地的通知》，科技部网站，2019年04月15日，http：//www. most. gov. cn/mostinfo/xinxifenlei/fgzc/gfxwj/gfxwj2019/201909/t20190911_ 148732. htm。

一 示范基地2019年总体发展情况

（一）第一批、第二批认定的示范基地发展情况

1. 产业发展规模日益扩大

2019 年，海淀分基地高新技术企业实现收入 2.6 万亿元，技术合同成交额为 1880 亿元①；规模以上文化产业实现收入 6241.9 亿元，同比增长 20.1%②。朝阳分基地拥有高新技术企业 3985 家，占全市高新技术企业数量的比重为 14.5%③；规模以上文化产业实现收入 2001.5 亿元，同比下降 6.8%④。东城分基地拥有国家高新技术企业 209 家，实现收入 2509 亿元，较 2018 年增长 16.4%⑤；规模以上文化产业实现收入 1722.9 亿元，同比增长 4.2%⑥。西城分基地拥有国家高新技术企业 930 家，专利授权量为 8807 件⑦；规模以上文化产业实现收入 998.2 亿元，同比下降 1.3%⑧。石景山分

---

① 《海淀区 2019 年度绩效管理工作报告》，北京市海淀区人民政府网站，2020 年 1 月 10 日，http：//www. bjhd. gov. cn/zfxxgk/auto10489 _ 51767/zfwj _ 57152/202001/t20200110 _ 4381687. shtml。

② 《规模以上文化产业情况（2019 年 1 ~ 12 月）》，北京市海淀区人民政府网站，2020 年 2 月 19 日，http：//www. bjhd. gov. cn/zfxxgk/auto4514 _ 51808/auto4514 _ 54025/auto4514/auto4514_ 54045/auto4514_ 54048/202002/t20200219_ 4386837. shtml。

③ 《朝阳区国家高新技术企业数量保持快速增长》，北京市朝阳区人民政府网站，2020 年 3 月 30 日，http：//www. bjchy. gov. cn/dynamic/news/8a24fe837128f150017128f8bba50043. html。

④ 《2019 年 1 ~ 11 月朝阳区规模以上文化产业情况》，北京市朝阳区人民政府网站，2020 年 1 月 23 日，http：//www. bjchy. gov. cn/affair/tjxx/report/8a24fe836fbcd295016fc76394ac0908. html。

⑤ 《北京市东城区 2019 年国民经济和社会发展统计公报》，北京市东城区人民政府网站，2020 年 3 月 18 日，http：//www. bjdch. gov. cn/n2001806/n2917391/n2917394/c9239067/content. html。

⑥ 《2019 年东城区文化产业发展情况》，北京市东城区人民政府网站，2020 年 2 月 18 日，http：//www. bjdch. gov. cn/n2001806/n2917391/n2917393/c9140426/content. html。

⑦ 《2020 年政府工作报告》，北京市西城区人民政府网站，2020 年 3 月 6 日，https：//www. bjxch. gov. cn/xxgk/xxxq/pnidpv849818. html。

⑧ 《2019 年 1 ~ 12 月西城区规模以上文化及相关产业主要经济指标数据》，北京市西城区人民政府网站，2020 年 3 月 23 日，https：//www. bjxch. gov. cn/xcsj/xxxq/pnidpv852840. html。

基地拥有国家高新技术企业865家[①]，规模以上文化产业实现收入478.8亿元，同比增长1.5%[②]。

2. 加大产业扶持资金投入

2019年11月，海淀分基地发布面向电竞产业的支持政策。[③] 在推动游戏研发和内容创作方面，对游戏开发共性技术服务、游戏引擎研发等公共服务平台支持最高1000万元，对体现传统文化内涵的精品原创游戏支持最高500万元。在集聚游戏企业及电竞俱乐部方面，对入驻海淀数字文化产业集聚区的龙头企业给予连续三年内每年最高分别为50%、30%、20%的房租补贴；对在电竞赛事中表现优异的俱乐部奖励最高200万元；在支持电竞场馆建设和赛事举办方面，对符合北京市老旧厂房改造政策的电竞场馆补贴最高1000万元。在强化人才支撑方面，鼓励企业、高校、机构开展电竞理论研究，对纳入正式出版教材的成果奖励最高50万元。

2019年，朝阳分基地发布"政策50条"[④]，促进国家文化产业创新实验区文化产业全面提升。对"五个一工程奖"获奖企业支持200万元，对获国家级认定的文创园区、基于老旧厂房改造的文创园区奖励上限分别为200万元、500万元。对文化领域高新技术企业给予最高50万元研发补贴，奖励文化科技发明专利1万元/件。对文化企业提供最高150万元银行贷款贴息支持；对"蜂鸟企业"的融资利息最高补贴300万元，对其研发设备融资租赁费用给予70%补贴。对在主板、中小板、创业板新上市的文化企业奖励350万元。对基地内科技金融服务、孵化服务、知识产权服务等平台机构，依据其服务绩效给予最高200万元补贴。设立总额100亿元的文创产业

---

① 《区科委四项举措推动科技创新，优化营商环境》，北京市石景山区人民政府网站，2019年6月5日，http://www.bjsjs.gov.cn/yshj/gzdt/20190605/13029278.shtml。

② 《2019年1～12月规模以上文化产业情况》，北京市石景山区人民政府网站，2020年2月20日，http://www.bjsjs.gov.cn/zwgk/tjxx/20200219/14625692.shtml。

③ 《首届中关村文化产业五十人研讨会：海淀发布数字文化产业支持政策》，人民网，2019年11月11日，http://bj.people.com.cn/n2/2019/1111/c82838-33524966.html。

④ 《国家文化产业创新实验区"政策50条"》，北京市朝阳区人民政府网站，2019年10月31日，http://www.bjchy.gov.cn/affair/file/otherfile/8a24fe8368726da70168744b4c730628.html。

基金。

2019 年，东城分基地发布“文菁计划”，扶持文化行业领军企业、高成长性企业和特色文化企业[①]。对业绩突出的行业领军企业，区内前 10 强奖励 100 万元，前 20 强奖励 80 万元。对新引进的营收超过 3 亿元（5 亿元）的文化行业领军企业，最高奖励 300 万元（500 万元）。对高成长性文化企业奖励 50 万元。对获 2000 万元以上股权融资的文化企业，最高奖励 100 万元。获得北京市“投贷奖”等政策资金奖励的文化企业，可申请东城区文化产业发展专项资金 20% 的配套资金奖励。

2019 年，西城分基地修订了出版创意产业园区发展办法[②]。为降低降企业成本，对入驻出版创意产业园核心区的文化企业给予 3 元/平方米·天的房租补贴。在强化版权服务方面，依据企业版权登记数量、作品销售额等指标，补贴 10 万 ~50 万元。对主导制订国际标准、国家标准的文化企业，最高补贴 50 万元。在投融资服务方面，对企业通过园区投融资平台所获贷款给予 50% 贴息补助。在扶持出版精品方面，对获国家级、市级专项支持的作品按 1∶0.5 的比例给予配套资金；对获“世界最美图书奖”等重大奖项的作品奖励 50 万元；对获“文津图书奖”等行业知名奖项的优秀作品，每年每家企业最高奖励 80 万元；按企业出版作品的首版年发行量，分档给予 5 万 ~30 万元奖励；对数字出版、新媒体企业，依据其平台年度总访问量、总下载量，给予 8 万 ~30 万元奖励。

2019 年 12 月，石景山区印发《石景山区促进应用场景建设加快创新发展支持办法》（石政办发〔2019〕12 号）[③]：对世界 500 强企业新建研发机

① 《北京市东城区人民政府关于印发东城区“文菁计划”实施办法的通知》，北京市东城区人民政府网站，2019 年 4 月 24 日，http://www.bjdch.gov.cn/n3952/n3970/n3974/c7668865/content.html。

② 《北京市西城区人民政府办公室关于印发北京市西城区促进出版创意产业园区发展办法（修订）的通知》，北京市西城区人民政府网站，2019 年 12 月 31 日，https://www.bjxch.gov.cn/xxgk/xxxq/pnidpv845216.html。

③ 《北京市石景山区人民政府办公室关于印发〈石景山区促进应用场景建设加快创新发展支持办法〉的通知》，北京市石景山区人民政府网站，2019 年 12 月 16 日，http://www.bjsjs.gov.cn/zwgk/zcwj/bgswj/20191216/14367052.shtml。

构、以产学研模式建设的研发机构、获国家级认定的研发机构，均补贴最高200万元。企业首次通过国家高新技术企业认定的，一次性奖励3万元；科技型中小企业可获最高50万元研发补助。在新技术、新产品示范应用方面，对在中关村石景山园等重点产业功能区投入运营的项目支持200万元。对高校院所设立的平台型科技成果转化企业且效益显著的，连续三年补贴房租总额的50%。每年设立200万元科学决策专项课题资金。奖励年度“优秀创业服务机构”最高100万元。根据企业年度技术合同登记总额的不同档位（1亿~50亿元），最高奖励20万元。设立5000万元“科技创新”专项资金。

3. 加快推进产业载体建设

近年来，北京市对老旧厂房的文化再造取得显著成效，部分由旧厂房转型的文创园区成为北京文化新地标。但在文化空间建设实际工作中，依然存在各方认识不统一、老旧厂房台账不全、整体规划缺乏统筹、改造审批手续政出多门等问题。2017年12月，为合理利用全市超过2800万平方米的老旧厂房资源，北京市发布《关于保护利用老旧厂房拓展文化空间的指导意见》（以下简称《指导意见》）①，对基于老旧厂房改建公益性文化服务设施的，可通过划拨方式取得用地许可；新园区运营机构可利用“允许临时变更建筑使用功能”政策工具，在维持原有土地性质的前提下消除后续建设审批手续难题。《指导意见》解答了老旧厂房升级改造“干什么、怎么干、谁来干”和具体项目“如何走流程、怎么办手续”的问题②，为示范基地利用老旧厂房改造升级文化产业空间提供了有力的政策支持。

海淀分基地创新空间布局优化拓展。2019年，学院路北部、永丰相应地块、东升科技园二期完成供地；围绕人工智能创新区定位，北大西门片区

① 《北京市人民政府办公厅印发〈关于保护利用老旧厂房拓展文化空间的指导意见〉的通知》，北京市人民政府网站，2017年12月31日，http://www.beijing.gov.cn/zhengce/zhengcefagui/201905/t20190522_60818.html。

② 《保护利用老旧厂房拓展文化空间政策培训会召开》，人民网，2019年12月19日，http://bj.people.com.cn/n2/2019/1219/c82840-33646045.html。

城市更新步伐加快，硅谷电脑城整体改造进展顺利；科学城北区医谷产业园等18个重点项目开复工175万平方米，全年竣工28万平方米，北清路沿线城市设计完成。完成北京风机二厂原西三旗厂区改造，建成中关村西三旗数字文化产业园，成为海淀区首个以电子竞技产业为核心的数字文化产业园。2019年5月，海淀区发布《海淀区提升消费能级提高生活品质三年行动计划（2019—2021年）》①，引入社会资金改造老旧厂房、建筑，建设特色文化消费街区。

朝阳分基地深入实施文化创意产业“百园工程”。已建成798艺术区、郎园文化创意园等超过90家特色文化产业园区②，其中66家源于老旧厂房改造升级，总建筑规模377.81万平方米，培育了一批以数字创意为特色的创新型园区，形成产业错位发展、优势互补的整体布局。2019年通过升级改造6处老旧厂房，建成E50艺术区、“蝶变”特色文创园、东枫德必人工智能创新基地、爱工场文化科技融合产业园、印象里文创园、菁英梦谷时尚创意梦工场文化园区，国家文化产业创新实验区内的文化产业园区已达63个。

东城分基地推动文创园区协同发展。③ 2019年7月，东城区文创园区协会成立，首批41家会员单位包括嘉诚胡同创意工场、中关村雍和航星科技园、北京德必天坛WE”国际文化创意中心、77文创园等获北京市首批认定的文创园区，东雍创业谷、亮点文创园、北电科林文创园、中粮广场等专业化、特色化文创园区，部分区内重点文化金融专营机构和文化金融服务平台。协会作为非营利性社会团体组织，将致力于加强文创园区间、企业与政府间的交流，推动区域文化产业高质高效发展。东城区可利用的老旧厂房空间资源

① 《北京市海淀区人民政府关于印发〈海淀区提升消费能级提高生活品质三年行动计划（2019—2021年）〉的通知》，北京市海淀区人民政府网站，2019年5月21日，http：//www.bjhd.gov.cn/zfxxgk/auto10489_51767/zfwj_59282/zfwj/201905/t20190521_4320530.shtml。

② 《坚持高端引领　深化创新融合国家文创实验区打造文化产业高质量发展高地》，北京朝阳文化产业网，2020年1月6日，http：//www.chycci.gov.cn/news.aspx?id=49324。

③ 《北京东城50余处老旧厂房陆续变文创园　今年再添这几处》，北晚新视觉网，2019年7月10日，https：//www.takefoto.cn/viewnews-1838412.html。

共有50余处，已转型升级为文创园区的有26处。2019年，咏园、尚8科技文化园、天鼎218文化金融园、大磨坊文创园等新兴文创园区陆续投入运营。

石景山分基地推动老工业基地转型升级。[①] 2020年5月，国务院办公厅发布督查激励通报[②]，石景山区在老工业基地改造等三个领域获得嘉奖。目前已确立以金融业为主导，科技服务业、数字创意产业和信息技术产业为支柱，以高端商务服务业为支撑的"1+3+1"产业体系。"长安金轴"已入驻金融机构超过200余家，泰禾长安中心建成并投入使用，天安人寿大厦开工，京西商务中心入驻企业400余家。北京城市大数据研究院等重点项目落地。首钢园区北区全面开工，首钢滑雪大跳台完工并通过赛事检验。

4. 持续推进营商环境优化

2019年，海淀分基地全面推进政务公开，形成区政务公开全清单，完成政务公开惠民便民地图建设，汇集14大类79子类2629个服务地点信息，对接4300余项办事服务事项。[③] "一网通办"实现100%区级事项网上受理，初步形成网上服务大厅、"海淀通"App、"海淀政务"公众号、"便利淀"小程序和自助服务终端"五位一体"的政务服务整体架构。增设政务服务中心航天桥办公区和联想桥办公区，与区政务服务中心一同构建线下"南北中"区级政务服务网。首创街镇（委办局）一把手"接诉即办、暖心回访、群众打分"市民回访制度，有效回访群众诉求626件次。12月发布《海淀区进一步优化营商环境行动计划》[④]，实施构建暖心安心的企业发展环

① 《产业升级、品质提升、人才聚力——北京市石景山区推动老工业基地转型升级受表彰》，新华网，2020年5月14日，http：//www. bj. xinhuanet. com/2020－05/14/c_ 1125986087. htm。

② 《国务院办公厅关于对2019年落实有关重大政策措施真抓实干成效明显地方予以督查激励的通报》，中国政府网，2020年5月5日，http：//www. gov. cn/zhengce/content/2020－05/08/content_ 5509889. htm。

③ 《海淀区2019年度绩效管理工作报告》，北京市海淀区人民政府网站，2020年1月10日，http：//www. bjhd. gov. cn/zfxxgk/auto10489_ 51767/zfwj_ 57152/202001/t20200110_ 4381687. shtml。

④ 《北京市海淀区人民政府关于印发〈海淀区进一步优化营商环境行动计划〉的通知》，北京市海淀区人民政府网站，2019年12月12日，http：//www. bjhd. gov. cn/zfxxgk/auto10489_ 51767/zfwj_ 59282/zfwj/202001/t20200116_ 4382676. shtml。

境、营造包容有序的市场开放环境、建设公平正义的诚信法治环境等五大重点行动。

2019 年，朝阳分基地打造文化产业高质量发展高地。[①] 通过组建知识产权服务专委会、法律服务专委会，引入首都版权产业联盟等版权服务专业机构，联合朝阳区人民法院在莱锦文化创意产业园等 5 家园区建立提供版权保护和维权服务的法官工作站。营商环境改革持续提速[②]，实现 800 余项事项"掌上可办"，600 余项高频事项最多跑 1 次或 1 次不用跑，新开办企业最快 20 分钟办结、社会投资简易低风险项目最快 3 个工作日可领取规划及施工许可证，创造了朝阳"极速"模式。建立"朝我说"线上线下意见征询平台，推出 60 个"朝好办"主题办理事项。

2019 年，东城分基地大力优化营商环境，出台东城区构建"高精尖"经济结构实施意见等 18 项政策，"1 +5 + N"产业政策体系基本形成。成立金融发展联盟[③]，打造营商环境 3. 0 升级版[④]。推动政银企交流常态化，提高"紫金服务"品牌含金量。推动"文菁计划"落地实施，积极构建文化企业信用评级体系、信贷风险分担体系、创业投资扶持体系，解决小微文化企业融资难题。2019 年 12 月，东城区获批建设"国家文化与金融合作示范区"。[⑤]

2019 年，西城分基地超过 1500 个事项开通微信公众号办理通道，政务服务窗口可一窗办理 1000 多个事项，积极探索"改革体验官"服务机制，深化"卡牌表榜会"服务模式，走访重点企业 467 家次，发放服务卡

① 《国家文创实验区打造文化产业高质量发展高地》，海峡之声广播电台网，2020 年 1 月 5 日，http：//www. vos. com. cn/web/news/gn/content_ 347466. shtml。

② 《2020 年政府工作报告》，北京市朝阳区人民政府网站，2020 年 5 月 8 日，http：//www. bjchy. gov. cn/affair/ghjh/zhfgzbg/8a24fe83719d45900171f34109ee24e0. html。

③ 《东城区新推优化营商环境产业政策　成立金融业发展联盟》，北京商报网，2019 年 7 月 22 日，http：//www. bbtnews. com. cn/2019/0722/312881. shtml。

④ 《2020 年东城区加快推动经济高质量发展　打造"创新东城""活力东城"》，光明网，2020 年 1 月 4 日，http：//politics. gmw. cn/2020 –01/04/content_ 33455613. htm。

⑤ 《北京市东城区获批创建"国家文化与金融合作示范区"》，光明网，2019 年 12 月 12 日，https：//culture. gmw. cn/2019 –12/12/content_ 33396262. htm。

500张。①西城区发改委印发《西城区关于进一步支持民营企业发展的若干措施》②，提出“一号一窗一网一次”服务模式，对民营企业运营文化设施中涉及的文化市场行政许可事项，一次受理、集中审批。

2019年，石景山分基地全面深化“放管服”改革③，落实“9+N”政策2.0版，发布鼓励企业上市发展实施办法等相关政策13项。深化区领导与企业结对服务机制，服务管家送出服务包170个，解决企业实际问题335个。目前区内22类60多个事项可实现用户在线填写1张表、在线选择专员一对一服务、自由选择办结材料领取方式，办理流程最快可在10分钟完成。

（二）第三批认定的单体类基地发展情况

北京四达时代软件技术股份有限公司成立于2002年，是广播电视行业系统集成商、技术供应商、增值业务运营商，是国家高新技术企业、北京市企业技术中心，拥有发明专利十余项。公司所在的四达时代集团已在非洲地区16个国家开展数字电视运营，直播卫星信号覆盖撒哈拉沙漠以南45个国家、9.7亿人口，内容平台运营的电视节目频道超过400个。集团下属北京四达时代传媒有限公司主营业务为影视剧翻译和制作，年译制量近1万小时。

利亚德光电股份有限公司主营业务为智能显示及显示外延应用业务、夜游经济服务、文旅新业态业务、VR体验服务④，自主研发的小间距LED产品居于业界领先地位，显示系列产品包括小间距LED电视、LCD大屏拼墙及

---

① 《西城区2019年度绩效管理工作报告》，北京市西城区人民政府网站，2020年1月13日，https：//www.bjxch.gov.cn/xxgk/xxxq/pnidpv844981.html。

② 《北京市西城区发展和改革委员会关于印发〈西城区关于进一步支持民营企业发展的若干措施〉的通知》，北京市西城区人民政府，2019年4月3日，https：//www.bjxch.gov.cn/xxgk/xxxq/pnidpv819145.html。

③ 《关于北京市石景山区2019年国民经济和社会发展计划执行情况与2020年国民经济和社会发展计划草案的报告》，北京市石景山区人民政府网站，2020年1月17日，http：//www.bjsjs.gov.cn/zwgk/jhgh/20200119/14609914.shtml。

④ 《利亚德光电股份有限公司2019年年度报告》，深圳证券交易所网站，2020年4月10日，http：//www.szse.cn/disclosure/listed/bulletinDetail/index.html？f43642bf-da1d-42b3-b457-8136a6b70c13。

视频会议系统等，公司先后为2008年北京奥运会、2014年APEC峰会、国庆70周年庆典等重大活动提供视效服务和整体解决方案。2019年实现收入90亿元，同比增长17.49%，其中国内占比69.40%，海外占比30.60%。公司开拓的新文旅业务以创新展示文化内容、提升用户休闲体验为核心，发展前景广阔。

掌阅科技股份有限公司主营业务为互联网数字阅读平台服务（包括数字阅读付费及商业化增值业务）、版权产品业务①，依托出版社等专业机构及作家提供的数字出版内容，经过加工处理、编目检索，通过“掌阅”数字阅读平台向用户提供超过50万册的数字阅读产品，月活跃用户数量1.4亿；通过对网络原创文学版权的运营，向影视、游戏等行业输出内容价值和IP价值。拥有专利超过200项，软著超过100项。2019年实现收入18.8亿元，净利润1.6亿元。

北京蓝色光标数据科技股份有限公司的主营业务是为企业用户提供智慧经营服务②，包括全案推广（包括活动管理、公共关系、数字营销等）、全案广告代理（数字广告投放、中国企业境外广告投放以及智能电视广告OTT业务代理等）、海外推广业务，为用户提供消费者分析、广告创意、营销管理、CRM服务、广告智能投放、场景特色营销等服务。公司拥有20余项发明专利、100余项软著、100余项注册商标，服务机构客户超过3000家。2019年，推出智能营销SaaS平台“蓝标在线”，公司实现收入281.06亿元，利润9.42亿元。

二　基地建设中存在的主要问题

（一）文化产业与信息技术的创新融合程度亟待提升

基于互联网的新型文化产业经营方式，例如用户画像精准匹配、多人在

① 《掌阅科技股份有限公司2019年年度报告》，上海证券交易所网站，2020年4月11日，http://www.sse.com.cn/disclosure/listedinfo/announcement/c/2020-04-11/603533_20200411_10.pdf。

② 《北京蓝色光标数据科技股份有限公司2019年年度报告》，深圳证券交易所网站，2020年4月28日，http://www.szse.cn/disclosure/listed/bulletinDetail/index.html?0093fbc3-362c-452c-a9ab-77932fe43fad。

线创作协同、个性化私人定制等，依赖于对人工智能、云计算等新一代信息技术的集成应用创新。例如，新华社与阿里巴巴联合推出25款媒体机器人，加快传媒产业智能化进程。① 目前基地大部分文化企业在应用自然语言处理(NLP)、图像和视频智能识别等新一代信息技术方面，仍停留在较初级的迁移应用层面，对先进信息技术的应用程度不够深入，主要表现在以下两方面。

一是数字文化产品及服务的开发方面，在创意创作、设计制作环节应用虚拟仿真、人工智能、动作捕捉等技术尚不普遍；在展示传播环节，基于LED技术的电影银幕、基于超精细曝光技术的裸眼立体图片制作、面向新媒体行业的智能化生产运营技术等仍存在共性关键技术瓶颈；在用户体验环节，全场景沉浸式、高智能互动式的高端文化消费服务缺乏供给，公共文化服务的智能化程度低、产品供给不足。传统文化企业的转型升级需要加速。

二是在产业协同创新机制建设方面，在文化资源—创意创作—文化产品设计制作生产—线上/线下渠道展示传播—终端用户体验的产业链条各环节，均需要文化科技成果的持续供给、有效转化，但文化企业、科技企业、科研机构之间的产学研合作成效有待提升。文化企业面对生产社会化、服务集成化、营销传播智能化、服务体验交互化、公共文化服务智慧化的产业变革趋势，缺乏获取、转化科技成果的稳定渠道，缺乏应用先进信息技术提升文化产品和服务竞争力的有效手段，导致其难以满足用户日益旺盛的文化消费需求。

（二）数字孤岛成为文化产品与服务开发的制约因素

在文化产品生产端，自“十二五”期间国家文化资源数字化工程实施以来，已有海量文化资源完成数字化存储，受数据标准不统一、体制机制不完善等因素制约，难以被文化科技企业利用，形成大量“数据孤岛”，无法转化为文化生产力。在文化产品和服务的需求端，大量产品及服务相关的用

---

① 《新华智云推出25款媒体机器人　解决媒体人痛点》，人民网，2019年8月28日，http://media.people.com.cn/n1/2019/0828/c40606-31321184.html。

户偏好数据、用户消费行为数据被少数商业平台垄断，不利于激发全社会的创新潜能，阻碍了文化产品品质及服务的提升。自2017年起广受关注的“联邦学习技术（Federated Learning）”是当前人工智能研究与应用领域的热门技术，具有解决“数据孤岛”、数据隐私和安全保护难题的潜力[①]，但在实际应用中仍然面临系统通信代价高、统计异构性、系统异构性、敏感信息暴露等技术缺陷，短时间内难以真正解决“数据孤岛”问题。

（三）信息技术对数字版权保护的支撑作用尚未发挥

2019年，北京市各级法院共受理各类知识产权案件80165件，同比增长52.6%；审结案件79769件，同比增长60.6%。[②] 在互联网环境下，数字内容产品复制传播成本低廉、侵权易、追踪难、案件胜诉后执行难。文化科技企业一方面因为缺乏全网监控的技术手段，难以获知本机构数字文化产品被恶意侵权的详情，另一方面通过法律手段保护合法权益时，对侵权行为跨地区起诉难、执行难，诉讼往往耗时良久、维权成本高，令企业“望讼兴叹”。同时，现行法律法规对数字产品侵权行为的惩罚标准较低，违法者因较低的违法成本有恃无恐。应用区块链等信息技术可提升数字内容版权保护体系的技术水平，可对数字内容侵权行为进行全流程追溯，有望缓解数字文化产品生产企业的版权保护难题。

（四）文化技术装备国产化率低、核心技术受制于人

在广播电视行业，播出网络安全、用户隐私保护领域缺乏自主知识产权的核心产品；体育节目摄制中经常应用的各类精细控制云台技术、多机位技术多依赖国外团队；8K数字电影放映设备的核心技术仍被国外厂商垄断（例如：Dolby、NEC、SONY、Christie），4K数字摄像机核心部件CMOS的

① 王亚珅：《面向数据共享交换的联邦学习技术发展综述》，《无人系统技术》2019年第6期，第58~62页。

② 《北京发布2019年知识产权保护状况》，国家知识产权局网站，2020年4月24日，http://www.cnipa.gov.cn/ztzl/2020nqgzscqxzz/2020xzzhdjjtp/1148052.htm。

主要市场份额被 SONY 占据，美国 Dolby 公司垄断了数字电影放映的全景声技术，德国 OSRAM 在数字电影放映机的核心部件氙灯制造领域居于垄断地位。在文博领域，水下大遗址保护、智慧博物馆建设关键技术领域亟待突破；创意设计行业的关键生产力工具 Maya、CAD 等尚未实现国产化替代。

（五）“技术 + 创意”型人才队伍培养存在政策短板

设计开发具有丰富的文化内涵、较高的生活美学价值和高科技特性的优质文创产品，需要对文化元素进行精确的解构整合，对文化内涵进行准确的传达解释，对新技术、新材料、新工艺娴熟使用，这类兼具技术与创意能力的专业人才较为缺乏。2017 年以来，随着北京市对非首都功能的疏解，各项人口规模控制措施逐步落实，在客观上对吸引技能型、创意型人才构成制约。依据北京市公布的最新积分落户政策[①]，落户积分标准将向高学历人员、国家级或市级奖项获得者倾斜，大量位于人才金字塔中部的从业人员难以获得北京户籍，对人才队伍建设构成产生不利影响。

三　对基地建设管理的措施建议

（一）推动文化科技自主创新

提升核心文化技术装备的国产化率，推动技术标准创制，推动 ISLI、知识服务、增强现实等国家标准、行业标准的研制、推广和应用进程。在面向数字创意产业共性关键技术的算法层面、IC 化层面持续投入研发，在利用信息技术进行文化产品创意创作、设计制作、海量多源异构数据快速检索等方面进行更深层次的应用，推进数字版权保护技术的广泛应用，营造良好的版权流通环境。

① 《关于对〈北京市积分落户管理办法〉（征求意见稿）和〈北京市积分落户操作管理细则〉（征求意见稿）公开征求意见的通告》，北京市人民政府网站，2020 年 5 月 13 日，http：//www. beijing. gov. cn/hudong/zmhdsy/zjdc/202005/t20200513_ 1896633. html。

（二）创新传承中华传统文化

合理保护、开放利用传统资源。研究知识图谱构建等先进技术，对传统文化资源进行妥善保护、创新性传承和合理开发利用，建设文化遗产资源库、文化元素基因数据库，实现具有基因提取与标注、图案检索与创意设计等功能的文化传承创新服务平台，将传统文化资源利用与现代设计产业发展有机融合，弘扬民族文化，带动文化新消费。通过对文物、古代典籍及非物质文化遗产进行数字化转化，并向文化企业开放、共享，为数字创意产业创新发展提供丰富的文化内容源泉。

（三）完善公共服务体系建设

加强对新一代信息技术的集成应用、跨界应用，提升示范基地公共服务平台的技术水平，逐步形成数字版权保护、IP 价值评估等专业服务能力，对文化产业形成实质性的服务支撑作用。在创意设计、影视制作、数字出版等重点行业领域，发展特色化、专业化的众创空间，探索推动行业龙头企业开放内部平台资源，与小微企业形成优势互补的产品配套体系。

（四）扩大优质文化产品供给

据报道，2019 年天猫网站上的博物馆旗舰店累计访问量 16 亿人次，是全国博物馆接待人次的 1.5 倍①，故宫博物院的紫禁冰嬉小方巾、天坛公园的 2020 年《祈年历》、国博的“杏林春燕”首饰等“网红”文创产品广受用户好评。目前文化产业的高质量文化产品与服务供给仍然严重不足，文化消费体验市场的巨大潜力有待释放。示范基地产业促进工作的重点方向之一，是大力引导文化企业提供数量更多、体验更丰富的优质文化产品，推动文化消费市场的供给侧结构性改革。

---

① 《〈新文创消费趋势报告〉发布：博物馆文创在天猫上迎来黄金时代》，央广网，2019 年 8 月 15 日，http://tech.cnr.cn/techgd/20190815/t20190815_524733378.shtml。

（五）强化人才队伍建设支撑

文化产业发展的制约因素之一是从业人员的创造性、专业性。应在现有的各类人才培养计划、奖励办法及培训体系基础上，着眼构建完善的文化产业人才结构，将人才服务重点从以企业高管为主转向兼顾“技术+创意”型专业技工、“艺术+技术”型创意创作人才，在职称认定、积分落户、公租房申请、子女入学等方面给予适当优待，为产业人才队伍建设保驾护航。

（六）精准发挥财政资金效益

进一步加大对文化产业创新的资金投入，避免将有限的财政资源投向边际效益较低的大型平台企业、骨干企业，尽量投向急需发展资源的中小企业，减少财政资源错配导致的浪费。通过逐步提升财政扶持配套政策的精准性，将扶持政策与产业发展不同阶段的动态资源需求精准匹配；深入开展面向企业的政策解读服务，实现企业对产业促进政策“有人讲、学得会、用得上”。

附　　录

Appendices

B.25
附录1：2020年度北京市级文化产业园区认定名单

（排名不分先后，共98家）

一　市级文化产业示范园区

东城区：

嘉诚胡同创意工场

西城区：

“新华1949”文化金融创新产业园

中国北京出版创意产业园

朝阳区：

751D · PARK北京时尚设计广场

798艺术区

郎园Vintage文化创意产业园

莱锦文化创意产业园

海淀区：

清华科技园

中关村软件园

大兴区：

星光影视园

二　市级文化产业示范园区（提名）

东城区：

航星文化科技产业园

西城区：

西什库 31 号

经济日报文化金融融合创新园

朝阳区：

东亿国际传媒产业园

北京电影学院影视文化产业创新园平房园区

E9 区创新工场

西店记忆 FunsTown

阿里文娱集团总部园区

海淀区：

768 创意产业园

腾讯北京总部文化产业园区

三　市级文化产业园区

东城区：

77 文创园

北京德必天坛 WE”国际文化创意中心

东雍创业谷

隆福寺文创园

亮点文创园

鑫企旺文创园

大磨坊文化创意产业园

咏园

“红桥智·创”文化创意空间

德必龙潭 WE”国际文化创意中心

北电科林 107 号院文化创意产业园

尚 8 远东科技文化园

亿达·圣元荟

倍格生态

西城区：

北京 DRC 工业设计创意产业基地

北京文化创新工场车公庄核心示范区

北京天桥演艺区

天宁 1 号文化科技创新园

北京设计之都大厦园区

国家音乐产业基地中唱园区

繁星戏剧村

中国文化大厦文化科技创新园

北京坊

朝阳区：

尚 8 国际广告园

恒通国际创新园

北京懋隆文化产业创意园

北京塞隆国际文化创意园

锦珑（北京）设计创意园
尚 8 设计 + 文化创意产业园
电通创意广场
NICE WORK 新生代中小企业聚集地
铜牛电影产业园
醉库国际文化创意园
北京电影学院·东郎电影创意产业园
黼堂文化艺术园区
半壁店 1 号文化创意产业园
文心华策国际影视交流中心
菁英梦谷广渠文创园
北服创新园
创立方·自空间 CBD 写字园
北化机爱工场文化科技融合产业园
中国电影导演中心
吉里（北京）国际艺术区
北京万荷文化艺术硅谷创意产业园
中国动漫科技产业园一期
北京化工集团华腾易心堂文化创意产业园

海淀区：

中关村数字电视产业园
中关村东升科技园
中国人民大学文化科技园
百旺弘祥文化创意产业园
海淀文教产业园
中关村创客小镇
创业公社·中关村国际创客中心文化创意园
海淀区东升镇兴华新媒体文创空间

创文时代文创空间

丰台区：

首科大厦文化创意产业园

北京石榴中心文化创意产业园

依文城堡欧洲园文创产业园

石景山区：

首钢文化产业园

首创郎园 Park 文化创意产业园

房山区：

北京智慧长阳文化创意产业园

北京大学创业训练营房山基地

青创动力文化创意产业园

通州区：

弘祥 1979 文化创意园

大稿国际艺术园区

顺义区：

泰达科技园·文创区

国家对外文化贸易基地（北京）

顺义金马文化创意产业园

昌平区：

腾讯众创空间（北京）文化创意产业园

宏福文创园

大兴区：

北京大兴新媒体产业基地

北京城乡文化科技园

格雷众创园

北京印刷学院文化创意产业园

华商创意中心

平谷区：

北京平谷国家音乐产业基地

亦庄开发区：

数码庄园文化创意产业园

东尚·E园

B.26

附录2：中国创意产业研究中心“创意书系”出版书目

2006年

《中国创意产业发展报告（2006）》，中国经济出版社

2007年

《中国创意产业发展报告（2007）》，中国经济出版社

《创意为王——中国创意产业案例典藏》，科学出版社

“奥运·创意”丛书之《科技奥运》，科学出版社

2008年

“奥运·创意”丛书之《绿色奥运》，科学出版社

“奥运·创意”丛书之《人文奥运》，科学出版社

“奥运·创意”丛书之《和谐奥运》，科学出版社

“奥运·创意”丛书之《安全奥运》，科学出版社

“奥运·创意”丛书之《财富奥运》，科学出版社

“奥运·创意”丛书之《创意奥运》，科学出版社

《北京——创新之都》，科学出版社

《中国创意产业发展报告（2008）》，中国经济出版社

2009年

《中国创意产业发展报告（2009）》，中国经济出版社

《思想力》，人民大学出版社

2010年

《中国创意产业发展报告（2010）》，中国经济出版社

《首都文化创意产业标准化》，科学出版社

《创意起步——中小型创意企业创业指导》，中国经济出版社

《注意力——创意产业案例之影视戏剧篇》，中国城市出版社

2011年

《中国创意产业发展报告（2011）》（上、下），中国经济出版社

《文化创意产业集群发展理论与实践》，科学出版社

“创意城市蓝皮书”之《北京文化创意产业发展报告（2011）》，社会科学文献出版社

“创意城市蓝皮书”之《青岛文化创意产业发展报告（2011）》，社会科学文献出版社

2012年

《中国创意产业发展报告（2012）》，中国经济出版社

“创意城市蓝皮书”之《北京文化创意产业发展报告（2012）》，社会科学文献出版社

“创意城市蓝皮书”之《青岛文化创意产业发展报告（2012）》，社会科学文献出版社

2013年

《中国创意产业发展报告（2013）》，中国经济出版社

《工业遗产的保护与利用——创意经济时代的视角》，北京大学出版社

《中外文化创意产业政策研究》，科学出版社

《中国创意产业发展战略》，中国计划出版社

“创意城市蓝皮书”之《北京文化创意产业发展报告（2013）》，社会科学文献出版社

“创意城市蓝皮书”之《无锡文化创意产业发展报告（2013）》，社会科学文献出版社

“创意城市蓝皮书”之《武汉文化创意产业发展报告（2013）》，社会科学文献出版社

2014年

《中国创意产业发展报告（2014）》，中国经济出版社

《北京文化创意产业功能区发展研究》，中国经济出版社

“创意城市蓝皮书”之《北京文化创意产业发展报告（2014）》，社会科学文献出版社

“创意城市蓝皮书”之《武汉文化创意产业发展报告（2014）》，社会科学文献出版社

“创意城市蓝皮书”之《无锡文化创意产业发展报告（2014）》，社会科学文献出版社

“创意城市蓝皮书”之《台北文化创意产业发展报告（2014）》，社会科学文献出版社

“创意城市蓝皮书”之《青岛文化创意产业发展报告（2013～2014）》，社会科学文献出版社

“创意城市蓝皮书”之《重庆创意产业发展报告（2014）》，社会科学文献出版社

2015年

《中国创意产业发展报告（2015）》，中国经济出版社

“创意城市蓝皮书”之《北京文化创意产业发展报告（2015）》，社会科学文献出版社

“创意城市蓝皮书”之《武汉文化创意产业发展报告（2015）》，社会科学文献出版社

《北京文化创意产业功能区发展报告（2014）》，中国经济出版社

《中国创意城市指数评价体系研究》，中国城市出版社

《文化产业（文化企业）案例分析》，经济日报出版社

2016年

《中国创意产业发展报告（2016）》，中国经济出版社

“创意城市蓝皮书”之《北京文化创意产业发展报告（2016）》，社会科学文献出版社

“创意城市蓝皮书”之《天津文化创意产业发展报告（2015～2016）》，社会科学文献出版社

“创意城市蓝皮书”之《武汉文化创意产业发展报告（2016）》，社会科学文献出版社

2017年

《中国创意产业发展报告（2017）》，中国经济出版社

“创意城市蓝皮书”之《北京文化创意产业发展报告（2017）》，社会科

学文献出版社

“创意城市蓝皮书”之《武汉文化创意产业发展报告（2017）》，社会科学文献出版社

2018年

《中国创意产业发展报告（2018）》，中国经济出版社

“创意城市蓝皮书”之《北京文化创意产业发展报告（2018）》，社会科学文献出版社

“创意城市蓝皮书”之《武汉文化创意产业发展报告（2018）》，社会科学文献出版社

“创意城市蓝皮书”之《天津文化创意产业发展报告（2017～2018）》，社会科学文献出版社

2019年

《中国创意产业发展报告（2019）》，中国经济出版社

“创意城市蓝皮书”之《北京文化创意产业发展报告（2019）》，社会科学文献出版社

“创意城市蓝皮书”之《武汉文化创意产业发展报告（2019）》，社会科学文献出版社

2020年

《中国创意产业发展报告（2020）》，中国经济出版社

“创意城市蓝皮书”之《北京文化创意产业发展报告（2020）》，社会科学文献出版社

“创意城市蓝皮书”之《武汉文化创意产业发展报告（2020）》，社会科学文献出版社

S 基本子库
UB DATABASE

中国社会发展数据库（下设 12 个子库）

整合国内外中国社会发展研究成果，汇聚独家统计数据、深度分析报告，涉及社会、人口、政治、教育、法律等 12 个领域，为了解中国社会发展动态、跟踪社会核心热点、分析社会发展趋势提供一站式资源搜索和数据服务。

中国经济发展数据库（下设 12 个子库）

围绕国内外中国经济发展主题研究报告、学术资讯、基础数据等资料构建，内容涵盖宏观经济、农业经济、工业经济、产业经济等 12 个重点经济领域，为实时掌控经济运行态势、把握经济发展规律、洞察经济形势、进行经济决策提供参考和依据。

中国行业发展数据库（下设 17 个子库）

以中国国民经济行业分类为依据，覆盖金融业、旅游、医疗卫生、交通运输、能源矿产等 100 多个行业，跟踪分析国民经济相关行业市场运行状况和政策导向，汇集行业发展前沿资讯，为投资、从业及各种经济决策提供理论基础和实践指导。

中国区域发展数据库（下设 6 个子库）

对中国特定区域内的经济、社会、文化等领域现状与发展情况进行深度分析和预测，研究层级至县及县以下行政区，涉及地区、区域经济体、城市、农村等不同维度，为地方经济社会宏观态势研究、发展经验研究、案例分析提供数据服务。

中国文化传媒数据库（下设 18 个子库）

汇聚文化传媒领域专家观点、热点资讯，梳理国内外中国文化发展相关学术研究成果、一手统计数据，涵盖文化产业、新闻传播、电影娱乐、文学艺术、群众文化等 18 个重点研究领域。为文化传媒研究提供相关数据、研究报告和综合分析服务。

世界经济与国际关系数据库（下设 6 个子库）

立足“皮书系列”世界经济、国际关系相关学术资源，整合世界经济、国际政治、世界文化与科技、全球性问题、国际组织与国际法、区域研究 6 大领域研究成果，为世界经济与国际关系研究提供全方位数据分析，为决策和形势研判提供参考。

法律声明

“皮书系列”（含蓝皮书、绿皮书、黄皮书）之品牌由社会科学文献出版社最早使用并持续至今，现已被中国图书市场所熟知。“皮书系列”的相关商标已在中华人民共和国国家工商行政管理总局商标局注册，如LOGO（ ）、皮书、Pishu、经济蓝皮书、社会蓝皮书等。“皮书系列”图书的注册商标专用权及封面设计、版式设计的著作权均为社会科学文献出版社所有。未经社会科学文献出版社书面授权许可，任何使用与“皮书系列”图书注册商标、封面设计、版式设计相同或者近似的文字、图形或其组合的行为均系侵权行为。

经作者授权，本书的专有出版权及信息网络传播权等为社会科学文献出版社享有。未经社会科学文献出版社书面授权许可，任何就本书内容的复制、发行或以数字形式进行网络传播的行为均系侵权行为。

社会科学文献出版社将通过法律途径追究上述侵权行为的法律责任，维护自身合法权益。

欢迎社会各界人士对侵犯社会科学文献出版社上述权利的侵权行为进行举报。电话：010-59367121，电子邮箱：fawubu@ssap.cn。

社会科学文献出版社